Frances Mayes

Das Licht der Toskana

Frances Mayes

Das Licht der Toskana

Roman

Aus dem Englischen
von Karin Dufner

DUMONT

Deutsche Erstausgabe
Juni 2019
DuMont Buchverlag, Köln
Alle Rechte vorbehalten
Copyright © 2018 by Frances Mayes
Die englische Originalausgabe erschien 2018 unter dem Titel ›Women
in Sunlight‹ bei Crown Publishing Group, New York.

© 2019 für die deutsche Ausgabe: DuMont Buchverlag, Köln
Übersetzung: Karin Dufner
Umschlaggestaltung: Lübbeke Naumann Thoben, Köln
Satz: Fagott, Ffm
Gesetzt aus der Baskerville und der Amanda
Druck und Verarbeitung: CPI books GmbH, Leck
Gedruckt auf säurefreiem und chlorfrei gebleichtem Papier
Printed in Germany
ISBN 978-3-8321-6494-2

www.dumont-buchverlag.de

Für Rena Williams

Geh auf Luft, auch wenn dein Verstand
dir etwas anderes rät.

Seamus Heaney, *The Gravel Walks*

Inhalt

I

Ankünfte

Zufällig beobachtete ich die Ankunft der drei Amerikanerinnen. Ich las schon seit einigen Stunden im Garten, machte mir ein paar Notizen und malte schwarze Punkte an die Seitenränder, damit ich spannende Sätze später wiederfand, ohne dabei das Buch zu verunstalten. An Tagen wie diesen, an denen es immer früher dunkel wird, bekommt man gegen halb fünf plötzlich Lust aufs Abendessen, und meine Gedanken wanderten zu den Kalbsschnitzeln im Kühlschrank, und ich überlegte, dazu ein Büschel des Mangolds abzuschneiden, der noch im *orto* wucherte. Mangold mit Rosinen, Knoblauch und Orangenschale. Thymian und Petersilie für die kleinen Kartoffeln, die Colin am Ende des Sommers ausgegraben hatte. Da die Abende sich allmählich abkühlten, legte ich das Buch weg, holte den Holzkorb aus dem Haus und ging in den Schuppen, um Olivenästchen für den Grillkamin einzusammeln.

Wieder ein Vorwand. Ich schiebe es vor mir her, über Margaret zu schreiben, meine anstrengende und rechthaberische Freundin, deren Werk ich bewundert habe. Oh, das ich noch immer bewundere. Nur, dass sich dieses Projekt anfühlt, als wolle man modrige Streichhölzer anzünden. Anstatt etwas zu schreiben, lese ich die Romane immer wieder. Ihr *Treppen zum Palazzo del Drago* habe ich schon ein dutzend Mal gelesen.

15

Ein Buch kann eine Pforte sein. Jedes von meinen schottete eine nautilusartige Kammer fest ab (gibt es das Wort nautilusartig? In der Bedeutung, dass es sich auf ein U-Boot bezieht?) und öffnete sich dann auf den nächsten bewohnbaren Raum. Früher haben meine Themen stets mich ausgewählt. Ich folge gern schemenhaften Gestalten, die mir, manchmal knapp außer Sichtweite, vorauseilen. Zeilen, die plötzlich kehrtmachen und brechen wie die Zacken einer Herzkurve. Ist *Boustrophedon* nicht ein fließender Schreibstil, der die Wendungen eines pflügenden Ochsen nachahmt?

Manchmal lodert mein Schreiben auf wie ein Feuer, angezündet von Lausbuben auf einem Stoppelfeld. Dann bin ich überglücklich. Diesmal jedoch habe ich meine Freundin zum Thema auserkoren. Ich fühle mich wie auf dem College, als ich mich mit einer Seminararbeit über »Das Konzept der Zeit in T. S. Eliots *Vier Quartette*« herumschlug. Die Arbeit machte mir Spaß und beschämte mich zugleich, zeigte sie mir doch meine Grenzen auf.

Ich lasse mich leicht ablenken. Die verschrumpelten Äpfel auf der dritten Terrasse, die noch immer golden strahlend baumeln wie im Mythos der drei Grazien, verlocken mich, eine Galette zu backen. Fitzy hat Kletten in seinem seidigen Fell und muss gebürstet werden. Meine eigenen Haare sind zerzaust. Ich würde gern ein paar Freunde zu Polenta mit Steinpilzen einladen, denn zurzeit wachsen die *funghi porcini* unter jeder Eiche. Mein Geist schweift in unzählige Richtungen ab.

Wenn einen das Pflichtgefühl antreibt, ist man mühelos aus der Bahn zu werfen.

Während ich trockene Zweige vom Holzhaufen nehme, spähe ich von der oberen Oliventerrasse hinunter, als Gianni, der örtliche Taxifahrer, scharf in die lange Auffahrt des Anwesens der Malpiedis gegenüber einbiegt. Die Räder seines weißen Transporters knirschen auf trockenem Gras. Malpiedi – schlechte Füße. Ich habe italienische Namen schon immer geliebt, denn sie erinnern mich an die, die meine Freunde und ich angenommen haben, als wir auf der Brachfläche neben dem Haus meiner Familie in Coral Gables Indianer spielten. Wandering Bear, Deer Heart, Straight Arrow. Einer entschied sich sogar für Flushing Toilet – gespültes Klo. Hier jedoch gibt es Bucaletto: Loch im Bett. Zappini: Kleine Hacke. Tagliaferro: Eisenschneider. Und, noch seltsamer, Tagliagamba: Er schneidet das Bein ab. Vielleicht ein auf Lammkeulen spezialisierter Metzger? Cipollini: Kleine Zwiebel. Tagliasopra: Schneidet oben. Bellocchio: Schönes Auge. Wie lebendig diese Namen sind.

In meinen ersten Jahren in Italien, fasziniert von jeder Silbe, habe ich sie gesammelt. In Hotels, wo Telefonbücher auslagen, las ich die Namen nachts, nur wegen des Vergnügens, auf etwas wie Caminomerde, Kaminscheiße, zu stoßen. Da steckte sicher eine spannende Geschichte dahinter. Oder Pippisecca, Trockenes Rohr (oder Penis). Und der großartige Botticelli? Kleines Fass.

Die Schlechten Füße weilen inzwischen nicht mehr unter den Lebenden. Ich war beim Gedenkgottesdienst für Luisa, der Ehefrau, die sich an ihrem letzten Geburtstag eine erotisch dekorierte Torte gegönnt hat – Gestalten wie die in den Orgienfreskos aus Pompeji im Museum in Neapel, deren Phalli so lang sind, dass sie auf einem Tablett transportiert werden müssen. Als ich an dem Tisch in dem Restaurant vorbeikam, wo sie mit Freunden feierte, war ich schockiert beim Anblick der schrillen rosagrünen Torte, über die sich alle amüsierten. Danach war ich jedes Mal peinlich berührt, wenn ich auf Tito, ihren pummeligen, rundschultrigen Ehemann mit den Kaninchenaugen traf. Sie starb an einer Darmentzündung, einem plötzlichen Durchbruch, und ich wurde den Gedanken nicht los, dass es an einer Überdosis Torte gelegen hatte. Tito folgte ihr viel zu bald. Er erstickte wirklich, allerdings an gegrilltem Schweinefleisch, und niemand war da, der das Heimlich-Manöver beherrschte. Ich versuche, mir nicht auszumalen, wie seine glasigen Augen aus den Höhlen quollen. Grazia, die Tochter, die beim Lachen erst schnaubt und dann wiehert, strich einige Räume, baute eine Spülmaschine ein und suchte per Inserat Mieter, bevor sie zu ihrer kranken Tante in die Stadt zog. (Später erfuhr ich, dass der Mietvertrag auch die Möglichkeit einschloss, das Haus nach einem Jahr zu kaufen.) Grazia würde nicht zurückkommen, um in dem großen Steinhaus zu wohnen, in dem es sommers wie winters kühl war. Ich vermisste meine Nachbarn. Ja, sogar Grazias jahrelanges Herumkratzen auf der Geige, Luisas Klavier und Titos Saxofon. Stunden voller falscher Noten, die den Hügel hinaufwehten. Elf Jahre lang hatten wir auf demselben Abhang nebeneinanderher gelebt. Und dann, innerhalb von sechs Monaten, war das Haus leer. Nachts, wenn die *tramontana* von den Alpen herunterwehte, klapperte der Laden am Küchenfenster.

Ich habe das Haus schon immer geliebt. Groß, gedrungen und selbstbewusst steht es unverrückbar auf einer lang gestreckten Ebene auf unserem terrassenförmigen Hügel. Der gewaltige doppelflügige *portone* verfügt über Türklopfer mit Sphinxköpfen, beliebt in der Zeit, als Italien Ägypten ausplünderte.

In dem Oberlicht über der Tür schlingt sich kunstvoll geformtes Schmiedeeisen um den Buchstaben S, vermutlich die Initiale des Menschen, der vor dreihundert Jahren so ein massives Haus gebaut hat. Wenn man die Jasminranken beschneidet, liest man die Worte VIRET IN AETERNUM, es gedeiht für immer. Ein ambitionierter Wahlspruch. Das Haus trägt den Namen Villa Assunta. Vielleicht wurde es ja am Feiertag *ferragosto* fertiggestellt, an Mariä Himmelfahrt. Oben sechs große quadratische Zimmer, unten auch. Nachträglich eingebaute Bäder, die aber in Ordnung sind.

Manchmal habe ich Tito und Luisa einen Korb Pflaumen gebracht, wenn meine Bäume unter ihnen zusammenbrachen. Die Tür öffnete sich, und ein Lichtstrahl fing sich in gebohnerten Ziegeln. Am Ende der Vorhalle sah ich ein großes Panoramafenster, erfüllt von sprießenden grünen Lindenblättern. Im Winter waren es kantige schwarze Äste, die an eine flüchtige Kohlezeichnung erinnerten.

Ich beobachtete, wie Giannis Transporter unten im Zickzackkurs durch den Olivenhain fuhr. Ein weißes Aufblitzen zwischen silbrigen Bäumen. Er fuhr die ungeteerte Auffahrt entlang und stoppte auf dem von Unkraut überwucherten Parkplatz neben dem Haus, wo Luisa häufig ihren blauen Fiat Cinquecento bei Regen mit offenem Verdeck stehen ließ. Oft schon wollte ich dieses Bild in einem Gedicht verwenden, aber es passte nie.

19

Drei Frauen stiegen aus. Nicht unbedingt die drei Grazien, da sie Handgepäck, unhandliche Rucksäcke und Reisetaschen schleppten. Gianni hievte vier mastodongroße Koffer aus dem Wagen und zerrte sie einzeln zur Tür. Ich konnte die Frauen nicht hören, die offenbar riefen und lachten. Wahrscheinlich wollten sie ihren Herbsturlaub hier verbringen. Gewisse Touristen meiden die hektischen Sommermonate und ziehen die ruhigere Jahreszeit vor. Hoffentlich würden sie nicht zu viel Lärm verursachen, denn Geräusche werden in den Hügeln weit getragen. Falls ihre Ehemänner eintrafen und alkoholgeschwängerte Abendessen veranstaltet wurden, konnte es chaotisch werden. Wer waren sie? Jedenfalls nicht mehr jung, das konnte ich sehen.

Meine eigene Ankunft hier – *Dio*, vor zwölf Jahren – steht mir so deutlich vor Augen, als wäre es gestern gewesen. Ich stieg aus dem Auto, betrachtete das verlassene Bauernhaus aus Stein, und ich wusste … was wusste ich eigentlich? *Das ist es. Hier kann ich die Zukunft neu erfinden.*

Dachten sie vielleicht das Gleiche? Margaret, mein Thema, meine verlorene Freundin, war lange, lange vor mir angekommen, und zwar in dem goldenen Steinhaus unter dem Turm des Il Palazzo (wirklich ein großer Palazzo), ohne zu ahnen, welches Leben sie hier vorfinden würde. Was sie als Erstes fand, war ein großes quiekendes Schwein, als Geschenk eingesperrt im Erdgeschoss von den Bauern/früheren Besitzern (Landeier, nannte sie sie).

Margaret war eine entschlossene Exilantin. Anders als ich, die kam und ging. Sie trug bestickte Pantoffeln und einen schwarzen venezianischen Mantel aus Devoré-Samt. Ein himmelweiter Unterschied zu diesen Neuankömmlingen in magentafarbenen, orangen und safrangelben aufgeplusterten Daunenjacken und Stiefeln.

Die in grellem Magenta holt einen Tragekorb für Hunde hinten aus dem Transporter. Sie kniet sich hin und befreit einen kleinen karamellfarbenen Kläffer, der die Frauen sofort tobend umkreist und vor Freude beinahe Luftsprünge macht. Wenn sie einen Hund mitgebracht haben, planen sie vermutlich nicht nur einen Kurzurlaub.

Während ich mehr Reisig einsammelte, verfiel ich in eine Art Tagtraum. Die Gesten und Bewegungen dieser Frauen erschienen mir auf einmal entfernt wie ein statisches Tableau. Die moderne Illustration eines mittelalterlichen Stundenbuchs: das beeindruckende Haus unter einem fleckigen grauen Himmel fängt die späten Sonnenstrahlen ein. Die Steine glänzen wie von Schneckenspuren bedeckt. Die gesprenkelten Fensterscheiben reflektieren das Licht wie ein Spiegel. Zwischen mir und der Villa Assunta malen die langen Schatten der Zypressen Streifen auf die Dorfstraße. Wie hinter einem Schleier (denn das Nachmittagslicht nimmt hier eine blasse honigfarbene Transparenz an) steuern die Zeitlupenfrauen auf die Tür zu, wo Gianni an dem Eisenschlüssel herumnestelt, der stets an einem zerschlissenen orangen Band an einem Haken innen neben dem Eingang hing. Ich wusste, dass sie gleich den Geruch nach alten Büchern einatmen würden, den ein unbewohntes Haus verströmt. Sie würden eintreten, das von goldenen Lindenblättern erfüllte Fenster in der Vorhalle sehen und vielleicht stehen bleiben, um zu schnuppern. *Oh, hier sind wir also.* Weshalb brannten mir plötzlich Tränen in den Augen?

Oh, Luisa, warum hast du dir nie das unebene Muttermal am Kinn entfernen lassen? Wieso nicht einmal das borstige Haar ausgezupft, das ich seltsamerweise immer berühren wollte? Zu spät. Du bist fort (wie lange, ein Jahr?) und Tito auch, ob er nun einen gewaltigen Phallus hatte oder nicht. Mit seinem bescheidenen Lächeln. Inzwischen sind die vielen Jahre in der wunderschönen alten *cucina* beinahe ausgelöscht. Der offene Kamin dort war groß genug, um sich einen Stuhl heranzuziehen, sich ein Schlückchen Vin Santo einzuschenken und Geschichten aus dem Krieg zu erzählen, als viele einheimische Männer barfuß aus Russland nach Hause gegangen waren. Die schusselige Grazia hätte den Garten besser pflegen können. Alles fort. *Vom Winde verweht,* das Buch, das ich als Teenager verschlungen habe. Noch immer ein wundervoller Titel. (*Via col vento* auch Margaret.) Was für eine scharfsinnige Schriftstellerin, *la* Margherita. Was für funkelnde Augen. Früher habe ich ihre präzise und knappe Prosa studiert. Ich bediene mich gern aus anderen Quellen, weil für mich alles miteinander zusammenhängt. Sie nie, und für sie hing nichts miteinander zusammen. Beim Schreiben kann man nicht verstecken, wer man ist.

Im Laufe der Jahre verschwand ihr Werk einfach aus dem Blick der Öffentlichkeit, selbst *Die Sonne regnet auf blaue Blumen,* das von der Kritik zerpflückt wurde und es dennoch auf die Bestsellerlisten schaffte. Die meisten meiner Freunde und Kollegen haben noch nie von ihr gehört. Ich fühle mich verpflichtet, das Interesse an ihren wenigen Werken wieder zum Leben zu erwecken. Nicht, dass ich die Macht hätte, ihr einen Platz im Literaturkanon zu sichern, falls es den überhaupt noch gibt. Ankünfte. Sie bergen alle Potenzial. Ich erinnere mich an meine. Den schwarzen Eisenschlüssel, den Makler Pescecane (ja, Hundefisch) mir gab, nachdem ich die letzte Urkunde unterzeichnet hatte. Mein Weg durch die leeren Räume. Ich zählte sie, insgesamt elf, alle klein. Die vier untersten hatten früher Nutztiere beherbergt. Es gab noch die glatten Steinböden und eine weiße flauschige Schimmelschicht von der Harnsäure. Die Zimmer oben waren unglaublich hoch, da es dort einen längst eingestürzten Speicher zur Lagerung von Getreide und Kastanien gegeben hatte. Ich hatte die muffige *cantina*, angebaut an den langen Gebäudeflügel für Küche und Esszimmer, ganz vergessen. Ich weiß noch, wie die Riegel knirschten, als ich die Fensterläden aufstieß. Das Panorama eröffnete sich mir wie eine empfangene Gnade. Casa Fonte delle Foglie, Brunnen des Laubs. Vielleicht habe ich mich deshalb in das Haus verliebt. Wegen des poetischen Namens, verzeichnet auf den ältesten Karten der Umgebung. Außerdem passte er zu meinem grünen Grundstück voller Olivenbäume, Linden, Ilex und Pinien, terrassenförmig angeordnet an einem Hang. Ich hatte mich erst einmal im Haus umgesehen und erinnerte mich nicht mehr an die beiden offenen Kamine oben oder den durchhängenden Deckenbalken in der Küche. Auch nicht an die Mäuseskelette in der Speisekammer. Das Haus erschien mir von Anfang an als *meines*. Also krempelte ich im wahrsten Sinne des Wortes die Ärmel hoch und machte mich an die Arbeit.

Was die drei Frauen jetzt sehen: Wird es sich für immer in ihr Gedächtnis einprägen oder nach dem Ende des Urlaubs verblassen? Wie das Haus, das ich einmal im Juli im Mugello, nördlich von Florenz, gemietet hatte. Der Uraltkühlschrank war ein solches Iglu, dass man die Tür nicht schließen konnte. Wenn man den Griff berührte, bekam man einen Eisschock. Die Schlafzimmer habe ich nicht mehr vor Augen. Doch ich erinnere mich an jahrzehntealte Weihnachtskarten und Einladungen zu Taufen, die ich in einer Schublade des Sideboards entdeckte. Das Gedächtnis hat alle Türen in dem langen Flur geschlossen. Nur eine steht offen. Ganz am Ende, ein leeres weißes Zimmer mit einer Linie Taubenkot auf dem Boden unter einem Balken. Wer reißt seine Wurzeln aus und richtet sein Nest in einem fremden Land ein, wo er niemanden kennt? Ich habe es getan. Margaret, nun, sie war zum Zugvogel geboren. »Jetzt kannst du nie wieder nach Hause«, pflegte sie zu drohen.

Nur, dass man nach Hause kann. So drastisch ist der Schnitt nicht. Das heißt, bis man nicht mehr weiß, wo man zu Hause ist. Ich habe viele hoffnungsvolle Menschen erlebt, die herkamen, um hier von vorne anzufangen, nur um eines Tages aufzuwachen. Nach dem Umbau. Nach den Erfahrungen mit der italienischen Klassengesellschaft (*Ich hatte gedacht, die Italiener seien locker*). Nachdem der Brunnen ausgetrocknet war. Nach vielen alkoholgeschwängerten Mittagessen mit Menschen, die auch kaum Italienisch sprachen. Nach einem eiskalten Winter. Nach dem Gedanken *Was, zum Teufel, mache ich hier?*

Und dennoch werden wir von mächtigen Sehnsüchten angetrieben. Sowohl Margaret als auch ich. Im Bahnhof von Florenz blitzten Ankunftsankündigungen gleich neben den verlockenden Abfahrtszielen auf. *Treni in arrivi, treni in partenze.* Eins hing mit dem anderen zusammen. (Bis heute möchte ich in jeden einsteigen.) Margaret hat ihre Casa Gelcomino, das Jasminhaus, verlassen. Lange war es ihre Bestimmung, dann nicht mehr. Zwei Sommer kehrte sie zurück und wohnte bei uns. Inzwischen war sie Italien gegenüber kritisch eingestellt. Eines Abends riss ihr die Hutschnur, und sie sagte zu mir:»Du bist wie ein Kind. Naiv. Ständig staunend.« Ich schwieg. Sie hatte mich schon einmal beleidigt.

Colin wies sie zurecht.»Oh, Margaret, dir ist klar, dass das Mist ist. Kit sieht alles.« Und er schenkte ihr einen Schluck Grappa ein, um den Abend zu beenden.

»Italien ist ein altes Land. Zumindest das weißt du. Die Babys hier werden alt geboren. Das weißt du nicht.« Sie kippte den Grappa auf ex hinunter und starrte mich einen Moment mit geweiteten Augen an.»Buonanotte«, sagte sie.

Und diese drei, die sich gerade ihre Zimmer aussuchen und ihr Gepäck auf die Betten werfen, stellen in diesem Moment fest, dass es in toskanischen Villen keine Wandschränke gibt. Nur einen gewaltigen knarzenden *armadio* in jedem Raum. Was führt sie in Luisas karge Villa? Ist das Ende ihrer Geschichte bereits im Anfang enthalten? Eliots *Im Anfang liegt mein Ende* hat mich schon als Zweitsemester auf dem College in den Wahnsinn getrieben. *Wie bedrückend*, dachte ich damals. Doch jetzt frage ich mich, wann und wie meine Zeit hier enden wird. Schicksal, ein hochtrabendes Wort. Aber welcher rote Faden verbindet ein nicht vorhersehbares Ende mit dem Tag, an dem ich in einem weißen Sommerkleid hier eintraf, die Tür öffnete, die Arme hochriss, zum Erstaunen des Maklers herumwirbelte und rief: *Ich bin zu Hause.*

Als ich, den Korb mit Reisig in der Hand, zum Haus zurückkehre, explodiert die Sonne in glühenden Flecken auf den Seen unten im Tal. Ich habe einen Armvoll Mangold bei mir und Thymianzweige und Rosmarin in der Tasche. Colin winkt mir von der Haustür aus zu. Fitzy rast einem kupferfarbenen Blatt nach, das ins Gras trudelt. *Treppen zum Palazzo del Drago* liegt auf einem Terrassenstuhl. Gianni hupt und formt mit den Lippen *buonasera,* Signora, als sein Transporter, nun frei von Passagieren, vorbeibraust. Leise Musik – Thelonius Monk? – weht aus meinem Haus. Und da, plötzlich, hat sich das Thema mich ausgewählt.

Verrückter Salat

Colins Kalbsschnitzel, ein absolut ausgezeichneter Brunello aus unserem Vorrat und ein unerwarteter Regen, der gegen die schwarzen Fensterscheiben peitscht. Was könnte schöner sein? Ich habe im Leben viele wundervolle Erfahrungen gemacht, doch nichts übertrifft das schlichte Glück eines Herbstabends zu Hause, ein leises Cellokonzert von Bach und eine Handvoll Kastanien, die in der Glut rösten. Es ist ein großes Glück, hier zu sitzen und zuzuhören, wie Colin verschiedene Aufnahmen seiner geliebten Mozartopern miteinander vergleicht, über *Das Passagenwerk* von Walter Benjamin, das verwirrendste Buch, das je geschrieben wurde, spricht und erzählt, die Tasche seiner Cordhose sei gerissen. Außerdem sorgt er dafür, dass unsere Gläser stets halb voll sind, prostet einigen abwesenden Freunden zu, beugt sich vor, um das Feuer zu schüren, und sieht im flackernden Licht warm und attraktiv aus.

Als ich mein Glas kreisen lasse, werfen die Flammen strahlende Halbmonde an die Wand. Gebrochen, durchscheinend und miteinander kollidierend. Wie soll ich fortfahren? Was deutet auf das Schicksal hin, das mich erwartet, das diese drei Frauen erwartet, die inzwischen vielleicht Titos von Spinnen belagerten Weinkeller entdeckt haben und einige staubige, sicherlich schon umgekippte Flaschen Vino nobile di Montepulciano öffnen. In mein Gedächtnis hat sich ein Ritual der alten Ägypter eingebrannt. Am Tag der Geburt eines Pharaos begannen Sklaven, sein Grabmal zu bauen. Wenn mein Notizbuch mit dem guten Papier voll ist und meine Computerdateien an Aufzeichnungen und Listen von Wörtern und Fragen ersticken, werden die Neuankömmlinge auf dem Hügel dann fort sein? Wird Margaret endlich die letzte Ruhe gefunden haben? Werde ich gehen oder bleiben?

Ich halte mich für eine zuverlässige Erzählerin, bin jedoch nicht sicher. Ich gehöre zu den Schriftstellern, die gern an zwei Projekten gleichzeitig arbeiten. Oder an dreien. Gedichte kommen mir nun sporadisch in den Sinn. Ich erzwinge sie nicht. Darin bin ich mir mit Keats einig, der fand, Gedichte müssten einem so selbstverständlich zufallen wie Blätter von einem Baum. Um ein Bild aus dem Alltag zu wählen: Schreiben ist für mich wie Kochen. Wenn ich in der Küche bin, müssen *alle* Kochfelder auf höchster Stufe laufen. Obwohl das klingt, als sei ich eine Schriftstellerin unter Volldampf, habe ich nur drei Gedichtbände und zwei kurze Prosawerke verfasst. Das erste handelte von Freya Stark, die in den Zwanzigerjahren nach Arabien und Syrien aufbrach, wo noch keine westliche Frau je gewesen war. Sie war eine herausragende Autorin. Das zweite Buch, eine Kurzbiografie, befasste sich mit Maud Gonne. Yeats, mein ewiges Idol, liebte sie leidenschaftlich und widmete ihrem Gesicht einige unsterbliche Zeilen. Zwei der merkwürdigsten drehen sich ums Essen. »Hohl die Wange, als habe sie den Wind getrunken/Und ein Gewirr aus Schatten als Fleisch genommen.« In einem anderen Gedicht wählte sie einen »verrückten Salat zu ihrem Fleisch«. Sie war selbst ein verrückter Salat. Einmal hatte sie Sex im Grabmal ihres verstorbenen zweijährigen Sohnes. Sie hoffte, seine Seele für ein neues Kind einfangen zu können. (Eine Trauer wie ihre kann ich beinahe verstehen.) Die Schriftstellerei ist auch ein verrückter Salat. Außerdem ein verrückter Hauptgang und ein verrücktes Dessert. Was verleiht mir das Selbstbewusstsein, mit einem neuen Buch anzufangen? Nun, ich habe für meine Anthologie *Landkarten des Augenblicks* zwei wichtige Auszeichnungen erhalten. Allerdings erregte George Clooney, der mit dem Motorrad durch meine Wahlheimat, das Dorf San Rocco, fuhr, bei den Einheimischen um einiges mehr Aufmerksamkeit als meine obskuren Preise. Die Toskaner lassen sich nicht sonderlich von Prominenz beeindrucken, nicht einmal von George Clooney, obwohl die Carabinieri in ihren Uniformen von Valentino den Bürgermeister zu meinem Haus eskortierten, damit er mir einen Strauß Lilien überreichen konnte. Ich flog nach New York, Boston, D. C. und an die Westküste. Wie traumhaft es ist, gefeiert und gelobt zu werden. Doch danach hatten die beiden gerahmten Urkunden keine großen Folgen mehr bis auf Angebote, an einigen Universitäten als Gastdozentin zu lehren, und weshalb sollte ich so etwas tun? Winter in Ithaca, Sommer in Arizona? Die beiden Stiftungen statteten mich mit beträchtlichen Geldsummen aus (zumindest beträchtlich für eine Dichterin), die ich dankbar dafür nutzte, die Sickergrube und die Heizung in meinem Haus zu erneuern.

Es heißt, Dichtung ließe nichts geschehen, doch in Wahrheit geschieht alles ihretwegen. Das Stromkabel, der Sprachduktus, die treffsichere Metapher, sie sind mein Zuhause, meine erste Liebe und das, weshalb Menschen zugrunde gehen, weil es in ihrem Leben fehlt. (Das hat schon mal jemand gesagt, aber wer?) Ich wurde geehrt. Viele Dichter mühen sich für immer in einem Vakuum ab. Ich wünschte, ich könnte daran glauben, dass ich die Auszeichnungen verdient hatte. Doch ich habe den starken Verdacht, dass das Leben in Italien, weit weg von den literarischen Intrigenspielen, eine Hilfe war. Vielleicht war ich ja die Einzige, auf die alle sich einigen konnten.

Falls Sie mich überhaupt kennen, was ich bezweifle, dann wahrscheinlich wegen *Gesprengte Grenzen*, meines Buches über Freya. Dank Margarets Beziehungen zu einem Produzenten geschah das Unfassbare, und aus meiner eindringlichen Hommage an eine meiner Heldinnen wurde ein Film, der in allen Kinos lief. Sicher haben Sie ihn gesehen, doch wer kennt schon den Autor, der hinter einem Film steht? Die keusche Freya wäre sicher nicht begeistert gewesen von der Sucht des Drehbuchschreibers nach Sexszenen mit syrischen Stammeshäuptlingen in der Wüste. Ich tröstete mich damit, dass viele Leser danach Freyas Bücher entdeckten. Sie (obwohl verstorben), Hollywood und ich verdienten Geld. Natürlich nicht Summen wie Online-Mogule oder sogar mein Cousin, ein Immobilienmakler, für mich aber ein Vermögen. Ich renovierte die Küche fertig und legte den Rest auf die hohe Kante.

Auch mein Buch über Maud eröffnete mir Zugang zu weiteren Welten. Sie rief mir einfach zu, sie wolle, dass über sie geschrieben würde, und ich hörte sie. Die Dramatikerin Orla Kilgren schrieb meinen *Schwan von Coole* für die Bühne um und verwob Yeats' Gedichte wundervoll mit meinem Text. Fünf Jahre später hebt sich in Dublin noch immer an vier Abenden pro Woche der Vorhang. Colin und ich freunden uns durch verschiedene Inszenierungen und Festivals mit vielen Leuten an, und nur der Himmel weiß, wie viele Schauspieler und Regisseure den Weg in die Toskana zu erschöpfend langen Besuchen gefunden haben.

Als überzeugte Exilantin, die Europa seit ihrer Kindheit in Florida liebt, habe ich mich nie mit einem amerikanischen Thema befasst, und ganz sicher nicht gleich mit fünfen – den Frauen, mir und Margaret, die nur qua Geburt Amerikanerin war, und noch dazu aus Washington, D. C.

Ich werde mithilfe der kulturellen Erinnerung vorankommen, des Instinkts, mit wächsernen Schwingen, wenn es sein muss.

Zufällig

Während Colin das Feuer ausmacht, trete ich hinaus, um den schwarzwolligen, von strasssteinähnlichen Sternen übersäten Himmel zu betrachten. Anderswo leuchten sie, hier ist es ein gleißendes Strahlen. Man schnappt nach Luft und fällt am besten auf die Knie. Durch die Bäume wirkt das Haus der Malpiedis wie ein grauer viereckiger Fleck, der sich vom dunkleren Hügel dahinter abhebt. Schaut eine der Frauen aus dem Fenster und bestaunt das funkelnde Firmament? Heute Nacht bilden fünf Sterne, würde man sie mit einer Linie verbinden, einen Wasserfall, der sich auf ein Stück Mond ergießt. Träumt eine andere vielleicht gerade ihren ersten Traum in Italien? Und die dritte, den kleinen Hund zu ihren Füßen, schläft möglicherweise so tief, wie es nur auf dem Land möglich ist, dunkel und still. Um vier wird sie aufwachen, verdattert von der Erkenntnis, dass sie in Italien ist. *Italien!*

Die örtlichen Kunsthandwerker stellen noch immer leere Bücher mit Lederrücken und hübschen Deckeln aus Papier her. Freunde schenken sie mir zum Geburtstag. Gäste hinterlassen sie, begleitet von Briefen, in denen sie mir Inspiration wünschen. Eine Schriftstellerin braucht dringend ein leeres Buch, richtig? Weder in diesem Leben noch im nächsten werde ich fähig sein, all die bedrohlich weißen Seiten zu füllen, insbesondere deshalb, weil ich normalerweise mit einem Notizblock oder mit dem Computer arbeite. Heute Abend jedoch nehme ich ein ganz besonderes aus dem Regal. Ein knochenweißer Buchrücken aus Pergament und ein Einband mit abstrakten gelben Blumen darauf umhüllen ein dickes Buch, das sich leicht aufschlagen lässt. Werde ich meinen Weg finden? Ein Kritiker hat meine Gedichte als »karg und hart« bezeichnet. Meine Prosa hingegen wälzt sich in Details, in dem, was ich Illuminierungen nenne. (Warum Prosa schreiben, wenn man sich nicht kleine Abstecher erlaubt, um auf Umwegen zum eigentlichen Thema zurückzukehren?) Nun hoffe ich, am Anfang einer Odyssee von Hunderten von Enthüllungen und Geschichten beginnen zu können.

Das Ende? Wie die letzte Zeile eines Gedichts findet ein Roman (selbst dieses Zwitterwesen) womöglich, dass sich sein Ende anfühlt wie ein Anfang. Oder wie ein Herumwirbeln – eine Zehncentmünze, von einer hohen Brücke hinuntergeworfen.

San Rocco liegt gleich hinter zwei Kurven den Hügel hinab. Nur einen Zickzackmarsch eine Römerstraße entlang, und zehn Minuten später bin ich am Stadttor. Bestimmt haben sich die drei Frauen deshalb für das Haus der Malpiedis entschieden. Ich habe die Website gesehen: ein frei stehendes Haus in der Nähe der Piazza.»Städtchen fußläufig zu erreichen« ist das, was alle suchen. Wenn ich am Morgen wie immer zu Fuß hingehe, werde ich aller Wahrscheinlichkeit nach einiges über die Ankunft der drei Frauen erfahren. Vermutlich hat sich der eine oder andere Zwischenfall über Gianni, den Taxifahrer, herumgesprochen. Und auch Grazias Meinung, verbreitet durch vielleicht drei E-Mails, wird man überall zitieren.

Vor dem Zubettgehen zeichne ich ein Orangenblatt auf die erste Seite und schreibe *Neues Blatt.*

Das Folgende wird sich langsam zusammentragen. Ihre Geschichten werden in der Stadt die Runde machen. Viele wird man mir persönlich berichten. (Oh, ich werde zweifellos etwas dazuerfinden.)

Selbst jetzt vergesse ich immer wieder Margarets Buch. (Ich lasse sie im Stich.)

Arbeitstitel: *Margaret Merrill: Exil am Fenster.* Ein kurzes Buch, eigentlich ein Tribut. Etwas, das zu vollenden ich mich verpflichtet fühle, da ich in unserer krisengebeutelten Freundschaft letztlich versagt habe. Das belastet mich. *Quält mich,* mag übertrieben sein. Doch es ist da, das bohrende Gefühl, dass etwas aufgeschoben wurde. Wie dass man keinen Arzttermin vereinbart, obwohl die Mammografie schon längst fällig ist, sodass man sich jedes Mal beim Ausziehen ausmalt, die geröntgten Brüste seien von weißen Kalkablagerungen durchsetzt wie die Oberfläche des Mondes.

Vielleicht findet sie hier wieder Platz zu atmen.

Ich tüftle mir meine eigene Geschichte zurecht und stelle Konstellationen nach. Ich darf wünschen, möglicherweise werde ich auch wünschen.

Die drei Amerikanerinnen trafen kurz vor dem ersten Frost im Oktober 2015 ein. Ihre persönlichen Geschichten fingen in einem »Es war einmal«-Land an, doch ihre gemeinsame Geschichte begann, wie die meisten, rein zufällig (was, wenn ich im Flughafenbus nicht neben Colin Davidson gesessen hätte?). Wie ich gehört habe, lernten sie sich Ende April in Chapel Hill, North Carolina, USA, kennen.

Als der Bus vor zehn Jahren den Bahnhof von Florenz erreichte, half Colin mir mit meiner unhandlichen Tasche. Eine Fremde kommt in die Stadt. Immer dieselbe Geschichte. Wir trafen zusammen. Millionen von Atomen schwärmten in der Luft und formierten sich neu. Ich habe einen ungewöhnlich starken Geruchssinn (nicht immer ein Segen). Als er meine Tasche am Straßenrand abstellte, stieg mir trotz der Dieselabgase sein Duft nach Limettenwasser und an der Sonne getrocknetem Leinen in die Nase, ein Geruch wie von einer idyllischen tropischen Insel, die ich noch nicht besucht hatte. Ich wollte mein Gesicht an seiner Schulter vergraben. *Du bist hier*, dachte ich. Er lächelte, und mir fiel irgendein Zitat ein, *der Dichter mit den breiten Lippen*. Wir sahen einander an, erstaunt, glaube ich. Eigentlich bin ich zurückhaltend und würde so etwas niemals tun. Und dennoch sagte ich ganz spontan: »Ich bin Kit Raine. Hast du Zeit, etwas trinken zu gehen?«

Auf die zweite Seite male ich ein großes X und schreibe *X in Flux*. Keine Ahnung, warum.

Unten ist alles dunkel. Ich verriegle den Fensterladen.

Benvenute. Willkommen.

II

Orientierung

Chapel Hill, North Carolina

»Du bist spät dran, Charlie, was in Ordnung ist. Ich habe sowieso keine Lust hinzufahren.«

»Bei Ingrid hat sich ein loser Draht in den Kiefer gebohrt, ich musste sie vor der Schule zum Kieferorthopäden bringen. Tut mir leid. Anscheinend haben sich diese Drähte bei der Hälfte der Kinder der Stadt gelockert. Über eine Stunde mussten wir auf eine Behandlung von fünf Minuten warten. Wenn Lara nicht da ist, spielt alles verrückt. Wir kommen noch absolut pünktlich an, Mom. Es fängt erst um elf an.«

Camille schlüpfte in einen leichten limettengrünen Pulli. Keine einfache Farbe für sie mit ihrer hellen Haut und den neuen blonden Strähnchen in den Haaren. Sie fand, dass sie im Flurspiegel aussah wie unter Wasser oder sogar, als habe sie Gelbsucht. Kurz war es ihr peinlich. Hat jede amerikanische Frau späten mittleren Alters blonde Strähnchen? Und was heißt überhaupt spätes mittleres Alter? Sie war doch einfach nur alt. Sie bemerkte hinter sich Charlie, der sie mit gerunzelter Stirn musterte, ein besorgter Gesichtsausdruck, den sie zum ersten Mal im Kindergarten bei ihm beobachtet hatte, als seine Süßkartoffel nicht ausschlug, während die der anderen schon herab-

39

hängende Ranken hatten. »Bestimmt wirst du begeistert sein«, sagte er. *Nicht sehr überzeugend,* dachte sie.

»Wo ist Lara diesmal? In irgendeinem exotischen Land?« Charlies dänische Frau Lara arbeitet für einen jährlich erscheinenden skandinavischen Reiseführer als verdeckte Hotel- und Restauranttesterin. Sie reist ständig, was Charlie dazu zwingt, seine Malerei zwischen dem Herumkutschieren von Ingrid und, seit Kurzem, der Aufgabe einzuzwängen, seine Mutter zur Physiotherapie, zum Bio-Supermarkt und, wie heute, zur Besichtigung von Cornwallis Meadows zu fahren. Normalerweise wäre Camille selbst gefahren. Doch drei Wochen nach dem Einsetzen des künstlichen rechten Kniegelenks fand er, dass es das Mindeste war, was er für sie tun konnte.

»Ich bin nicht ganz sicher. Vielleicht Vancouver.« Lara ist es, die Camille dazu drängt, nach Cornwallis Meadows zu ziehen, in eine idyllische Einrichtung für Menschen über fünfundfünfzig. Seit dem Tod von Charles senior im letzten Jahr redet Lara nur noch über die sechs Zimmer, die Verschwendung und darüber, wie einsam es sein muss, ganz zu schweigen von der Belastung durch die Berge eingelagerter Gegenstände in der Garage und auf dem Speicher. Charlie kann ihren Standpunkt nachvollziehen, sich jedoch nicht vorstellen, dass seine Mom nicht mehr in dem geräumigen, mit Holz verkleideten Haus wohnt, dessen Terrasse um eine Eiche herum gebaut ist. Wie viele Geburtstage sind unter dem Blätterdach gefeiert worden? Camille hat lange Blumenrabatten, ja, eine Menge Arbeit, doch sie liebt es, sich an Flammenblumen und Wermutkraut zu schaffen zu machen, jeden Herbst einige Hundert Osterglockenzwiebeln zu setzen und im späten Frühling voller Freude Pfingstrosen zu pflücken.

Charlie erinnert sich ans Üben, daran, wie Ameisen aus den weißen und rosafarbenen Pfingstrosen auf das schwarz lackierte Klavier purzelten, während er »Ol' Man River« und »Claire de Lune« in die Tasten hämmerte. Die weißen Blumen hatten einen rosigen Fleck in der Mitte, und er hatte gedacht, seine Mutter habe jede Einzelne geküsst.

»Vancouver klingt spitze. Ein tolles Abendessen und ein schickes Hotel. Den Job hätte ich auch gern.« Das war die einzige Spitze, die Camille setzte. Sie war einverstanden gewesen, sich Cornwallis Meadows anzuschauen. Sie wusste, dass ihre Schwiegertochter sie nicht nur manipulieren wollte. Sie machte sich ernsthaft Sorgen um Camille und überlegte, wie sie ihre, von Lara so genannte, »nächste Lebensphase« gestalten sollte. Allerdings hegte Camille den Verdacht, dass Lara ein Auge auf das Haus geworfen hatte, in dem Charlie aufgewachsen war. Das große Wohnzimmer mit seiner Glasfront, das Blick auf den Spit Creek bot, die Küche mit ellenlangen Arbeitsflächen aus Travertin. Wer konnte ihr das verübeln? Charlie würde es als Maler womöglich nie schaffen, sie aus dem zusammengeschusterten Billighäuschen in Karlswood Valley herauszuholen. In Wahrheit graute Lara vor den Flughäfen, dem Zimmerservice, den Kücheninspektionen, dem Bewerten von Duschkabinentüren, den Zimmermädchen, die anklopften, während man sich gerade zum Abendessen umzog, und dem Nachschauen unter den Hotelbetten. Ein glamouröser Job war das nicht gerade.

Vielleicht verhielt Charlie sich ja kindisch. Er wollte sich nicht vorstellen, dass das Haus weg war und dass Fremde ihren Golfschläger und ihren Weihnachtsschmuck auf dem Speicher verstauten, wo er noch immer seine alte Schnorchelausrüstung, seine Tennisschläger, seine Lehrbücher aus dem College und seine frühen Gemälde aufbewahrte. Die Bilder seiner Mutter lehnten dort auch noch am Gaubenfenster. Lara hatte erwähnt, dass sie, falls seine Mutter Cornwallis Meadows gefiele, vielleicht aus dem Backsteinhaus im Ranch-Stil mit seinen vier schuhschachtelgroßen Zimmern und den vergilbten Parkettböden ausziehen könnten. Charlie hielt das für unmöglich, solange seine Mutter nicht weiter für die Instandhaltung und die hohen Grundsteuern aufkam. Er wusste nicht, wie viel sein Dad hinterlassen hatte. Wie er annahm, genug für den Rest des Lebens seiner Mutter, und er hoffte auf ein hübsches Erbe danach. Über die gewaltige Lebensversicherung war er im Bilde, denn seine Mutter hatte ihm zum Geburtstag einen ordentlichen Scheck überreicht.»Mom, gib der Sache einfach eine Chance. Schau es dir an. Sei fair. Vielleicht gefällt es dir ja im guten alten Cornwallis. Die vielen Kunstkurse. Du hättest nie mit dem Malen aufhören sollen. Du weißt alles darüber – du hast dir jedes Gemälde nach 1500 gemerkt. Und das Restaurant soll angeblich gut sein: gegrillter Heilbutt, Braten, Huhn in Knoblauch. Ich habe die Speisekarte online gelesen. Jede Menge Auswahl zum Mittagessen und auch abends, also fällt das langweilige Kochen weg. Außerdem sind da Leute, mit denen du etwas unternehmen kannst. Du und Dad … ihr wart immer ein Team. Und du hättest deine eigene Wohnung und ein Auto.«

»Ich weiß, Schatz. Ich bin unvoreingenommen, aber meinem Knie geht es sicher bald besser, und ich …« Sie beschrieb eine

Geste ins Wohnzimmer hinein, die die überquellenden Bücher-
regale, das Klavier, die beiden blauen Samtsofas und den von
einer ihrer Reisen, stets »Expeditionen« genannt, in die Türkei
mitgebrachten Teppich einschloss. »Charlie, das hier ist« – wieder eine Geste – »schon lange Zeit mein Zuhause.«

Charlie sah, wie ihre zweifelnde Miene einem Stirnrunzeln
wich. »Mom, du wirst genau das tun, was du willst. Das machst
du ja sowieso.«

Nett, dass er das findet. Seit dem Nachmittag im vergange-
nen Frühjahr, als Charles von der Arbeit nach Hause kam, hat
sie keine Ahnung mehr, was sie *will*.

»Ich bin zu Hause«, rief er von der Tür aus. Seine letzten
Worte.

»Ich bin in der Küche.«

Er warf seinen Aktenkoffer neben das Flurtischchen auf den
Boden und ging ins Bad, um sich frisch zu machen. Da sie an
der Spüle Salat wusch und das Wasser lief, hörte sie nicht, wie
er dumpf auf dem Boden aufschlug. Niedergestreckt von einem
schweren Herzinfarkt, der ebenso plötzlich wie tödlich war.

Cornwallis Meadows, früher ein großer Milchbauernhof, grenz-
te laut Schild an einen Handelspfad der Indianer (später ein
Eselspfad), wo angeblich während des Unabhängigkeitskriegs
der britische General und seine Soldaten entlangmarschiert
waren. Die Anlage hatte es geschafft, sich eine Adresse in Chapel Hill zu sichern, obwohl sie sich, wie Charlie nun feststellte, in
der Nähe von Hillsborough befand, also absolut in der Pampa.
Seine Mutter drückte es klarer aus, als sie den alten Highway 86

entlangrasten: »Dieser Laden ist auf dem Mond.« Beide lachten, und Charlie öffnete das Schiebedach, damit der Geruch nach der braunen Erde gepflügter Felder, des zarten Frühlingsgrases rings um die Bäume und des nach dem Aprilregen in den Straßengräben plätschernden Wassers hereindrang. Bald würden die Heckenkirschen wuchern und ihren schweren Duft verbreiten. Ein Restaurant am Ort bietet jeden Frühling Heckenkirschen-Sorbet an, und Charlie lädt seine Mutter in dieser kurzen Jahreszeit stets zum Essen ein. Es macht ihn froh, wie sie die Freuden des Alltags genießt. Wie sie wegen eines Tulpenstraußes aus dem Supermarkt oder eines Korbs Pflaumen aus seinem Garten übers ganze Gesicht lächelt. Und dann fühlt er sich für ihre Freude persönlich verantwortlich.

Am weißen, weit offen stehenden Tor von Cornwallis Meadows bog Charlie hinter drei weiteren Autos ein und steuerte auf das von Säulen gezierte klassizistische Haus zu, das inzwischen den Speisesaal und die Repräsentationsräume der Anlage beherbergte. Das Haus hatte eine Ewigkeit lang der Familie Dalton gehört. Vor hundert Jahren hatten sie die Hälfte der Universitätsgebäude in der Gegend gestiftet, ebenso wie in jüngerer Zeit das medizinische Forschungszentrum, das noch immer Scharen von Menschen dazu verleitet, sich in der Nähe zur Ruhe zu setzen.

Spätere Generationen von Daltons hatten Tennessee-Traber gezüchtet, waren ungünstige Ehen eingegangen und hatten eine Menge des soliden Vermögens verloren, das der erste Tanner Dalton verdient hatte. Wie genau, weiß heute niemand mehr. Allmählich starb die Sippe aus, und der letzte Spross, Tanner IV, verkaufte, senil geworden, sein Land und Haus, heiratete seine Krankenschwester und zog nach Sarasota. Das beeindruckende Haus und das idyllische Grundstück, das sich bis zum Eno River erstreckte, wurde von einem Immobilienentwickler, unterstützt von finanzkräftigen Investoren, erworben. Und so entstand Cornwallis Meadows.

Hinter dem Haus sind weiße quadratische Nebengebäude verstreut. Vier stilvolle Einzelhandelsunternehmen, die Camille bereits kannte. Das Locavore-Café, ein Laden, der mit teurer Tischwäsche, Kerzen und Seife handelte, ein Friseursalon und Ink, ein Buchladen mit Renommee, der angesehene Schriftsteller zu Lesungen gewann. Die Straßen, die von beiden Seiten des Haupthauses abgehen, werden von Eigentumshäuschen im Landhausstil gesäumt, jedes mit einem kleinen Vorgarten und einem Lattenzaun. In der Ferne ragt ein großes, funktionelleres Gebäude empor, u-förmig mit einem Flügel mit Apartments für betreutes Wohnen und einem, der Pflegeabteilung und Hospiz beherbergt. Camille hatte C Meadows, wie die Bewohner es nannten, schon von innen gesehen, als sie Karen besucht hatte, eine Lehrerkollegin, die wegen Sehstörungen Hilfe gesucht hatte, nur um zu erfahren, dass sie an einem dinosauriergroßen Hirntumor litt, sodass ihr nach Ansicht der Ärzte nur noch zwei Monate blieben. Von den Pflegekräften behutsam umsorgt, hatte sie noch acht ruhige Monate gelebt. Als Camille sie kurz vor ihrem Tod besucht hatte, hatte sie sich anschließend im Buchladen etwas zu lesen besorgt und in dem Regal für antiquarische Bücher, noch originalverpackt, die entdeckt, die sie Karen mitgebracht hatte. Sie hatte *Gäste auf Erden* noch einmal gekauft. *Ja, stimmt,* hatte sie dabei gedacht, *das sind wir auch.*

Charlie stoppte vor dem Haus und sprang aus dem Auto, um ihr die Tür aufzuhalten. Camille stellte ihren rechten Fuß, die lädierte Seite, auf den Kies, schwang dann ihr anderes Bein aus dem Wagen und ließ sich von Charlie hinaushieven. Wenn sie erst einmal stand, war alles in Ordnung, doch aus dem Bett, einem Auto oder einem tiefen Lehnsessel herauszukommen sorgte dafür, dass ihr der Schmerz wie heiße Nägel durchs Bein schoss. Manchmal tat das andere Bein aus Solidarität ebenfalls weh. »Du siehst toll aus, Mama. Deine Haare gefallen mir so.« Camille sah toll aus. Die siebeneinhalb Kilo, mit denen sie sich als ihr Los abgefunden hatte, waren weggeschmolzen, sodass sich ihr schlanker Tennisspielerinnenkörper wieder so anmutig bewegte wie früher. »Die Trauer steht dir«, hatte eine Freundin vor Kurzem taktlos angemerkt.

»Tschüss, Schatz. Du brauchst nicht zurückzukommen. Sie haben hier einen Pendelbus in die Stadt. Ein kleiner Fußmarsch nach Hause wird mir guttun.«

Eine Frau in einer roten Hose und einem rot-türkisfarben gemusterten Pullover verharrte am Anfang des Backsteinwegs, der zum Haus führte. Sie musterte die Reihen von Begonien, rosa-weiß-rosa-weiß, zu beiden Seiten. »Mir wären Gruppen in Rosa und Gruppen in Weiß lieber«, sagte sie, als Camille vorbeikam. »Nicht aufgereiht wie die Zinnsoldaten.« Camille schmunzelte.

»Ich bin Susan Ware. Wollen Sie auch zu der Erstsemesterveranstaltung da drin?« Ihr Händedruck war fest und trocken. Der von Camille das genaue Gegenteil. Ihr gefielen Susans große graue Augen, eine Schattierung dunkler als ihr stacheliges graues Haar.

»Ja. Ich bin Camille Trowbridge. Ich verabscheue gerade Linien ebenfalls. Insbesondere bei Tulpen, denn die sind sowieso schon schlimm genug.«

Susan lachte erstaunlich laut. »Ja! Endlich jemand, der meiner Ansicht ist. Sie sehen aus wie aus dem 3D-Drucker. Können Sie sich dieses Beet mit Büscheln Weißfilzigem Greiskraut, Petersilie und Marien-Glockenblumen vorstellen?«

»Das wäre wirklich hübsch. Tja, zumindest schlagen die Begonien aus und halten bis in den Herbst.«

Sie folgte Susan hinein, wo man ihnen Namensschilder überreichte und sie mit der Wohnbereichsleiterin Blair Griffin bekannt machte. Sie war Hillary Clinton bis hin zum neonblauen Hosenanzug wie aus dem Gesicht geschnitten, schüttelte ihnen kräftig die Hand und begrüßte sie. »Wir wissen, dass Sie vom Leben in C Meadows begeistert sein werden, meine Damen. Das sind alle. Gleich werden Sie mehr erfahren. Schauen Sie sich im Haus um, machen Sie sich damit vertraut, und trinken Sie einen Kaffee, während wir auf die Nachzügler warten.« Ihre Assistentin versorgte sie mit Broschüren und zeigte ihnen, wo es Kaffee und Kuchen gab.

»Hassen Sie es nicht auch, Dame genannt zu werden? Oh,

da ist ja Bitsy Sanford! Ist sie schon in Rente? Wir hatten vor hundert Jahren eine Fahrgemeinschaft.« Susan ging zu dem Lehnsessel hinüber, wo eine grobknochige Frau in einer gestreiften Bluse mit Schleife zusammengesackt vor ihrer Kaffeetasse saß. Camille schlenderte in den Speisesaal und begutachtete die Croissants und Bärentatzen.

»Hallo, guten Morgen. Die sind so lecker, wie sie aussehen. Ich bin Julia Hadley, aber ich kann Ihnen nicht die Hand schütteln, weil meine voller Butter ist.« Das stimmte. Außerdem hatte sie nicht bemerkt, dass sie mit ihrem Croissant ihr marineblaues Sakko und den Teppich vollgekrümelt hatte.

Lächelnd stellte Camille sich vor und nahm sich ein Croissant. »Wenn wir hier einziehen, kriegen wir so etwas wahrscheinlich jeden Morgen. Glauben Sie, die liefern sie auch bis an die Tür?«

»Das bezweifle ich. Und wenn doch, müssten wir die Gymnastikkurse bei Morgengrauen verdoppeln.«

»Ich schaue mich nur um. Ziehen Sie ein?«, erkundigte sich Camille.

Julia hielt inne. »Ich habe keine Ahnung, was ich tun werde.« Sie zuckte mit den Achseln.

Ich auch nicht, dachte Camille. Aber ich *muss* auch nichts tun. Ich *werde* nichts tun. »Ich brauche wirklich eine Veränderung«, brach es aus Julia heraus. Sie verstummte und verspeiste den letzten großen Bissen ihres Croissants.

Andere Frauen und zwei Männer lernten sich, ausgerüstet mit Porzellantassen, kennen und unterhielten sich leise. Wie bei einer Beerdigung, sagte sich Camille. Plötzlich hatte sie ihren Mann vor Augen. Seine Angewohnheit, sich mit den Fingern durch das dunkelblonde Haarbüschel zu fahren, das ihm ständig in die Stirn fiel. Charles. Dessen Hände aus Marmor gemeißelt waren. Den sie so gern ins Ohrläppchen gebissen hatte. Charles, der nach Hause kam, seinen Schlüsselbund aufs Bord warf, seine Jacke auszog und seinen überquellenden Aktenkoffer in den Garderobenschrank stopfte. Charles und sein leichter Geruch nach Regen und würzigem Rasierwasser. Keine Beerdigung. Eine Trauerfeier im Garten. Nachdem, ja, nachdem er zu Feuer geworden war. Ganz und gar. Er war Feuer und dann von Feuer verschlungen worden. War da ein Messgerät wie ein Backofenthermometer gewesen, oder bildete sie sich das nur ein? Unvorstellbar: Charles, eine Harzurne voller Asche und Knochenstückchen. Der gesamte Mensch, dessen Schultern beim Lachen gebebt hatten. Sie und Charlie hatten ihn nie verstreut. Er war noch zu Hause. Ein Jahr, und sie kann es noch immer nicht glauben, dass man ihr das Leben weggenommen hat. Ihren Felsen in der Brandung. Man ist mit jemandem zusammen. Man selbst plus ihm. Und plötzlich ist da ein Minuszeichen. Verschwunden. Nicht nur er, sondern auch das Dritte, gemeinsam Geschaffene. Die Ehe, so beiläufig und lautstark zerbrochen wie ein Teller, der auf einem Fliesenboden zerbirst. Die überlebensgroße Einheit aus Plänen, Vergangenheit, Sehnsüchten, Sorgen, Verzückung und so weiter. Alles, was *wir* waren. Staub zu Staub. Ein Naturereignis, doch sie kann es nicht fassen. Sie drehte den Fuß, um den stechenden Schmerz in ihrem Knie zu lockern. Vielleicht habe ich deshalb mein Knie verloren, dachte sie. Man hat mir ein Bein gestellt.

Einatmen. Einatmen.

Ihre Aufmerksamkeit wandte sich wieder dem Speisesaal mit der hohen Decke, dem großen Fenster mit Blick auf einen Knotengarten und einer schmalen weißen Ecke des Krankenhaustrakts zu. Liegt es nur an der förmlichen Einrichtung, dem Williamsburg-Stil, dass alle so still sind? Eckschränke voller silberner Kompottschalen und Wassergläser aus Kristall, abgetretene Orientteppiche, die bestickten Sitzflächen nachgeahmter Chippendale-Stühle. Stellten die Muster auf diesen Sitzflächen allesamt Blumen aus der Region dar? Jemandes Frau hat sich bei dieser vielen Stickerei sicher die Augen verdorben. Ach, dachte Camille, all das strahlt Alter, Beständigkeit und Familie aus. Und fast alle hier sind alleinstehende Frauen.

»Siebzehn, es sind alle da. Und ich heiße Sie herzlich in C Meadows willkommen.« Klappstühle ergänzten die Lehnsessel und Sofas in dem geräumigen Wohnzimmer, wo Blair Griffin vor dem Kamin stand und auf die herunterschaute, die sich heute Morgen versammelt hatten, um etwas über das Leben in Meadows zu erfahren, sich herumführen zu lassen, zu Mittag zu essen und zu entscheiden, ob sie ein Häuschen kaufen sollten. Das Mittagessen würde etwas Besonderes sein. Friséesalat mit Krebsfrikadellen, dazu einen guten Chardonnay und zum Dessert Mandeltorte. Jemand würde heute kaufen. Da war Blair sicher. Sie lächelte die Gesichter an, die zu ihr aufblickten. Alle waren weiß bis auf eine elegante Frau in einem mit Metallfäden durchwirkten violetten Sari, eine Japanerin mit Gehhilfe und einen Afroamerikaner, der sich auf einen Stock, gekrönt von einem Pferdekopf aus Elfenbein, stützte.»Hier ist ein Stuhl«, meinte sie und wies auf ihn. Ein Paar schien gerade die fünfundfünfzig Jahre alt zu sein, die Voraussetzung waren, um hier einziehen zu dürfen.»Haben es alle bequem? Also fangen wir an. Es ist Zeit, ein neues Kapitel zu beginnen, und wir hoffen, dass Sie von dem begeistert sein werden, was Sie heute hier sehen.«

Susan konzentrierte sich auf den Bildschirm über dem Kamin, wo ansprechende Fotos im Stil von Ken Burns einander nahtlos ablösten. Wassergymnastik im Hallenbad, geblümte Liegen rings um einen Swimmingpool. Kunstkurs, eine Frau formte auf einer Drehscheibe Ton zu einer Schale. Zwei Frauen, die einen Gartenweg entlangwankten. Szenen aus dem Speisesaal, wo alle einander zuprosteten. Das Haupthaus im Schnee, weihnachtlich geschmückt. Vier recht jugendliche Bewohner beim Kartenspiel auf der Terrasse. Ein aktiver Lebensstil, sorgfältig choreografiert.

Susan wurde von einer Bewegung an der Fußbodenleiste abgelenkt, eine schwarze Kakerlake purzelte in den Heizungsschacht.»Speisepläne nach Saison«, sagte Hillary Clinton. Wie hieß sie noch mal? Blair.»Küchenchef Amos lädt alle ein, sich an der Pflege des Gemüsegartens zu beteiligen. Es ist noch früh, aber im Juni grünt und blüht es hier!« Susans Interesse erwachte. Es erschienen Fotos von vier Frauen auf gelben Kniehilfen aus Styropor, die Unkraut jäteten. Zwei andere befestigten Stangenbohnen an einer Pyramide aus Draht. Susan sah sich im Raum um. Gut gekleidete Frauen mit pflegeleichten Frisuren und wenig Make-up. Wie würde die Welt wohl ohne

Haarfärbung aussehen? Sie schätzte die Anwesenden auf zwischen fünfundfünfzig und achtzig. Geschieden? Zum Großteil verwitwet? Sie trugen lässige Pullis und weite Hosen (Eileen Fisher?) oder schmeichelnde Wickelkleider. Einige hatten die in Chapel Hill nicht auszurottenden Jeanskleider oder formlose Maxiröcke mit Birkenstocks an, ließen ihr graues Haar einfach herunterhängen und ihre Gesichter zeigen, was das Wetter bei ihnen angerichtet hatte.

Sie erinnerte sich an den Tag, an dem einer der neuen jungen Makler bei Ware Properties sie mit einer Kollegin verwechselt hatte.»Ich bin nicht Katie, sondern Susan«, hatte sie ihn verbessert. Er hatte gelacht.»Ihr Maklerinnen im mittleren Alter seht alle gleich aus.« Danach hatte sie sich die schicke Frisur zugelegt, ihre Garderobe aufgemöbelt und angefangen, bunte Farben, auffälligen Modeschmuck und höhere Absätze zu tragen. Sie war die Einzige in Rot im Raum. Mit Ausnahme der Weste des Mannes drei Sitze weiter, der gerade einnickte (Narkolepsie?).

»Das ist nur ein flüchtiger Einblick«, verkündete Blair.»Wir wollen uns einander vorstellen, und dann besichtigen wir die Häuser. Anschließend schauen wir, was Küchenchef Amos für uns vorbereitet hat. Sagen Sie einfach in ein paar Worten, wer Sie sind und welche Interessen Sie haben. Danke, dass Sie gekommen sind. Ich freue mich darauf, mit jedem von Ihnen zu reden. Falls Sie Fragen haben, nur zu. Fangen wir bei Ihnen an.« Sie wies auf Camille, die aufstand und sich im Zimmer umblickte.

»Ich bin Camille Trowbridge. Ich habe bis vor fünf Jahren in Teilzeit an der kunstgeschichtlichen Fakultät der Universität

unterrichtet. Ich war mit Charles Trowbridge verheiratet und …
er – ich habe ihn im letzten Jahr verloren. Wir haben einen verheirateten Sohn, und ich habe eine Enkelin. Ich reise und arbeite gern im Garten und wäre an den Kunstkursen interessiert.
Vor langer Zeit habe ich selbst gemalt und betrachte mich noch
immer als Malerin. Oh, und ich bin eine leidenschaftliche Leserin und seit fünfundzwanzig Jahren Mitglied im selben Buchclub.« Lächelnd zuckte sie mit den Achseln und setzte sich wieder. Herrje, dachte sie. Das war's. Sie hatte nicht einmal erwähnt,
dass sie gern kilometerweit am Strand spazieren ging, Tennis
spielte, nach einem guten Abendessen und einer Flasche Wein
mit Charles Netflix schaute, Haushaltsauflösungen und Antiquitätenläden besuchte und nach Washington zu Ausstellungen flog. Dass sie Freude daran hatte, Schränke und Bücher-
regale aufzuräumen, zu baden, Stunden in der Bibliothek zu
verbringen, Suppe zu kochen, jeden Spätsommer Blumenzwiebeln zu bestellen, lange E-Mails an Freunde zu schreiben, an
Sommerabenden den Rasen zu sprengen und Ingrid *Pippi
Langstrumpf* vorzulesen. Der Buchclub? Der hatte sich seit über
einem Jahr nicht mehr getroffen. Und die Malerei? Sie hatte
mit dem Unterrichten aufgehört, um es noch einmal damit zu
versuchen, und schob es, ja, sogar den Einkauf von Künstlerbedarf, seitdem vor sich her. Sie war erschöpft. Die Sache mit
dem Knie dauerte nun schon zu lang. Es heilte nicht so schnell,
wie der Arzt versprochen hatte. Bei ihm klang es nach Routine.
Tja, vielleicht war es das für ihn, allerdings nicht für sie. Außerdem machte es ihr Angst. Immer wieder hatte sie alles über
den ersten Sturz gelesen, den Vorboten dessen, was noch fol-

gen würde. Ein Jahr lang hatte ihr Knie beim Treppensteigen geknarzt wie auseinandergezogenes Klettband. Und dann, eines Tages, war es einfach weggeknickt, als sie Einkäufe ins Auto lud. Die Operation war unvermeidlich gewesen. Als Nächstes würden wohl die barrierefreie Dusche und ein Schlafzimmer im Erdgeschoss folgen. Ha, und zu guter Letzt das Seniorenheim.

Ihr wurde klar, dass sie die Vorstellungen danach gar nicht mitbekommen hatte. Doch nun stand Susan auf, in ihrer auffällig roten Kleidung ein Kardinal unter Rebhühnern. »Hallo zusammen. Ich bin Susan Ware, geboren und aufgewachsen hier in Chapel Hill. Mein Mann ist vor drei Jahren gestorben. Einige von Ihnen haben vermutlich ein Haus bei ihm gekauft. Ich handle noch immer mit Immobilien, überlege aber, damit aufzuhören, um andere Interessen zu verfolgen. Welche Interessen? Gärtnern. Alles, was mit Blumen zu tun hat. Wenn ich noch mal von vorne anfangen könnte, würde ich Landschaftsgärtnerin werden. Außerdem, bitte nicht lachen, angle ich gern an der Küste und probiere die neuen Restaurants aus, die in Durham aus dem Boden schießen. Ich habe zwei erwachsene Töchter, die beide an der Westküste leben.«

Diese seltsamen Zusammenfassungen. Gucklöcher. Camille mochte Susan auf Anhieb. Also ist sie allein. Einen derzeitigen Partner hat sie nicht erwähnt. Wenn sie meine Nachbarin würde, wäre es vielleicht nett hier. Sie und Julia Hadley. Was ist mit der eleganten Inderin? Oder der, die gerade gesprochen hat, Catherine Soundso? Drahtig und mit interessanten, markanten Gesichtszügen. Eine Nase wie eine Pfeilspitze aus Quarz.

Catherines waren meist bodenständig, und diese hier wollte aus Connecticut herziehen. Sie hatte gesagt, sie würde aller Wahrscheinlichkeit nach noch heute den Vertrag für ein Häuschen hier unterschreiben. Der erste Eindruck ist ein Mysterium. Er entsteht rasch und fußt auf Gewissheit.

Sonst hatte Camille niemanden mehr gehört, zu dem sie sich hingezogen fühlte. Ungehobelt, leutselig, abgehoben, niedergeschlagen, zu mitteilungsfreudig, schüchtern, reizend, ernsthaft, herablassend. Offenbar stellte jeder eine bestimmte Eigenschaft in den Vordergrund, und sofort reagierte man darauf. Vielleicht hatte es ja auch genetische Gründe. Wie Charles stets beharrt hatte: Anziehungskraft hat einzig und allein mit dem Geruch zu tun.

Nun war Julia an der Reihe.

»Ich bin Julia Hadley, komme aus Savannah und bin erst vor Kurzem hierhergezogen. Ich … ich war verheiratet. Inzwischen verbringe ich den Großteil meiner Zeit mit Lesen, während ich mir meinen nächsten Schritt überlege.« O nein, wie blass. Ein Schweißtropfen rann ihr die Wirbelsäule hinunter. Sie legte sich weiter ins Zeug. »Ich koche gern. Kochen ist meine Leidenschaft. Essen. Das war auch mein Beruf. Ich war Lektorin bei Mulberry Press. Sie geben wunderschön aufgemachte Bücher heraus, nicht nur Kochbücher, sondern auch kulturgeschichtliche wie zum Beispiel über das Leben auf Reisplantagen. Ich teste weiterhin die Rezepte.« Oh, das reicht. Rasch sprach Julia weiter. »Äh, und ich mag Opern, Fotografieren und Segeln.« Abrupt setzte sie sich wieder, als wolle sie kein Wort mehr sagen. Segeln. Sie war früher gern gesegelt. Das war vorbei.

Camille lauschte. Die Inderin war Herzchirurgin, die ihren Beruf wegen eines frühen Stadiums von Parkinson hatte aufgeben müssen. Eine andere Frau, die wie eine ältere Version von Audrey Hepburn aussah, war Psychologin und hatte jahrelang zum Tode verurteilte Straftäter begutachtet. Die grobknochige Bitsy hatte zwanzig Jahre eine Spedition geleitet. Fast alle waren berufstätig gewesen; drei nahmen die Bezeichnung »Hausfrau« für sich in Anspruch. Zwei sagten, sie hätten den Krebs besiegt, und eine erwähnte ihre Herztransplantation. Eine Einführungsveranstaltung für Erstsemester ist das ganz sicher nicht, dachte Camille. Keine erzählt, dass sie Jack Kerouac liebe oder im Sommer auf dem Appalachian Trail gewandert sei.

Sie besichtigte die Anlage zusammen mit Susan und Julia. Auf kleinen Schildern standen die Namen der Häuschen: Vinca, Larkspur, Azalea, Marigold, Lantana, Zinnia. Anders als die ersten Wohneinheiten, die sie sich anschauten, beide nichtssagend möbliert wie eine Hotelsuite, war Morning Glory ein Endhaus mit Blick auf die Wiese und hatte zusätzlich zu dem Vorgarten eine Veranda an der Seite. »Offenbar hat hier jemand eine echte Schwäche für Narzissen«, merkte Camille an. »Und zwar für verschiedene Sorten.«

Ein Kolibri umschwirrte den violetten Blütenkelch einer Hängefuchsie. »Sehen Sie! Die engagieren sogar Kolibris, um den Laden aufzuhübschen.« Susan bückte sich und schnupperte an einer gefüllten Narzisse, die, wie sie wusste, duftete. »Gute Arbeit. Die Hyazinthen sind auch bald so weit. Julia, können Sie sich vorstellen, auf der Veranda zu sitzen, ›Nessun Dorma‹ zu hören und sich ins Greisenalter zu schaukeln?«

Während der Tour durch das Innere des Häuschens versetzte Julia Camille einen Rippenstoß. »Wem würde dieses kleine Nest nicht gefallen, was?« Wenn es nicht von jemandem bewohnt gewesen wäre, der seine Ferien auf Bermuda verbrachte, hätte sie sofort ihre Ersparnisse hingeblättert, eilig ihren Koffer aus dem Haus geholt, das sie gerade hütete, und am Abend schon am Herd gestanden. »Ich bin begeistert von den Farben, die sie verwendet hat: kühles Melonengelb und Salbeigrün. Und dann das breite, bequeme Sofa.« Die Häuschen hatten alle einen offenen Grundriss mit einem großen Wohnzimmer, einer Kochecke mit einem Küchenblock aus Holz und einem Weinregal darunter, genügend Platz für einen Tisch, ein mittelgroßes Schlafzimmer, ein erstaunlich luxuriöses Bad und ausreichend Stauraum. »Ich würde zu gern in dieser großen Kupferschüssel Eiweiß aufschlagen. Sehen Sie nur!« Die Wand über der Arbeitsfläche war von oben bis unten mit Kupfertöpfen bedeckt.

»Ich bin ganz hingerissen«, gab Camille zu. Sobald sie das ausgesprochen hatte, atmete sie tief aus. Offengestanden, war das Häuschen winzig, als erkenne es, dass man sich mit dem Alter bescheiden musste. Zu eng, dachte sie und fühlte sie plötzlich zu groß und unbeholfen.

Das letzte Häuschen, das sie besichtigten, machte einen so desolaten Eindruck, dass sie sich fragte, warum es überhaupt gezeigt wurde. Ein riesiger Fernseher mit einem ebenso riesigen Fernsehsessel davor dominierte das Wohnzimmer. Kahle Böden, schmucklose beige Wände, ein Zeitungsstapel vor dem völlig rußfreien Kamin. »Wahrscheinlich, damit wir auch eines mit zwei Schlafzimmern zu Gesicht bekommen«, meinte Julia nach einem Blick in die ungenutzte Küche. Blair scheuchte sie durchs Haus, murmelte, die Besitzerin sei noch nicht richtig eingezogen, und lenkte ihre Aufmerksamkeit auf einen kleinen Teich, auf dem Enten schwammen.

Alle waren begeistert von dem Gemüsegarten hinter einem weißen Zaun, der oben mit einem Elektrodraht versehen war, um Waschbären und Hirsche fernzuhalten. Reihen von erntereifen gekräuselten Salatköpfen, Spargelstangen, die hinter Büscheln gesunder Kräuter hervorragten, und Weinranken, die sich eine Pergola entlangschlängelten und ihre zarten gelbgrünen Blätter entrollten. Tiefe Furchen warteten darauf, bepflanzt zu werden, sobald der Boden wärmer wurde.

Beim Mittagessen saß Camille neben Blair. Die Speisen waren mild gewürzt und sehr lecker. »Wie ist Ihr Eindruck, Mrs Trowbridge, oder darf ich Sie Camille nennen?«

»O ja, natürlich! Alles wirkt absolut perfekt. Für jemanden, der diese Verhältnisse braucht.«

»Können Sie sich vorstellen, hier zu wohnen? Wirklich zufrieden zu sein?«

»Ein faszinierender Gedanke. Ich glaube, ich werde in mich gehen, schauen, wie ich mich fühle, wenn ich heute wieder zu Hause bin.«

Die beißt heute sicher nicht an, dachte Blair und rührte in ihrem Eistee. Kein Chardonnay für sie, denn es lag noch eine Menge Arbeit vor ihr. »Die meisten, die hier einziehen, bereuen, dass sie es nicht schon früher getan haben.«

Camille hielt am Tisch Ausschau nach Susan und Julia. Susan plauderte mit dem Mann in der roten Weste, der inzwischen wach und munter war. Julia saß am Ende des Tisches, musterte offenbar ihre Nachbarn rechts und links, redete jedoch nicht mit ihnen. Vielleicht ließ sie sich jeden Bissen saftiges Krebsfleisch und das zarte Gemüse mit Buttermilchdressing auf der Zunge zergehen.

Camille, Julia und Susan stiegen an derselben Haltstelle aus dem Pendelbus. Auf den Straßen wimmelte es von Studenten in T-Shirts und Shorts, genau wie Osterglocken ein Anzeichen dafür, dass es Frühling war.»Ich wohne nur vier Blocks von hier«, meinte Susan.»Ist es zu früh für ein Glas Wein? Ich würde mich gern unterhalten. Danach kann ich Sie nach Hause fahren.«

Eine weiche Daunendecke

Camille wusste nicht, warum sie die Uhr auf Charles' Nachttisch hatte stehen lassen und wieso sie weiter auf ihrer Seite schlief anstatt in der Mitte. So musste sie sich nachts herumwälzen und auf das Zifferblatt tippen, um festzustellen, zu welcher unchristlichen Stunde sie aufgewacht war, und zwar ohne den Hauch einer Chance, wieder einschlafen zu können. Sie betrachtete die rote Leuchtanzeige, 3.07, rutschte unter den Laken hervor und legte sich auf die wolkenweiche Daunendecke. Sie konzentrierte sich darauf, auf den kuscheligen Kissen zu schweben. Die Arme ausgestreckt (war ja genug Platz), trieb jeder Teil ihres Körpers dahin. Finger, Zehen, Haare (mit Ausnahme des bleiernen rechten Knies). Sie fühlte sich ausgesprochen wohl und gleichzeitig ärgerlich hellwach.

Wenn sie die Uhr anderswo hinstellte, bedeutete das, dass Charles nicht um sieben auf den Wecker schlagen würde. Das würde er sowieso nicht tun, sie wusste es, wusste es aber auch nicht. Sie starrte auf die schwarzen viereckigen Fensterscheiben und beobachtete, wie ein gleißend weißer Planet die mittlere durchquerte und aus dem Bild verschwand. So wie wir, dachte sie. Kurz vorbeiziehende Lichter. Punkte. Sie seufzte auf, denn sie hatte die hartnäckigen Gedanken an den Tod so satt. Alles konnte sie auslösen: Blumen, die in Vasen verwelkten. Die Berichte über Amokläufe an Schulen und Terroranschläge in den Abendnachrichten. Die verwirrte kraushaarige Frau, die sie im Supermarkt am Ärmel gepackt und »Ich bin eine Überlebende« verkündet hatte, obwohl das eindeutig nicht zutraf. Sie zwang sich, an etwas Positives zu denken. Heute war ein guter Tag gewesen. Sie hatte Susan und Julia kennengelernt! Susans Haus in der Hillsborough Road hatte Camille im Vorbeifahren oft bewundert. Ein Häuschen aus den Dreißigern, im Laufe der Zeit von einigen Professoren erweitert. Kleine Zimmer, behaglich mit Kunsthandwerk aus den Südstaaten, Vorhängen aus Pariser Taft und dünnen Kelims eingerichtet. Die temperamentvolle Susan hatte vor dem Couchtisch gekniet und ihnen große Gläser neuseeländischen Sauvignon eingeschenkt.

Camille konnte sich nicht erinnern, wann sie zuletzt eine neue Freundschaft geschlossen hatte. Einige Stunden lang hatten sie zusammen gelacht, herzhaft und nicht nur aus Höflichkeit.

»Warum heißen diese Senioreneinrichtungen immer ›Meadows‹?«, hatte Susan gefragt.

»Weil man uns dort auf die Weide schickt«, hatte Julia geantwortet, und sie hatten alle gekichert.

»Meinst du, du wirst dorthin ziehen und dieses fantastische Haus verkaufen?«, erkundigte sich Camille. Sie konnte sich Susan durchaus in Haus Morning Glory mit dem hübschen Garten vorstellen.

»Ja und nein. Und du? Es ist, als checke man ein, ohne wieder auschecken zu können. Oh, jetzt sieht es noch ganz rosig aus. Wasseryoga, Töpferkurs und Unkrautjäten für den Küchenchef.«

»Ja«, sagte Julia. »Nach der zweiten Woche im Ferienlager wollte ich immer nach Hause. Ich hatte wirklich keine Lust auf noch ein geflochtenes Lasso oder eine Ballerina aus Gips. Aber vielleicht wird es ja wie auf dem College ohne Seminare.«

»Oder wie Hausarrest ohne elektronische Fußfessel.«

»Herrje! Glaubst du wirklich? Dort wohnen viele gebildete, intellektuelle Menschen, hauptsächlich Frauen – mit Ausstrahlung. Die fühlen sich bestimmt nicht wie Gefangene.« Camille hielt ihr Glas hoch, um sich noch einen Schluck einschenken zu lassen. »Möglicherweise sind sie einfach nur sehr pragmatisch. Was hat Blair noch mal gesagt? Es klang wohlwollend. ›Dauerhafte Betreuung, wenn wir auf dem Weg ins Alter voranschreiten.‹ Das waren ihre Worte. Also Pragmatiker.«

»Dem Weg ins Alter! Genau das ist es ja. Igitt. Eine Geisteshaltung. Und vergesst nicht, was sie sonst noch gesagt hat. Als Witz. Ha, ha. Die Bewohner würden den Laden als Blase bezeichnen.« Susan kippte eine Tüte Cashews in eine Schale. »Es *ist* nett dort, aber ist es wirklich das nächste große Ding? Denkt ihr, man kann in einer Blase atmen?«

Julia war zwiegespalten. »Mir gefällt es, und ich brauche eine Unterkunft. Aber brauche ich sie gleich dreißig Jahre lang? Verdammt, oder vierzig. Vielleicht werde ich ja hundert.«

Camille stimmte zu. »Meiner Ansicht nach hat es etwas Kasernenmäßiges, und von uns wird erwartet, dass wir uns einreihen und mitmarschieren. Allerdings liefert der Laden eine Antwort auf eine unangenehme Frage: Was, wenn ich einmal ganz allein bin?«

»Wenn man es so ausdrückt – ja, das hört sich vernünftig an.

Doch dreißig Jahre? Wir müssen ganz klar noch jede Menge Zeit füllen. Was, wenn du mit dreiundneunzig noch zum Buchclub und zum Friseur gehst und online bei Saks Sonderangebote bestellst?«

Archie, Susans Welsh Terrier, bellte, weil er nach draußen wollte. »Vielleicht haben wir überreagiert«, merkte Julia an und griff nach ihrer Jacke. »Wir müssen weiterreden, ich bin schon ganz durcheinander. Kommt ihr morgen zu mir zum Abendessen? Ich hüte gerade ein Haus, während ich mir überlege, was ich tun soll. Mehr darüber erzähle ich euch später.«

Camilles und Charles' großer Freundeskreis hatte sich vor etwa fünf Jahren allmählich aufgelöst. Es war eine seltsame Entwicklung gewesen, die sie an die Zeit erinnerte, als sie Anfang zwanzig gewesen war. Damals hatte man *gewusst*, dass man für immer in Kontakt bleiben würde. Doch plötzlich zerstreuten sich alle und ließen sich anderswo nieder. Vor Kurzem waren einige Freundinnen früh verstorben. Schrecklich, dass Bing die Treppe hinuntergestürzt war. Und die lebenslustige Alice hatte plötzlich einen heftigen Schmerz in der Seite gespürt, der sich als Bauchspeicheldrüsenkrebs im vierten Stadium entpuppte. Kleine Steinchen auf dem Mond werden sorgfältig untersucht, allerdings nicht die dünne, glatte Wand von Alice' Darm. Daisy war inzwischen schwer dement. Ihre besten Freunde Frieda und Juan waren in eine Seniorenwohnanlage in Ashville gezogen. Fast zur gleichen Zeit hatten Ellen und Vick – so viele schöne gemeinsame Reisen – eine Eigentumswohnung mit verglaster Veranda und Blick auf den Strand von Santa Rosa gekauft. *Komm uns jederzeit besuchen. Wir vermissen dich.* Kollegen entglitten einem, wenn die berufsbedingte Nähe wegfiel. Wenn man im Ruhestand ist, wird man immer seltener eingeladen und lädt auch niemanden ein.

Camilles Kontaktliste ist voller verschwundener Freunde. Sie muss löschen, löschen, löschen. Nachbarn, mit denen sie und Charles oft einen getrunken hatten, hatten sich zu bizarren Extremisten entwickelt, die fanden, dass Lehrer Waffen tragen sollten und dass die Moslems das Land übernehmen würden. Bei der Trauerfeier für Charles hatten sie ihr vorgeschlagen, sich eine Waffe zuzulegen, damit sie sich sicherer fühlte. »Wie nett, dass ihr an mich denkt«, hatte sie erwidert. Doch am liebsten hätte sie entgegnet: *Sich eine Waffe zulegen, um sich sicherer zu fühlen? Das ist ein Widerspruch in sich, ihr Idioten!* Einigen Bekannten geht sie aus dem Weg. Mindy Sampson mit ihrer übertriebenen Anteilnahme, in deren Beileidsbekundungen stets die Andeutung mitschwang, welches Glück sie doch habe, dass ihr Bill noch jeden Samstag Golf spielte. »Ich weiß, dass du im Moment nur daran denken kannst, wie du das überstehst. Doch du wirst ein neues Glück finden, vielleicht über eine Dating-Plattform. Ich kenne eine Frau, die sogar älter ist als du und auf diesem Weg jemanden kennengelernt hat. Im Moment unternehmen sie eine Kreuzfahrt.«

Mindys hohles Geschwätz erschreckte Camille. »Ich hasse Kreuzfahrten«, erwiderte sie und dachte: *Wenn sie jetzt die sieben Phasen der Trauer erwähnt, muss ich ihr eine runterhauen.*

Nach Charles' Tod bemerkte Camille, dass sie den Lebenden gegenüber eine zunehmende Unduldsamkeit entwickelte.

Sie hatte immer gewusst, dass ein Mensch jede Sekunde ausgelöscht werden kann. Nun jedoch wusste sie es aus eigener Erfahrung. Sie wollte nicht so empfinden, kannte jedoch den Grund: ihre Wut, weil Charles tot war, während alle anderen noch aufrecht standen. Manche wurden im Alter einfach anstrengend. In ihrer Situation, mit neunundsechzig, sehen wir der Tatsache ins Auge, wollte sie Menschen meiden, die ihr früher ein wenig auf die Nerven gefallen waren – inzwischen waren sie nur noch ein Ärgernis.

Als es um zwanzig nach vier kühl im Zimmer wird, schlüpft Camille wieder unter die Daunendecke. Die neuen smarten Thermostate haben ihren eigenen Kopf und beschließen aus einer Laune heraus, mitten in der Nacht nicht zu heizen. Normalerweise musste sie das Ende einer schlaflosen Nacht abwarten und sich in ihre Erinnerungen flüchten (*Ich bin zu Hause*, rief er), doch sie nickte ein, schreckte hoch und döste weiter.

Der saubere Harzgeruch frisch geschnittener Bretter schlich sich in ihren Traum. Schlief sie? Ein Stapel von Brettern, die sie zu einem langen Kasten zusammennagelt. Sie bemalt ihn in fröhlichen Farben, helles Wasserblau. Bilder huschen vorbei. Sie wird orangefarbene Seeigel malen, einen blauen griechischen bösen Blick, Sonnen mit vielen Strahlen. Die scharfen, durchdringenden Hammerschläge bearbeiten ihre Wirbelsäule. Bei jedem Hieb schließt sie die Augen. *Nein, ich schlafe bestimmt nicht*, denkt sie. Die Deckel über ägyptischen Mumien, voller Hieroglyphen. Schlachtenszenen auf einem Sarkophag aus Marmor. Ach ja, ich zimmere meinen eigenen Sarg. Sie lackiert die Bretter strahlend goldfarben und verziert sie mit altrosafarbenen Wilden Malven und düsteren Trauerweiden, wie sie in alte Grabsteine in Neuengland eingemeißelt sind. So malt sie weiter, einen Kompass im Kopf, ein Bund kleiner Schlüssel, der Kasten, solide und rechteckig. Und, ja, glatte Ecken. Eins siebzig, gerade groß genug. *Schlafe ich?*, fragt sie sich. *Der blaue Strandball aus Gummi, den ich als Kind hatte, weißes Kaninchen, eine Klapperschlange unter der Treppe, die Erde, ein dunkelblauer Wirbel, wie man sie vom Mond aus sieht.* Sie malt schnell, präzise und frei. Ein erleichternder Gedanke meldet sich. *Noch nicht. Ich kann den Kasten aufrecht hinstellen und als Schrank benutzen. Halterungen für Regale anbringen und Decken und Mutters Wedgewood-Porzellan darin aufbewahren. Und dann, sehr schlau, bin ich nicht schlau, kann man später aus den vier Regalen einen Deckel machen, um den Kasten zu verschließen.*

9.00. Charles hat verschlafen. Dunstiges Aprillicht leuchtet in den Fenstern. Zu spät. Camilles Hand streicht über die kalte Seite des Bettes. Leer. Sie ist ein halber Körper, in der Mitte auseinandergehackt. Ihre linke Seite fehlt. Sie muss aufstehen. Zur Krankengymnastik wegen ihres verdammten Knies. Der Traum kehrt zurück. Der prachtvolle, grausig bemalte Kasten. Charles war gut darin, Träume zu deuten. Bei ihm hörten sie sich noch absurder an, als sie waren. Was hätte er davon gehalten? *Nicht heute,* dachte Camille. An gar keinem Tag. Wir werden nicht erfahren, was er gesagt hätte, oder? Sie schlüpfte in ihre Sportsachen und band sich die Schuhe zu. Ihr Knie fühlte sich besser an. Nein, Charles. Ich weiß bereits, was dieser Traum bedeutet.

Exil

Julia fuhr schon früh zum Markt in Carrboro, weil sie unbedingt das Olivenbrot und einen Karton hellblauer, malzfarbener und elfenbeinweißer Eier von der Chicken Scratch Farm ergattern wollte. Seit dem Moment, als Susan sie spät am gestrigen Abend am Haus des Professors abgesetzt hatte, plante sie das Menü für das Abendessen mit ihren neuen Freundinnen. Die leeren Wochen der letzten drei Monate verfolgen sie immer noch. Voller Tatendrang wacht sie auf, doch nach dem zweiten Kaffee erscheint ihr der Tag endlos. Außer Bedienungspersonal – und nun Susan und Camille – kennt sie niemanden in dieser Stadt, und sie hat keine Ahnung, wie sie das ändern soll. Als sie im *Chapel Hill Magazine* die doppelseitige Anzeige für Cornwallis Meadows entdeckt hat, hat sie sich deshalb für die Besichtigungstour angemeldet, weil die Aussicht auf einen strukturierten Tag gemeinsam mit anderen, die auch einen strukturierten Tag lebten, verlockend erschien. Die Stunden wurden nicht von den Dramen fremder Menschen bestimmt. Interessante Unternehmungen, Freunde, Ruhe, ein Ort, um wieder zu sich zu kommen. Wer rechnet schon damit, mit sechzig aus dem Leben geworfen zu werden, in dem er sich eingerichtet hat? Obwohl sie in diesem Jahr erst neunundfünfzig wird, steht 2016 die große Sechs-Null, die Anfangsphase des Altwerdens, drohend am Horizont. Manchmal fühlt sie sich morgens beim Aufwachen, als würde sie in einem Fahrgeschäft auf dem Rummelplatz in einer Zentrifuge herumgeschleudert, von g-Kräften in den Sitz gedrückt und unfähig, sich gegen die Fliehkraft zu stemmen, die sie nach hinten zieht. Nichts als frei schwebende Angst.

Morgens geht sie früh spazieren und lernt die umliegenden Straßen und Häuser kennen, die wirken, als fänden darin spannende Leben statt. Sie markiert Foodblogs mit Lesezeichen und verfolgt das fröhliche Geplänkel gut gelaunter Frauen, die offenbar die Hälfte des Tages am Herd verbringen, um sich in der zweiten Hälfte in den sozialen Medien herumzutreiben und Fotos von kunstvoll auf Tellern drapierten Gerichten zu posten. Einige empfindet sie als inspirierend. Der Bücherstapel von Mulberry Press, wo sie Lektorin war, leistet ihr Gesellschaft. Einige Stunden täglich ist sie damit beschäftigt, Rezepte für historische Südstaaten-Relishes und eingelegtes Gemüse zu testen, ihr letztes Buch, bevor sie gegangen ist. Paul und sein Sohn, der auch Paul heißt, schicken ihr immer noch Anfragen und zeigen ihr das Design laufender Projekte. Sie vermissen sie, und sie vermisst sie ebenfalls schrecklich.

Mittags probiert sie hochgelobte Restaurants in Durham, Foodtrucks und schäbige mexikanische Lokale aus, wo das Essen oft köstlich ist. An manchen Abenden isst sie im Crook's Corner, ein gemütliches Mekka der Südstaatenküche, wo sie am Tresen sitzt und Shrimps mit Grits bestellt. Sie hat sich auch für einen Spinning-Kurs eingetragen, ist aber wieder ausgestiegen. Das Trainingsfahrrad hat sie nur an das Offensichtliche erinnert: Ich trete auf der Stelle.

Dass Julia in Chapel Hill ist, hat sie Professor Hubert Ganyon zu verdanken, ihrem Ethnologiedozenten im dritten Studienjahr. Er hat ihr sein Haus zur Verfügung gestellt, während er mit einem Stipendium die Türkei bereist. Sie weiß nicht mehr genau, worum es in seinem Projekt geht. Es hat irgendetwas mit Exilgriechen zu tun, eine Forschungsarbeit über ein verlassenes Dorf, aus dem sie irgendwann vertrieben wurden. In Savannah war sie in der Zeitung zufällig auf eine Ankündigung eines seiner Vorträge gestoßen, hingegangen und hatte anschließend einen Kaffee mit ihm getrunken.

Als er sich nach ihrem Leben erkundigte, hatte sie erwähnt, dass es in ihrer Ehe kriselte (eine Untertreibung). Außerdem, dass sie sich sehr gern an ihre Collegezeit in Chapel Hill erinnerte. Inzwischen war er geschrumpft und mager und hatte einen weißen, dichten Haarschopf, der ihm zu Berge stand. Seine blauen Augen funkelten noch immer, als er darüber sprach, wie die Römer sich in weiten Teilen der Welt ausgebreitet hatten. Außerdem stand ein wissender Ausdruck in seinen strahlenden Augen, als sie ihm ihr Leben seit seinem denkwürdigen Seminar schilderte.

»Wenn Sie wegwollen oder -müssen, ist das ein glücklicher Zufall. Ich werde beinahe ein Jahr unterwegs sein. Diese Reise ist mein Geschenk an mich selbst zum Ruhestand, auf das ich lange gewartet habe. Ich möchte hin, solange ich die felsigen Hügel noch bewältige. Mein Haus liegt fußläufig zu allem, was Sie brauchen. Ich habe nicht einmal eine Katze. Sie müssen also nichts tun, als die Lichter einzuschalten, die Post zu sortieren und den Gärtner dazu anzuhalten, das Unkraut zu jäten.«

Wenn einem ein unverhofftes Geschenk wie dieses in den Schoß fällt, greift man am besten zu. Das Angebot war der Anstoß, den Julia benötigte, um der quälenden und abstrusen Situation zu entrinnen, in die ihr Leben sich verwandelt hatte. Sie erzählte ihm nicht von Lizzie, über ihre Lizzie konnte sie nicht sprechen.

Sie schilderte ihm nur in groben Zügen ihren Mann Wade, der ausgeflippt war, sie betrogen und die Bodenhaftung verloren hatte, der sich so weit von ihr entfernt hatte, dass sie ihn kaum noch ansehen konnte. Am meisten verwirrte sie, wie dumm er schien. Angesichts der Ereignisse, war *dies* seine Reaktion. *Tja*, dachte Julia, *und meine Reaktion bestand darin zu verschwinden. Wir sind beide am Ende.*

Hugh war Anfang achtzig und wohnte allein in einem mit Büchern vollgestopften, im Laufe der Zeit windschief gewordenen Haus am Rand des Campus. Zwei Zimmer von Kindern, die längst geflohen waren, noch immer voller Segelflaggen aus dem Sommerlager und Baseballpokalen. Die Räume unten hatten hohe Decken und waren mit altmodischen grünen Brokatsofas ausgestattet, in denen man versinken konnte. Durch die Ritzen in den Fensterläden drang das Sonnenlicht ein und malte goldene Leitern an die Wand. Es gab nur drei Fotos von seiner Frau, die vor Jahren an Leukämie gestorben war. Julia fragte sich, ob ihr hochgeschlossenes Hochzeitskleid aus Spitze wohl noch in Seidenpapier gewickelt auf dem Speicher lag. Auf dem Foto himmelte ein junger, vor Lebenskraft strotzender Hugh seine Braut an und war offenbar verrückt nach ihr. Sie war größer als er und blickte, den Kopf hocherhoben, geradeaus in eine hoffnungsvolle Zukunft. Eine Zukunft, die Hugh ihr jeden Tag bestätigte.

Das Haus war sauber, nicht staubig, wie sie befürchtet hatte, und zwar dank des unermüdlichen Fleißes von Belinda, die zweimal pro Woche kam und drei Stunden lang putzte wie eine Besessene. Viele Stunden stöberte Julia in seinen Büchern und wandte sich dann dem nächsten im Regal zu. *Medea*, beim Gedanken an diese Wut klingelte etwas bei ihr. Hatten die alten Griechen nicht alles gewusst? Sie blätterte in Jungs Werken herum und hielt seine These in ihrem Notizbuch fest, dass auf der anderen Seite des Abgrunds jemand erscheint, der einem die Hand entgegenstreckt, wenn man eine Veränderung braucht. Sie las *Gesprengte Grenzen* von Kit Raine, eine Biografie der unerschütterlichen Freya Stark. Allein hatte sie die arabischen Länder bereist, in die noch kaum ein Mann, geschweige denn eine Frau, den Fuß gesetzt hatte. Ihr erschien sie tapferer als irgendein Superheld aus Hollywood. Freyas Zitate brachten sie zum Träumen. *Nachdem Mehmet uns in Elfins Hütte etwas zum Abendessen gegeben hatte, stiegen wir ins Dinghy und ruderten bei Vollmond durch den südlichen Hafen. Drei der dreihundert Fischerkähne von Budrum befanden sich neben uns. Der Tagesfang an Schwämmen war auf dem aus Stein gehauenen Kai von Triopium ausgebreitet. Die Boote selbst kauerten dunkel im Schatten der Landzunge. Die rauen und zerlumpten Seeleute schliefen. Eine traurige und magische Entrücktheit lag über der schlummernden Stadt …*

Ich würde mir gern von Mehmet in Elfins Hütte etwas servieren lassen, träumte Julia. Anschließend nachts rudern und beobachten, wie die Strahlen des Mondes sich, Schwertern gleich,

71

unter Wasser kreuzen, und weit in der Tiefe die alten Steinfundamente»benagt vom Zahn der Zeit seit über zweitausend Jahren«.

Seit dem College hatte sie nicht mehr so viel gelesen. *Deshalb bin ich hier,* dachte sie. *Ich brauche ein literarisches Sabbatical. Neue Ideen, Anregungen, Möglichkeiten.* Als sie auf dem Sofa einschlief, träumte sie, dass sie ruderte, ohne von der Stelle zu kommen. Sie blickte an sich hinunter und stellte fest, dass sich die Ankerkette um ihren Knöchel gewickelt hatte.

Mit den Massen an Büchern hatte sie gerechnet. Die Küche allerdings war eine Überraschung, denn Hugh hatte sie, als er mit über siebzig eine Romanze mit einer jüngeren Frau begonnen hatte, die gern kochte, modernisieren lassen. Er sagte, die Romanze habe nicht gehalten, denn sie habe sich in einen Souschef im Carolina Inn verliebt. Trotzdem war Julia dankbar für den robusten Herd und die Arbeitsplatten aus Marmor, die damals in Mode gewesen waren. Hatte die Freundin darauf bestanden, in Kochgeschirr von All-Clad zu investieren, dessen Böden nicht einmal bräunlich verfärbt waren?

Julia hatte aus Savannah einen Karton voll Mulberry-Press-Kochbüchern und ihre eigenen Messer mitgebracht. In ihrem Auto hatte sich eine Halde aus Büchern, Pullovern, einem Umschlag mit Fotos und ihrem auf die Rückbank geworfenen Laptop getürmt. Sie hört Wade noch brüllen, als sie rückwärts aus der Einfahrt rollte:»Julia, du kommst sofort zurück. Du fährst nirgendwohin!« Er hatte ein Stemmeisen in der Hand, das er von der Werkbank genommen hatte, und schwenkte es. Sicher würde er sie nicht schlagen, aber er hätte das Auto treffen können. Er umklammerte das Stemmeisen so fest, dass die Venen an seinen Armen hervortraten, als sie auf die Straße hinausschoss. Bald war Savannah nur noch im Rückspiegel zu sehen. Den halben Weg durch South Carolina zitterte sie. Nun verbrachte sie jeden Tag erleichtert über die Leere in diesem geschäftigen Universitätsstädtchen, wo das Leben mit ihrer unsichtbaren Teilnahme weiterging. Sie öffnete weder Wades Mails, noch beantwortete sie seine Anrufe. Eines Tages würde sie zurückkehren, um ihre geliebten Sachen zu holen. Die Möbel oder das Haus interessierten sie nicht, obwohl sie dort aufgewachsen war, aber sie wollte ihre Schüsseln und Servierplatten. Und das Porzellan ihrer Mutter und ihre restlichen Fotos. Offiziell gehört das Haus ihrem Vater. Er hatte es ihr und Wade kurz nach dem Tod von Julias Mutter übergeben. Er sagte, sie könnten dort für immer wohnen und es dann Lizzie vermachen. Lizzie, Erbin eines stattlichen Anwesens in Savannah. Der Inbegriff der Absurdität.

Sie packte ihre Ausbeute vom Markt aus: ein Strauß Ranunkeln und Fresien, Auberginen und Paprikaschoten, um sie mit Tomaten und Mozzarella zu überbacken, dicke, knorrige Knoblauchknollen, das leckere Brot, Eier und ein großes Hähnchen, das sie mit Zitrone braten wollte. Sie würde kochen! Sie würde den Vormittag damit zubringen, Knoblauch für ihre traumhaft köstliche Suppe zu rösten, die Kochbücher nach einem außergewöhnlichen Dessert zu durchsuchen und den Tisch mit dem guten Silber und dem hübschen geblümten Porzellan der toten Ehefrau zu decken.

In Träumen beginnt die Verantwortlichkeit

»Susan, es ist wirklich komisch! Jetzt wohnen wir beide schon seit Jahrzehnten hier und sind uns nie begegnet. Und einen Tag nachdem wir uns kennengelernt haben, treffen wir uns schon wieder.« Sie sind bei A Southern Season. Susan beugt sich über den violetten und weißen Langblütigen Tabak und die gemischten Sträuße in der Blumenabteilung, als Camille gerade einen Einkaufswagen mit verschiedenen Käsesorten, die sie zu Julias Abendessen mitbringen will, zur Kasse schiebt.

»Wahrscheinlich sind wir Dutzend Male aneinander vorbeigegangen. Meinst du, die würden Julia gefallen?« Susan nimmt eine Handvoll duftenden Langblütigen Tabak aus dem Wassereimer. »Oder lieber eine von diesen Orchideen?« Nachdenklich neigt sie den Kopf zur Seite.

Camille hat seit Ewigkeiten Schilder der Maklerfirma Ware vor Häusern gesehen und kann sich dunkel daran erinnern, dass sie Susans Mann Aaron Ware bei einer Wahlkampfspendenveranstaltung vorgestellt worden ist. Hoch gewachsen, elegant gekleidet – mehr hat sie nicht im Gedächtnis. Der Anzug aber war beeindruckend, gut geschnitten und perfekt sitzend. Vielleicht hatte Susan für ihn eingekauft. Susan hat sie damals nicht gesehen, sie hätte jemanden mit solch Stilgefühl nicht vergessen. Camille bewundert Susans schicke graue, mit schwarzen Medaillen bedruckte Jacke, großstädtisch und ein wenig streng, den kurzen schwarzen Rock und die hochhackigen Sandalen. »Die zarteren Blumen passen zu Julia. Aber vielleicht wäre eine Orchidee besser, weil sie länger hält.«

»Etwas abgedroschen, aber trotzdem verbreiten sie eine fröhliche Stimmung. Ich fasse sie immer an, um festzustellen, ob sie echt sind.«

»Ich freue mich auf das Abendessen.« Camille verrät nicht, dass sie schon den ganzen Tag aufgeregt ist, weil sie ihre neuen Freundinnen wiedersehen wird. Gestern Abend mit ihnen bei Susan zusammenzusitzen und einfach nur zu reden hat Spaß gemacht. Wie lange hatte sie schon keinen Spaß mehr?

»Ich auch. Bis später.« Susan wird von Vorfreude auf den anstehenden Abend ergriffen. Sie drei, alle an der Schwelle zu einer Veränderung. Sie müssen noch so viel übereinander erfahren. Susan spürt, dass Julia Schweres durchgemacht und dass Camille den Tod ihres Mannes noch immer nicht verkraftet hat. *Ist es einfacher für mich?*, fragt sie sich. Aaron ist jetzt schon seit drei Jahren tot. Ein Jahr lang hat sie in einem Vakuum gelebt. Und dann, eines Tages, ist sie vor die Tür getreten, und ein kleiner Vogel auf einem Zweig begann zu singen, viel lauter, als es bei einem so winzigen Körper eigentlich möglich sein sollte. Gebannt hat Susan gelauscht, und danach war das Leben ganz allmählich wieder weitergegangen. Nicht das Leben von früher, sondern ein in die Zukunft gerichtetes. Susan hat die Firma geleitet, sie und das Gebäude jedoch im letzten Jahr verkauft. Sie betreut noch einige Klienten. Die Töchter, Eva und Caroline, hatten beide keine Lust, mit Immobilien zu handeln. Als Adoptivkinder aus China war es schwierig für sie, in den Südstaaten aufzuwachsen. Susan hat stets dafür gesorgt, dass sie die besten Geburtstagsfeiern mit Ponys und Clowns bekamen, die hübschesten Kleider trugen und die elitärsten Privatschulen besuchten. Ihre Strategie war, dass die anderen Kinder sie beneiden sollten. Dennoch sind sie nach Kalifornien aufs College geflüchtet und haben erfolgreich Karriere in der IT-Branche gemacht, in der multikulturellen Bay Area, wo sie sich weniger wie Fremdkörper fühlen. Nun ist sie auf der Suche nach der nächsten bahnbrechenden Veränderung. Obwohl die Mädchen protestieren werden, überlegt sie tatsächlich, sich ein kleines Nest in Cornwallis Meadows zuzulegen. Dann hätte sie die Freiheit zu reisen. Wäre die schmerzlichen Erinnerungen los, die sie mit jedem Quadratzentimeter verbindet. Mit einem Top-Immobilienmakler verheiratet zu sein bedeutete auch, dass man stets mit einem anstehenden Geschäftsabschluss verheiratet war. Die meisten ihrer Reisen waren Geschäftsreisen gewesen. Einige Flugreisen mit ihren Töchtern hatten sie untergebracht, doch meistens waren sie doch auf Figure Eight Island gelandet, wo Aaron anfangs unzählige Grundstücke gekauft hatte, als die Insel vor der Küste von North Carolina gerade erschlossen wurde. Sich selbst hatte er ein Strandgrundstück gesichert, wo sie eines der typischen mit grauen Schindeln verkleideten Häuser mit langer Veranda gebaut hatten. Die »Sandburg« war eigentlich als langfristige Geldanlage gedacht gewesen, wurde jedoch, da es nur zwei Autostunden von zu Hause entfernt lag, zu ihrem Rückzugsort. Sie konnten nach der Arbeit ihre Sachen packen und abends Hamburger grillen.

Aaron, sechs Jahre älter als sie, hatte mit fünfundsechzig die ersten Anzeichen von Demenz gezeigt. Er gab sich Mühe, seine Aussetzer und Wortfindungsstörungen zu tarnen. »Jeder vergisst mal etwas«, beharrten Eva und Caroline, die über die Ferien zu Besuch waren. »Du hast Millionen von Namen und Fakten mehr gespeichert als die meisten Menschen. Deine Festplatte ist überlastet.« Und: »Daddy, ich melde dich für diese Vokabeltrainingsseminare an. KenKen und Lumosity. Die machen Spaß und halten dich auf Trab.«

Verdrängung, Verdrängung, bis Susan immer mehr Notizen und Listen fand, auf die er inzwischen angewiesen war. Sie verzweifelte zunehmend, als der intelligente und redegewandte Aaron auf eine Milchflasche oder eine Zwiebel starrte und sich das Hirn nach dem richtigen Wort zermarterte. Eine frühe Form von Alzheimer nannte es der Arzt. Sie verrieten es niemandem. Einander sagten sie sich: *Es wird langsam verlaufen, wir haben noch einige gute Jahre.* Er nahm die verschriebenen Medikamente, von denen ihm übel wurde. Er fing an, sie mit einigen Schlucken Bourbon herunterzuspülen. Wer konnte ihm das verübeln? Ohne Antidepressiva konnte er nicht mehr aus dem Bett aufstehen. In Siebenerschritten rückwärtszählen? Er weinte. Früher hatte er drei Reihen von Zahlen im Kopf addiert. Nach einigen schwierigen Jahren strukturierten sie die Firma um, damit er in den Ruhestand gehen konnte. Die lähmende Depression legte sich, als er vergaß, dass er an Demenz litt. Und dann kam der Todesstoß. Aarons jüngerer Bruder brauchte eine Knochenmarktransplantation. Aaron bot sich als Spender an. Was hatte er zu verlieren? Im Rahmen der Voruntersuchung musste er sich einem MRT unterziehen. In seiner Leber wurde ein symptomfreier Tumor festgestellt, bereits so groß wie die Zwiebel, deren Namen Aaron vergessen hatte. Susan war wie betäubt. Mit jedem Tag verfiel er vor ihren Augen. Zum Glück musste er nicht lange leiden. Susan war einundsechzig, Aaron siebenundsechzig. Zu früh. Die Mädchen nahmen Susan für drei Monate mit nach Kalifornien. Sie pendelte zwischen ihren Wohnungen in Berkeley und Mill Valley hin und her, geblendet vom gleißenden Sonnenlicht, das sich im Pazifik spiegelte. Neben dem stacheldrahtscharfen Schmerz in ihrem Inneren war da auch insgeheim eine traurige Erleichterung. Ohne den Tumor hätte Aaron noch jahrelang leben können, wäre immer tiefer im Niemandsland von Alzheimer versunken und hätte sie mit in den Abgrund gerissen. Eine der furchterregendsten Vorstellungen von einem Leben mit einem ausgelöschten Aaron war ihre immer wiederkehrende Angst vor Sex, wenn er sie einmal nicht mehr erkannte. Vergaß man auch Sex? Sie wollte es lieber gar nicht wissen.

Zurück zu Hause spendete sie sofort seine sämtlichen Geschäftsanzüge, seine Bürohemden und seine Jogging- und Golfkleidung an eine Obdachlosenunterkunft. Sie fing an, sich zwei Tage pro Woche ehrenamtlich dort zu engagieren, und arbeitete mit den zerstörten oder streitlustigen Männern, die die Einrichtung täglich durchliefen. Sie vereinbarte Arzttermine, kümmerte sich um Fahrgelegenheiten und ließ sie ein, bevor das Heim für die Nacht schloss. Einige von ihnen trugen einen Anzug von Aaron, noch immer mit dem kecken Einstecktuch in der Brusttasche.

Susan legte die Frühlingsblumen in ihren Einkaufswagen. Solle sie für Julia auch den Langblütigen Tabak kaufen? Lächelnd erinnerte sie sich daran, wie Aaron sich in einem teuren New Yorker Restaurant über den Tisch gebeugt hatte. *Liebling, warum nehmen wir nicht einfach beides, den Hummer und die Krabben in der Schale*, hatte er gefragt. Ihr fiel noch etwas ein, das er gesagt hatte. Sie würde es heute Abend zur Unterhaltung den anderen erzählen. Sie griff nach dem Langblütigen Tabak und beschloss, noch einmal in den hinteren Teil des Ladens zu laufen und eine Flasche sehr guten Wein zu holen.

Als Camille bei Julia eintraf und den Namen Hubert Ganyon hörte, erinnerte sie sich ebenfalls an ihn. In ihren Anfangstagen als Dozentin hatte sie sehr gern als Gasthörerin in seinem Seminar über griechische und römische Kunst gesessen. Sie und Julia stellten fest, dass sie gleichzeitig auf dem Campus gewesen waren. Julia als Studentin, Camille, gerade verheiratet und seit Kurzem ihren Abschluss in der Tasche, als frischgebackene Dozentin der Kunstgeschichte. Später war Hugh nach Princeton gezogen, hatte sein Haus jedoch behalten, um sich dort zur Ruhe zu setzen.»Ich sehe ihn noch heute vor mir, wie er im Seminarraum vor einem Dia stand, das den Hermes von Praxiteles zeigte. Angesichts der wundervollen Darstellung war er totenstill und wollte nur, dass der Kurs diese Perfektion be-

79

wunderte. Natürlich war Professor Ganyon damals selbst jung und attraktiv. Ich habe für ihn geschwärmt.«

»Es war reiner Zufall, dass wir uns im Café getroffen haben, als er gerade einen Haussitter gesucht hat und ich ganz dringend aus Savannah wegmusste.«

Susan fiel auf, dass Julia nie ihren Mann erwähnte. Sie sagte immer, sie habe »Savannah verlassen«. Ob er noch dort war?

»Apropos Zufälle: Wir drei sind uns an einem ungewöhnlichen Ort begegnet. Wenn wir an unterschiedlichen Tagen hingefahren wären, hätten wir uns nie kennengelernt.«

Julia öffnete die hohen Fensterläden und zündete auf den Fensterbrettern Kerzen an. Warmes Licht beleuchtete die Buchrücken, das ausgeblichene Rosa der Vorhänge und die Gesichter der drei Frauen: Julia, blass und aufmerksam, in hellbraune Seide gehüllt und mit offenen zobelfarbenen Locken. Camille, mit markanten Gesichtszügen, eindringlich dreinblickenden blauen Augen, die langen Beine aufs Sofa hochgezogen. Susan, mädchenhaft und kantig, immer zu einem Lachen bereit und strotzend vor Tatendrang. Sie kam sofort auf den Punkt: »Das ist jetzt total spontan. Haltet mich nicht für verrückt, denn schließlich kennen wir uns erst seit zwei Tagen. Aber ich würde mich sehr freuen, wenn ihr beide mit mir am nächsten Wochenende nach Figure Eight fahrt. Wir … ich habe dort ein Haus direkt am Meer. Der Strand ist groß und an Wochenenden im Frühling normalerweise leer. Ich bin zwar keine gute Köchin, doch ein Frühstück kriege ich hin, sogar Schinken-Biscuits. Wir könnten spazieren gehen, kochen, in diesem tollen Fischrestaurant essen und darüber reden, was wir wollen, nicht, was unserer Ansicht nach passieren sollte.«

»Oder was nach Ansicht anderer passieren sollte.« Seufzend dachte Camille an das ärgerlich verkniffene Lächeln ihrer Schwiegertochter.

»Vor ein paar Minuten ist mir eingefallen, was Aaron geantwortet hat, als eine Klientin etwas in einer Anlage für betreutes Wohnen sehen wollte. Er hat es ihr ausgeredet, und zwar mit den Worten: ›Möchten Sie wirklich eine Luxuskreuzfahrt auf dem Styx buchen?‹« Alle lachten.

»Ich würde sehr gern in dein Strandhaus fahren. Mein Sohn und seine Frau, vielleicht hauptsächlich seine Frau, sind nämlich davon überzeugt, dass ich mich ›verkleinern‹ müsste, wie sie es ausdrücken. Als Charlie anrief, um sich zu erkundigen, wie mir Cornwallis Meadows gefallen habe, schien er über meine mangelnde Begeisterung enttäuscht.«

Sie fühlte sich ein wenig unter Druck gesetzt. Wenn man älter und allein war, verlangten die Menschen um einen herum, dass man einen Weg beschritt, den sie für richtig hielten. Allerdings war sie nicht von gestern und würde sich nicht den falschen guten Absichten anderer beugen.

»Nun, in Meadows wäre unser Leben um einiges einfacher.« Julia entkorkte den von Susan mitgebrachten Pinot Noir. »Erinnert ihr euch an die Croissants? Und den annehmbaren Chardonnay zum Mittagessen? Und an Haus Morning Glory?«

»Ich erinnere mich auch an den tristen Fernsehsessel in dem braunen Häuschen, wo überall Zeitungen herumlagen«, entgegnete Camille. Ihr Entschluss verfestigte sich immer mehr.

81

Alle lachten. »Wollen wir unser Leben denn eigentlich vereinfachen?«, meinte Susan. »Das ist nämlich der springende Punkt. Was, wenn wir es gern *komplizierter* hätten? Woher plötzlich dieser Druck, es uns leichter zu machen? Die Küche in Morning Glory hat mir auch gefallen. Aber hat es da nicht komisch gerochen?«

»Mir wäre ein Wochenende am Strand um einiges lieber, als irgendwelche Entscheidungen zu fällen. Ich bringe einen großen Rindereintopf mit. Das ist die Frage, Susan, die Krux: Wollen wir es einfacher haben? Meiner Ansicht nach ist das mein Hauptthema. Ich bin in Savannah einem Riesenchaos entronnen. Für mich ist ein ruhiger Tag ein guter Tag.« Julia verschwand in der Küche. Sie fühlte sich vom gemächlichen Alltag in Meadows angezogen, obwohl sie die Jüngste der drei war und ihr Leben so kompliziert gestalten konnte, wie sie wollte.

Beim Essen wurden Julias Knoblauchsuppe, das Zitronenhuhn mit Kartoffelpüree und die winzigen grünen Bohnen mit Estragon und kleinen Speckwürfeln hoch gelobt.

Camille reichte das Huhn herum. »Ich hatte gestern einen total konfusen Traum. Völlig aus dem Nichts wie die meisten verrückten Träume.« Während sie den Sarg und die Bilder beschrieb, hatte sie plötzlich eine Eingebung. Möglicherweise hatte der Traum doch eine Ursache. Hatte sie überhaupt geschlafen? »Nachdem ich die Kiste zusammengenagelt hatte, habe ich eine strahlende Farbpalette vor mir gesehen. Ich erinnere mich noch daran, wie glücklich es mich gemacht hat, die Kiste über und über bunt zu bemalen. Diese Szene muss Stunden gedauert haben. Wie lange dauern Träume? Laufen sie in Echtzeit ab? Keine Ahnung. Aber was für eine bedrückende Aufgabe, den eigenen Sarg zu zimmern. Das ist zu negativ. Warum träume ich so was? Schließlich habe ich das Ding aufrecht hingestellt und Regale eingebaut. Für Decken und Bettlaken, glaube ich. Weshalb? Darüber grüble ich noch immer nach.«

»Bei der Besichtigungstour hast du erzählt, dass du früher gemalt hast. Vielleicht waren das Zeichen von Gemälden, die dir etwas bedeuten«, meinte Julia. »Obwohl das mit dem Sarg ein wenig gruselig ist.«

»Ich habe am College Malerei studiert und sogar meinen Master in Kunst an der University of Virginia gemacht. Danach wollte ich eigentlich Malerin werden, doch meine Heirat und mein Kind haben meine Pläne total durcheinandergewirbelt. Außerdem habe ich gern meine ein oder zwei Seminare im Semester unterrichtet. Wir sind nach New York gefahren. Meine Künstlerfreunde hatten bereits Ausstellungen. Wenn ich nach Hause kam, habe ich mich elend gefühlt. Alles erschien mir so nichtig. Eine Galerie hat Gekritzel auf Hotelnotizblöcken und Barbies und Kens in nicht geschlechtskonformer Kleidung gezeigt. Eine andere angesehene Galerie hat einen Raum mit Autoreifen vollgestopft. Und dann, zu Hause, gab es nur Kitsch. Einige gute Landschaften vielleicht, aber sonst alles Mist. Und mein Leben war, oh, so erfüllt. Ich war glücklich mit dem Haus, den Abendeinladungen und so weiter. Eine Weile hatte ich ein kleines Atelier neben der Garage. Als ich letztens dort war, habe ich zwei Kartons voller eingetrockneter Farbtuben entdeckt und sie endlich weggeschmissen. Die Wahrheit lautet, dass ich es aus den Augen verloren habe.«

Schweigen entstand. Dann seufzte Julia tief auf. »Schau, da hast du es, liebe Freundin. *Ganz* offensichtlich ist die Malerei die große Botschaft. Und der Sarg, den du aus Verzweiflung für die Beerdigung vorbereitet hast, weil du glaubtest, dass das Leben vorbei ist, hast du schließlich wie wild bemalt und zu einem Schrank zum *Aufräumen* umgebaut. Hausfrauenkrankheit.«

»Oho, Miss Freud!« Doch Camille war fasziniert. »Und wovon hast du geträumt?«

»Ich war in einer Hütte im Wald, und ein riesiger Bär hat versucht, das Fenster aufzubrechen. Irgendwie wusste ich, dass der Rahmen nur einer Wucht von sechzig Kilo standhalten kann.«

»Sicher dein genaues Gewicht«, meinte Susan. »Vielleicht bist du ja der Bär und gleichzeitig die Person drinnen.« Julia servierte einen Salat aus zarten Blättern mit Avocado, knackigen Gurkenscheiben und Radieschen. Susan fuhr fort: »Während ihr alle mit großen Mächten gekämpft habt, bin ich in einen großen Swimmingpool gesprungen und habe tief unter Wasser Purzelbäume geschlagen. Als ich schon glaubte, dass mir gleich die Lunge platzt, bin ich durch die Oberfläche gebrochen und habe nach Luft geschnappt.«

»Das gefällt mir. Freiheit und Erlösung«, stellte Camille fest.

»Wer hat gesagt, dass jeder Teil eines Traums man selbst ist? Dass man zum Beispiel alle Zimmer ist, wenn man von einem Haus träumt?«

»Das klingt schauderhaft egoistisch. Ich, ich, ich.«

»War das nicht Jung?« Julia hatte sich dazu einige Notizen gemacht.

Im Laufe des Abends erzählten Camille und Susan einander ihre Lebensgeschichte. Julia schwieg dazu. Das Zitronensoufflé wurde verschlungen und die Weinflasche bis auf den letzten Schluck geleert.

Nachdem sie fort waren, räumte Julia den Tisch ab und legte dazu Musik auf. »At Last« von Etta James hallte durch die Küche und die offene Tür hinaus in den Garten, wo die Baumfrösche sie anscheinend auch hörten und in der Dunkelheit zu quaken begannen. »My love has come along.« *Keine Chance*, dachte Julia. Als sie mitsang, zitterte ihre Stimme zwar, war jedoch voller Vibrato.

Muse

Es wäre ein Jammer, Margaret aufzugeben, wie Colin vorgeschlagen hat. (Wie kommt er überhaupt auf diese Idee? Weil sie ihn nervös machte. Weil sie andere durch den Kakao zog, damit wir wussten, dass sie es auch mit uns tat? Weil sie jede allgemein akzeptierte Auffassung in der Luft zerriss?) Wenn ich ihre Seiten zerfetzte, würde sie in der Versenkung verschwinden, sie, die doch so lebendig war. Eine Getriebene. Und, verdammt, sie hat mir Geld vererbt, damit ich die Freiheit hatte zu schreiben, als ich kurz davor war, in die USA zurückzukehren und eine Dozentenstelle anzutreten. Dank dessen, was von den Auszeichnungen für meine Gedichte und von meinem Erbe noch übrig ist, hätte ich das Haus behalten können. Es an Freunde und Kollegen vermieten und die Sommer trotzdem hier verbringen. Ich mag es nicht, wenn jemand in meinem Bett schläft. Ein Luxusproblem, ich weiß, doch die kreative Existenz eines Menschen ist auch wichtig, und pro Jahr zwei Drittel meines Lebens zu opfern hätte eine lähmende Wirkung auf mich. Ich habe schon früher unterrichtet. Es kann manchmal recht befriedigend sein. Allerdings betritt man den Seminarraum, öffnet den silbernen Wasserhahn in seiner Kehle, und das Lebensblut ergießt sich einem zu Füßen. Spannenderweise bemerken die Studenten es nicht.

Bis auf Weiteres bleibt Margaret.

»Was ist denn das für ein Name, Miss Kit Raines.« So lauteten Margarets allererste an mich gerichteten Worte.

Kurz nachdem ich 2003 mein halb verfallenes Haus in der Toskana gekauft hatte, war ich bei zwei Exilgriechinnen zum Abendessen eingeladen. Sie waren beide Übersetzerinnen und auf angestaubte Weise elegant und zitierten gern Gedichte, was sie mir sofort sympathisch machte. Wir hatten uns in der Warteschlange vor dem *porchetta*-Stand kennengelernt, wo sie sich mir vorstellten. Die Griechinnen, Ritsa und Vasiliki, wohnten in einer Wohnung in einem riesigen Palazzo. Im Esszimmer waren Wände und Decke mit Fresken aus der Zeit des Einmarschs Napoleons verziert. Ein wenig schräg. Auf dem förmlich gedeckten Tisch stand eine Reihe von Kerzen in Weinflaschen, wie in einer Taverne. Alles war auf dem Sideboard angerichtet, und wir bedienten uns selbst. Ein herzhafter Gemüseeintopf und Lammkoteletts. Salat mit Feta, andere Käsesorten und bergeweise Obst. Es war ein heißer Abend. Ein kläglicher Ventilator verbreitete den Hauch einer Brise. Ich wurde mit den übrigen Gästen bekannt gemacht: Romanautoren (oh Gott, Muriel Spark und ihr Partner), dem Übersetzer William Weaver, einem Verfasser von Sachbüchern, dessen Namen ich nicht verstand, einem Journalisten aus Turin und Riccardo, heute mein Freund und der Letzte, der Margaret noch gekannt hat. Schlagartig wurde mir klar, dass diese Hügel, von denen ich glaubte, ich hätte sie entdeckt, eine Schriftstellerkolonie beherbergten.

Zu den Gästen gehörte auch Margaret Merrill, eine Autorin, die ich schon immer bewundert hatte. Sie war vor etwa zwanzig

Jahren nach San Rocco gezogen, nachdem sie lange auf Sizilien und in Rom gelebt hatte. Ich wusste, dass sie in der Nähe wohnte, und hatte mich gefragt, ob ich ihr je begegnen würde. Ihre Gegenwart erfüllte mich mit Ehrfurcht. Ich interessierte mich für die sapphischen Griechen und fühlte mich von Margaret Merrill angezogen, die über heimliche und verworrene politische Gemengelagen, das raue Leben der Arbeiter, der Frauen in Schwarz und der Kinder und den vergiftenden Einfluss der Mafia auf den Alltag schrieb. Von ihren politischen Werken hatte ich nur eines gelesen: *Im kalten Schatten*. Was diese informativen und investigativen Werke einem Autor abverlangen! Sie werden veröffentlicht, werden ein Bestseller oder nicht und fallen unweigerlich der Vergessenheit anheim. Doch ihre strahlenden Romane faszinierten mich. Obwohl sie eindeutig eine Nummer für sich war, erinnerte sie mich an Marguerite Duras, Djuna Barnes und Jean Rhys. Dieser elliptische Stil. Die Eindringlichkeit.

Und hier saß sie nun, aß in winzigen Bissen und nippte an ihrem Wein. Die Frau, die sich entschieden hatte, im kargen Landesinneren von Sizilien zu leben, und Seite um Seite beschriftet hatte, um die Widerstandskraft, die Schlagfertigkeit und die Schlauheit bettelarmer Menschen festzuhalten. Als ich *Labranda* las, den Roman, der aus den Ruinen des Südens in der Nachkriegszeit entstanden war, wusste ich, dass es sich um eines der herausragenden Bücher handelte, die ich immer wieder aufschlagen, (wenn es nötig war) in meinen Seminaren behandeln und Freunden empfehlen würde. Sie schrieb darin von einer Liebe, die niemals ein gutes Ende nehmen konnte (die alte Sache mit dem verheirateten Mann), verquickte die Romanze jedoch mit den Geschichten dreier Familien. Obwohl sie ein bedrückend hartes Leben führten, war ihre Menschlichkeit stark ausgeprägt. Außerdem enthüllte Margaret, dass Inzest nahezu an der Tagesordnung war. Kleine Mädchen waren Freiwild für Väter und Onkel. Gnadenlos schilderte Margaret die Dynamik der zum Scheitern verurteilten Affäre und die vom Schicksal geprägten Leben der Menschen. Für mich war sie wie ein riesiger Adler, der von seinem Horst herunterblickt. Das Buch beeindruckte mich mit ebensolcher Wucht wie *Preisen will ich die großen Männer* von James Agee, das ebenso wie ihr Werk Zeit und Raum durchdringt. Die Fotos von ihr passten zu ihrer Prosa. Zurückhaltend und karg. Vielleicht war sie ja sogar von Agee beeinflusst? Sollte ich sie fragen?

Mit Margaret werde ich stets die Farbe Blau in Verbindung bringen. Sie trägt eine Bluse aus zartem Voile mit einem blauen Medaillon mit dem bösen Blick um den Hals. Bei einem eindringlichen Blick wie ihrem muss ich immer an stählernen Intellekt denken. In ihrer Jugend hatten ihre schweren Augenlider sicher als verführerisch gegolten. Nun wirkten sie ein wenig krötenartig. »Ich habe mich nur gefragt, ob Sie von James Agee beeinflusst sind«, wage ich mich vor.

»Ich hoffe doch nicht«, herrscht sie mich an. Aber erkenne ich den Anflug eines Lächelns? »Er ist mir ein bisschen zu aufrichtig.« Wie sie das Wort »aufrichtig« aussprach, triefte es fast vor Hohn. Rasch wendet sie sich dem berühmten Übersetzer neben ihr zu. Verdammt. Ich starre verlegen in meinen Salat.

Als das Pistazieneis serviert wird, steht ein Dutzend leerer

Weinflaschen auf dem Tisch. Ich beteilige mich an Gesprächen, wo ich kann, doch es ist eine lebhafte Gruppe alter Freunde, beinahe wie eine Familie. (Ich wurde beim Kettenbrechen häufig ausgewählt, und zwar wegen meiner Fähigkeit, die Reihe der ineinander verschränkten Arme zu knacken.) Gemeinsam haben sie während der Jahre des Terrors der Roten Brigaden und der Hochzeit der Mafia Rom verlassen, bis in die Achtziger hinein, sich in verlassenen Häusern und Palazzo-Wohnungen eingerichtet, die sie für ein Butterbrot bekommen haben, und alles restauriert. Die Griechinnen haben sich in dieser Hinsicht keine große Mühe gegeben. Bröckchen des Freskos rieseln auf den Tisch.

Margaret redet viel über ihre Forschungsreisen nach Bulgarien und Russland. Sie wurde verfolgt, ihr Zimmer wurde verwanzt, im Mitternachtszug nach Sofia saß ein unheimlicher Mann. Eine Frau, deren Namen ich nicht verstanden habe, erzählt von einem Familienstreit wegen der Veröffentlichung der Korrespondenz ihres Großvaters mit Winston Churchill. Oh, die hinterlassenen Papiere. Zu was für Sprengsätzen sie werden. (Merken: Alle Tagebücher verbrennen, bevor die Totenstarre einsetzt.)

Als sich die Gäste zerstreuen, fragt Margaret mich nach meinem Namen. »Nun, natürlich heiße ich Catherine. Aber so hieß auch meine Großmutter, und so wurde aus mir eben Kit.« Spontan lade ich sie am Sonntag zum Essen ein. Spontan deshalb, weil ich keine Möbel, nur wenig Geschirr und eine äußerst mangelhafte Küche mit ein paar Töpfen und Pfannen habe. Aber ich habe das Silber meiner Mutter.

Auf dem Markt kaufe ich ein blau kariertes Tuch, um den fleckigen Marmortisch abzudecken, den die Vorbesitzer im Garten zurückgelassen haben. Hoffentlich bleibt der Boden trocken, damit er nicht einsinkt. Am besten wenig Aufwand: Spinatcrèpes (erworben in der Stadt), mit Prosciutto umhüllte Hühnerbrust, gerösteter Spargel und Obst. Mit Tischtuch und Blumen wirkt der Tisch recht einladend. Aber das würde unter einer Pergola, überwuchert von blühendem Jasmin, wohl alles tun. Wie ich erfahre, hat Margaret einen verfallenen Turm, verbunden mit einem kleinen Steinhaus, komplett restauriert. Von ihrem Arbeitszimmer ganz oben in dem mittelalterlichen Turm aus hat sie einen Rundumblick auf die idyllischste toskanische Landschaft. Dank ihres Engagements für die American Renewal Society nach dem Krieg in Sizilien, wo sie eine Gruppe von Lehrern anleitete und den Wiederaufbau zerbombter Schulen beaufsichtigte (im Süden dauerte die Nachkriegszeit ziemlich lange), besitzt sie ein solides Wissen in Sachen Architektur und kennt sich mit den Launen und Marotten von Bauarbeitern aus. Und so hat sie sich selbst als Bauunternehmerin betätigt. Meine Arglosigkeit (Unfähigkeit) muss einen erschreckenden Eindruck auf sie machen. Margaret zögert ein wenig, bevor sie das Wort ergreift, so als wolle sie alles gleich wieder zurücknehmen. Doch dann gibt es für sie kein Halten mehr. Zuerst fängt sie an, mein Italienisch zu verbessern: »Bitte sagen Sie nicht *Dschi-O-wanni*, sondern *Dscho-wanni*. Mit Betonung auf *wanni*.« Sie löst in einem das Gefühl aus, beobachtet zu werden. Beurteilt? Wahrscheinlich. Aber ich merke ihr an, dass sie mich mag. Einen schalkhaften Blick erkennt man immer. Allerdings bin ich außer ihr noch nie jemandem begegnet, der einen hat. Sie leiht sich Kopien meiner Gedichte aus.

Wir sitzen lange am Esstisch unter dem Jasmin. Margaret pustet Rauchringe in Richtung Mond, während ich mit dem Knie den Tisch abstütze, damit er nicht absackt. Mit bewegter Stimme fängt sie an, »Blue Moon« zu singen. Ich sitze mucksmäuschenstill da. Sie ist ganz weit weg. Wo? Ich bin neugierig. Sie ist Schriftstellerin wie ich. In einem fremden Land. Meine Zukunft? Nun, meine Zukunft hat nichts mit der CIA zu schaffen oder wie immer der italienische Geheimdienst auch heißt. Das wird nämlich über sie getuschelt. Schon beim ersten Mal, beim Abwasch, nachdem sie fort ist, spüre ich, dass meine Trauer wegen des Schicksals meiner Mutter in Margarets Gegenwart nachgelassen hat. Mutter Muse.

Wo ist Colin zu diesem Zeitpunkt? Er schwebt noch in einem Äther, in dem wir einander nicht kennen. Es wird fast zwei Jahre dauern, bis er seine Sachen packt, um nach Florenz zu reisen, wo sein Londoner Architekturbüro ein großes Restaurierungsprojekt an Land gezogen hat. Während er hier eintrifft, fliege ich von zu Hause ein, denn ich habe endlich die Vermögensangelegenheiten meiner Mutter geregelt. Colin und ich steigen in denselben Bus in die Stadt, und unserer beider Leben nehmen eine neue Gestalt an.

Margaret weigert sich, in den stringenten Erzählmodus zu verfallen, den ich im Sinn gehabt habe. Oh, ich bin es. Dicht außerhalb meiner Reichweite ist eine Verbindung. Und gibt es eine zu den drei Frauen, die ganz in der Nähe zwischen den Zweigen aufgetaucht sind? Ich erwarte, dass sie unerschütterlich Margaret bleibt. In sich ruhend.

Sandburg

»Unglaublich, Susan, das ist ja traumhaft!« Julia stellte den großen Topf mit Bœuf Bourguignon auf die Küchenablage. Camille mühte sich mit ihrem Rollkoffer und einer Tasche voller Gemüse ab. Susan setzte die Einkaufstüten an der Tür ab und fing an, die Fensterläden zu öffnen, um den weißen Schein der Frühlingssonne und den Geruch der salzigen Meeresluft hereinzulassen. Die offene Küche, die ins Esszimmer und weitere große Räume führte, bot einen Panoramablick auf Dünen, Strand und Ozean. »Es ist immer so befreiend, hier zu sein«, sagte sie. »Ich liebe dieses Haus. Meine ganze Familie liebt es. Hat es geliebt.« Sie riss die doppelflüglige Tür zu einer Veranda auf, wo Schaukelstühle und eine Hollywoodschaukel standen. Das Geräusch der sich am Strand brechenden Wellen erfüllte den Raum. Archie, der während der ganzen Fahrt zur Küste geschlafen hatte, begann zu bellen. »Es erscheint mir stets unmöglich, unglücklich zu sein, wenn die Wellen einen in den Schlaf wiegen. Am nächsten Morgen schlägt man die Augen auf, und man sieht einen dieser dunstigen Sonnenaufgänge über dem Meer. Ein Wunder, dass es jeden Tag geschieht!«

Sie pilgerten noch einmal zu Susans Auto, um Julias Topf mit Gemüsesuppe zu holen, der im Kofferraum nur wenig übergeschwappt war. Außerdem verschiedene Badetaschen, den von Camille gebackenen Zitronenkuchen und Susans Karton mit ganz besonderen Teesorten und Kaffeebohnen. Dass die Suppe übergeschwappt war, wunderte Camille nicht. Susan hatte zwei oder drei Autos auf einmal überholt und das Steuer herumgerissen, als Gegenverkehr drohte. Außerdem war Camille nicht entgangen, dass Julia immer wieder auf den Tacho schaute, der etwa hundertzwanzig Stundenkilometer anzeigte. »Gibt es hier keine Radarkontrollen?«, hatte Camille schließlich gefragt. Sie überlegte, ob Susan womöglich zu halsbrecherischem Leichtsinn neigte.

»Ich kenne diese Straße so gut wie meine eigene Handfläche. Die Polizisten sind nur sonntags hier.«

»Die Lebenslinie deiner Handfläche kenne ich nicht«, witzelte Julia. »Hoffentlich ist sie nicht kurz.«

»Okay. Meine Töchter liegen mir deshalb auch ständig in den Ohren.« Susan verstand den Wink und senkte die Geschwindigkeit auf hundert.

»Verhungern werden wir mit Sicherheit nicht.« Julia wischte die Matte im Kofferraum mit Küchenrolle ab. Krabben, Wein und Käse hatten sie noch bei Harris Teeter besorgt.

Nachdem sie Julia und Camille ihre Zimmer – Evas und Carolines Zimmer –, nur wenige Schritte entfernt vom Sand, gezeigt hatte, schlug Susan einen langen Strandspaziergang, Mittagessen und dann etwas Erholung vor. Freitag, Samstag, Sonntag. Drei Tage. Susan hatte eine wahnwitzige Idee, die sie den anderen gern unterbreiten wollte. Außerdem plante sie, Aarons Arbeitszimmer und den Lagerraum in Angriff zu nehmen, falls sie sich dazu aufraffen konnte. Die beiden Aktenschränke, vollgestopft mit vergilbten Quittungen für die Waschmaschinenreparatur, die Müllabfuhr und das Teeren der Auffahrt würden sicher nicht allzu viel Zeit in Anspruch nehmen. Eine größere Herausforderung waren die Regale im Lagerraum, wo sich undichte Luftmatratzen und modrige Bettdecken stapelten. Würde sie die Sandburg je verkaufen können? Selbst Eva und Caroline lassen sich kaum hier blicken, und wenn, dann nur für ein verlängertes Wochenende. Ihr jüngerer Bruder Mike und seine Familie verbringen im Sommer eine Woche hier. Ihre Cousine Mary und ihr Partner kommen aus Atlanta her. Hat das Haus allmählich sein Leben ausgehaucht? Hin und wieder fährt Susan allein für einige Tage hierher. Archie jagt die Möwen und rast wie ein Wilder über den Strand. Nach jedem dieser Ausflüge muss er abgeduscht werden, sonst wird sein Fell steif vom Salzwasser.

Vor einem Jahr, am Osterwochenende, hat sie den schlaksigen Willis Sherman, dessen Haus sie nach seiner Scheidung verkauft hat, in die Sandburg mitgenommen. Seine Frau hatte ihn mit über fünfundsechzig wegen des Landschaftsgärtners verlassen. Sie habe, wie Willis Susan erzählte, gesagt, sie sei eigentlich glücklich mit ihm gewesen, bis der Landschaftsgärtner sie zum Lachen gebracht habe. Aus dem gemeinsamen Kaffeetrinken sei mehr geworden, und über kurz oder lang habe sie das eingereicht, was sie vergnügt als »silberne Scheidung« bezeichnete. Willis war nicht waidwund. Nachdem der Verkauf seines Hauses abgeschlossen war, hatte er angefangen, Susan zum Essen einzuladen. Sie mochte seine zurückhaltende Art, seine grellbunten Fliegen und seine schmallippige Selbstgenügsamkeit, die seine Frau offenbar in den Wahnsinn getrieben hatten. Für Susan war das in Ordnung so. Sie wollte keinen Anhang auf Dauer. Mit ihm auszugehen war eine Ablenkung, und dann hatte sie ihn hierher mitgebracht und sich gefragt, ob sie ihn besser kennenlernen wollte.

Falls sie mit dem Gedanken gespielt hatte, mit ihm zu schlafen, erkannte sie in dem Moment, als er zur Tür hereinkam, dass nichts dergleichen passieren würde. In ihrem Rückzugsort wirkte er wie ein übergroßer und fremder Eindringling. Mit seiner spitzen Hakennase ähnelte er einem riesigen Pelikan. Als er die von der Familie gesammelten Muscheln in der ausladenden Glasschale berührte, musste sie ein *Fass das nicht an* unterdrücken.

Sie führte ihn ins Gästezimmer im hinteren Teil des Hauses, weil sie nicht wollte, dass er in den Zimmern der Mädchen schlief. Das Wochenende verlief ruhig. Sie spielten Scrabble oder sahen fern. Susan versuchte, nicht auf seine ausgeleierte Badehose und seine schauderhaften Sandalen zu achten, die gelbe krallenartige Zehennägel freigaben. Er hatte Spaß an dem Hund und an Strandspaziergängen. Wie sich herausstellte, mixte er eine ausgezeichnete Margarita. Danach meldete sie sich nicht mehr, wenn sein Name auf ihrem Telefondisplay erschien.

Jetzt fühlt sich die Sandburg bewohnt an. Camille macht ihr Komplimente zu dem in Blau-Weiß gehaltenen Wohnzimmer mit seinen karierten Sesseln, dem Sisalteppich und dem achteckigen Couchtisch, auf dem sich Reisebücher und Modezeitschriften stapeln. Julia ist ganz vernarrt in den langen Holztisch und die elegante Küche, in der nichts herumsteht. Durch ihre Augen sieht Susan, wie lebendig und frisch das Haus noch ist. Nicht nur ein Aufbewahrungsort für Erinnerungen.

Julia packt ihre wenigen Sachen aus und fragt zum ersten Mal seit drei Tagen ihre Nachrichten ab. Automatisch löscht sie die von Wade, diesmal nur zwei, ohne sie zu öffnen. Im ersten Monat nach ihrer Flucht aus der Stadt haben ihre Freunde versucht, sie zu erreichen, aber da sie nie antwortete, schrieben sie bis auf ein gelegentliches *Hoffentlich sehen wir uns bald* auch nicht mehr. Sie hat einen Skandal verursacht, doch das ist ihr gleichgültig. Irgendwann später wird sie sich bei ihnen melden, sagt sie sich. Eine SMS von ihrem Dad. Nur er kennt die ganze Geschichte. Er sitzt gemütlich in seiner verglasten Eigentumswohnung in der Nähe des Savannah River. *Ich vermisse dich*, lautet seine kurze Nachricht.

Allerdings ist da eine SMS von Alison, ihrer Nachbarin. Vielleicht ist ja etwas mit Lizzie, die die Menagerie in Alisons Haus immer geliebt hat. In Alisons Küche roch es nach Orangenmarmelade und Haschischplätzchen. Julia liest schnell: *Liebe Julia, heute vermisse ich dich. Wir haben wieder einen neuen Hund, eine struppige Promenadenmischung, der einen mit Vorliebe ansabbert und auf einem herumspringt. Das schreibe ich, meine Freundin, weil ich nicht weiß, was ich sagen soll. Du hattest wirklich allen Grund zu verschwinden. Sicher ist dir klar, dass die Leute über ihn im Bilde waren. Wade wirkt elend und niedergeschlagen. Ich wette, das freut dich! Ich kann verstehen, dass du einen Schnitt machen willst. Ich hoffe nur, dass es nicht für immer ist. Wade hin oder her. Ich wünschte, ich hätte etwas Positives zu berichten, doch ich sehe in deinem Haus kein Lebenszeichen. Nur W, der kommt und geht. Du fehlst mir, Alison.*

Löschen.

Sie vermisst ihren Dad. Mit sechsundachtzig kocht er gern, spielt Tennis und sammelt zwei Sorten von Dingen: scharfe Chilisoßen und Bilder von Booten. *Daddy,* tippt sie, *ich bin mit zwei neuen Freundinnen am Strand in NC. Es ist toll! Wir telefonieren nächste Woche. Umarmung.*

Wenn ich die Kraft aufbringe, denkt sie, *erzähle ich es Susan und Camille.*

Archie rast los, sobald Susan aus der Tür tritt. So schnell ihn seine Beine tragen, rennt er in die Wellen, wirft sich hinein, rollt sich, wälzt sich im Sand, schüttelt sich, läuft weiter und kläfft die Regenpfeifer an. Außer sich vor Glückseligkeit, sprintet er zurück und heftet sich bellend an ihre Fersen. *Was habt ihr für ein Problem? Warum planscht und springt ihr nicht herum?*

Die drei Frauen schlendern zum Ende der Insel, wo vier Häuser mit Sandsäcken gegen die Bodenerosion geschützt sind. »Das muss wehtun«, stellt Camille fest, »wenn einem die Investition einfach weggespült wird. Wer würde derart gefährdete Häuser kaufen?«

»Es ist wirklich traurig. Teile des Strandes werden abgetragen. Viele Leute säen Gras, schleppen große Felsbrocken herbei oder bauen diese Zäunchen auf, um den Sand zu befestigen. Aber die Insel schrumpft mit jedem Jahr. Wir haben Glück, weil unser Haus auf einer kleinen Anhöhe steht. Ich habe mit dem

Gedanken gespielt, die Sandburg zu verkaufen – nicht wegen des Wasserspiegels, wir sind noch fünfzig Jahre lang auf der sicheren Seite! –, es spendet mir nur einfach nicht mehr so viel Kraft wie früher. Es ist wundervoll, mit euch hier zu sein. Aber normalerweise komme ich allein. Ich esse jede Menge Eis direkt aus der Packung und schaue mir dämliche Fernsehsendungen an. Gärtnern im Sand macht keinen Spaß. Aber ich genieße noch immer die langen Spaziergänge. Den Frieden.« An diesen Wochenenden allein hatte sie manchmal das Gefühl, dass das Haus atmete und sie nicht. Das Haus enthielt ihre ganze Vergangenheit, während sie sich in einer schemenhaften Zukunft auflöste.

»Du hast noch genug Zeit, um dich zu entscheiden«, sagte Camille.

»Ja, und wir erfüllen das Haus für dich mit neuem Leben. Du brauchst uns nur zu fragen.« Julia lacht. Der weite, leere Strand – ein Vorteil und ein Geschenk. Am liebsten würde sie sich selbst in die Wellen werfen, wären es nicht fünfzehn Grad mit einem kräftig auffrischenden Wind.

»Gut!«, fährt Susan fort. »Ich kann mir ein Leben ohne dieses Haus nicht vorstellen. Es hat seinen Platz auf meiner inneren Landkarte. Wenn ich es auslöschen würde, bliebe eine große Lücke zurück.«

»Falls du musst, ist es eine Sache. Falls nicht …« Camille beendet den Satz nicht.

»Ihr wisst ja, dass ich die Firma verkauft habe. Außerdem war Aaron so klug, eine dicke Lebensversicherung abzuschließen. Nicht, dass wir je viel gespart hätten. Wir haben alles ausgegeben. Allerdings hatte ich das Glück, dass er vernünftig war. Wenn ich dieses Haus abstoßen würde, könnte ich den Mädchen genug geben, dass es für zwei Bruchbuden in Kalifornien reicht, wo alles astronomisch teuer ist. Ihr könnt euch nicht vorstellen, wie viel Miete sie für schäbige Zweizimmerwohnungen bezahlen.«

Sie verrät nicht, dass sie heute Morgen früh aufgewacht ist und sich überlegt hat, ob sie ein Schild mit der Aufschrift »Ware Properties. Zu verkaufen« neben dem Briefkasten der Sandburg in den Boden rammen soll. In ihrem schlaftrunkenen Zustand hatte sie einen Moment lang wirklich geglaubt, es gäbe einen Ort, wo sie wirklich hinwollte, obwohl sie nicht sicher war, wo dieser lag.

Als sie, den Wind im Gesicht, umkehren, ballen sich am Himmel Wolken zusammen. Sie gehen schneller und erreichen die Sandburg und spüren bereits erste kalte Tropfen auf den Köpfen. Julia kann ihre Sandalen nicht finden, doch dann bemerkt sie, dass Archie in der Einfahrt auf den zarten Riemchen herumkaut.

Susan schaltet den Gaskamin ein, um die Kühle aus dem Wohnzimmer zu vertreiben. Da sie keine Lust hatte, Holzscheite zu schleppen, hat sie ihn nach Aarons Tod einbauen lassen. Julia frottiert ihr feines, gekräuseltes Haar und wuschelt ihre Locken zurecht. Susan bringt eine Kanne Bergamottetee und einen Teller mit Scheiben von Camilles Zitronenkuchen an den Kamin. Camilles längeres Haar hängt strähnig und kläglich herab. Doch Susans guter Kurzhaarschnitt sieht nur noch kesser, kecker und stacheliger aus. »Fünfundvierzig Minuten«, verkündet Julia und rührt Kartoffeln und Karotten unter das Rindfleisch, damit sie gar sind, wenn sie den üppigen Eintopf aus dem Backofen holt.

Alle ziehen Pullover an. Regen prasselt in einem schrägen Winkel an die Fensterscheiben. Draußen auf See gabeln sich silbrige Blitze und bohren sich ins Wasser. »Danke, dass du diese dramatische Darbietung organisiert hast.« Julia lächelt. Der Donner lässt das Haus bis in die Grundfesten erbeben.

Susan wirft Julia einen imaginären Ball zu. »Ist dir kalt?«

»Regen am Strand scheint einem immer durch Mark und Bein zu gehen.« Als sie den Kuchen herumreicht, lehnt niemand ab oder protestiert, dass es zu kurz vor dem Abendessen ist. Im Schein der Lampen auf den Bücherregalen spiegeln sich die Frauen rings um den Kamin in der großen Fensterscheibe. Camille genießt es. Zum ersten Mal seit einem Jahr hat sie nicht das Gefühl, dass sie davonschweben würde, wenn man sie nicht festbindet. Als ihr Verlobungsring im Licht aufblitzt, entsteht kurz ein geheimnisvolles Funkeln an der Decke. So lange hält sie schon Ausschau nach Anzeichen für Charles' Gegenwart. Albern, das weiß sie.

Julia wickelt sich in eine blaue Decke aus Mohair und nippt an Susans Tee, der leicht nach Bitterorangen schmeckt. »Ich glaube, im Moment habe ich zum ersten Mal, seit ich aus Savannah abgehauen bin, keine verspannten Schultern.« Sie lächelt breit. Die Gelöstheit und Zufriedenheit hier bringen ihre dunkelblauen, stets leicht erstaunt wirkenden Augen zum Leuchten.

»Du siehst gerade wunderschön aus«, meint Susan. »Deine Augen haben die Farbe des Lapislazuli auf dem Ring, den meine Mutter immer getragen hat. Das gleiche tiefe Blau.«

»Oh, danke! Ich glaube, wir wirken nach dem heutigen Tag alle ein bisschen erholt. Ich bin so froh, mit euch beiden hier zu sein.« Julia stellt ihre Tasse ab. Von plötzlichem Mut erfüllt, sagt sie: »Ich bin nicht sicher, ob wir schon so weit sind. Ihr wart beide sehr offen, und ich weiß, dass ich es nicht war. Deshalb möchte ich versuchen, euch zu erklären, was mit mir passiert ist.«

»Hey, keine Sorge. Du bist nicht verpflichtet, unseretwegen in deiner Vergangenheit herumzuwühlen!« Camille ist begeistert davon, dass Archie auf ihre Füße gesprungen und dort eingeschlafen ist.

Donner dröhnt durchs Haus. »Herrje, der schlägt uns noch die Plomben aus den Zähnen«, ruft Susan aus.

Camille weiß nicht genau, ob sie bereit für Julias Geschichte ist. Sie ahnt, dass sie unschön werden wird, und sie freut sich über die momentane Ablenkung von ihrer bohrenden Trauer.

Doch Julia fährt fort. »Es ist schwierig. Sehr schwierig. Aber ich möchte einige Dinge loswerden. Nicht um euch zu belasten – meine Geschichte könnte das ganze Wochenende an die Wand fahren.« Sie lächelt. »Mir ist klar, wie schräg das klingt, doch ich habe euch zwei beinahe beneidet. Eure Männer sind tot. Es ist schrecklich, so etwas zu sagen. Allerdings habe ich mir in den Monaten, die ich jetzt in Chapel Hill bin, oft gewünscht, dass es bei meinem genauso wäre. Oh Gott, es wäre so ein sauberer Schnitt. Ich hätte endlich wieder Luft zum Atmen, wenigstens was ihn betrifft.«

Susan fällt leicht die Kinnlade herunter. Camille schürzt die Lippen, wie immer, wenn es ihr die Sprache verschlägt. Doch die beiden schweigen.

Julia seufzt tief und pfeifend auf. »Schaffe ich das?«

»Keine Sorge, Julia. Nur, wenn du möchtest! Wir verstehen uns gut, und niemand verlangt von dir, die Dinge zu überstürzen. Richtig, Susan?« Camille schenkt Tee nach.

Susan holt drei Gläser und eine Flasche ihres üblichen Sauvignon. »Zum Teufel mit dem Tee! Denn ich würde gern auf den Punkt kommen, Julia. Du wirkst häufig so niedergeschlagen. Tut mir leid. Und geistesabwesend. Und, oh, so hinreißend. Ich will sofort deine Geschichte hören. Vielleicht hilft es dir ja.«

Also ist Susan diejenige, die Nägel mit Köpfen macht, denkt Camille. Sie war nicht sicher, ob ihr das gefiel.

Sie sitzen zu dritt im Schein des Kaminfeuers. Das Unwetter verzieht sich, das Bœuf Bourguignon köchelt im Backofen. Später wird Susan den Salat machen und Camille die Käseplatte anrichten. Susan hat den Tisch mit ihren Platzdeckchen aus Muscheln und Aarons großzügig bemessenen Weingläsern, in denen sich das Aroma entfalten kann, gedeckt.

Und nun sind da das Gasfeuer, der Wein und Julias zögernde Stimme, während der Sturm sich legt.

»Vielleicht sollte ich als Erstes sagen, dass ich eine Tochter namens Lizzie habe.«

»Wo ist sie?«, erkundigte sich Susan und dachte an ihre lieben Töchter, beide weit weg in Kalifornien.

»Nun, das ist ja das Entsetzliche. Im Moment weiß ich es nicht. San Francisco, glaube ich. Sie ist abhängig von, tja, ganz sicher von Kokain und verschreibungspflichtigen Medikamenten und vermutlich auch wieder von Heroin, dem Allerschlimmsten. Lasst mich anders anfangen. Mein Mann heißt Wade. Wade Tyler. Ich habe meinen Namen Hadley behalten. Das wurde später zum Problem, aber anfangs hat es Wade nicht gestört. Irgendwann hat er mir vorgeworfen, ein Teil von mir habe nie richtig geheiratet. Darüber grüble ich heute noch nach.«

Susan und Camille runzeln die Stirn, lächeln dann aufmunternd. Sie wissen nicht, was sie erwartet.

»Also zurück zu Lizzie. Wir hatten letzten Herbst einen sehr schweren Zwischenfall. ›Opioid-Überdosis‹ stand in der Akte im Krankenhaus. Das sind Opiate, wie der Zahnarzt sie einem gibt, wenn er einem die Weisheitszähne zieht. Man fühlt sich angenehm schwummerig.«

»O ja«, merkt Camille an, »das Percocet nach meiner Knieoperation hat mir gutgetan.«

»Bei Süchtigen ist das jedoch eine andere Geschichte. Sie hat Oxycodon und Xanax genommen und eine ganze Packung davon geschluckt. Ihre Mitbewohnerinnen, so neben der Spur, wie sie sonst auch sind, haben sie in die Notaufnahme gebracht. Sie hat überlebt.

Um wieder zum Anfang zu kommen: Lizzie hat schon in der Highschool begonnen, Drogen zu nehmen. Angeblich ist Marihuana ja keine Einstiegsdroge, doch in ihrem Fall war es das. Mir hat sie einmal gesagt, sie sei sofort darauf angesprungen. Eine benebelte Kifferparty, und sie fand, das sei ihr Ding.

Ich spreche nur ungern so über sie, denn ich möchte nicht, dass ihr sie nur als abgewrackten Junkie seht. Als sie klein war, war sie klug und neugierig. Ein Engelchen, das Knetmasse und Bücher liebte und Pferdefigürchen auf dem Fensterbrett stehen hatte. Wir hatten ein wunderschönes Leben, das ich *nie* vergessen werde. In einem Schmuckkästchen in meinem Kopf liegen fünfzehn Jahre pures Gold. Wade gehört zu den Auserwählten – falls ich an Gott glauben würde, würde ich sagen, er war gesegnet. Alles an ihm ist schön bis hinunter zu den Fußspitzen. Glaubt mir, ich war das glücklichste Mädchen von Savannah. Ein sexy Ehemann, ein aufgewecktes kleines Mädchen, das Prinzessinnenkostüme und Weltkartenpuzzles mochte. Inzwischen weiß ich nicht einmal mehr, ob ich sie noch liebe. Ich denke nicht. Ich liebe sie so, wie sie war, bevor sie das wurde, was sie heute ist. Meine reizende Tochter hat sich in ein überdimensionales Ungeheuer verwandelt.

Doch Lizzie begleitet mich ständig. Als wir heute spazieren gegangen sind, habe ich mich daran erinnert, wie wir immer im Sommer in St. Simons waren. Sie hat sich auf den Wellen treiben lassen. Sanddollars gesammelt. Ein kleiner Schatz. Wir hatten es so schön mit ihr.«

Als Camille sich unter ihrer Decke bewegt, springt Archie herunter. Sie beugt sich zu Julia vor. Susan legt Julia die Hand auf den Fuß. »Oh, Liebes.«

»Fast Forward von den Jahren des glücklichen Schmuckkästchens zu Lizzies zunehmender Sucht. Ihr könnt euch vorstellen, wie wir darüber nachgegrübelt haben, warum sie in die Drogenabhängigkeit abgerutscht ist. Es gibt eigentlich keinen konkreten Anlass. Oh, einmal hat Wade ihre Zimmertür geöffnet, als wir eines Abends früher nach Hause kamen, und hat sie halb nackt mit ihrem Freund ertappt. Sie war fünfzehn. Wade ist ausgerastet und hat den armen mageren Jungen bedroht, der flugs in seine Unterhose gesprungen ist. Ich stand auf der Treppe und traute meinen Augen nicht, als ein Teenager, seine Hose in der Hand und weinend, an mir vorbeirannte, während Wade ihm ›dreckiges Arschloch‹ nachbrüllte.«

Als Susan und Camille sich ein Lachen nicht verkneifen können, stimmt Julie ein.

»Wade hat Lizzie an den Schultern gepackt, sie geschüttelt und sie als ›Flittchen‹ und ›Schande‹ beschimpft. Lizzie hat eine Woche lang nicht mit ihm gesprochen. Solche Sachen eben. Nichts Großes. Nicht oft. Wir haben uns keine Sorgen gemacht. Die meisten Leute probieren in ihrer Jugend Gras, werden erwachsen und interessieren sich nicht mehr dafür. Ich wusste, dass wir gute Eltern waren. Sie wurde vergöttert. Ich habe vergessen zu erwähnen, dass mein Vater mein Fels in der Brandung ist. Er hat Lizzie angebetet, ebenso wie Mom, die starb, als Lizzie acht war. Er war immer großzügig zu Lizzie. Natürlich haben wir ihn jetzt darum gebeten, ihr zum Geburtstag und zu Weihnachten kein Geld mehr zu schenken. Wir hatten damit schon lange aufgehört. Wade hatte es satt, sein hart erarbeitetes Geld in ihre Selbstzerstörung zu investieren. Aber dann haben wir ein schlechtes Gewissen bekommen und an ihre Miete und ihre Autoversicherung gedacht. Sie rief uns verzweifelt an. Viele Male haben wir nachgegeben. Ich sage euch, in so einer Situation kann man nur verlieren.

In der elften Klasse fing sie an, abends zu lange wegzubleiben, und war nur noch aufsässig. Wir hielten es für eine Phase. Im Abschlussjahr gab es eine kleine Besserung. Sie hat die Aufnahmeprüfungen fürs College mit Bravour bestanden, war gut in der Schule, und wir dachten, alles wäre wieder in Ordnung. Dann kam ihr erstes Jahr am Emory College, sie wollte Ärztin werden. Als sie über Weihnachten zu Hause war, fand ich, dass sie seltsam aussah. Ihre frische rosige Haut war blass geworden. Selbst das Weiße in ihren Augen wirkte stumpf wie eine Eierschale. Überhaupt kein Glanz mehr. Ich habe ein Mittagessen, nur wir zwei Mädchen, und anschließend einen Friseurbesuch und Geschenkeeinkaufen vorgeschlagen. Eigentlich hatte sie keine Lust, ist aber widerwillig mitgekommen. Ich weiß noch, als wir bei der Maniküre waren und ich zu ihr hinübergeschaut habe – die Haare strähnig und ungepflegt, Augenringe, ein unsteter Blick. Sie hat nicht einmal versucht, mit der netten vietnamesischen Kosmetikerin zu plaudern. Und ich dachte mir, wenn sie nicht meine Tochter wäre, würde ich sie für eine Drogensüchtige halten.

Instinkt? Es traf mich einfach wie ein Blitz aus heiterem Himmel. Ich habe mit Wade geredet, und er stimmte mir zu, sie mache einen abwesenden Eindruck, so als sei sie ganz weit weg. Sie wollte kein Popcorn für den Weihnachtsbaum auffädeln und auch nicht beim Schmücken helfen. Ich hatte Sorge, sie könnte eine Erkältung ausbrüten, weil sie ständig schniefte. Später erfuhr ich, dass das von den Medikamenten kam. Von den Festessen, die sie früher so geliebt hat, rührte sie keinen Bissen an. Sie hat nicht einmal Weihnachtsgeschenke besorgt.

An Heiligabend wollten wir bei meinem Dad zu Abend essen. Sie hatte ihren Mantel und ihre Handtasche unten liegen gelassen. Während sie unter der Dusche war, habe ich die Tasche aufgemacht. Pillen, ein Tütchen Gras und ein Döschen mit weißem Pulver. Als ich es Wade erzählt habe, ist er ausgeflippt. Er hat an die Badezimmertür gehämmert. ›Was, zum Teufel, ist da los …‹ und so weiter. Kurzversion: Wir haben sie in den Frühjahrsferien nicht gesehen. Erst wieder im Sommer, als sie zu Hause auftauchte und das Studium geschmissen hatte. Therapie. Städtisches College. Therapie. Doch sie verschwand immer wieder. Eine Spirale. Wade war total am Ende, das waren wir beide. Er war wirklich hilfsbereit, hat sich bemüht …« Sie hielt inne.»Nur ein gelegentlicher Wutanfall, was dazu führte, dass sie sich mit einigen ihrer zwielichtigen Freunde tagelang verdrückte. Wade hat, wie ich es später zu nennen lernte, ein ›Problem mit der Aggressionsbewältigung‹. Ich war genauso sauer auf sie wie er, habe es jedoch auf die konstruktive Methode ›Sag mir, wie ich dir helfen kann. Wir machen uns große Sorgen. Lass es einfach raus‹ versucht. Aber das hat genauso wenig genützt.«

»Das ist ja schrecklich, Julia.« Camille erinnert sich an ihre eigene hilflose Wut, als sie erfuhr, dass Charlie in seinem letzten Schuljahr seine siebzehnjährige Freundin geschwängert hatte. Charles war viel ruhiger geblieben als sie. Er traf sich mit den Eltern des Mädchens und sprach mit ihnen über Abtreibung, Adoption und all die anderen unmöglichen Alternativen. Dann erlitt das Mädchen eine Fehlgeburt, und Charlie hatte den Rest des Schuljahrs keine Freundin mehr. Was für eine Kleinigkeit, verglichen mit dem hier.

Julie steht auf, um das Rindfleisch umzurühren, und plumpst wieder aufs Sofa. »Nun, es wird noch schlimmer, aber ich will dieses Thema nicht breittreten. Lizzie hat das städtische College abgebrochen und alle ihre Freundinnen aus Emory, ja sogar die aus der Highschool verloren. Die hatten die rebellische Phase inzwischen hinter sich, sind in Studentinnenverbindungen eingetreten und haben Psychologie oder Jura studiert. Als Nächstes ist sie an ein kleines experimentelles College in Arizona gegangen. Es hat nicht geklappt. Sie hat die ›Scheißwüste‹ gehasst. Wir erfuhren, dass sie dort alles hingeworfen hatte und in New Orleans gelandet war. Sie rief an und meinte, sie wolle es an der Tulane University versuchen. Wir sollten ihr Geld für die Studiengebühren schicken. Es gehe ihr wieder gut, ihr sei klar, wie sehr sie sich heruntergewirtschaftet habe, bald werde sie nach Hause kommen, und könnten wir dann zum Segeln gehen? Wir haben ihr das Geld überwiesen. Und dreimal dürft ihr raten.

Noch mal vorgespult: Wir haben sie dreimal in die Entzugsklinik gebracht, einmal gegen ihren Willen. Zwecklos. Die anderen beiden Male stimmte sie zu, hat die Klinik in New Orleans jedoch nach zwei Wochen Entgiftung wieder verlassen. Danach kam Kalifornien. Alles Haltlose rollt nach Westen, pflegt mein Daddy zu sagen. In der teuren Klinik in der Nähe von San Francisco hat sie es nur einen Monat ausgehalten. Wir dachten, sie sei wieder clean, und sie beharrte, alles sei in Ordnung. Sie weigere sich, auch nur einen Tag länger in diesem Höllenloch zu bleiben. Und nein, sie werde nicht nach Hause kommen. Zwei Wochen später wurde sie von der Polizei gestoppt, als sie mit ir-

110

gendeinem Schwachkopf von einer Kaschemme wegfuhr. Die beiden waren auf Speed und zu schnell unterwegs. Die Polizisten haben sie abgetastet. Er wurde wegen Besitzes von was auch immer er dabeihatte festgenommen. Sie hat man über Nacht dabehalten und dann wieder laufen lassen. Die nächste Enttäuschung.

Inzwischen war leugnen zwecklos, und wir hatten kaum noch Hoffnung. Wir hasteten nur noch hin und her, um ihr aus der Patsche zu helfen, wenn sie wieder einmal gegen eine Wand gelaufen war. Und das passierte öfter. Es war, als wollten wir den Ozean teilen.

In San Francisco jobbte sie als Bedienung und in einem Hospiz und wohnte mit einigen anderen Aussteigern in einem aufgegebenen Laden im Tenderloin, dem Junkieparadies. Hin und wieder rief eine ihrer Freundinnen an und sagte, sie mache sich wirklich Sorgen um Lizzie. Sie ginge mit allen möglichen Männern nach Hause, die sie in Bars kennenlerne, und damals war Aids auf dem Vormarsch. Außerdem habe sie mentale Aussetzer und könne sich nicht mehr an die Nacht zuvor erinnern.

Lizzie meldete sich nicht. Nach allem, was wir einander bedeutet hatten, lebte sie nun in einer anderen Welt und wurde völlig von ihrer dämlichen Sucht bestimmt. Wir hatten ein schönes Leben, wir drei. Ein wirkliches Leben!«Julia kaut an ihrem Fingernagel und starrt in den Kamin.

»Wir haben es mit liebevoller Strenge, Unterstützung und Vorurteilsfreiheit probiert. Ihr könnt euch gar nicht vorstellen, wie schwierig das ist. Ja, ja, es sind die Drogen, die zu ihr sprechen. Aber sie hört auf sie! Welcher Teil von ihr will denn nicht aufwachen? Sie ist unehrlich. Manipuliert uns. Lügt. Wir alle drei sind in ihrem Teufelskreis gelandet.

Ich fühle mich, als stünde sie in der Mitte eines Karussells, und ich muss sie umkreisen, ganz gleich, in welcher Richtung. Sie mag Drogen. Sie will nicht aufhören. Manchmal schon. Stundenlang weint sie. Sie gibt jedem die Schuld außer sich selbst. Sie hat diesen ironischen Sinn für Humor, für sie passiert alles um sie herum nur in Anführungszeichen. Außerdem behauptet sie, dass sie gut zurechtkommt, was natürlich nicht stimmt. Sie ist eine wandelnde Massenkarambolage.

Inzwischen ist sie fünfunddreißig, wir machen es also schon ziemlich lange mit. Als sie in San Francisco eine Überdosis genommen hat, konnten wir es uns nicht eingestehen, doch sie hat es ernst gemeint. Sie hat einen Abschiedsbrief hinterlassen. Darin stand … Darüber habe ich noch nie gesprochen, nicht einmal mit meinem Vater. In dem Brief stand: *Was ist der Sinn des Ganzen? Es gibt keinen Sinn.* Wir waren erschüttert und voller Angst. Und es ist noch etwas anderes zerbrochen. Ich habe mich ihr gegenüber verhärtet. *Was ist der Sinn?* Ich war unbeschreiblich zornig, und Wade ist fast geplatzt vor Wut. Wir haben uns bemüht, die Ruhe zu bewahren. Ganz bestimmt war das der Wendepunkt in all diesem Wahnsinn. Wir holten sie nach Hause. Im Flugzeug zitterte sie und sah aus wie ein Zombie. Sie verschüttete ihr Wasser. Presste die Stirn ans Fenster. Schlug sie ein paarmal dagegen. Ich versuchte, sie durch glückliche Erinnerungen zu erden. ›Weißt du noch, wie wir nach New York geflogen sind? Es war dein erster Flug und …‹ Sie unterbrach mich sofort: ›Müssen wir auf diesem alten Zeug rumkauen?‹

Wir hatten gehofft, dass sie endlich am sprichwörtlichen Boden angelangt war, denn es heißt doch immer, dass es erst so weit kommen muss. Wir besorgten ihr die beste Hilfe, die man kriegen kann, aber sie machte sich nur über den Arzt lustig, der wollte, dass sie eine Liste der Dinge aufstellte, die sie motivieren könnten, etwas zu verändern. Etwas in mir zog sich zunehmend zurück. Ich hatte keine Illusionen mehr. Und das Seltsamste ist: Die Sache fing an, mich zu langweilen. Sie trank literweise Kaffee, saß hinten am Küchenfenster, wiegte sich hin und her und starrte in den Garten hinaus. Sie las die Selbsthilfebücher, die Daddy ihr mitbrachte, und warf sie dann in den Müll. Eines Tages unternahm sie einen Spaziergang. Als sie zurückkam, war sie zugedröhnt und aggressiv, gar nicht mehr wie die schlaffe Lumpenpuppe, die wir aus dem Krankenhaus abgeholt hatten. Sie hatte den Schmuck verkauft, den meine Mutter ihr vererbt hatte. Später fanden wir heraus, dass sie im Internet Xanax und Clonazepam bestellt hatte. An Wades Computer! Sie nahm sogar das Haushaltsgeld aus der Zuckerdose. Zu Hause herumzusitzen mache sie wahnsinnig, teilte sie uns mit. Sie werde mit dem ersten startklaren Flieger nach San Francisco zurückkehren. Seitdem haben wir nichts mehr von ihr gehört. Ich fand einen Brief in ihrem Papierkorb. Er war an Honor Blackwell in San Francisco adressiert. Ich habe die Adresse gegoogelt. Eine violett gestrichene Bruchbude in einer nicht ganz so schlimmen Gegend. *Ich komme wieder*, hieß es in dem Brief. *Bezieh ein Bett für mich.* Dann hat sie abgebrochen und den Brief weggeworfen. Immer wenn ich in den Himmel schaue und Kondensstreifen sehe, denke ich, *das ist Lizzie.*«

»Kein Wunder, dass du Hughs ruhiges, leeres Haus so liebst«, meint Camille. »Es ist wirklich sehr mutig von dir, Abstand von dem zu gewinnen, was dich zerreißt.«

»Mag sein. Doch was Wade angeht, da war ich nicht so mutig. Als sie zum letzten Mal fort ist, waren Wade und ich am Boden zerstört und gleichzeitig unglaublich erleichtert, und wir hatten deshalb ein schlechtes Gewissen. Man könnte sagen, wir haben uns unseren eigenen Giftcocktail gemixt. Man hätte denken können, dass wir uns aneinander geklammert hätten, aber das Gegenteil war der Fall. Wir fingen an aufzugeben, vielleicht auch einander. Immer wenn ich sein hübsches Gesicht betrachtete, erinnerte er mich an unser Scheitern. Und dass er mir gegenüber ständig auf Lizzie schimpfte, wurde unerträglich. Die vielen Diskussionen zum Thema ›Was haben wir falsch gemacht?‹. Ich konnte die Worte nicht mehr aussprechen. Also habe ich angefangen, länger zu arbeiten, und meinen Job mehr geliebt als zuvor.

Lizzie ist ein Opfer von Drogen, aber wisst ihr was? Wir sind *ihre* Opfer. Sie hat uns emotional kaputtgemacht. Manchmal stelle ich sie mir als Amokläuferin vor, die willkürlich mit einem Vorschlaghammer um sich drischt. Soll er doch treffen, wen er will.

Bitte schenk mir ein großes Glas von diesem Wein ein, Susan.«

Als die Zeitschaltuhr am Backofen schrillt, blicken alle einander an, als seien sie jäh geweckt worden. »Dein berühmtes Rindfleisch!«, sagt Camille.

Julia schlüpft unter der Mohairdecke hervor. »Lasst uns ausgiebig zu Abend essen. Es gibt noch mehr zu erzählen, aber nicht bei Tisch.« Ihr Gesicht ist gerötet, und sie wirkt hellwach.

Okay, denkt Camille. *Das Schlimmste wissen wir schon.*

Gut, wenn wir es hinter uns haben, sagt sich Susan.

Susan zündet die Kerzen an, während Camille Brot aufschneidet. Sie schöpfen sich den üppigen Eintopf in Schalen, während sie über Hunde, den Bauernmarkt, Politik und Autos plaudern. Das Brot eignet sich ausgezeichnet zum Auftunken der warmen Brühe.

Susan nimmt Archie an die Leine und geht mit ihm hinaus. Unterdessen räumen Julia und Camille das Geschirr ab. Die Sterne funkeln wieder am Himmel. Der Mond scheint nicht.

»Bevor wir ins Bett gehen, möchte ich noch die Shrimps marinieren«, sagt Julia. Sie hat die vorbereiteten Zutaten in einem Glas mitgebracht. »Leckerer Shrimpssalat, gegrillte Krabben und Spargel. Für morgen Abend haben wir ausgesorgt.«

»Julia, du gefällst mir. Du planst schon während einer Mahlzeit, was es als Nächstes gibt. Zum Nachtisch ist noch genug von meinem Zitronenkuchen übrig.«

»Wir haben frischen Orangensaft. Vielleicht mache ich ein Sorbet.«

Als Archie seine Lieblingsbüsche aufsucht, schickt Susan ihren Töchtern eine SMS. *Bin in der Sandburg. Überlege, ob ich verkaufen soll. Was ratet ihr mir?*

Archie flitzt zu seinem Hundebett am Kamin, und die drei Frauen beschließen, den Tag ausklingen zu lassen. Susan bleibt im

Wohnzimmer und vergleicht im Internet Preise für ihr Haus. Sie ist auch noch auf einer anderen Mission. Camille nimmt einen Roman von Joanna Trollope aus dem Regal und geht in ihr Zimmer. Sie öffnet das Fenster, um zu hören, wie sich die Flut knirschend durch die Muscheln zurückzieht. Julia möchte nur noch schlafen. Eine Erinnerung meldet sich, ihre Hochzeit. Vor der Kirche heulte während der gesamten Trauung eine Polizeisirene. Ein Omen? Seit sie Savannah verlassen hat, hat sie nicht geweint. Jetzt tut sie es.

III

Was wollen Touristen?

Donnerstag. Colins London-Woche. Nach Jahren anstrengenden Pendelns zwischen Florenz und London montags und freitags hat er in Italien genug zu tun, um jede zweite Woche und an allen Wochenenden zu Hause zu bleiben. Wer pendelt schon gern? Ich bin eine Stubenhockerin. Mein Leben = meine Arbeit, meine Arbeit = mein Leben. Deshalb passe ich so gut hierher. Die italienische Methode: Man arbeitet, um zu leben, nicht umgekehrt.

Wenn ich so viel allein bin, müsste ich doch einiges erledigt kriegen, oder? Nun, das hier ist eines der geselligsten Fleckchen Erde auf der Welt, sodass ich mir die Zeit regelrecht freikämpfen muss. Immer steht bei meinen Nachbarn oder Freunden etwas Leckeres auf dem Herd. Ständig schaut jemand vorbei, um mir Kastanien, noch warmen Ricotta und eine Flasche selbst gemachten Vin Santo zu bringen. Wenn Colin nicht da ist, verbringe ich mehr Zeit im Städtchen, lese mehr, gehe ins Kino, lade Freundinnen zum Mittagessen ein oder treffe mich manchmal mittags mit dem Literaturzirkel in der Trattoria Danzetti, sofern ich Zeit hatte, den italienischen Roman zu lesen.

Nur mit Hörbüchern kann ich jeden Tag so viel zu Fuß gehen, wie ich es tue. Ich erdulde die Kopfhörer (sie erinnern mich an die Stöpsel, die man in den stark mit Chlor versetzten

Pools meiner Kindheit tragen musste), denn die Kilometer rasen vorbei, wenn ich mich in Hilary Mantel, Edith Pearlman, Virginia Woolf oder die kratzigen Stimmen modernistischer Dichter vertiefe, die ihre Werke in den Anfangstagen der Aufnahmetechnik vorgelesen haben.

Das Problem ist, dass ich unterwegs häufig Leuten begegne, was heißt, dass ich stehen bleiben, auf PAUSE drücken, plaudern und ihren Hund streicheln muss. Heute habe ich Grazia getroffen, als ich gerade das Gartentor hinter mir zumachte. Sie stoppte ihr Auto, stieg aus, um die rituellen Küsse auszutauschen, und bat mich, zu ihr zu kommen und sie zu beraten, wie sie das Haus am besten vermieten könne. Grazia gibt im Haus ihrer Tante in der Stadt Geigenunterricht. Sie trägt lange plissierte Röcke, abgeschabte Stiefel und undefinierbare Oberteile und streckt stets ihre ausladende Büste vor. Um die Geige darauf zu stützen? Ihre an schwarze Bohnen erinnernden Augen funkeln und huschen nur so hin und her. Beim Lächeln zeigt sie makellose kühlschrankweiße Zähne. Jetzt lächelt sie.

»Ganz sicher werden es Amerikaner sein. Ich habe die Website auf Englisch verfasst, weil Amerikaner am besten bezahlen. Was werden sie erwarten? Das weißt du bestimmt. Bitte komm und erklär es mir.«

»Du musst hier tagelang lüften«, sind meine ersten Worte, als wir die Vorhalle betreten.

»Das ist mir klar. Ich komme kaum noch her, seit … Zwei Rumäninnen werden hier alles blitzblank schrubben. Was kann ich tun, damit Amerikanern das Haus gefällt? So, dass jemand es kaufen will, dann muss ich mich nicht mehr damit beschäftigen.«

Wir schlendern durch alle Zimmer. »Man müsste blind und taub sein, um sich nicht in dieses Haus zu verlieben, Grazia. Keine Sorge. Deine Eltern hatten sehr hübsche Sachen. Möchtest du vielleicht einen Teil des Porzellans wegpacken?«

»Das Geschirr ist nicht nach meinem Geschmack. Mein schlichtes weißes finde ich schöner.« Sie öffnet Schubladen voller Tischwäsche mit Monogramm, gewaltigem Silberbesteck und dünnen Platten, manche mit Fischen, andere mit Blumen verziert. »Alles alt.« Sie wirkt gelangweilt. Da sie hier aufgewachsen ist, würdigt sie das Fresko im Esszimmer, das mich jedes Mal wieder begeistert, keines Blickes. Sie hat es nicht einmal für ihre Website fotografiert, in der sie das Haus inseriert hat. Für Italiener ist Kunst nichts Besonderes. (Auch ein Grund, warum ich mich hier wohlfühle.)

Zwischen den beiden Fenstern hat ein fantasievoller Künstler eine Gartenszene als Trompe-l'Œil gestaltet, vermutlich eine genaue Wiedergabe des Blicks, den man tatsächlich durch diese Fenster gehabt hat. Er (oder vielleicht sie) hat einen Balkon mit Steinbalustrade gemalt. Man hat Aussicht auf Reihen von Buchsbaum, hohe Ballonblumen und ein bogenförmiges Rankgerüst für Rosen, bedeckt mit weißen und rosafarbenen Blüten. (*Rampicante* ist ein Wort, das ich liebe. Es klingt so viel melodischer als *überwuchert*. All die betonten Silben vermitteln den Kletterrosen, den Glyzinien und dem Geißblatt Kraft.) Ein Pfad in der Mitte des Freskos leitet das Auge zu den in Schichten angeordneten Hügeln in einem immer dunkler werdenden

Blau bis hin zu den Kegeln zweier erloschener Vulkane, die man auch durch das Fenster sieht. Ein gelungenes und hübsches Gemälde. Allerdings ist der Blick durch die tatsächlichen Fenster inzwischen trist. Vielleicht inspiriert das geistreiche Bild den Menschen, der endlich dieses Haus kauft, den originalen Garten wiederherzustellen. Am interessantesten ist, dass auf der rechten Seite zwei Gestalten sitzen und die Aussicht jenseits der Balustrade betrachten. Man sieht sie nur von hinten, und sie befinden sich im Schatten, nur die Andeutung einer Frau, die ein mit Rosen bedrucktes Umschlagtuch trägt, und eines Mannes mit nachdenklich geneigtem Kopf. Sicher die ursprünglichen Besitzer (das Monogramm mit dem S), die ihren prachtvollen Garten bewundern. Auf der anderen Seite kauert ein schwarz-weißer Vogel zwischen den Blättern eines eingetopften Orangenbaums. »Weißt du, wer das Fresko gemalt hat?«

»Mama sagte immer, eine Nonne. Vor zwei- oder dreihundert Jahren. Sie wurde unehrenhaft aus dem Orden ausgeschlossen und hat sich damit durchgeschlagen, dass sie in Villen Bilder gemalt hat. Jemand sollte sich das einmal anschauen. In einigen anderen Villen gibt es Fresken, die von derselben Person zu stammen scheinen. Mir sind weiße Wände ja lieber, aber ich würde das niemals überstreichen, weil meine Mama sonst aus dem Grab aufstehen würde. Oh, und der schwarz-weiße Vogel symbolisiert die Tracht einer Nonne, hat meine Mama gesagt.«

Oben inspizieren wir die Betten, und ich habe jede Menge Ratschläge: »Diese Hühnerfederkissen müssen weg, die stechen einen in der Nacht. Und neue Laken. Die hier sind zwar hübsch und antik, aber schwierig zu trocknen.« (Ich habe mir an solchen schweren Leinenlaken einmal fast eine Abschürfung zugezogen.) »Hat deine Mutter oder deine Großmutter diese Überdecke gehäkelt?« Tausende von gestärkten Schneeflocken.

»Großmutter. Einer der Schätze in diesem Haus, doch ich lasse sie auf dem Bett.«

»Weißt du, Grazia, Amerikaner lesen gern im Bett. Ich würde mir hellere Lampen besorgen.« Mit einer stärkeren Wattzahl als eine Kerze. Italiener behaupten immer, dass sie im Bett nicht lesen, sondern sich lieben. Selbst in Luxushotels verbreiten die Nachttischlampen oft nicht mehr Helligkeit als ein Nachtlicht.

»Ich bin nicht sicher. Für mich sind sie in Ordnung so.«

Im Bad im Erdgeschoss ist Schimmel in der Dusche, und es stinkt wie in einem stehenden Froschtümpel. »Und die ganzen Handtücher würde ich ersetzen. Amerikaner sind weiche Handtücher gewohnt. Mir ist klar, dass das bei Italienern nicht so ist, weil sie sie an der frischen Luft trocknen.« Ich verkneife mir die Anmerkung, dass sich diese abgenutzten Antiquitäten anfühlen wie Schmirgelpapier.

Grazia ist erstaunt, denn ihr ist noch nie ein weiches Handtuch untergekommen. »Das ist teuer. Für das ganze Haus?«

»Vertrau mir.«

Aus der Küchenspüle steigt ein muffiger Geruch auf. Der uralte Staubsauger mit seinem schlaffen Beutel stammt vermutlich noch aus den Fünfzigern. »Meiner Ansicht nach gehört ein neuer ganz oben auf die Liste. Und Wischmopps.« Der zerfledderte graue Mopp und der Besen, bei dem die Hälfte der Strohborsten fehlt, sind widerlich.

Wir sichten Schubladen und Regale und stellen eine Liste auf: einige beschichtete Bratpfannen, ein dickwandiger Nudeltopf (der von Luisa besteht aus zerbeultem Aluminium), ein gutes Abtropfsieb, Holzlöffel – diese sind angegammelt –, die das letzte Jahrhundert nicht miterlebt haben. Neue Geschirrtücher, Schüsseln, ein großer Dampfgarer. Grazia sträubt sich gegen eine Kaffee- oder Espressomaschine und ist vehement gegen jegliche Art von Küchenmaschine oder Mixer. Ihre Mutter habe alles mit der Hand gemacht. Und eine *caffettiera* sei völlig in Ordnung.

»Soll ich das Klavier stimmen lassen? Und alle Bücher wegräumen? Sie sind auf Italienisch.«

»Lass sie stehen. Schließlich kommen die Leute nach Italien. Und wer weiß, ob jemand auf dem Klavier spielen wird? Damit kannst du warten, wenn du möchtest.«

Ein Zimmer, vollgestapelt mit Koffern, Kisten und Möbeln, wird bleiben, wie es ist. Sieben Schlafzimmer genügen. Grazia muss noch jeden *armadio* im ersten Stock ausräumen. Luisa hat einige wertvolle Abendkleider und maßgeschneiderte Kostüme hinterlassen. Ein Laden für Vintage-Mode in Florenz wäre begeistert. Aber Grazia will sie ihrer Tante schenken, die sie ihr eines Tages vererben wird, damit Grazia sie wieder loswerden muss.

Wer hier einzieht, ist ein Glückspilz. Die Villa ist zwar ein wenig in die Jahre gekommen, besitzt jedoch ein aristokratisches Flair und elegante Räumlichkeiten. Mein Haus ist heimeliger, und wir fühlen uns wohl dort. Allerdings glaube ich, dass es

den eigenen Horizont erweitern würde, jeden Tag hier aufzuwachen. Ich male mir aus, wie ich Colin in jedem dieser Zimmer und auf dem *divano* vor dem Kamin liebe.

Als ich die Römerstraße zum Kloster hinaufsteige, schalte
ich wieder auf Realitätsmodus um. Wir haben unser Heim hinter einer hohen Steinmauer hoch oben in den Hügeln. Eine
Bodensenke im dichten Gras, wo wir sonntagnachmittags nach
einem *pranzo* aus Salaten und gebratenem Perlhuhn unsere
grüne Decke ausbreiten. In warmen Nächten auch, um die Sterne zu betrachten. Bis jetzt hat noch kein Wildschwein unsere
nackten Körper beschnüffelt. Ich stöpsle die Kopfhörer wieder
ein und lausche der Stimme Nicole Kidmans, die *Zum Leucht-
turm* liest.

Weiße Glyzinie

Wie paradiesisch, vom Rauschen der Wellen geweckt zu werden. Julia ist als Erste auf den Beinen. Als Camille und Susan gegen neun im Bademantel in die Küche kommen, ist der Waffelteig bereits fertig, der Saft eingeschenkt, und eine Pfanne mit gebratenem Speck steht bereit. »Bei dir sieht es aus, als mache es überhaupt keine Mühe«, stellt Camille fest. »Für mich ist es schon ein Staatsakt, Charlie und seine Familie zu einem Sonntagsbrunch aus Quiche und Salat einzuladen. Und wie blitzblank die Küche ist.«

»Meine Geheimwaffe: während des Kochens sauber machen.«

Nach dem Frühstück und einem Strandspaziergang fahren sie nach Wilmington, wo idyllische Nachbarschaften dazu auffordern, umherzuschlendern und sich Geschichten über die Bewohner der weißen, von rosafarbenen und weißen Azaleen umgebenen Häuser auszudenken. Sie kaufen Nelken und Lavendelseifen für Susans Haus und kehren in der Altstadt auf ein Eis ein. Dann essen sie im Waterfront Café zu Mittag, und anschließend entdeckt Susan neue Laufschuhe, und Julia zeigt ihnen im Buchladen einige der Veröffentlichungen von Mulberry Press. In der Abteilung für Künstlerbedarf sucht Camille sich Aquarellfarben, sechs Pinsel und Papier aus. »Warum male ich nicht einen großen kitschigen Sonnenuntergang?«, witzelt sie. Doch die Vorstellung, mit den Farben in die Dünen zu gehen, ist aufregend. Wie viele Jahre ist es her, dass sie zum letzten Mal Farben gekauft hat? Sie kann sich nicht erinnern.

Um drei sind sie wieder in der Sandburg und mit Archie am Strand. »Julia, erzähl uns den Rest, wenn du möchtest«, fordert Susan sie auf. »Du weißt ja, dass Kriminalromane immer einen Spannungsbogen haben, der einen von Kapitel zu Kapitel treibt. Ich bin schrecklich neugierig auf Wade.«

»Aber nur, wenn du willst«, fügt Camille hinzu. Sie fragt sich, ob Susan nicht ein wenig aufdringlich ist. Diese Tochter Lizzie. Was für eine Katastrophe.

»Ja, ich versuche es. Sicher könnt ihr euch denken, was dann passiert ist. Eigentlich kann ich es ihm nicht verübeln. Wir waren beide bedrückt. Fast habe ich mir gewünscht, ich würde einen knackigen Typen kennenlernen. Aber« – sie lacht auf – »knackige Sechzigjährige wachsen nicht an den Bäumen. Wade hat sich in Sachen Alter nach unten orientiert. Ich glaube, sie war um die dreißig. Dreiunddreißig vielleicht.«

»Trifft er sich noch mit ihr?«, erkundigt sich Susan.

»Keine Ahnung. Ohne die lange Quälerei mit Lizzie hätte ich möglicherweise die Kraft gehabt, einen Seitensprung durchzustehen. Doch nach den vielen Jahren voller Probleme war es für mich indiskutabel. Wir haben immer zusammengehalten. Es war, als sei der Mittelstein aus einem Torbogen gefallen. Und so ist alles eingestürzt.

Wade war schon immer sehr aufbrausend gewesen. Anfangs war ich so dumm, mich davon begeistern zu lassen. Es war ein

Zeichen dafür, dass er leidenschaftlich war, und das stimmte auch. Er war eifersüchtig auf jeden, den ich ansah oder bei dem er sich einbildete, dass ich ihn angesehen hätte. Er gehörte zu diesen Südstaatenjungs, die erst die Woodberry- Forest-Schule und anschließend die University of Georgia besuchen, danach nach Hause zurückkehren und die Firma der Familie übernehmen. Sein Daddy besaß einen Laden für Bootsausrüstung und Schiffslacke. Wade liebt das Wasser und ist ein begeisterter Segler. Es fiel ihm leicht, sich in Georgia Marine einzufinden. Er ist eins fünfundachtzig groß und hat grüne Augen, ein intensiver Farbton wie Malachit. Wenn er mich ansah, schmolz ich dahin. Sein Vater war schwarzhaarig und seine Mutter auch. Sie war Jüdin und hatte dunkle Haut. Wade hingegen ist blond wie ein Engel. Wer weiß schon, wie die Gene durcheinanderwirbeln? Als ich ihm begegnete, hat er mich körperlich so angezogen, dass ich nichts als seine himmlischen Schultern, seine Beine, schlank wie die eines Rennpferds, seine honigfarbene, sonnengebräunte Haut und sein strahlendes Lächeln im Kopf hatte, das einem den Mond und die Sterne versprach und auch lieferte. Meine Eltern waren auch ganz aus dem Häuschen, obwohl er eigentlich nicht in unsere gesellschaftliche Schicht passte. Derartige Dinge haben in Savannah wirklich eine Rolle gespielt. Heutzutage ist es nicht mehr so schlimm.

Wir schwebten im siebten Himmel. Als Lizzie geboren wurde, war sie unser Ein und Alles. *Those were the days, my friend ...* Ob mich etwas gestört hat? Oh, Wade hat die Geduld mit einem langsamen Kellner verloren und seinen Stuhl umgeworfen, als er aus dem Restaurant stürmte, noch ehe wir bedient worden waren. Den Ausdruck »Aggression im Straßenverkehr« hat er vermutlich erfunden. Er hat eine von Lizzies Lehrerinnen heruntergeputzt, die sagte, Lizzie müsse ordentlicher werden. Und dann war da der Vorfall in der Apotheke, als sein Rezept noch nicht bearbeitet war. Der Sicherheitsdienst musste ihn an die frische Luft befördern. Lizzie und ich wurden nie zum Opfer seiner Wutanfälle. Ich redete mir ein, er stünde unter Stress oder so, und als Lizzies Probleme anfingen, traf das ja auch zu.

Okay, dann weiter zu der Zeit, nachdem Lizzie zum letzten Mal verschwunden ist und wir uns voneinander entfernten. Da ich das Desaster nicht ertragen konnte, habe ich mich in die Arbeit gestürzt. Später habe ich erfahren, dass er sich auf Rose Welton gestürzt hat, seine neue Marketingberaterin und Webdesignerin. Ich bin ihr nur einmal auf einer Firmenfeier begegnet. Sie hat aufgeplusterte Lippen. Bestimmt hat sie sie sich aufspritzen lassen, denn sie sehen aus wie zwei gekochte Shrimps. Ach, jetzt kommt die Zicke in mir durch! Eigentlich ist sie recht hübsch.

Er kam immer später nach Hause. Geschäftsessen, eine Reise nach Atlanta, eine Bootsausstellung in Jacksonville. Mir fiel es kaum noch auf. Ich flüchtete mich in Schnulzen auf Netflix und die endlose Serie über diesen verschüchterten schottischen Landadeligen. Obwohl ich ihm kaum noch in die Augen schauen konnte, nahm ich an, dass diese Phase vorbeigehen würde. Dass wir irgendwann wieder ein normales, ein neues normales Leben führen könnten.

Als er eines Abends ausging, stieg mir der Duft des Herrenparfüms in die Nase, das ich ihm zum Geburtstag geschenkt hatte: Verbena, Holz und Moschus, achtzig Dollar! Sehr aufreizend. Klingeling! Sherlock Holmes! ›Wo isst du denn zu Abend?‹, fragte ich. ›Ach, nur im Club. Das wird den Vertretern gefallen.‹

Ihr wisst ja, dass ich gern herumschnüffle – schließlich habe ich auch in Lizzies Tasche geschaut und die Drogen gefunden –, allerdings nur, wenn ich nicht mehr weiterweiß. Er ging. Er war online gewesen und hatte seinen Computer nicht heruntergefahren. Ich habe seine Kreditkartenrechnungen gesehen. Sie werden automatisch abgebucht, sodass ich sie nicht zu Gesicht kriege. Und da waren jede Menge, die mein Blut in Wallungen gebracht haben. Zum Beispiel hatte er Geld in einer Boutique in Jacksonville und für den Wellnessbereich des Hotels ausgegeben. Vier Restaurantrechnungen aus Atlanta und noch mehr von Lokalen in der Nähe von Savannah. Außerdem horrende Kosten beim Floristen. Ich erinnerte mich, dass er mir vor Kurzem ein kleines Gänseblümchensträußchen mitgebracht hatte. Ich habe mich gefühlt, als würde in meinem Kopf brennendes Fett lodern. Mit den dämlichen Gänseblümchen wollte er vermutlich sein schlechtes Gewissen beruhigen, weil er sein Geld für französische Tulpen und Rosen zum Fenster hinausgeworfen hat. An die Rosen erinnere ich mich noch. Wegen des Namens dieser Frau.

Eine Stunde nachdem er weg war, bin ich zum Parkplatz des Clubs gefahren. Kein schwarzer Range Rover. Er dinierte eindeutig anderswo. Wohin würde er im Anschluss an das Essen mit jemandem hingehen?, fragte ich mich. Bestimmt nicht in ein Hotel in der Stadt. Zu ihr vielleicht? Ist sie verheiratet?

Und da fiel es mir wie Schuppen von den Augen. Aufs Boot natürlich. Also ist die kleine Detektivin zum Jachthafen gefahren, wo mein Dad sein Segelboot *Suncatcher* liegen hat. Eigentlich ist es jetzt unser Boot. Ich habe am dunklen hinteren Ende des Parkplatzes gestoppt. Den Schlüssel zur Kabine bewahren wir in einer Luke unter den Sitzkissen auf. Ich bin rein und habe den Schlüssel eingesteckt. Danach habe ich die Tür von innen verriegelt und kein Licht gemacht. Während ich dasaß, musste ich mir überlegen, was ich mit den Informationen anfangen sollte, die ich gleich erhalten würde. Ich hatte keine Ahnung. Deshalb habe ich nachgedacht. So fühlt es sich also an. Ganz bestimmt passiert es nicht, sagte ich mir.

Etwa eine Stunde später sah ich Lichter auf den Parkplatz einbiegen. Und dann, siehe da, habe ich durch den Vorhang beobachtet, wie Wade, immer ein Gentleman, der Süßen die Autotür aufhielt. Arm in Arm gingen sie zum Boot, und er half ihr beim Einsteigen. Sie setzte sich – durch den Schlitz im Vorhang konnte ich nicht alles verfolgen – und rückte ein Tuch um ihren Hals zurecht. Er öffnete die Luke und knallte sie zu. Anschließend rüttelte er an der Tür. Ich hörte, wie er etwas murmelte und wieder verstummte. Die Kabine hat vorne keine Fenster, und ich hatte die Vorhänge an den Seiten zugezogen. ›Ich muss den Schlüssel im Büro vergessen haben‹, sagte er. ›Mist, ist das peinlich.‹ Sie hat etwas geantwortet, und sie sind wieder verschwunden. Frierend und angewidert habe ich abgewartet.

Spontan habe ich in den Kühlschrank in der Kombüse geschaut. Champagner. Teurer Champagner. Ich habe die Flasche aufgemacht und mir ein Glas voll eingeschenkt. Das Bett im Bug war mit Bettwäsche mit Strukturmuster bezogen, die meine Mutter eigens für das Boot hatte anfertigen lassen, was mich noch wütender machte. Ich schenkte mir ein zweites Glas ein, schaltete das Funkgerät an und lauschte den knarzenden Funksprüchen draußen auf dem Wasser. Dann schickte ich Wade eine SMS: *Übernachte bei Dad.* Ich war noch nicht bereit, mich der Wahrheit zu stellen. Und so fiel ihre Sexnacht in diesem Bett im Bug flach – stattdessen schlief ich dort, und zwar ziemlich fest.«

Sie setzen sich auf einen umgestürzten Baumstamm. Camille möchte ihre Farben aus der Tasche holen. Während sie sich Julias Geschichte anhört, betrachtet sie die Wolken, den Horizont und die gewellte Wassergrenze und fragt sich, welchen Moment dieser Bilder sie auf Papier bannen möchte und ob sie ein Tröpfchen Blau ins Weiß mischen soll, um den silbrigen Schaumrand der sich zurückziehenden Wellen einzufangen.

Julia fährt fort. »Ich behielt mein Wissen für mich. Wenn möglich, gehe ich Konfrontationen aus dem Weg, nur dass es diesmal eben nicht möglich war. Ich vereinbarte mit meinem Arbeitgeber eine Auszeit unter der Bedingung, dass ich weiter freiberuflich für ihn tätig sein konnte. Dann las ich in der Zeitung, dass Hugh einen Vortrag halten würde. Bei dieser Gelegenheit hat er mir sein Haus angeboten. Ich habe es nur meinem Dad und meiner Nachbarin Alison erzählt.

Ich vernichtete Papiere und verschenkte Kleider und die Bücher, die ich nie ein zweites Mal lesen würde. Ich war wie eine

Besessene. Ich schrubbte das ganze Haus und räumte auf, mit Ausnahme von Lizzies Zimmer, das ich ließ, wie es war – nur ein Haufen von Jogginghosen und T-Shirts auf dem Boden ihres Wandschranks. Wahrscheinlich hat er den abgestandenen Champagner an Bord entdeckt. Er erwähnte es nie. Obwohl ich mich Wade gegenüber weiter freundlich verhielt, Small Talk und das Essen pünktlich auf dem Tisch, spürte er offenbar meine brodelnde Wut. Eines Morgens warf er mir vor, ich sei kalt wie ein Fisch. An diesem Nachmittag habe ich die Fugen zwischen den Fliesen im Bad mit einer Zahnbürste und Q-Tips geputzt, könnt ihr euch das vorstellen? Danach habe ich mein Auto vollgepackt. Er kam nach Hause, um sich für einen Segelausflug ›mit Kunden‹ umzuziehen, und ich stellte ihn endlich zur Rede, während ich meine Kochbücher in einem Karton verstaute. Als er versuchte, mir die Schlüssel wegzunehmen, hat er mir fast den Finger gebrochen. Er brüllte herum, leugnete alles und gab mir die Schuld. Und deshalb habe ich die Lügen und Dramen anderer Leute gründlich satt.«

»Du musst eine PTBS erlitten haben. Oder zumindest einen schweren Schock. Das waren ja ziemlich viele Negativereignisse auf einmal«, erwidert Susan, und Camille stimmt ihr zu. »Würde es dir helfen, mit jemandem zu reden? Ich habe eine Freundin, die sehr gut ist.«

»Ich rede mit euch! Das ist viel besser. Nachdem ich mit Lizzie bei so vielen Seelenklempnern und in mehr Kliniken war, als ich zählen kann, habe ich die Nase voll von denen. Das habe ich hinter mir. Ich will da nicht mehr hineinrutschen. Wenn jemandem das Wasser bis zum Hals steht, ist all dieses Psychogequatsche sinnlos. Ich brauche Freiraum, um herauszufinden, wie ich leben und die Stimmen zum Schweigen bringen soll, die mich für sich beanspruchen. Nein, nicht diese Art von Stimmen. Keine Halluzinationen. Erinnerungen. Jetzt will ich, dass es vorangeht. Meine Füße müssen raus aus dem Treibsand.«

Camille öffnet ihre Tasche und holt den neuen Skizzenblock heraus. »Ja, genau das brauchst du«, sagt sie. »Fangen wir mit einem Aquarell von dieser Stelle hier an. Das kannst du aufhängen, um einen Wendepunkt im Gedächtnis zu behalten. Immer wenn der Treibsand dich verführen will, schaust du es an, lauschst den Wellen und denkst an gute Freundinnen.« Sie steht auf und umarmt Julia.

»Lass uns reingehen, Julia, ich verhungere.« Susan pfeift nach Archie. »Ich lasse dir ein Bad mit Mimosensalz ein. Und mit Kerzen rings um die Wanne. Du musst dich jetzt mal so richtig entspannen.« Sie legt Julia die Hand auf die Schulter, und die beiden steuern auf das Haus zu. Camille öffnete die Tube mit der blauen Farbe. *Die Leben anderer Menschen*, denkt sie, *wie anstrengend.*

Die Frühlingstage werden länger und bringen mildes, sanftes Zwielicht zurück. Die Dunkelheit, die sich im Winter wie ein samtener Bühnenvorhang plötzlich über das Land senkt, macht mit jedem Tag dem Licht mehr Platz und gibt dem Sonnenuntergang viel Raum, mit Flamingorosa und Malvenfarben zu spielen, bis diese in Grau und Azurblau mit einem schimmernden Rand übergehen. Als die Freundinnen ihr Festmahl aus Shrimps und Krabben vorbereiten, öffnet Susan die Tür zur rückwärtigen Veranda und ruft sie hinaus. Der westliche Himmel über dem Marschland hinter dem Haus ist mit wattebauschartigen Wolken bedeckt. Ihre Unterseiten sind flauschig und wollig. Die Sonne rutscht durch Farbschichten sanft abwärts. »Befruchtetes Eigelb«, sagt Julia. »Feuerball«, sagt Camille. »Sonne«, sagt Susan.

Als sie sich nach dem Essen am Kamin versammeln, fördert Susan ihren Laptop zutage. »Schaut mal.« Sie weist auf den Bildschirm. »Ihr braucht nichts zu sagen.« Vor ihnen erscheint ein quadratisches Steinhaus auf einem Hügel voller Olivenbäume. Auf der einen Seite wuchern weiße Glyzinien auf einer Pergola. Hinter dem Haus erheben sich in der Ferne zwei kegelförmige Gipfel. »Erloschene Vulkane«, erklärt Susan. »Wir könnten dieses Haus mieten. Es liegt ganz in der Nähe von San Rocco in der Toskana. Zum Meer ist es eine Stunde. Und nach Florenz, oder besser Firenze, ist es auch nicht weit.«

Camille und Julia betrachten sie zweifelnd und fangen dann an zu lachen. »Ein Mietvertrag mit Kaufoption«, fügt Susan hinzu. »Ist es nicht wunderschön? Und die Glyzinien sind weiß, nicht violett. Die meisten Leute pflanzen violette. Das ist ein Zeichen. Ich habe das ganze Internet und meine sämtlichen Quellen durchforstet und sogar in Frankreich und Spanien nachgesehen. Das ist das beste Haus, das ich gefunden habe. Meiner Ansicht nach werden wir begeistert sein. Außerdem vereinfacht es das Leben nicht, sondern verkompliziert es.« Susan hat sich vor Jahren bis über beide Ohren in die Toskana verliebt, als sie und Aaron dort ihren zwanzigsten Hochzeitstag gefeiert haben. Sie wollte immer wieder noch einmal hin, hat es jedoch nie geschafft.

»Meinst du damit, dass wir es mieten und *dorthin ziehen*?«, fragt Julia. »Was für ein Einfall! Susan, du hast aber ganz schön Mut!«

Camille dreht den Bildschirm zu sich, um besser sehen zu können. »Innenansichten anklicken!« Zimmer mit hohen Decken und Balken gleiten vorbei: pfirsichfarben, beige, hellgelb, jedes davon mit großen, in Stein gefassten Fenstern. In der Küche gibt es einen echten Metzgerblock auf kräftigen Beinen, ein langes, flaches Marmorspülbecken, das sie an singende Nonnen erinnert, Tische anstelle von Arbeitsflächen und Töpfe und Pfannen in allen erdenklichen Formen rings um den größten Kamin, der ihr je untergekommen ist. »Julia, schau nur, die Töpfe. Da hat das Kupferzeug in Morning Glory keine Chance mehr, richtig?«

»Ja! Ist das ein Holzofen? Gibt es auch einen normalen Herd? Seht mal den Tisch mit der Marmorplatte. Der ist bestimmt zum Pastamachen da.«

»Könnt ihr euch das vielleicht vorstellen?«, hakt Susan nach.

Schweigen. »Ich kann mir nichts Traumhafteres denken«, antwortet Julia schließlich. »Aber es ist doch nur ein Luftschloss.«

»Nun, es ist die Sache wert, sich genauer damit zu befassen«, fügt Camille hinzu. »Ich könnte mich sofort verlieben. Vergesst die vielen Kunstwerke nicht.« Sie hält es nicht im Entferntesten für möglich.

Julia schon. Die besten Entscheidungen im Leben sind die unvernünftigen. Ein offener Kamin. Ein Fenster. Eine safranfarbene Wand. Ein Vulkanpanorama. Die Vorstellung, dass gleich hinter den Hügeln ein geheimnisvolles Meer liegt. Die Spontanidee lässt sie nicht mehr los. Ein Haus in der Toskana, wo niemand sie kennt. Wo man alles neu definieren kann.

Weitere Wochenenden in der Sandburg folgen. Sie reden bis in die frühen Morgenstunden. Sie erinnern sich an Studentenverbindungen und Wohngemeinschaften nach dem College. Camille hat den gemeinsamen Wandschrank in ihrer Verbindung Chi O geliebt. Noch nie, weder davor noch danach, hatte sie eine breit gefächertere Garderobe. Sie sprechen über Freunde, über Fehler, die sie begangen haben, über Biopsien, über Reisen und darüber, wie es ist, allein zu sein. Warum, so fragen sie sich, bekämpfen nicht mehr Menschen die Einsamkeit nach dem Ende des Familienlebens, indem sie zusammenziehen? Gegenstände, lautet ihre Schlussfolgerung. Die Leute können sich nicht von ihren Sachen trennen, von den Sachen ihrer Mutter, von Speichern und Kellern voller Sachen. Wir fürchten uns offenbar davor, Küche und Bad mit anderen zu teilen, wird ihnen klar. »Sind wir so?«, denkt Susan. Camille räumt es ein, doch die Vorstellung, nach Italien zu ziehen, begeistert sie so, dass sie es beiseiteschiebt. In ihr wächst die Erkenntnis, dass sie das durchbrechen muss. Schließlich ist ja ständig von Frauen und gläsernen Decken die Rede. Ihre eigene drückt ihr direkt auf den Kopf. Allmählich weiß sie Susans Tatendrang zu schätzen, der sie anfangs geängstigt hat. Sie könnte etwas von Susan lernen. Julia ist schon sprungbereit. Sie findet die ganze

Idee faszinierend. Sie sprechen über Wohnmöglichkeiten, toskanische Küstenstädte und das italienische Schnellzugsystem.

Julia malt sich aus, wie sie in einen eleganten italienischen Zug steigen, durch die Landschaft sausen und Sandwiches essen, während grüne Hügel an den Fenstern vorbeigleiten. Allein in ihrem Zimmer, wird sie jedoch manchmal von Wellen der Angst ergriffen, dass Lizzie sie brauchen könnte. Wellen der Hoffnung, dass Wade sich womöglich besinnt. Und auch von willkürlichen Wellen, die über sie hinwegschwappen, bis sie keinen Boden mehr unter den Füßen hat und gewaltsam an die Küste geschleudert wird.

Susan klammert sich an die Zuversicht: *Was habe ich schon zu verlieren?*

Ende Juli macht Camille einen Rückzieher. Sie kann nicht. Außerdem bearbeitet Lara sie ständig, dass es nicht geht. Dauernd erwähnt sie Cornwallis Meadows. Charlie ist skeptisch und sagt wenig, obwohl er eines Sonntags beim Frühstück anmerkt, dass Dad sicher Cornwallis Meadows empfehlen würde, wenn er es noch könnte. »Kann er aber nicht«, entgegnet Camille. »Oder?« In diesem Moment schlägt der Plan wirklich Wurzeln. Ihre beiden Freundinnen inspirieren sie mehr, als ihre eigene antrainierte Bedenkenträgerei sie zurückhält. Ja. Sie wird mitkommen.

Sie fällen einen gemeinsamen Beschluss.

Ja.

Ein solches Unternehmen braucht Zeit, doch zu guter Letzt war alles organisiert. Susan entschied, ihr Haus in Chapel Hill nicht zu verkaufen. Als sie eines Nachmittags allein zu Hause war und im Wintergarten las, empfand sie eine nicht abzustreitende Liebe zu den bronzefarbenen Sonnenstrahlen, die auf den Parkettboden fielen, die Kunstbände auf dem Couchtisch und die beiden Nägel für die Weihnachtsstrümpfe über dem Kamin. Alles war hier geschehen, das Gute wie das Schlechte. Ihre Fehlgeburten, bevor sie es aufgaben und zwei Kinder adoptierten. Die traurigen Tage, die sie im Bett lag, während die Hoffnung aus ihr herausrann. Die Bastelarbeiten der Kinder. Die verdreckte Küche, wenn sie versuchten, Plätzchen zu backen oder Pudding zu kochen. Aarons Golftaschen und seine Angelausrüstung auf der hinteren Veranda. Ein bis zum Bersten erfülltes Leben. Das Haus aufgeben? Noch nicht. Was, wenn Eva oder Caroline wieder hierher zurückwollten? Sie veranstaltete eine Abschiedsparty in ihrem Garten und lud alle Freunde und Kollegen ein.

Sie heuerte einen Studenten an, der zweimal pro Woche kommen würde, um die Toiletten herunterzuspülen, zu lüften und die Werbeprospekte auf der Veranda einzusammeln. Ihrem Gärtner vertraut sie. Ihre hundert Zimmerpflanzen stellte sie mit einem ZU VERSCHENKEN-Schild auf die Straße.

Camille bot Charlie und seiner Familie ihr Auto und ihr Haus an; ihr kleines Häuschen vermieteten sie an einen Gastprofessor aus China. Camille war erleichtert, dass Lara ihren Schock überwunden hatte und sich für sie freute. Charlie, der immer ihr guter Junge gewesen war, würde für sie Partei ergreifen, ganz gleich, wie sie sich auch entschied. Als sie ihm von ihrem Sargtraum erzählte, verstand er, der Maler, intuitiv, was er zu bedeuten hatte. Sie planten, sie zu Weihnachten zu besuchen. Wie wundervoll, Ingrid Italien zu zeigen. Die Urne mit der Asche ließ sie zurück.

Julia reichte die Scheidung ein. Sie schrieb Hugh, bis Oktober werde sie eine vertrauenswürdige Person finden, die sich um sein Haus kümmerte. Und könne er in die Toskana kommen, denn es sei sicher interessant, sich mit den Etruskern zu beschäftigen? Von Lizzie hörte sie nichts, und sie nahm auch keinen Kontakt zu Wade auf, bis auf die schmerzliche Notwendigkeit, ihm die Papiere zustellen zu lassen. Heimlich besuchte sie ihren Vater, der fand, Italien sei eine großartige Idee, und fragte, wann er denn mal vorbeikommen könne. Er versprach, niemandem ihren Aufenthaltsort zu verraten, außer es handle sich um einen Notfall. An ihrem Haus fuhr sie nicht vorbei.

Sie regelten sämtliche Angelegenheiten: Gärten, Bankkonten, Versicherungen, Abschiede von verdatterten Freunden und Vorsorgeuntersuchungen beim Arzt und Zahnarzt. Alle drei fingen mit Online-Italienischkursen an. Die Scheidung der Tochter von Hughs Haushälterin fiel mit Julias Abreise zusammen, und sie war froh, einziehen zu können, sobald Julia fort war. Susan ließ sich die grauen Augen liften und freute sich, weil sie wieder größer wirkten. Am Strand stellte sie ein ZU VERKAUFEN-Schild auf. Ihre Töchter waren einverstanden. Es sei der richtige Zeitpunkt für ihre Mom.

Camille übte Aquarellieren und war begeistert von ihren Farbstudien und Experimenten mit Transparenz und Deckkraft. Julia wickelte ihre Tätigkeit als Rezeptetesterin ab. Susan verkaufte noch zwei Top-Anwesen und schloss dann ihr Büro bei Ware Properties. Zu ihrer Überraschung kaufte ihr Bruder Mike die Sandburg.

Im Oktober werden sie nach Rom fliegen.

San Rocco

Am Morgen nach der Ankunft der drei Frauen pfiff mein Nachbar Leo unter dem Fenster meines Arbeitszimmers. Die drei Töne ahmen einen bestimmten Vogel nach (eine Amsel?), der häufig in der Nähe singt, was dazu führt, dass ich oft zum Fenster gehe, weil ich glaube, dass es Leo ist. Er weiß, dass ich früh aufstehe und normalerweise arbeite, hat jedoch keinerlei Vorstellung davon, dass er mich womöglich bei einer bahnbrechenden Gedichtzeile stört. Immer noch im Nachthemd, schaute ich aus dem Fenster. Er hatte ein Huhn bei sich.

»*Buongiorno.*«

»*Porca miseria*«, erwiderte er. Schweinemisere, einer meiner liebsten gemäßigten toskanischen Flüche. »Wir haben neue Nachbarn. Sie haben einen Hund. Er ist weggelaufen und war in meinem Garten.« Erst jetzt bemerkte ich, dass der Kopf des Huhns schlaff herabhing. »Ich habe ihn verfolgt, Candida hat gotterbärmlich gegackert, da hat er sie fallen gelassen.«

»Oh, wie entsetzlich. Was machst du jetzt?«

»Ich bin zur Villa und habe mich vorgestellt. Bei Candidas Anblick sind sie selbst herumgeflattert wie Hühner. Amerikanerinnen wie du. Drei Damen. Eine von ihnen ist im Bademantel raus und dem Hund nachgerannt.«

»Jetzt bist du sicher sauer.«

»*Boh*, sie war reif für den Grill. Ich habe auch noch ein drei Monate altes Kaninchen. Ich habe sie für morgen zum Abendessen eingeladen. Du musst auch kommen.«

Wie unsentimental die Toskaner sind, wenn es um die Herkunft ihres Essens geht, verblüfft mich immer wieder. Leo hat das Kaninchen gestreichelt, es in seiner Tasche herumgetragen und es mit winzigen Stückchen Salat gefüttert. Und jetzt ist er bereit, es zu häuten, und wird jeden Bissen genießen. Das ist vermutlich Realismus. Wie bei Margaret. Sie lief zu Hochform auf, wenn sie die Kinder im Süditalien der Nachkriegszeit schilderte. Sie schrieb, Ehefrauen und Jungen zu schlagen sei Alltag gewesen; Inzest sei im Leben von Mädchen »erwartungsgemäß vorgekommen«. Immer das Gegenteil von sensationsheischend. Ihre Untertreibungen trafen einen mit Wucht.

Obwohl es mich im Moment schüttelt, werde ich vermutlich nicht an das graue Tierchen denken, wenn Leos Frau Annetta mir das entbeinte und gefüllte *coniglio* auf den Teller legt. Insbesondere dann nicht, wenn ihre Schwester ihre knusprigen Rosmarinkartoffeln zubereitet hat.

Seit zwölf Stunden in der Toskana, und schon sind diese Frauen zum Abendessen eingeladen worden. Das passiert doch ständig in Dallas oder Los Angeles, richtig? Man hat noch gar nicht richtig ausgepackt, und schon taucht jemand auf und lädt einen ein. Ja, insbesondere nachdem man gerade seine Katze überfahren oder seinen Briefkasten gerammt hat.

Ich muss mich wieder meinen Projekten widmen. Heute Morgen habe ich Margaret auf dem Bildschirm.

»Müssen wir uns eine Kettensäge kaufen?«, fragte Colin, als er bei mir einzog. »Meinst du, man muss die Fensterläden jedes Jahr ölen? Ist das römische Gemälde von Janus im Museum eine Fälschung? Wie lassen wir den Brunnen testen?«

Ich schaute dann von meinem Buch auf. »Ruf Margaret an. Sie weiß es sicher.«

Kurzbiografie:

Margaret Merrill wurde 1938 in Washington, D.C., geboren und machte ihren Abschluss an der Georgetown University. Abgesehen von einigen Aufenthalten in den Vereinigten Staaten lebte sie seit 1964 bis wenige Monate vor ihrem Tod im Jahr 2013 in Italien. Sie schrieb drei Romane und drei investigative Sachbücher und gehörte der Redaktion des Corriere della Sera *an. Außerdem veröffentlichte sie häufig in bedeutenden Zeitungen und Zeitschriften in den USA und in Großbritannien. Ihr Roman* Treppen zum Palazzo del Drago *erschien 1968, gefolgt von* Im kalten Schatten *(1974),* Der Geschmack der Angst *(1979),* Die Sonne regnet auf blaue Blumen *(1988),* World Mafia World *(1994) und* Labranda *(2009). Ihre Fotografien wurden in ihren Büchern abgedruckt und in Italien ausgestellt. Ihr wurden der Preis von Rom, ein Guggenheim-Stipendium und der Primadonna-Preis verliehen. Außerdem stand sie auf der Auswahlliste für den National Book Award.*

Den spektakulären letzten Akt lasse ich weg.

Nachdem ich einige Stunden lang geschrieben habe, gehe ich auf meinem Geheimpfad, den Colin frei von Dornenranken hält, ins Städtchen. Zwischen zwei alten Zypressen an meiner

Grundstücksgrenze öffnet sich ein Tor zu einem schmalen *sentiero*, der sich über die Hügelkuppe und vorbei an den kutschbreiten Pflastersteinen einer Römerstraße bis hinunter ins Dorf schlängelt. Ich erschrecke stets ein wenig, wenn ich aus der einsamen Idylle trete und plötzlich auf den erwachenden Straßen stehe, wo Ladenbesitzer Wasser aus Plastikflaschen, in denen sich *acqua minerale* befunden hat, ausgießen, um ihre Türschwellen zu schrubben. Lastwagen liefern eilig die morgendlichen Waren aus. Die schwer demente Frau ruft den Leuten aus der Tür des Schuhgeschäfts ihres Sohnes Begrüßungen zu – *buon dí, tutti*. Aus der Tür des *forno* gegenüber weht der toastähnliche Duft backenden Brotes.

San Rocco ist wie ein glänzendes Medaillon in die Ausläufer des Monte San Lorenzo gebettet. Kein anderes Bergdorf fasziniert mich mehr. Falls Sie je *Die unsichtbaren Städte* von Italo Calvino gelesen haben: Es könnte eine seiner verträumten Schöpfungen sein. Was verzaubert mich so daran? Vielleicht die Via Fulvio, ein antiker *decumanus*, die klassische von Osten nach Westen verlaufende Römerstraße, die die Stadt teilt und so angelegt ist, dass die Sonne sie bescheint. Vielleicht ist es auch der Brunnen mit den tauchenden Nymphen und Delfinen in der Mitte der elliptischen Piazza. Möglicherweise auch das Gedränge von Sonnenschirmen der Cafés am einen Ende und die drei rivalisierenden Restaurants an der Längsseite mit ihren Tischen auf der Straße und den prinzipiell nur auf Italienisch verfassten Speisekarten. (Das gefällt mir.) Der *duomo* mit seinen Fresken, die das Jüngste Gericht darstellen, dominiert das andere Ende des Platzes. Die abgetretenen Marmorstufen bieten den Einheimischen die Möglichkeit, dazusitzen und die sich unvermeidlich wiederholenden Tage zu beobachten. Der kleine und geschäftige Markt am Freitag zieht mich jede Woche an. Mittwochs suche ich den Fischstand auf, donnerstags den *porchetta*-Stand. Überall gibt es etwas Leckeres zu essen. Ein Wunder, dass ich noch kein Koloss geworden bin. Wir haben eine Konditorei, einen Buchladen, wo es auch Künstlerbedarf gibt, ausreichend Bekleidungsgeschäfte, eine Reinigung und drei Antiquitätenläden, die sogar Kunden aus Mailand und Rom anziehen. Zwei ausgezeichnete Eisdielen und einige gut geführte Trattorias sind in den vom *decumanus* abgehenden Straßen verteilt. Außerdem zwei Boutiquen, wo schicke junge Frauen in den Türen lehnen und es schaffen, nicht gelangweilt zu wirken. Die verzweigten *vicoli*, die Gassen, beherbergen einen Laden für kunstgewerblichen Schmuck, ein Schuhgeschäft und eines für selbst entworfene Strickwaren. Fünftausend Seelen, alle mit ihren Eigenheiten. (Und natürlich ein paar fiese Typen, Faschisten und Eigenbrötler.)

Obwohl Archäologen hierherströmen, um die Etrusker zu studieren, war der Hauptplatz ursprünglich ein römischer Zirkus für Wagenrennen; deshalb die anmutige Ellipse. Die Römer hatten sich zwar im Städtebau einem gitterförmigen Grundriss verschrieben, aber ich sehe keine Möglichkeit, diese Stadt nach so einem starren Muster zu planen, denn das steile Terrain erfordert Kurven, damit man von A nach B kommt. Vermutlich haben sie deshalb auf den *cardo* verzichtet, die übliche Nord-Süd-Achse, die den *decumanus* kreuzt. Im Mittelalter hat man rings um den Zirkus ein Labyrinth aus Läden, Buden und

Häusern errichtet. Später folgten die gewaltigen Palazzi der Adeligen, in denen man sich heute noch verlaufen kann. Immer wenn Abwasserrohre repariert oder Gasleitungen verlegt (und in jüngster Zeit auch Glasfaserkabel installiert) werden müssen, stoßen die Arbeiter auf Getreidespeicher, Gewölbe, Keller und Teile einer etruskischen Straße. Einige der alten Steinbögen dienen heute noch als Eingänge und Fenster von Läden. Verschiedene Epochen existieren fröhlich nebeneinanderher, einer der Vorzüge, hier zu leben.

Ich frequentiere alle Cafés, denn die Baristas gehören zu meinen Lieblingsitalienern. Ich bewundere ihre Handfertigkeit und Geschicklichkeit. Heute bin ich in der Bar San Anselmo, die Violetta gehört. Sie malt eine Lyra in den Schaum meines Cappuccinos, weil sie weiß, dass ich Dichterin bin. (Das ist noch etwas, das ich an Italien liebe: Die Person, die den Kaffee zubereitet, weiß, dass die Lyra das Symbol für die Dichtkunst ist.) »Signora«, sagt sie zu mir. »Sie haben neue Nachbarinnen. Laut Gianni sind sie *simpatiche, molto simpatiche.* Haben Sie sie schon kennengelernt?«

»Nein, sie sind erst gestern Abend angekommen.«

»Aber Leo kennt sie schon.« Ist das ein Vorwurf?

In diesem Städtchen spricht sich alles rasch herum. Wahrscheinlich wusste Violetta bereits vor mir, was ich heute anziehen würde.

Meine frühmorgendlichen Ausflüge ins Dorf sind eine Angewohnheit, an der Margaret schuld ist. Am Anfang unserer Bekanntschaft begegnete ich ihr stets morgens, wenn ich zu Fuß hier erschien. Ich versuchte, Struktur in meinen Arbeitstag zu bringen, fand die Toskana jedoch einfach zu verlockend. Ich beobachte noch immer gern, wie das Dorf zum Leben erwacht. Auf dem Weg den Hügel hinunter holte ich mein Buch mit italienischen Verben heraus und lernte Konjugationen auswendig. Doch sobald ich das Stadttor erreichte, steckte ich das Buch ein und sah zu, wie Anna ihr Gemüse aufbaute, wie der Müllmann mit einem Hexenbesen aus Reisig die Straße fegte und wie der Friseur sich die erste Zigarette ansteckte und sich, seine schlafende Tigerkatze auf dem Schoß, auf seinem Stuhl zurücklehnte. Häufig traf ich Margaret in der Bar Beato Angelico an, wo über ihrem Stammtisch eigentlich eine Plakette hängen sollte, was sie aber nicht tut. Sie legte Zeitung und Zigarette weg und winkte mich zu sich. Rauchen, rauchen, damals rauchten alle. (Ich nicht.)

Ohne uns zu verabreden, sahen wir uns ein- oder zweimal in der Woche. Sie war auch zufrieden, wenn ich nicht da war. Bald füllte sich die Bar mit Einheimischen, die vor der Arbeit einen Kaffee tranken, und mit Touristen, die, annehmend, dass niemand hier Englisch verstand, Gespräche führten, die Romanautorinnen einfach belauschen müssen. Es wundert nicht weiter, dass ich bald in Margaret selbst dieselbe beeindruckende Eigenschaft entdeckte, die auch ihr Werk besitzt. Die Beobachterin mit dem archaischen Lächeln.

Gianni, unser örtlicher Taxifahrer, kommt herein. »Die Frauen haben keine Männer«, teilt er mir mit. »Sie reisen allein. Sie kommen aus dem Süden von Amerika und haben einen kleinen Hund dabei, einen ungezogenen, der in den Transportkorb gepinkelt und den ganzen Weg vom Flughafen in Rom bis hierher gebellt hat.«

»Haben sie kein Auto?«

»Nein, aber Grazia verkauft ihnen den Cinquecento ihrer Mama, sobald die Bremsen repariert sind.«

»Ist das legal?« Ich weiß, dass es das nicht ist, weil man dazu einen Wohnsitz angemeldet haben muss. Diese Grazia. Vielleicht kennt sie einen Trick, um das Gesetz zu umgehen. Es würde mich nicht wundern.

»Warum nicht?«

Warum nicht lautet die Reaktion der Einheimischen auf jede ungeheuerliche Frage. Noch etwas, das ich liebe.

»Ich habe ihnen von ihren berühmten Nachbarn erzählt, der Dichterin und dem Architekten. Da Sie aus demselben Land stammen, sind Sie sicher bald Freundinnen.«

»Ja, alle Amerikaner haben einander gern.« Ich lache. Ich bin immer noch eine Ausländerin und werde auch ewig eine sein, etwas, das mich wurmt, wenn ich daran denke, dass ich hierbleiben will. Sollte ich je in die schattige Gegend von Florida zurückkehren, wo ich geboren und aufgewachsen bin, würde ich mit der Landschaft verschmelzen wie ein Alligator oder ein Moskito, ohne mich damit befassen zu müssen, dass ich eine Exilantin weit weg von zu Hause bin. Colin spottet darüber.

»Wir sind die neuen Menschen. Weltbürger.«

Da es heute für diese Jahreszeit sehr warm ist, setze ich mich mit meinem Kaffee an einen Tisch draußen auf der Piazza und schlage mein in Pergament gebundenes Buch auf.

ANMERKUNGEN:

Werde nicht erwähnen, wie sie gestorben ist. (Furchtbar.) Werde erwähnen, wie sie als Freundin war. (Inspirierend). Was sie geschrieben hat. (Janus!) Sie könnte »Kurier« zwischen Italien und der CIA gewesen sein oder auch nicht. (Sie stritt es ab; ich bin sicher, dass es zutraf.) Sie könnte lesbisch gewesen sein oder nicht. (Falls ja, war sie eine Lippenstiftlesbe, und wen interessiert das heute noch?) Sie hat mich einmal öffentlich gedemütigt. (Warum? Neid?) Sie hat mich in ihrem Testament bedacht. (Aggressive Großzügigkeit.) Sie begab sich gern in Gefahr. (Warum? Wenn man sie unter Druck setzte, entschied sie lieber selbst, ob sie springen sollte.)

Margaret, so schwer fassbar, dass sie einen in den Wahnsinn treiben konnte, doch was für ein hintergründiger und gnadenloser Humor. Das fehlt mir. Während unserer siebenjährigen Freundschaft in der Toskana scheute sie sogar vor der Beantwortung einfacher Fragen zurück, die zwischen Freundinnen eigentlich kein Problem sein sollten. *Warum hast du nie wieder geheiratet? Du warst ja erst Mitte zwanzig ...* Sie schenkte sich einen großen Martini ein, den sie stets in einem Einmachglas mitbrachte. Wir trinken nur Wein, doch ihre Liebe galt dem Martini. Niemand mixte ihn so wie sie. Das glaubte sie wenigstens. Sie lachte auf. »Ich habe es zweimal mit der Ehe probiert, und nach der zweiten Bauchlandung habe ich mir gedacht, dass ich das eben nicht hinkriege.« So, als habe sie kein Händchen für Pastetenteig. Und dann fiel ihr Blick auf die weißen

Dahlien, die ich gepflanzt hatte, und sie warnte mich, dass ich sie im Herbst ausgraben müsse. Sie würden einen toskanischen Winter nicht überleben. Gespräche mit Margaret bestanden aus einer Aneinanderreihung von Umwegen. Achtung, Straßenschäden.

Als ich zahlen will, teilt Violetta mir mit, dass mein Kaffee auf Giannis Rechnung geht. Eine charmante Tradition in San Rocco und ein weiterer Grund, warum ich dieses Städtchen liebe.

A domani:

Bis morgen

»Willkommen in der Nachbarschaft, Archie!« Julia sucht die
offenen Regale nach der *caffettiera* ab, von der sie weiß, dass sie
da sein muss. Grazia hat eine ausführliche Inventarliste hinterlassen. Sie entdeckt sie auf dem Fensterbrett. Außerdem hat Grazia für ihre Ankunft einige Vorräte besorgt: Brot, Käse, Schinken, Kaffee und Orangen. »Invasion amerikanischer Hunde an
der Grenze! Mord und Chaos!« Julia blickt sich in der Küche
um. »Seltsam, ich fühle mich, als hätte ich schon immer hier
gekocht. So einfach. Und sind die karierten Vorhänge an den
unteren Regalen nicht typisch? Ich habe sie in italienischen
Kochbüchern gesehen. Böden aus Backstein. Wie heißen die
noch mal, *cotto*? Gekocht, wie praktisch. Kein Problem, wenn
man etwas verschüttet.« Julia hat sich bereits angezogen und
trägt Jeans und einen roten Pulli, ist aber barfuß. Sie entrollt
den Filzbeutel mit Küchenmessern, die sie in ihrem Gepäck
mitgebracht hat. Bei Mulberry Press hat sie für Autorenlesun-
gen gekocht und hin und wieder Partys für Freunde ausgerich-
tet.

»Nicht zu fassen, dieses riesige Marmorspülbecken. Man
könnte zwei Babys darin baden. Archie! Was für eine Katastrophe. Er ist noch nie im Leben einem Huhn begegnet. Und gleich

an unserem ersten Morgen ermordet er die Henne unseres Nachbarn. Wie war noch mal sein Name? Leo! Er war sehr verständnisvoll, und jetzt müssen wir das verdammte Huhn essen.«

Susan kann sich ein Lachen nicht verkneifen. »Ich kann nicht glauben, dass Archie, dieser kleine Spinner, einen Killerinstinkt hat.«

»Er ist nie aus North Carolina rausgekommen, und jetzt ist er total durcheinander. Wenn wir ins Dorf gehen, müssen wir etwas Nettes für Leo besorgen. Wein?« Camille schneidet das Brot an, bereitet eine Platte mit allem vor, was Grazia eingekauft hat, und schenkt große Gläser Blutorangensaft ein. Auf dem langen Küchentisch bilden Käseberg, Bauernbrot und Orangen ein Stillleben. Der Saft sieht dunkel und gehaltvoll aus. Ein Glas, und man startet schwungvoll in den Tag. Alle haben Hunger, denn sie haben bis auf die unbeschreiblich leckeren Sandwiches in der Autobahnraststätte auf dem Weg vom Flughafen hierher nichts gegessen.

Camille fängt an, eine Liste der Dinge aufzustellen, die sie in der Stadt kaufen müssen, aber da sie alles brauchen, beginnt sie, den offenen Kamin in der Küche zu zeichnen. Sie hat sich bereits in das Haus verliebt und malt sich den Winter in diesem Raum mit seinen Deckenbalken aus. Ein knisterndes Kaminfeuer, die Fenster beschlagen vom kochenden Nudelwasser ... Seit das Flugzeug in Rom gelandet ist, hat sie nicht an Charles gedacht. Hat er hier keinen Zutritt?

»Ich habe ihn rausgelassen«, sagt Susan. »Ich hätte ihn an die Leine nehmen sollen, aber ich dachte, er macht nur rasch sein Geschäft und ist gleich zurück.« Sie hebt Archie hoch. »Du warst ganz böse«, flüstert sie ihm ins Ohr. Der arme Archie winselt. Das Gefühl, Federn im Maul zu haben, hat ihm so gefallen.

»Hey, ihr zwei, Gianni kommt um neun. Es ist, als wollte ich zum Schulabschlussball. Archie, mein Freund, du bleibst hier. In der Küche wirst du es schon aushalten.« Susan führt ihn noch einmal aus und erkundet beim Umherschlendern das Grundstück. Ein Stück den Hügel hinunter stößt sie auf ein Steingebäude mit einer Glasfront, von dem sie weiß, dass es im Winter der Aufbewahrung von Zitronenbäumen dient. Damals, auf ihrer Reise mit Aaron vor vielen Jahren, hat sie einmal eines in dem berühmten Garten von La Gamberaia gesehen. Der lange Raum steht voller Töpfe, die wunderschönen grünen Glasballons, für die man bei Restoration Hardware ein Vermögen bezahlt. Spinnweben, die zwei Meter überspannen, Gartengeräte (einige noch voll einsatzfähig) und verrostete Eisenstühle. *Blumenzwiebeln,* denkt sie. *Die könnte ich jetzt für den Frühling setzen.* Sie kann nicht ahnen, dass Anfang April wilde Osterglocken den gesamten Hügel bedecken. Im Laufe der Jahre hat Luisa auch noch Iris und Tulpen gepflanzt. Wilde orangefarben gefleckte Lilien gedeihen hier in farbenfrohen Büscheln.

Sie umrundet das Haus. Obstbäume, einige von Flechten überwucherte Olivenölkrüge aus Terrakotta, ein paar Rosen, die noch wenige Blüten treiben, und viele Buchsbaumkugeln. Sicher kennt Gianni eine gute Gärtnerei. Sie malt sich die rostigen Stühle unter der Linde aus. Auch Lavendel und Heiligenkraut entlang der Auffahrt zur Straße. Ausladende Katzenminze, Weißfilziges Greiskraut und Verbena rings um die Haustür. Hellrosafarbene Verbena. Irgendwo plätschert Wasser. Archie kratzt in der Erde und fängt an zu graben. Schuldbewusst und ängstlich blickt er zu ihr auf. »Was hast du denn, mein Kleiner?« Camille hängt ihre Sachen in den gewaltigen *armadio*, der beim Öffnen ächzt. Ihre Kommodenschubladen sind mit frischem blau-weißem Papier mit Fleur-de-Lis-Muster ausgelegt. Wegen ihres Knies hat sie das Zimmer im Erdgeschoss im hinteren Teil des Hauses bekommen. Julias und Susans Zimmer befinden sich in der geräumigen oberen Etage, wo es noch drei weitere Zimmer und eines gibt, das als Lagerraum genutzt wird. Dieses Haus wurde für eine Familie, bestehend aus vielen Generationen, gebaut, nicht für drei einsame Ausländerinnen.

Durch das Fenster beobachtet sie, wie Susan den Kopf in ein Steingebäude mit bogenförmigen Glastüren steckt. Was für ein traumhaftes Atelier, weil so viel Sonnenlicht hineinströmt. Sie breitet ihre Pullis und Oberteile auf dem Bett aus und rollt sie zusammen, wie ihre patente Schwiegertochter es ihr beigebracht hat. Da sie nur vier Schubladen hat, muss sie jeden Zentimeter ausnutzen. Vermutlich war das das Schlafzimmer des verstorbenen Ehepaars. Es ist spartanisch eingerichtet, der ursprüngliche Minimalismus: der *armadio* und ein Bett, die vor den weißen Wänden gut wirken. Sie fährt mit der Hand über die dicke Putzschicht und folgt der Bewegung einer anderen Hand, die sie einst glatt gestrichen hat. (Ihre Mutter, die mit dem Spachtel die heiße Glasur auf ihrer Geburtstagstorte verteilt. Ihre Mutter wäre begeistert von der gehäkelten Überdecke mit den handtellergroßen Schneeflocken.) Camille findet das geschnitzte Bett zwar schön, doch die kratzige Überdecke muss weg. Außerdem hätte sie gern ein paar anständige Handtücher. Die blauen im Bad sehen zwar neu, aber billig aus. Sie schaut sich im Zimmer um. Neben dem Bett bemerkt sie anstelle eines Nachttischs eine windschiefe Stehlampe und auf der Kommode gegenüber ein altes Eisengestell mit einer Zwanzigwattbirne. Lesen die Italiener denn nicht im Bett?

Putzmittel, notiert sich Julia. Ammoniak, Bleiche, Ajax, Glasreiniger. Putzschwämme. Obwohl die Küche einen sauberen Eindruck macht, hat Julia das Bedürfnis, sämtliche Flächen noch einmal zu schrubben. Insbesondere in der Speisekammer, wo die Regale unter Gläsern mit Honig und Marmelade, die natürlich in den Müll müssen, ein wenig klebrig sind. Der Kühlschrank, seit Titos Tod geschlossen, riecht nach Ozon. Sie sucht Vokabeln raus und stellt eine Einkaufsliste auf Italienisch auf. Wo ich wohl eine Küchenmaschine auftreiben kann? Oder zumindest einen Pürierstab? Was heißt das auf Italienisch? Sie weiß, dass sie die Sprache rasch lernen wird. Susan hat auch ein Gespür dafür, bis auf das rollende R. Sie hat sich beigebracht, Tempo vorzulegen, wenn sie Passagen laut vorliest. Ihr Instinkt trügt sie nicht. Selbst wenn die Aussprache nicht stimmt, jagt sie weiter durch den Text. *Lehrer*, schreibt Julia oben auf ihre Liste. Sie will sofort anfangen. Heute wird sie sich ein Kochbuch auf Italienisch kaufen. Vor ihrem Zimmerfenster, das nach vorne hinausgeht, fällt die Landschaft ab. Ganz unten stehen einige Bauernhäuser. Das andere Fenster hat Blick nach Osten und wird völlig von einem prächtigen Baum erfüllt. Er ist zwar kahl, doch es hängen fröhliche dunkelrote und leuchtend gelbe Früchte daran. *Kaki,* schlägt sie nach. Das ist das Erste, was sie in der Küche der Villa Assunta kochen wird.

Um neun klopft Gianni an die Tür. Er wird sie am Stadttor absetzen, damit sie den ganzen Vormittag lang San Rocco erkunden können. Zum Mittagessen empfiehlt er die Trattoria Stefano. Anschließend wird er sie wegen des Jetlags zur Villa Assunta zurückbringen. Für den morgigen Tag schlägt er einen Ausflug zu Ikea, unweit von Florenz, vor, weil sie sicher noch einiges für das Haus brauchen. Danach könnten sie im Biorestaurant Verde einkehren, das seinem Cousin gehört. Bis dahin wird der Cinquecento von Grazias Mutter fertig sein, damit sie selbstständig sind.

Sie schreiten durch das Stadttor und bewundern den mittelalterlichen Bogen und die gewaltigen Türen. Julia entdeckt den Laden, wo es frische Pasta gibt. »Kaufen wir welche auf dem Rückweg. Lasst uns am entferntesten Punkt anfangen, damit wir nicht alles so weit schleppen müssen.« Das entpuppt sich als schwierig. Sie wollen am *forno* und an der *gelateria* haltmachen, neben der sich ein verführerisches Geschäft für Haushaltswäsche befindet. Sie trinken einen Kaffee und lernen Violetta kennen, die ihn auf Kosten des Hauses ausschenkt. Von der Hauptstraße gehen kleine abschüssige Straßen ab. Sie stoßen auf Galerien und Juwelierläden, die nicht breiter sind als eine Armeslänge. Am Ende der Straße finden sie einen Haushaltswarenladen, wo sie sich eine Küchenmaschine und eine gute Kapselkaffeemaschine leisten. Julia sucht sich drei Spachtel und einige Behälter für die Zubereitung von Eiswürfeln aus. Sie wissen noch nicht, dass eisgekühlte Getränke nach Auffassung der Italiener zu Magenbeschwerden führen. Deshalb gibt es in keinem Haus Eiswürfelbehälter im Kühlfach. Sie kaufen ein Dampfbügeleisen, um das Uraltmodell zu ersetzen, das sie in der Speisekammer vorgefunden haben, und außerdem drei Föhne. Martino, der Ladeninhaber, stellt sich vor und erbietet sich, alles zu liefern. »Natürlich weiß ich, wo Sie wohnen«, verkündet er. »*Una bella villa.* Es ist uns eine Ehre, dass Sie sich für San Rocco entschieden haben.«

Den zweiten Kaffee nehmen sie auf der kleineren Piazza XX Settembre ein, wo man Blick auf den öffentlich zugänglichen Rosengarten und die Felder unten im Tal hat. Paolino, der Barista, verbeugt sich, als sie eintreten, und lächelt sie an wie lange vermisste Cousinen. Auch er lädt sie auf den Kaffee ein. »Was ist da los?«, wundert sich Camille. »Machen die das immer so?«

»Eigenartig. Vielleicht liegt es an Grazias Familie oder dem Haus … Keine Ahnung, aber es ist wunderbar.« Die Sonnenschirme wurden zum Ende der Saison weggepackt. Draußen an ihrem Tisch halten die Frauen ihre Gesichter in die Sonne. Sie vergessen UV-Strahlung und Hautkrebs, genießen einfach die Wärme, konsultieren ihre Listen und betrachten die Fenster, einen Balkon, wo noch rosafarbene Geranien gedeihen, die glänzenden Pflastersteine und die Passanten, die ihren Geschäften nachgehen. Dabei fühlen sie sich wie Statistinnen in einem Theaterstück, was sie natürlich auch sind. Im nie endenden

Drama des Lebens in einer Kleinstadt. Obwohl sie sich während ihrer monatelangen Planungen ausführlich im Internet über San Rocco informiert haben, hat nichts sie auf das milde Licht vorbereitet, das die Renaissancefassaden in einen ockerfarbenen, rosigen, sonnenblumengelben und beigen Schein taucht. Die weißen Marmorstufen der Kirche auf der Piazza haben im Laufe der Jahrhunderte den matten Schimmer von Seife angenommen. Die Glocken im Turm läuten die Halbe- und die Viertelstunde. Das Schlagen zur vollen Stunde ist so wuchtig, dass es ihnen durch Mark und Bein geht. »Das ist die Geißenmutter-Glocke«, erklärt Paolino, als er ihre Tassen abräumt, und weist mit dem Kopf auf den Glockenturm. Da er jahrelang auf Kreuzfahrtschiffen gearbeitet hat, spricht er Englisch. »Jede Kirche hat ihren eigenen Klang. Santa Catarina, der Schlag auf den Topf. San Fillipo, das Kreischen einer Gans. Sant' Anselmo, die Lepraglocke. Sie wissen ja, dass Leprakranke alle warnen mussten, wenn sie sich näherten.« Susan ist fasziniert von Paolinos dichtem Haar, an den Seiten kurz geschoren mit einer wuscheligen Tolle am Oberkopf, die sie an das Wort *Pompadour* denken lässt. Es ist gleichzeitig nach oben und nach hinten gekämmt, eine glänzende teerschwarze Surferwelle, die jeden Moment brechen wird. Julia findet das Croissant, das hier *cornetto* heißt, schauderhaft. Der Teig in der Mitte ist feucht und pappig. Camille stellt sich einen Aussätzigen vor, der die Glocke läutend und gefolgt von einer tänzelnden Ziege und einer Gans die Piazza überquert. Jetlag, massiver Jetlag.

Paolino winkt ihnen nach, als sie ihre Tüten einsammeln.

»*A domani.*« Bis morgen.

»Ich gehe in den Buchladen, wo sie Künstlerbedarf haben. Treffen wir uns auf der Kirchentreppe?« Camille hat eine große Tasche bei sich, die sie füllen will.

»Ja. Ich besorge die Lebensmittel«, erwidert Julia. »Und das Brot.«

»Ich spaziere einfach herum.« Susan schultert ihre Tasche. »Alle Straßen sehen so verlockend aus.« Susan, die es gewohnt ist, Gespräche mit Fremden anzuknüpfen, stellt sich bei Anna und Pietros *frutta e verdure* vor. Die unbeschreibliche Auswahl an Zitrusfrüchten kann sie kaum fassen. Wie viele Mandarinensorten gibt es hier? Was ist das? *Cedro*, riesig und runzelig. Zitronen, manche groß und mit Beulen, andere klein und glatt. Was ist das? *Bergamotta*. Der Duft weht ihr entgegen, als sie sich über die beschrifteten Kisten beugt. *Das benutzt man für Tee*, erinnert sie sich. *Doch was es auch immer sein mag, es riecht nach Zitronenblüten und Orangen, nach etwas, mit dem ich mich am liebsten besprühen möchte. Arancia, was für ein wunderschönes Wort. Die Blutorangen müssen wir haben. Julia wird begeistert sein.* Anna und Pietro suchen die besten Früchte für sie aus, und Anna beschreibt ihr eine *insalata*, die, wie Susan versteht, aus Orangen und Fenchel besteht. Anna greift nach einem Bund Roter Bete. Sie macht zwar ein zweifelndes Gesicht, hält ihr jedoch trotzdem alle drei hin. Susan kauft auch die rote Bete. Obwohl sie sich sonst nicht fürs Kochen interessiert, würde sie am liebsten den halben Laden mit nach Hause nehmen. Die gewaltigen *funghi porcini*, die glänzenden Kastanien und die ausladenden Blätterflügel eines Gemüses, das *gobbi* heißt. »Dialetto«, erklärt Anna. »*È il cardo.*« *Nun, das schlage ich später nach*, denkt Susan.

Anna schenkt ihr noch einen *cedro*. Julia wird schon wissen, was man damit macht.

Im Käseladen kauft sie ein großes Stück milden Gorgonzola, winzige schwarze Oliven und ein Glas Trüffelbutter.

Zuerst sieht Camille die Inhaberin des Buchladens nicht, die hinten im Raum kauert. Sie sitzt in einem mit einem Orientteppich bedeckten niedrigen Sessel und liest. Signora Bevilacqua richtet sich auf und erhebt sich. Sie ist gleichzeitig hoch gewachsen und buckelig. Ihre grauen Locken sind kurz geschnitten, ihr elfenbeinfarbenes Gesicht ist sanft gefältelt wie Krepppapier. Ihre klaren Augen sind bernsteinfarben.

Jedes italienische Wort, das Camille je gelernt hat, ist auf einmal wie weggeblasen, sodass sie sich darauf beschränken muss, auf die Tuben mit Öl- und Acrylfarbe, die Pinsel und die Leinwandrollen zu zeigen. Die Ladenkatze streicht erst um ihre Knöchel, dann um die der Signora, die Schubladen öffnet und auf Pinsel mit zarten Spitzen aus Zobelhaar, sündhaft teure Malkästen und zusammengerolltes Pauspapier weist. Klebeband. Bleistifte. Radiergummis. Tuben mit roher Sienna, ungebranntem Umbra, gebrannter Sienna und *terra verde*, ein schlammiges Grün, um diese Landschaft wiederzugeben. Ein Farbrad. »*Sì*«, stimmt Camille ein ums andere Mal zu. Als ihre Tasche voll ist, bedankt sie sich bei der Signora und erinnert sich an Paolinos Worte. »*A domani.*« Bis morgen.

Sie trifft Julia, die gerade aus dem Lebensmittelladen kommt. »Dreimal darfst du raten. Die liefern! Ein erstaunlicher Laden. Sie führen auch alle Weine aus der Gegend. Ich habe eine gemischte Kiste gekauft. Der Laden ist zwar winzig, aber es ist alles vorhanden, was man braucht. Da kommen einem unsere riesigen Supermärkte zu Hause ziemlich albern vor. Außerdem sind es sehr nette Leute: Cinzia, ihr Mann Quinto und ihr Sohn Tommaso.«

Julia verschweigt ihr, dass Cinzias ovales Gesicht und ihre makellos gerade Nase sie an Lizzie erinnert haben. Kurz hatte sie das vertraute albtraumhafte Gefühl, in einer Blase ohne Boden zu schweben. *Dizzy Lizzie.* Doch Quinto reichte ihr eine Scheibe Prosciutto aus San Daniele, und als sie sich auf den buttrigen Geschmack konzentrierte, hatte sie sich wieder gefangen.

Obwohl es eigentlich noch zu früh dafür ist, kauft Susan sich ein Haselnusseis. Das Mädchen scheint erstaunt, dass sie nur eine Geschmacksrichtung will. Bei einer mittelgroßen Portion kriegen Sie drei Kugeln, sagt sie, hält das Hörnchen hoch und hebt drei Finger. Lächelnd hebt Susan einen Finger. *Zurück zum Ursprung*, denkt sie. *Ich hebe den Finger wie eine Dreijährige. Ich muss jetzt endlich Vokabeln lernen.*

Susan sitzt am Brunnenrand und genießt eine der Freuden, die sie sich fast immer versagt. Eine traumhaft schöne junge Frau schlendert vorbei. Sie schiebt einen Kinderwagen mit lächelnden Zwillingen vor sich her. »*Buongiorno*, Signora«, ruft die Frau ihr zu, als ob sie Nachbarinnen wären. Ihr Leben, denkt Susan, die unbeschreiblich schönen Lebensjahre an diesem Ort, die sie noch vor sich hat. Sie nimmt sich zusammen. Vielleicht führt diese Frau ja auch ein ganz schreckliches Leben. Die Grazie schüttelt ihre Tausenden von Locken und geht weiter. Wer weiß, wohin? Vielleicht zurück in die Seiten der *Vogue*. Susan könnte losheulen.

Viertel nach zwölf. Für die Trattorias von San Rocco sind sie zu früh dran. Mittagessen gibt es erst ab eins. Aber bei Stefano steht die Tür offen. »Okay, wir sind in einem Film.« Der Kellner ist einfach zu hinreißend.« Sein rasierter Schädel glänzt wie eine polierte Pekannuss. Außerdem hat er einen spitz zulaufenden, perfekt gepflegten Bart. Sein tailliertes graues Hemd und die engen Jeans lassen keinen Zweifel an seinem durchtrainierten, muskulösen Körper. Er ist Stefano, Sohn von Maurizio, dessen Familie vor sechzig Jahren dieses Lokal eröffnet hat und seitdem Pasta und gemischte Grillteller anbietet. Stefano ist dreißig und beharrt auf Neuerungen. Nicht nur traditionelle toskanische Gerichte, sondern auch einmal etwas anderes, insbesondere was die Desserts betrifft, die sich bis jetzt auf Pannacotta, Tiramisu (die er als amerikanische Erfindung verabscheut) und Crème Caramel beschränkt haben. Inzwischen stehen auch Fruchtrollen mit Obst der Saison, Kuchen mit Vin Santo und Törtchen mit Feigen und Walnüssen auf der Karte. Maurizio hat nichts dagegen einzuwenden, denn er hat belauscht, wie Zugezogene über die »ständig gleiche Speisekarte« geseufzt haben. Chefköchin *zia* Valentina, Maurizios Schwester, hingegen ist eine glühende Verfechterin der Küche ihrer Großmutter. Was für die Familie seit Jahrhunderten gut genug ist, ist auch gut genug für schlecht angezogene Touristen. Deshalb sorgen laute erhobene Stimmen und Töpfegeklapper in der Küche häufig dafür, dass die Gäste erschrockene Blicke wechseln.

Heute ist es ruhig. Wie alle weiß auch Stefano, dass sie in der Villa Assunta wohnen. Er weiß sogar, dass eine der drei Künstlerin ist oder eine sein möchte, weil er Signora Bevilacqua auf dem Postamt getroffen hat. Später wird er auch von der kostspieligen Anschaffung einer Küchenmaschine erfahren, eines zwei Jahre alten Modells, das Martino mit Freuden losgeworden ist. Er empfiehlt *pici*, die beliebteste Pasta in San Rocco. Susan will ihre mit viel Knoblauch, Julia ihre mit Wildschweinsoße und Camille ihre mit einer scharf gewürzten Tomatensoße. Sie sind begeistert von den *pici*, lang und dünn gerollt wie dickere Spaghetti. Sie beschließen, keinen Wein zu bestellen. Stefano bringt ihnen trotzdem einen Liter, und zu ihrer Überraschung haben sie ihn nach dem zweiten Gang, dem gemischten Grillteller mit Bratkartoffeln, ausgetrunken. Das Fleisch ist mager und beinahe faserig, aber geschmacklich gut. Das Brot ist feinporig, doch da die Speisen bereits viel Salz enthalten, ist es ungesalzen. Daran wird man sich noch gewöhnen müssen.

Obwohl sie keinen Hunger mehr haben, serviert Stefano ihnen einen Mont Blanc, eine Nachspeise zum Dahinschmelzen, die aus pürierten Kastanien und Schlagsahne besteht. »Etwas ganz Besonders für besondere Gäste.«

Zum Glück hat der Laden mit der frischen Pasta noch geöffnet. Sie beschließen, ein langes Nickerchen zu halten und nach einem schlichten Abendessen früh zu Bett zu gehen. Susan erinnert sich an die Tagliatelle und das Glas Trüffelbutter in ihrer Tasche, kauft aber trotzdem noch Ravioli.

Die Ladeninhaber haben abgeschlossen und sind zum *pranzo* nach Hause gegangen. Der Duft von lange vor sich hin köchelnden Soßen und Braten weht aus den Fenstern in den oberen

Etagen. »Für die nächsten Tage bin ich pappsatt«, ächzt Susan. Sie entdecken Giannis Transporter direkt vor dem Tor. »Wie gefällt Ihnen unser San Rocco?« Als er die Tür aufschiebt, steigen sie mit ihren Taschen und Tüten ein.

»*Paradiso!*«, sagt Julia.

»Ach, nein, Signora. Aber vielleicht nah dran.«

»Was bedeutet denn *gobbi*, Gianni? Und *dialetto*?«, fragt Susan.

»Buckeliger und Dialekt. Haben Sie *gobbi* gekauft? Der ist ähnlich wie eine Artischocke, allerdings schwieriger zu verarbeiten. Man nennt ihn auch *cardo*.«

»Und warum Buckeliger?«

»*Non lo so.* Möglicherweise weil die Blätter gebogen sind?«

Julia hat verstanden. »Das muss Spanische Artischocke sein, das komplizierteste Gemüse der Welt. Ich hatte noch nie damit zu tun.«

Als Gianni in die Auffahrt einbiegt, taucht das idyllische Haus vor ihnen in der Windschutzscheibe auf. Camille kurbelt das Fenster herunter und atmet tief ein. Dann dreht sie sich um und sieht die anderen an. »Wir sind zu Hause.«

Als Susan die Schüssel voller Pasta mit Trüffelbutter, duftend nach auf Lehmböden wachsenden Wäldern, und *parmigiano* ins Esszimmer bringt, bleibt sie vor dem Fresko stehen. Obwohl es im Garten inzwischen dunkel ist, ist ihr schon vorhin aufgefallen, dass dieses Bild an der Wand eine vorgetäuschte Aussicht aus diesem Haus darstellt. Der Garten im Vordergrund, die Rosenpergolas, die beiden Vulkane in der Ferne. Freude ergreift sie. Sie wird diesen Anblick während vieler traumhafter Abendessen genießen können. *Ich werde mir alle Nebengebäude anschauen,* denkt sie. *Ich frage mich, ob die eisernen Bögen auf diesem Gemälde wohl irgendwo vor sich hin rosten.*

Camille erscheint mit einem Wasserkrug. »Ist das nicht der Wahnsinn?« Auch sie hat eine halbe Stunde damit verbracht, das Fresko zu betrachten, und sich dabei ertappt, dass sie die ganze Zeit gelächelt hat. »Hier war ein großes Genie am Werk und hat den Pinsel geschwungen. Ich frage mich, ob sie, denn es war ganz sicher eine Sie, die Besitzerin oder die Tochter war. Schau dir den kecken kleinen Vogel an!«

Das gute Wort:
CENA

Ich komme ein paar Minuten zu früh zu Leos und Annettas Abendessen zu Ehren der ermordeten Henne. Wenn Colin rechtzeitig zu Hause ist, gesellt er sich vielleicht zu uns. Er verpasst nur ungern eine Mahlzeit in der Casa Bianchi. Ich bringe einen Birnenkuchen mit, obwohl ich weiß, dass Annetta eine *crostata* mit Aprikosen oder Pflaumen gebacken haben wird. Meine italienischen Freunde hegen einen instinktiven Argwohn gegen kochende Ausländer. Ständig erklären sie mir die einfachsten Dinge, so als ob wir in Amerika keine Ahnung hätten, wie man eine Tomate füllt oder eine Zwiebel schneidet. Wenn ihnen etwas schmeckt, das ich gekocht habe, äußern sie aufrichtige Freude und Überraschung, so als hätten sie gerade beobachtet, wie ein Hund ein schwieriges Kunststück vorführt.

Während ich meinen Kuchen und den Wein auf der Arbeitsfläche in der Küche deponiere, decken Annetta und ihre Schwester Flavia den Tisch. Am einen Ende haben sie eine große Vase mit Herbstlaub und Hagebutten hingestellt. Normalerweise sparen sie sich den Tischschmuck. Doch heute ist ein besonderer Tag. Der Chef der Carabinieri ist mit Frau und Baby eingetroffen. Ebenso Flavias Mann Roberto, der weiterhin zur Familie gehört, obwohl Flavia ihn vor Jahren verlassen hat und zu ihrer Schwester und Leo gezogen ist. Henne und Kaninchen drehen sich zusammen mit Spießen voller Würsten und Schweineleber im Kamin.

Auftritt: die drei Frauen. Camille, Susan und Julia sagen sie, und ich stelle mich eilig vor. Von dem Fußmarsch durch die Kälte sind ihre Gesichter gerötet. Sehr amerikanisch, ist mein erster Eindruck. Wodurch verraten sich die meisten Kulturen? Warum sehen Amerikaner nicht aus wie Schweizer oder Engländer? Oder Deutsche wie Amerikaner? Nun, die mit dem kurzen grauen Haar, Susan, könnte mit ihrem Minirock, den Stiefeln mit Keilabsatz – ist sie in denen den Hügel hinaufgestiegen? – und dem rot und grau asymmetrisch gemusterten Pullover auch Französin sein. Sie neigt leicht den Kopf zur Seite, um mir mitzuteilen, dass sie uns einer Musterung unterzieht. Nicht abfällig, nur aufmerksam. Alle drei wirken sauber geschrubbt und haben glänzendes Haar und offene Gesichter. Sie lächeln mit ihren tollen amerikanischen Zähnen. Arglosigkeit? Ist das das verräterische Merkmal amerikanischer Frauen? (Allerdings wirkte Margaret nie arglos.) Genauso wie schlotternde Hosen das Markenzeichen amerikanischer Männer sind?

Julia wirkt ein wenig schüchtern. Sie mustert das im Kamin bratende Fleisch und die Kohlen, auf denen das heruntertropfende Fett zischt und knackt. Camille betrachtet alles. Ihr erstes toskanisches Bauernhaus. Sie macht Annetta und Leo ein Kompliment zu dem weitläufigen Raum und dem langen Tisch, der alles dominiert. »Ich sehe, wo Ihre Prioritäten liegen!«, meint sie lachend. (Heute Abend werde ich mich als Dolmetscherin zu Tode arbeiten.) Sie bewundert den lässigen Komfort der sechs um einen niedrigen runden Tisch gruppierten großen Lehnsessel. Auf dem Tisch türmen sich Zeitschriften, Bücher, Nähkörbe und Angelausrüstung. »Hey, Ralph Lauren ist wieder im Kommen«, sagt sie zu mir. Sie hat recht. Karierte Decken, eine ausgestopfte Eule, ein Klavier, nicht zusammenpassende Stühle am Tisch.

Sie haben Blumen, Wein und für Leo ein Schneidebrett aus Olivenholz mitgebracht, weil sie heute bei Ikea waren. (Haben sie sich unbewusst ausgemalt, wie er das Huhn köpfte?) Er dreht es hin und her und überprüft die Handwerksarbeit. (Sie werden noch erfahren, dass er selbst bessere schreinert und außerdem Serviettenringe und Spazierstöcke schnitzt und Vogelhäuschen baut.) Obwohl es hier bei uns nicht Brauch ist, reicht Annetta wegen des besonderen Anlasses Gläser mit Prosecco herum. Normalerweise erscheinen wir um acht und setzen uns ohne Brimborium. »*Benvenute, cin cin!*«

Da sind sie also. Vor zwei Tagen hatten sie noch ihre Welt. Jetzt, spontan und voller Vorfreude, haben sie eine neue. Man kann nicht anders, als sie zu beneiden. Alles entfaltet sich, alles ist noch unbenutzt und glänzt. Ich finde sie auf Anhieb sympathisch.

Sich des Sprachproblems bewusst setzt Annetta die Frauen zusammen und mir gegenüber. Die Männer sitzen wie immer am anderen Ende des Tisches. Die Platte mit den Antipasti wird aufgefahren: *salumi*, Oliven, Crostini und Pecorino. »Warten Sie nur, bis das Essen kommt«, sage ich den Frauen. »Annetta mag so dünn sein wie eine Zehnjährige, aber sie ist eine fantastische Köchin.«

Leo erkundigt sich nach der Villa Assunta. Fühlen sie sich dort wohl? Er bietet an, ihnen Brennholz zu bringen. Annetta ist aufgefallen, dass sie nachts ihre Fensterläden nicht schließen. Sie erklärt ihnen, es werde im Winter wärmer und im Sommer kühler sein, wenn die Fensterläden zu sind. Ich schließe meine nur selten und bezweifle, dass die Frauen es tun werden, da sich die Zimmer dadurch in dunkle Särge verwandeln und man in der Finsternis morgens nur schwer wach wird. Ein Kulturunterschied. Das Baby ist für sechs Monate ungewöhnlich groß. Die Kleine lutscht zufrieden an einem Stück Brot. Margherita, die Mutter, wirkt vom Herumschleppen eines so schweren Kindes blass und erschöpft. Eugenio, der Chef der Carabinieri, versichert den Frauen, er werde alles Menschenmögliche tun, um ihren Aufenthalt angenehm zu gestalten. Da er sehr attraktiv ist, überlegen die Frauen vermutlich, wie angenehm er ihren Aufenthalt wohl gestalten wird. Nein, sicher übertreibe ich. Bin *ich* es etwa, die das denkt?

Flavia und Annetta bringen eine Schüssel mit Penne in einer Soße, die für Julia wie eine schlichte Tomatensoße aussieht. Doch sie entpuppt sich als aromatisch und vielschichtig im Geschmack. »Das ist köstlich«, begeistert sich Julia. »Wie machen Sie die?«

Annetta zuckt die Achseln. »Es ist ganz einfach.« Das sagt sie immer. »Zwei Handvoll Kräuter und Petersilie, fein gehackt, und selbst eingekochte Tomatensoße. Ein paar scharfe *peperoncini*. Wir pflanzen sie selbst an und geben Ihnen welche. Sie helfen den meisten Pastagerichten auf die Sprünge.« Julia stellt fest, dass Roberto, Flavias Mann, seine verschlingt, und folgt seinem Beispiel.

Jeder sprudelt über vor guten Ratschlägen. Wo man elektronische Geräte und Benzin kauft. Welche Händler auf dem Donnerstagsmarkt das beste Gemüse haben und welcher Priester am wenigsten langweilt. Die Frauen fragen, wohin sie reisen wollen und ob sie schon auf Sizilien und auf Elba waren. Sie warnen vor Neapel (eine meiner Lieblingsstädte) und empfehlen verschiedene Landgaststätten. Was nicht aufs Tapet kommt, und das ist es auch bei mir nicht, ist, wer sie sind, woher sie kommen und welchen Beruf sie haben. Ich habe nie verstanden, warum sich meine italienischen Freunde so überhaupt nicht für mein Leben außerhalb von Italien interessieren. Und wenn doch, dann so, wie es auf antiken Landkarten beschrieben wird, ein mittelalterlich anmutender Glaube, dass es in diesen unbekannten Gebieten von Ungeheuern wimmelt. Es ist wirklich eigenartig. Wenn ich abreise, ist es, als sei ich über die Erdkante gekippt. Komme ich zurück, freuen sich alle, aber niemand stellt mir eine Frage. Im Augenblick leben? Ja, genauso halten sie es.

Flavia hilft Leo, die Braten von den Spießen zu ziehen und sie zu tranchieren. Die Platte wird einfach mitten auf den Tisch gestellt, und bald haben es die Frauen kapiert. Man beugt sich mit seiner Gabel vor und spießt das Stück auf, das man haben will. Flavias Rosmarinkartoffeln, das Brot und der Wildkräutersalat werden gebracht und auf dieselbe Methode unkompliziert herumgereicht. Das Baby kaut eine Olive. Ich sehe, dass Camille hinstarrt. »Keine Sorge, sie mag sie schon seit Wochen. Außerdem wurde sie mit drei Zähnen geboren«, sagt die Mutter.

Roberto stürzt sich auf ein Würstchen. »Offenbar hat der schon wochenlang nichts mehr zu essen gekriegt«, meint Camille lachend. Flavia lobt den Wein, den die Frauen mitgebracht haben, doch für mich schmeckt er seltsam metallisch. Vielleicht brüte ich ja etwas aus. Normalerweise bin ich eine gute Esserin, insbesondere an diesem Tisch. Aber heute habe ich keinen Appetit und keine Lust auf das köstliche Fleisch. Susan nimmt sich einen Nachschlag.

Danach sind die *crostate*, mein Birnenkuchen und die kleinen Gläser mit *digestivi* an der Reihe. Leo trinkt nur Grappa. Das Feuer brennt zu Glut hinunter. »Das war eine der besten Mahlzeiten meines Lebens«, verkündet Camille. Sie saß den ganzen Abend mit dem Rücken zum Feuer und zerschmilzt fast. Ziemlich spät für eine Hitzewallung.

Colin hat es offenbar nicht rechtzeitig geschafft. Der Arme, jetzt kriegt er nur übrig gebliebene Lasagne ab.

»*Una bella cena.*« Ich beginne mit der Runde von Abschiedsküssen.

»Heißt das: ein wunderschönes Abendessen? *Una bella cena*, Leo, Annetta und Flavia«, wiederholt Camille.

Wir vier gehen gemeinsam los. Annetta ruft und läuft uns mit einem Glas ihrer geschroteten Peperoni nach. »Wir haben Glück, sie als Nachbarn zu haben«, meint Julia. »Ahnen sie überhaupt, dass ihr Essen besser ist als in jedem Sternerestaurant in den USA?« Plötzlich bin ich überglücklich, dass diese Frauen jetzt bei uns sind. Jede strahlt Neugierde aus. Ich erinnere mich noch an diese erhöhte Aufmerksamkeit nach meiner Ankunft. In vielerlei Hinsicht habe ich sie mir erhalten. Alle drei haben einen Südstaatenakzent, doch der von Julia ist der melodiöse, leicht britisch angehauchte von Georgias Küste. Es wäre nett, wenn sie an meinem Bett sitzen und mir vorlesen würde. Susan schätze ich als tatkräftige Person ein. Sie wird eine Menge bewegen. Von Camille habe ich den Eindruck, dass sie im Moment die Wandelbarste von den dreien ist. Bereit zu verändern, was verändert werden muss. Sie haben nichts mit Margaret gemeinsam.

»Ja, die Bianchis. Die können es wirklich am besten. Allerdings werden Sie feststellen, dass einen das alltägliche Essen hier immer wieder umhaut. Dieses Niveau ist unmöglich zu erreichen, wenn man nicht hier wohnt.«

»Ich habe Ihren Nachnamen nicht verstanden, Kit«, sagt Camille. »Arbeiten Sie hier? Wie lange leben Sie schon hier? Gianni sagt, Sie sind Schriftstellerin.«

»Raine. Ich stamme aus Coral Gables, aber ich bin jetzt seit zwölf Jahren hier. Kommt mir vor wie eine Ewigkeit.«

Julia richtet die Taschenlampe vor ihre Füße. »Kit Raine! Oh, ich habe Ihr Buch über Freya Stark gelesen. Es stand bei Hugh im Regal«, erklärt sie Camille und Susan. »Ich war begeistert.«

»Ich bin erstaunt.« Ich bin immer erstaunt, wenn jemand etwas liest, das ich geschrieben habe. »Es freut mich so, das zu hören. Nein, ich arbeite nur an meinem Schreibtisch, sonst nichts. Obwohl ich manchmal für Colin recherchiere. Wahrscheinlich habe ich mich in ihn verliebt, weil ich selbst immer Architektin werden wollte. Kurz zusammengefasst: Bevor ich herkam, habe ich an der University of California in Santa Cruz unterrichtet – nur für ein Jahr, es war die erste Chance, die sich bot. Danach hatte ich eine Vollzeitstelle an der University of Colorado, aber ich musste sie aufgeben. Vier Jahre lang habe ich meine Mutter in Coral Gables gepflegt. Sie hatte MS. Dazu noch Hautkrebs. Ich habe in Teilzeit unterrichtet und versuchte, mir einzureden, ich müsse meine Highschool-Liebe heiraten. Nachdem Mutter viel zu jung gestorben ist, habe ich mich Hals über Kopf nach Italien verdrückt. Hier habe ich genügend Freiraum, um zu schreiben, und außerdem reichlich Aufregung, wenn ich Ablenkung brauche.« Kein Auto parkt auf der Straße. Colin muss unterwegs aufgehalten worden sein. »Sie müssen meinen Lebensgefährten Colin kennenlernen.« Ich erkläre, dass er zu Hause und in London arbeitet, ständig mit Gepäck und Flugtickets jonglierend.

»Was für ein Leben. Und Sie sind noch jung. Außerdem sehr hübsch, wenn ich mir die Bemerkung erlauben darf.«

»Susan, Sie sind eine *principessa*, weil sie so etwas sagen! Ich bin vierundvierzig. Aber ich gehöre zu diesen alten Seelen. Ich war schon immer vierundvierzig.«

Nur eine Woche

Nach einer Woche haben sich Julia, Camille und Susan gemütlich eingerichtet. Sie haben Daunendecken bei Ikea gekauft und Grazias antike Bettwäsche ausgetauscht. Außerdem haben sie Weingläser, neue Duschvorhänge, Pfannenwender, Badematten und ein weiches Hundebett für Archie erstanden. Sie haben vergessen, nach Handtüchern zu suchen, die besser sind als die billigen in ihren Badezimmern. Allerdings hatte niemand Lust, sich wieder zu dem riesigen Parkplatz und in die endlosen Gänge von Ikea zu begeben. Camille ging der Laden ohnehin auf die Nerven, obwohl Gianni beteuerte, dass man nur dort die praktischen Dinge des Alltags bekam. Sie empfand es als deprimierend, dass jemand an einem Nachmittag eine ganze Wohnung einrichten konnte, die dann zwar nett anzusehen, aber absolut frei von jeglicher Individualität war.

Auf dem Antiquitätenmarkt am Samstag entdeckte Susan romantische Wandleuchten aus Kristall, die sie über ihrem Nachttisch aufhängen konnte. Nur zwanzig Euro! Camille stöberte eine Bibliothekslampe aus Messing auf, die hell genug war. Julia schleppte eine Tischlampe aus Marmor von der Kommode im hinteren Flur in ihr Zimmer und kaufte außerdem im Dorf Platzdeckchen. Camille trieb einige weiche Decken auf, unter denen sie am Kaminfeuer lesen konnten. Susan begann, Blumen auf den Küchentisch und das breite Steinfensterbrett an einem der Wohnzimmerfenster zu stellen. Jedes Bad wurde mit einem kleine Heizstrahler ausgestattet, damit es morgens ein wenig wärmer war. Offenbar ist das Thermostat der Villa vorprogrammiert, und sie sind noch nicht dahintergekommen, wie man diese Einstellung ändert. Um Mitternacht schaltet sich die Heizung schlagartig ab und springt erst wieder um sechs an, zu spät, um das Haus erwärmt zu haben, wenn sie aufstehen.

Das WLAN funktioniert besser als zu Hause in North Carolina, doch aus irgendeinem Grund haben die Telefone mit den neuen Chips, die Gianni besorgt hat, einen schlechten Empfang. Nur Nachrichten von einem gewissen TIM kommen an.

»Wer ist dieser Tim, der ständig anruft?«, wundert sich Camille.

»Wir kennen keinen Tim«, stimmt Julia zu. Als Gianni ihnen erklärt, dass TIM kein fremder Mann ist, sondern Telecom Italia Mobile, krümmen sie sich zu seinem Entsetzen vor Lachen. Sie lachen immer heftiger und können nicht mehr aufhören. Hemmungsloses Gelächter, das wehtut und sie in die nächste Phase katapultiert. Die, in der ihnen vollständig klar wird, wie wenig sie wissen und wie viel sie noch in Erfahrung bringen wollen.

Als der blaue Cinquecento abgegeben wird, ist das wie ein Meilenstein. Ein fahrbarer Untersatz. Grazia schlägt den Preis des Autos und die Versicherung auf die Miete auf und behält die Fahrzeugpapiere. »So gehört er Ihnen. Die Papiere bewahre ich für Sie auf, bis Sie offiziell hier gemeldet sind«, sagt sie.

Die Frauen verstehen das zwar nicht ganz, machen aber mit. Während man auf der Rückbank ein Schlangenmensch sein muss, ist der Wagen vorne recht geräumig. Julia, die die Kleinste ist, freut sich nicht sehr darüber, hinten sitzen zu müssen. Susan hat bereits die Fahrkünste der Italiener bewundert und will unbedingt üben. Sobald Gianni und sein Cousin das Auto abgeliefert haben, bricht sie auf. »Wo willst du hin?«, ruft Camille ihr nach.

»Ich versuche, die Gärtnerei zu finden, an der wir vorbeigekommen sind. Hyazinthen und Krokusse entlang der Auffahrt würden doch hübsch aussehen. Ob Anemonen hier wachsen? Mit denen hatte ich nämlich nie Glück.« Sie legt den Gang ein, fährt rückwärts in den Wendehammer und braust den Hügel hinauf. So wie Luisa es bei jeder Witterung getan hat, öffnet sie das Verdeck.

Julia schlägt ihr neues Kochbuch auf, *La scienzia in cucina e l'arte di mangiar bene*, ein Klassiker von Pellegrino Artusi. Da es 1891 erschienen ist, betrachtet sie es nur als Einstieg, denn die Rezepte sind antiquiert und verlangen viele Zutaten, die nicht mehr erhältlich sind. Dank ihrer Tätigkeit im Verlag ist sie mit dem metrischen System vertraut, auch wenn es ihr bei Weitem nicht so in Fleisch und Blut übergegangen ist wie *ounces* und *cups*. Außerdem sind Artusis Mengenangaben ohnehin sehr freizügig. *Pugno*, liest sie. Eine Handvoll. *Quanto basto*. Gerade genug. Fantastisch! Während sie mühsam die Rezepte für *ragú*, Risotto und Ravioli übersetzt, wird ihr klar, wie viel der traditionellen Küche die Zeit unbeschadet überdauert hat. Nur, dass sie nirgendwo ein Rezept für die Herstellung von Pasta entdeckt. Artusi ging offenbar davon aus, dass das allgemein bekannt ist. Sie kauft auch ein Kochbuch von Lorenza de' Medici und markiert jede zweite Seite. Die Ricottacrostini sind so einfach. Ja, sogar der *osso bucco*. Julia hat die Idee, alles, was sie kocht, zu notieren. Dann fragt sie sich, ob sie ihre Kochexperimente mit dem Erlernen der italienischen Sprache verbinden kann. Sie hat einen Geistesblitz: ein Buch, veröffentlicht bei Mulberry Press! *Learning Italian*. Wie genial. So könnte sie den Spaß verdoppeln, sich beides anzueignen. Zu allem, was auf den Tisch kommt, wird eine Geschichte, eine Anekdote gehören, etwas Lehrreiches und natürlich neue Vokabeln.

Am Vormittag richtet Camille sich das Zimmer gegenüber von ihrem als Atelier her. Sie rückt die Liegen und Rattanstühle beiseite und räumt eine große Ecke frei, wo sie einen Schreibtisch ans Fenster schiebt. Gianni wird ihr eine rechteckige Holzplatte bringen, die einen halben Meter länger ist als der Tisch. Er wird ihr helfen, sie mit Leinwand zu beziehen und, mit einer Schicht Filz darunter, auf den Schreibtisch zu legen. So schützt sie die Schreibtischplatte aus gehämmertem Leder und hat eine gute Arbeitsfläche. Sie sehnt sich zwar nach dem Licht der *limonaia* mit ihrer Glasfront, doch das wird bis zum Frühling warten müssen. Ihr Plan lautet, mit Stillleben, vielleicht nach dem Beispiel von Giorgio Morandi, anzufangen. Sie hat ein Buch über ihn in einem der Regale gefunden. Außerdem ein zweibändiges Werk über die Geschichte des Freskos und einige Taschenbuchausgaben von Büchern über Tizian, Pontoromo, Sassetta und Bronzino. Ihr wird klar, dass sie sich ein Jahr lang nur mit diesem Bücherstapel beschäftigen könnte. Pontoromo hatte dieselbe Lieblingsfarbe wie sie: ein kaltes Apricot. Er hatte auch eine Schwäche für Malvenfarben, Aschegrau und Blassblau, aber ebenfalls für Wasserblau und Pflaumenblau. Bronzino, diese karge Klarheit. Tizian, herzzerreißende, unsterbliche Gesichter. Sassetta, wie geschickt er Landschaften in den Hintergrund religiöser Szenen eingefügt hat. Sie brütet über den Gemälden von Morandi, der Flaschen, Schüsseln, Krüge, Alltagsgegenstände in die Abstraktion überführt hat. Selbst in seinen Landschaften geht es nur um Volumen. Wenn sie so oft wie er dieselben kreideweißen Zylinder malen würde, würde sie den Verstand verlieren. Genauso wie bei Cézanne mit seinen endlosen Wiederholungen der Landschaft auf dem Mont Sainte-Victoire.

Beginne ganz einfach. Drei Kumquats auf einem blauen Teller. Doch selbst das ist nicht einfach, wenn man die Essenz einer Kumquat mit Farben festhalten will. Zum Beispiel den duftenden Nebel, den ihre Haut absondert, wenn man sie zubereitet. Auf einem aus der Speisekammer stibitzten Tisch baut sie ihre Ausrüstung auf. Wann wird sie einen Pinsel und eine Tube Zinkweiß nehmen und anfangen?

Julia hinterlässt einen Zettel. *Bin in der Stadt und esse dort zu Mittag.* Sie verstaut ihre Kamera und ihr dickes fünf Themen gewidmetes Notizbuch in ihrer Tasche. *Auf zum Zauberer*, hat sie früher zu Lizzie gesagt. Lizzie, die irgendwo lebt. Wahrscheinlich benommen, krank und voller Hass. Wade. In Savannah ist es nun vier Uhr morgens. Wo schläft er? *Nein, nein, nicht jetzt,*

befiehlt sie der aufsteigenden Erinnerung an seine stabile, trös-
tende Anwesenheit neben ihr im Bett. Sein regelmäßig atmen-
des Ich. Sie zwingt seine Silhouette auf die Konturen der blauen
Hügel, die den Umrissen eines schlafenden Mannes unter zer-
knitterten Laken ähnelten.

Eine buckelige Frau in einer dieser bedruckten Kittelschürzen – oder handelte es sich um eine Wickelschürze? – kauert
über einem Graben und teilt das Unkraut. Julia betrachtet die
Pflanzenbüschel, die sich zu ihren Füßen auf einer Zeitung türmen. *»Buongiorno«*, ruft sie, womit sie die Frau erschreckt. *»Man-
gia questa insalata?«* Essen Sie diesen Salat?, bringt sie gerade
noch zustande.

»Sí, la nostra insalata del campo.« Unser Feldsalat. Den Rest
versteht Julia nicht. Die Frau hält eine Handvoll gekräuselten
Salat hoch, den sie gerade abgeschnitten hat, und wirft ihn auf
die Zeitung. Aus ihrem Korb nimmt sie einen Steinpilz, so groß
wie ein Spiegelei, und bietet ihn Julia an. *Crudo* ist ein Wort,
das in ihrem nächsten Satz vorkommt. Roh. Nur *parmigiano*
und Öl. Dem kann Julia folgen. Sie ist begeistert. Ihr erstes Gespräch auf Italienisch.

»Sono Julia.« Ich bin Julia. Sie streckt die Hand aus. *»Abito …«*
Da ihr nicht einfällt, was sie nach »Ich wohne« sagen soll, deutet
sie hinter sich. »Villa Assunta.«

»La casa di Luisa«, erwidert die Frau. Als sie lächelt, kommen
dort, wo eigentlich die Schneidezähne sein sollen, Lücken zum
Vorschein. *»Sono* Patrizia.« Sie zeigt auf einen quadratischen
Fleck, ein Haus, das undeutlich unten im Tal auszumachen ist.

Wie Julia annimmt, will sie damit ausdrücken, dass sie Nachbarinnen sind.

»*Grazie, Patrizia, ciao.*« Sie weiß noch nicht, dass man sich von jemandem, den man gerade erst kennengelernt hat, nicht mit *ciao* verabschiedet.

»*Arrividerla*«, antwortet Patrizia förmlich. Julia wickelt den kostbaren Steinpilz in ein Papiertaschentuch und verstaut ihn vorsichtig in ihrer Tasche. Ein roher Salat aus gehobelten *porcini*, verfeinert mit Olivenöl und *parmigiano*. Wie einfach kann Kochen sein?

Im Städtchen betrachtet sie die steinernen Wappen über den Türen, die sich in die Gassen ergießenden Sonnenstrahlen und die schlanken Marmorsäulen auf einem langen Balkon und erhascht einen Blick auf ein Deckenfresko in einer Wohnung in der oberen Etage. Ein Junge, der einem Gemälde von Piero della Francesca entstiegen zu sein scheint. (Und wenn sie noch ein Dutzend Jahre bleibt, wird sie bei jedem Besuch in San Rocco etwas Neues entdecken.) Sie liest alle ausgehängten Speisekarten und macht sich einige Notizen – *ribollita, pollo al diavolo, stinco di manzo, zolfini*. Die Tür der Trattoria Danzetti fliegt auf, und sie sieht, dass der Küchenchef mit seinen Mitarbeitern ein frühes Mittagessen zu sich nimmt. Wie gern würde sie sich dazugesellen. Ein Kellner kommt nach draußen, um eine Zigarette zu rauchen. In der Konditorei bewundert sie die Gitterkrusten auf den *crostate* mit Obst, so ähnlich wie auf der von Annetta. Was für eine Backkunst. Sie sind zwar nicht unbedingt ihr Geschmack, doch der Unterschied zu amerikanischen mit gesüßten Früchten vollgepackten Kuchen ist gewaltig. Diese

Leckereien sind nur mit einer recht dünnen Schicht Frucht-
marmelade bedeckt. Sie kauft einige Rosinenbrötchen für das
morgige Frühstück und dann bei Anna Artischocken, frisch
aus Sizilen eingetroffen. *Macelleria.* Metzgerei. Sie tritt ein und schnappt nach Luft.
Von einem Haken an der Decke baumelt eine gewaltige gehäu-
tete Kuh. Ein Papierhandtuch auf dem Boden fängt die letzten
Blutstropfen auf. Eine kleine Menschenmenge scheint die Hin-
terläufe zu bewundern. Diskret, wie sie hofft, hält sie sich Mund
und Nase zu und wendet sich der gläsernen Theke zu. Als sie
den Blick des Metzgers auffängt, zwinkert er ihr lachend zu.
Er erkennt die zimperliche Reaktion einer Amerikanerin auf
seine gelungene Ausbeute von der Viehauktion in Chianina sofort. Julia beißt sich auf die Lippe und versucht, nicht auf den
herabhängenden Kopf eines Hahns und seinen schlaffen Kamm
zu achten. Es gelingt ihr, drei dicke Kalbsschnitzel zu erstehen.
Im puppenhausgroßen Lebensmittelladen füllt sie die Vorräte
auf und bittet, alles zu liefern. Sie können ihr auch das Kalbfleisch, ihren wundervollen Steinpilz und die Brötchen mitbringen. Ein leckeres Abendessen nimmt Gestalt an. Doch jetzt ist
es erst mal Zeit für das Mittagessen, und sie kehrt zur Trattoria Stefano zurück.

Ein Amerikaner steht neben einem Tisch, an dem sechs Frau-
en sitzen. Stefano schenkt Wein ein, während der Amerikaner
den ihm zugewandten Gesichtern die Rebsorte erklärt. Alle
kosten. Stefano setzt Julia an den Nebentisch und empfiehlt
die *ribollita*, die seine Tante heute im Angebot hat. »Eine Suppe,
die Ihnen genug Kraft verleiht, um auf den Monte Amiata zu

steigen. Außerdem möchte ich Ihnen Ihren Landsmann vorstellen. Er heißt Chris Burns, und diese Damen befinden sich auf einer Gourmetreise. Er bringt seine Gruppen immer in die Trattoria meines verrückten Vaters, damit sie die *cucina casalinga*, die Hausmannskost, kennenlernen. Chris, diese Signora ist La Julia. Sie wohnt seit Kurzem hier.« Auf ihren Stühlen halb umgedreht, knüpfen sie ein Gespräch an. Die Frauen stammen aus Nordkalifornien und sind vierzehn Tage lang mit Chris unterwegs, einem Winzer, der zweimal jährlich mit besonderen Kunden eine ausführliche Verkostungstour unternimmt. Wegen des hier heimischen Syrah ist San Rocco eine ihrer Stationen. Außerdem deshalb, weil Chris und Stefano sich vor einigen Jahren auf einer Weinmesse miteinander angefreundet haben.

»Ich möchte Ihre Weinprobe nicht stören. Sehr nett, Sie kennenzulernen!« Sie greift nach ihrem Notizbuch und richtet sich auf ein gemütliches Mittagessen ohne Gesellschaft ein.

»Essen Sie doch nicht allein. Rücken Sie Ihren Stuhl rüber. Stefano kann uns umsetzen.« Sie tut es und sitzt zwischen Lucy, Inhaberin einer Pizzeria in Marin, und Alicia, die mit ihrem Mann eine Weinhandelskette in San Francisco besitzt. Stefano serviert Crostini mit Hühnerleber und eine Platte gebratene *porcini*. Chris schenkt Julia ein Glas von dem Wein ein, den sie verkosten. »Der hier ist fruchtig.« Er behält einen großen Schluck im Mund und lässt ihn dort kreisen. »Nur ein Jahr im Eichenfass gereift.« Julia glaubt schon, dass er weiter Vorträge über die Weinherstellung halten wird, aber stattdessen meint er: »Erinnert mich an das violette Samtkleid, das meine Freundin an der Highschool zum Abschlussball anhatte. Einfach zum Versinken. Bis jetzt war nichts mehr so üppig wie dieses Kleid.« Die Frauen lachen.

Julia trinkt langsam. »Nun, mich erinnert er an in der Sonne warm gewordene Trauben, als ich am College meinen ersten Freund geküsst habe.« Als alle miteinander anstoßen, schlägt die Kirchturmuhr eins. Julia erzählt den anderen, was Paolino ihr über die Geißenmutterglocke erklärt hat. Ihre Suppe wird gleichzeitig mit den Ravioli mit Kartoffeln und Speck gebracht, die Chris zum Wein bestellt hat. Mit seiner Gabel bugsiert er eine Nudel auf ihren Brotteller.

Sie plaudern über Essen. Da sie gerade erst aus Florenz eingetroffen sind, haben sie so viele Empfehlungen auf Lager, dass Julia zu ihrem Notizbuch greift. »Ich kann es kaum erwarten, Florenz zu sehen«, teilt sie ihnen mit. Dann berichtet sie ihnen in kurzen Zügen, wie sie und zwei Freundinnen ihr Leben auf den Kopf gestellt haben, um herzukommen, Italienisch zu lernen, zu essen, alles zu erkunden und sich Gedanken über ihre Zukunft zu machen. Chris lauscht aufmerksam.

Er ist süß, denkt Julia. Süß? Schwelgt sie etwa in Erinnerungen an Highschool-Bälle? Jedenfalls ist er attraktiv. Kein hoch gewachsener, goldblonder Gott wie Wade, aber so lebendig.

Er besteht darauf, dass sie die mit Wacholderbeeren gedünsteten Wachteln mit ihnen teilt. Dann springt er auf, um seine zweite Weinflasche zu öffnen, einen lupenreinen Sangiovese. »Blut des Jupiter, das bedeutet *sangiovese*. Der römische Gott. Ja, so alt ist diese Weinsorte schon. Sie hat ihre Wurzeln in der Antike. Seitdem ist es der Lieblingswein der Toskaner.« Ihr fallen auch seine Hände auf. Wohlgeformt und mit gerade geschnittenen Nägeln, umfassen sie fest die Flasche.

Bei jedem zweiten Bissen hält er inne, um »Oh, ist das lecker, einfach köstlich« zu sagen. Sein kurzes hellbraunes Haar fällt ihm ständig in die Stirn. Sein Gesicht wirkt wie gemeißelt, und alle Winkel bringen einander zur Geltung. Seine Ohren – *weshalb interessieren mich seine Ohren?* Bei den meisten Männern sind sie derb und hässlich. Aber seine sind so hübsch, kleine Muschelschalen an seinem Kopf.

»Ich bin ein Südstaatenmädchen«, merkt sie an. »Deshalb kenne ich Wachteln. Ich wurde mit gefüllten Wachteln großgezogen. Und das hier sind die besten, die ich je gegessen habe.«

Stefano reicht die Platte herum. »Zwei Stunden im Backrohr bei niedriger Hitze. Bis sie fast auseinanderfallen, aber nicht ganz. Außerdem Wacholderbeeren, Oliven, Thymian und natürlich Vin Santo.«

Chris freut sich, dass er den Vin Santo erwähnt. Einer der bedeutendsten wird hier in der Gegend hergestellt, und er plant, ihn zum Dessert zur Torte mit Feigen und Walnüssen anzubieten. Nur ein Schlückchen. Sie haben an diesem Nachmittag noch viel vor.

Ein paar Kilometer weiter draußen auf dem Land bemerkt Susan einen Wegweiser nach Borgo Santa Caterina. Da alle Straßen hier so verlockend sind, biegt sie in eine von Steinmauern gesäumte Gasse ein, die kaum breit genug für den Cinquecento ist. Falls ihr jemand entgegenkommt, wird sie zurücksetzen müssen. Sie folgt einem Schild, das eine ungeteerte Straße hinunterzeigt. Bald erreicht sie eine mit Kies bestreute Auffahrt, zu deren beiden Seiten riesige Zitronenbäume in Töpfen stehen. Hier hat sicher einmal ein Medici gewohnt. Die Fassade der niedrigen, schmucklosen pfirsichfarben verputzten Villa ist sicher so lang wie ein halber Straßenzug in der Stadt. HOTEL SANTA CATERINA heißt es auf einem diskreten Schild. Weil sie neugierig ist, wie es drinnen aussieht, beschließt sie, hier zu Mittag zu essen.

Bestimmt handelt es sich um den Sitz einer Adelsfamilie aus dem vierzehnten Jahrhundert. Massive *madie* und *armadi* zieren einen großen Raum, dessen Fenster mit Vorhängen aus scharlachrotem Brokat versehen sind. An den Wänden hängen Gobelins und düstere Gemälde, die kräftig gebaute halb nackte Frauen, *putti* und Pferde darstellen. Ein schlanker Italiener – was für ein schimmernder grauer Anzug! – führt sie in einen Speisesaal mit geschwungenen Glastüren auf der einen Seite. Eine ehemalige *limonaia*. Woanders als in Italien ist so ein Ort nicht vorstellbar. Der schimmernde Anzug kehrt zurück und bietet ihr ein Glas Prosecco an. Er stellt sich als Luca vor. Susan erkennt, dass es kein Mafiaanzug ist. Nein, er ist ausgezeichnet geschnitten, mit Doppelnähten und offenbar maßgeschneidert. Das Einstecktuch aus orangefarbener Seide gefällt ihr.

Eine Gabel Pasta mit Entensoße, und selbst einem Neuling wäre klar gewesen, dass ein Italiener in der Küche steht. Sie lehnt ein *secondo* ab und bestellt einen Salat. Susan blickt hinaus in den Garten, wo Rosen sich an eisernen Schlaufen oben auf einer Mauer emporranken und die Aussicht auf die Vulkane in der Ferne und das breite Tal einrahmen. Einige wenige

Knospen blühen noch. Eine energische Kletterrose mit Dornen, spitz genug für die Krone Jesu, und dicken Blüten so gelb wie Zitronensaft. Es fasziniert sie, dass in italienischen Gärten der Rasen fehlt, eine Selbstverständlichkeit in den Südstaaten. Außerdem sind die Fundamente nicht bepflanzt. Das Gebäude erhebt sich stolz aus dem Boden, und ein schmaler Gehweg umgibt das Haus. *Marciapiedi*, erklärt Luca. Marschierende Füße? Vermutlich, um Feuchtigkeit vom Haus fernzuhalten, nimmt sie an.

Nach dem Mittagessen öffnet Luca eine Tür und weist auf Garten, Pool und Wellnessbereich. »Das Hotel ist mein Reich. All das habe ich der Inspiration meiner Frau Gilda zu verdanken. Vielleicht treffen Sie sie im Wellnessbereich oder in der Kochschule dahinter an.«

»Sie sind der Inhaber? Kompliment. Das hier ist ein italienischer Traum. Sicher wache ich gleich auf.« Er erwidert, die Tourismussaison sei bald zu Ende. Reise sie allein? Susan erzählt ihm von der Villa Assunta, die er kennt, weil er mit Grazia zur Schule gegangen ist.

»Bitte bringen Sie Ihre Freundinnen mit. Sie sind immer willkommen. Schauen Sie sich um. Meine Familie lebt schon seit vielen Jahrhunderten hier. Wir würden uns gern nach Brasilien oder auf irgendeine Insel flüchten, aber wir müssen für immer bleiben.«

Susan lacht. »Das Gras in Nachbars Garten ist immer grüner«, antwortet sie, worauf er sie verdattert anstarrt. Vielleicht, weil es hier kein Gras gibt.

Eva und Caroline werden begeistert sein, wenn sie zu Besuch kommen. Insbesondere vom Thermalpool mit seinem glänzenden, kunstvollen Mosaik. Darin würden sie von Kopf bis Fuß funkeln. Auf das Rotweinbad in einer Kupferwanne und die Massageliegen aus warmem Gel kann sie verzichten, doch selbst Ende Oktober wirkt der Pool, in den man langsam hineinwaten kann wie in einen See, wirklich einladend. Fast sieht sie vor sich, wie Eva in ihrem erdbeerroten Bikini und Caroline in einem bunten Tankini, mit dem sie ihre überflüssigen fünf, nun gut, vielleicht zehn Kilo tarnt, ins Wasser gehen.

Wegen des rauen Winds, der durch den Olivenhain pfeift, knöpft sie sich die Jacke zu. *Entflohen allem, was ich kenne*, denkt sie. Wie erstaunlich, allein draußen in der Welt zu sein. Möglicherweise sogar der niederdrückenden Last von Aaron entflohen, der ihr jetzt nicht mehr so tot erscheint. Inzwischen kann sie sich vorstellen, dass Aaron die Ente geschmeckt hätte. *Superlecker*, hätte er gesagt. Er hätte den Mädchen in San Rocco Armbänder und Schuhe gekauft. Er hätte nachts durch das Gewirr von Gassen spazieren wollen. Er war nicht mehr das verwirrte Gesicht, das sie vorwurfsvoll anstarrt. Inzwischen war er wieder in jeder Lebensphase präsent. Vom langhaarigen Demonstranten gegen den Vietnamkrieg bis hin zum besorgten frischgebackenen Vater, der sich über Eva beugte, als sie eingewickelt vom Waisenhaus zum Taxi getragen wurde, und zum erfolgreichen Geschäftsmann, der einen Vertrag abschloss.

Wie seltsam, dass wir uns so wohlfühlen, sagt sie sich. *Als seien wir einfach in ein Boot gestiegen und ließen uns von der Strömung sanft weitertragen.*

»*Ciao*, ich wollte nur Hallo sagen.« Susan betritt das Steingebäude mit der Aufschrift La Cucina Santa Caterina. Lucas Frau
Gilda und eine Küchenhilfe schrubben eine marmorne Arbeitsfläche. Hinten auf dem blauen achtflammigen Herd köchelt
eine Brühe vor sich hin. Susan stellt sich vor. »Ich habe gerade
köstlich zu Mittag gegessen, und Luca hat mir vorgeschlagen,
mich einmal umzuschauen.« Gilda ist schlank und zierlich wie
Luca, hat ein schmales Gesicht und trägt ihr rotbraunes Haar
streng zurückgekämmt, was sie aussehen lässt wie einen wohl-
wollenden Fuchs aus einem Märchenbuch.

»Wir bereiten gerade alles für eine amerikanische Reisegruppe vor, die heute eintrifft.« Sie weist auf einen Stapel Lammkoteletts und einen Haufen derb wirkendes Gemüse. Die Küchenhilfe holt ein Blech mit Focaccia aus dem Backrohr. Gilda
bietet einen Espresso an. Susan ist versucht zu bleiben, doch
das wäre sicherlich aufdringlich. Stattdessen erkundigt sie sich,
ob die Kochschule auch Nichtgästen offensteht.

»Wir können immer etwas arrangieren.« Gilda lächelt. *Ja,*
denkt Susan, *das ist Italien. Allmählich begreife ich. So lautet das
Motto.*

Während Susan ihren Autoschlüssel sucht, erscheint ein Merce-
des-Minibus auf dem Parkplatz, und eine Gruppe von Frauen
strömt heraus. Julia! Lächelnd springt sie aus dem Bus. »Julia,
hey! Was machst *du* denn hier?«

»Dasselbe könnte ich dich fragen! Susan, das sind Freunde,
die ich bei Stefano kennengelernt habe. Sie haben mich eingeladen, an einem Kochkurs mit einer Meisterköchin teilzu-

nehmen. Das ist Chris. Er zeigt ihnen die schönsten Orte der Toskana. Das ist meine Freundin Susan. Wir sind zusammen durchgebrannt.«

»Du wirst von der Kochschule begeistert sein. Ich habe Gilda schon kennengelernt. Es riecht bereits prima da drin. Soll ich dich abholen kommen?«

»Nein, nein«, erwidert Chris. »Ich muss sowieso zurück ins Dorf. Essen gibt es erst später. Alles, was wir heute Nachmittag kochen, wird mit viel gutem Wein zum Verkosten serviert. Sie sind alle willkommen.«

»Ein andermal sehr gern, aber ich muss jetzt nach Hause. Mein Hund Archie war den ganzen Tag drinnen eingesperrt. Tschüss! Viel Spaß.«

Camille findet die gelieferten Lebensmittel an der Tür vor. Während Julia und Susan noch auf Erkundungsreise sind, hat sie den Tag in ihrem neuen Atelier verbracht und Kunstbücher gelesen. Archie späht mit geneigtem Kopf hinein. Sie lässt ihn zweimal raus und genießt es ansonsten, einen ruhigen Tag für sich allein zu haben. Sie waren schwer damit beschäftigt, das Haus wohnlich zu gestalten. Jetzt ist es endlich an der Zeit, einfach hier zu sein. Noch nie hat sie in einem Haus gewohnt, dessen Geschichte zehnmal so alt ist wie ihr Leben. All die Hochzeiten, Beerdigungen, Tränen, Orgasmen, Taufen, heimlichen Stelldicheins, aufgewühlten Gefühle, Küchengerüche, persönlichen Triumphe und Geburtsschreie sind in diese Mauern eingesickert. (Sie hofft nur, dass Grazias Vater nicht an dem Küchentisch erstickt ist, wo sie heute zu Abend essen wird.) Das

Haus ruht sicher auf Urgestein, das bis ins Wasser und ins Feuer hineinragt.

In einer Schachtel unter der Treppe hat sie sepiabraune Aufnahmen entdeckt, die bis in die Anfangstage der Fotografie zurückreichen. Klein gewachsene Männer in den schäbigen Anzügen, in denen sie getraut und begraben wurden, wie sie, ihre Hüte in der Hand, ausdruckslos in die Zukunft starren. Bräute mit welken Sträußen: kurzsichtig, fromm und mürrisch. Nur eine von poetischer Schönheit lehnt sich an eine Balustrade. Ihrem lebendigen Gesichtsausdruck nach zu urteilen war sie sicher in den Fotografen verliebt. Oder vielleicht gehörte sie einfach nur zu den Menschen, die sich mit Elan ins Leben stürzen. Einige tote Babys, mit geschlossenen Augen, Wattebäuschen in der Nase und Sträußchen in den gefalteten Händchen, auf Kissen gestützt. Eins von einer Strandparty, es muss um die Zeit des Zweiten Weltkriegs gewesen sein. Ein langer Tisch, Männer in Unterhemden und Frauen in dicken Badeanzügen. Mit Gummi beschichtet? Alle heben ihre Gläser. Rauchen Zigaretten. Ein beleibter Mann mit Hosenträgern hält einem anderen die Finger v-förmig hinter den Kopf. Das Zeichen für einen gehörnten Ehemann. Sicher sind Grazias Großeltern darunter. Aber die Party ist längst vorbei, wer erinnert sich noch daran? Am meisten begeistert Camille das Foto, das die Vordertür der Villa Assunta zeigt. Kein Mensch stört das Bild. Es ist nur die schwere geschnitzte Tür darauf. Wer hat es gemacht? Die Tür steht halb offen, und ein Lichtstrahl fällt schräg herein. *Wie ein Geist*, denkt sie. Sie hat sich überlegt, etwas von den Fotos zu malen. Sie liebt es, sie zu betrachten und sich das Leben in jedem davon vorzustellen. Die halb offene Tür? Wie malt man eine Tür? Vorsichtig verstaut sie alles wieder in der Schachtel und stellt sie zurück auf das Regal unter der Treppe. Ich will nicht die Vergangenheit malen. Das weiß sie.

»Julia kommt später«, verkündet Susan und stellt eine Einkaufstüte ab. »Ich habe viel zu erzählen. Habe einen traumhaften Garten gesehen. Die Landschaft hier ist idyllisch. Du musst Landschaftsmalerin werden! Ha, vielleicht versuche ich es sogar selbst. Nicht die kitschigen Sonnenblumenfelder, wie sie in jeder Galerie hängen, sondern das Herz dieses Ortes. Überall sind sie, die Bilder, die darauf warten, gemalt zu werden.« Sie berichtet Camille von ihrer Begegnung mit Julia, von Chris' Reisegruppe, von der Kochschule und von der Pasta mit Ente.

»Komm, wir überraschen sie mit einem fertigen Abendessen. Nicht, dass sie noch großen Hunger haben wird.«

»Vielleicht geht sie ja auch mit Chris aus. Er ist etwa in ihrem Alter, möglicherweise ein bisschen jünger. Auf den ersten Blick fällt es einem gar nicht auf, er ist ziemlich attraktiv, aber ich glaube, er hat ein blaues und ein leicht haselnussbraunes Auge.«

Das X in Flux

Sosehr Colin es auch erfolglos zu verbergen versucht, wäre es ihm lieber, nur noch von zu Hause aus zu arbeiten. Wenn er zweimal im Monat für fünf Tage in London ist, wohnt er im Büro. Eigentlich will er sich ein Einzimmerapartment suchen, schiebt es jedoch vor sich her. Er schläft nicht etwa auf dem Sofa am Empfang, obwohl das gar nicht so schlecht ist, sondern in einer Ecke des ehemaligen Lagerhauses im gentrifizierten East End. Als sein Architekturbüro Arkas/Wright ein Hotel für einen saudischen Scheich entwarf, verlangte der Kunde, vor der Vertragsunterzeichnung ein fertiges Musterzimmer zu sehen. Also baute Colins Freund Patrick hinten im Büro ein luxuriöses Hotelzimmer, komplett mit einem Bad aus gemustertem braunen Marmor, das dem Scheich gefiel. Deshalb hat Colin jetzt ein hübsches Hotelzimmer für sich – ein bisschen gruselig, wie ich finde –, mit einem Whirlpool und dem bequemsten Bett, in dem ich je gelegen habe. Am Fußende des Betts steht ein zweisitziges Sofa, und das Eckfenster bietet Blick auf die Themse. Das einzig Lästige ist die fehlende Küche, auch wenn er eine Mikrowelle in die für die Minibar vorgesehene Nische gezwängt hat. Wenn er dort ist, verbringt er den Tag über Zeichentisch und Computer gebeugt in seinem Büro am anderen Ende des Gebäudes. Zum Abendessen geht er aus, meist mit

Kollegen, und arbeitet dann bis spät in die Nacht. Eine Hängelampe über ihm erhellt die höhlenartige Dämmerung. Wir schreiben uns mehrmals am Tag SMS und telefonieren nach dem Abendessen, bis er in seinem Kulissenzimmer einschläft.

Wenn er freitags zurückkommt, feiern wir. Zwei Menschen, die beide den ganzen Tag zu Hause arbeiten, verwandeln sich häufig in ein Spiegelbild des anderen. Durch die Londoner Pausen bewahrt sich jeder seine Identität (das brauche ich) und Tatkraft. Allerdings bin ich nicht diejenige, die sich mit verspäteten Flügen, der Odyssee in die Stadt und den trostlosen Nächten im geschlossenen Büro herumplagen muss. Obwohl ich ein wenig Einsamkeit genieße, tut er mir schrecklich leid.

Gestern Abend hätte er eigentlich um neun zurück sein sollen, kam aber erst um zwei Uhr morgens an. Die Landebahn am Flughafen von Florenz ist kurz. Beim starkem Wind können die Flugzeuge nicht zwischen den Hügeln manövrieren. Also musste er in Bologna landen, mit dem Zug nach Florenz fahren und dort ein Taxi zum Flughafen nehmen, wo sein Auto parkte. Und dann noch die Fahrt nach Hause.

Als er eintraf, schlief ich schon. Er fiel ins Bett, ohne zu duschen, und roch nach Kerosin, als hätte er sich während des Heimflugs an den Triebwerken festgeklammert. »Was ist passiert?« Ich hatte seine SMS in Sachen Umleitung nach Bologna bereits gelesen. Obwohl ich aus einem tiefen Schlaf geweckt worden war, drehte sich mir der Magen um. Metall. Abgase.

»Das willst du gar nicht wissen.« Im nächsten Moment war er weg. Ich war wach und schmiegte mich an ihn, bis es draußen hell wurde und ich doch noch einschlief. Im nächsten Moment stupste Colin mich am Fuß an und beugte sich, einen Cappuccino in der Hand, über das Bett.

»Hey, ich bin derjenige, der aussschlafen sollte. Verdammt, diesmal war es übel, Kit. Der Pilot wäre beinahe in Florenz gelandet. Und dann hat er plötzlich, ich meine, wirklich plötzlich, die Maschine wieder hochgezogen. Ruckartig. Wie eine riesige Schildkröte, die zu fliegen versucht. Einige Leute haben geschrien. Der Typ neben mir hat gebrüllt. Es war ein Geräusch wie in einem Albtraum. Wir haben gespürt, wie die g-Kräfte uns nach unten drückten. Und dann sagte dieses Arschloch von einem Piloten *Sorry, folks*. Auf Englisch, obwohl die Hälfte der Passagiere ihn nicht verstand. *Wind shear, these things happen, folks*. Ich hasse es, wenn man mich als *folks* bezeichnet. Ich hatte Todesangst. Zwei Stunden später hatte ich noch weiche Knie.«

»Das muss ein unfassbarer Schock gewesen sein.« Wenn Flugzeuge abstürzen, durchleben die Leute an Bord länger, was geschieht, als man uns glauben lassen will. Jeder Mensch, der auch nur einen Hauch von Fantasie hat, wird auf zwölftausend Metern Höhe sicher hin und wieder kurz von Furcht ergriffen. Eigentlich verabscheue ich Kaffee im Bett. Aber die Geste ist so liebevoll, dass ich hochrutsche und versuche, wach zu wirken.

Colin scheint noch benommen zu sein. Bestimmt (bei mir wäre es jedenfalls so) hat er immer wieder vor sich, wie die Maschine in den Himmel rast. Er nimmt meine Hand und legt sie sich über die Augen. Mein Colin-Gesicht. Du. Bartstoppelig.

»Vielleicht sollte ich hier ein Büro eröffnen und Bauernhäuser für Ausländer restaurieren. Diese überkandidelte Londoner Firma vergessen. Was hältst du davon?«

»Gar nichts. Auf keinen Fall.« Häuser für Ausländer zu restaurieren könnte sich als Colins schlimmster Albtraum entpuppen. Hin und wieder verwandeln sich diese Häuser in Schmuckstücke, doch normalerweise ruinieren die Eigentümer stilvolle Gebäude durch schlechte Modernisierungen oder treiben den Architekten in den Alkoholismus, weil sie studiert haben und einen original historischen Umbau wünschen. Bis hin zu den verbogenen handgeschmiedeten Nägeln. Am schlimmsten sind möglicherweise die Kunden, die einem hundert Fotos von Küchen schicken. *Könnten wir vielleicht eine davon in Erwägung ziehen?*

Der Cappuccino hat denselben metallischen Geschmack, der mir schon gestern Abend aufgefallen ist. Und bereits mehrmals in letzter Zeit. Ich rühre im Schaum herum, trinke aber nicht. Gestern habe ich nicht viel getrunken. Ich bin nicht verkatert. Sicher brüte ich etwas aus. Oder habe ich etwas Verdorbenes gegessen? Nein, nicht an Annettas Tisch. Die Bronchitissaison naht. Colin erzählt, dass Rick, sein Chef, wolle, dass er den ganzen November in London bleibt. Danach *bewerten wir die Auftragsverteilung* neu. »Haben wir Zink da? Und ist das, was Rick gesagt hat, ein schlechtes Zeichen?«

»Mag sein. Er könnte fordern, dass ich ganztags zurückkomme. Mist.« Colin wirft sich rücklings aufs Bett und schildert mir seine Woche. Die Aufträge, die aus Irland, Dubai und Mallorca hereinströmen. Die Freunde, mit denen er sich auf einen Drink getroffen hat. Dass er geträumt hat, ein Adler packe ihn mit seinen Klauen und flöge mit ihm über die Toskana. Er ist zwar sehr erfolgreich in seinem Architekturbüro, doch wir wissen beide, was ihm fehlt. Die vielen Gemeinschaftsprojekte machen ihm schwer zu schaffen. Das Krankenhaus, das Theater der Universität, die Privatvillen der Superreichen. Ich habe seine Notizbücher gesehen, die von Soloentwürfen überquellen: streng klassizistische, aber supermoderne Museen, Stadien nach dem Vorbild von antiken Amphitheatern, Rennbahnen wie aus einem Fantasy-Film, Buchläden, selbst eine vollkommene Bibliothek, für deren Bau ich alles geben würde. Ich kann meine Fantasien auf Papier festhalten. Meine Gedichte, obwohl nur wenige sie lesen, sind vollständige Umsetzungen meiner Vision. Er lebt in der wirklichen Welt aus Backsteinen, Kränen, Kompromissen und launischen Auftraggebern, eine unheilige Allianz aus Kunst und Kommerz. Er braucht seine Chance.

Ich fahre ihm mit den Fingern durchs verfilzte Haar. Er ahmt einen Kunden aus der High-Tech-Branche nach, der seine Wohnung im Stil eines elitären britischen Clubs gestalten will. »Können Sie mir erklären«, bat der Kunde, »was als guter Geschmack gilt?« Zum Glück fand Colin den Kunden sympathisch und verbrachte zwei Vormittage damit, mit ihm Bücher und Wohnzeitschriften zu sichten, die stilvollen Seiten zu markieren und die stillosen mit einem X durchzustreichen.

Als er einige Minuten lang eindöst, stelle ich die Tasse vorsichtig auf den Nachttisch. Der Wind pfeift um die Hausecken und heult wie freigelassene verlorene Seelen. Leos zwei Pferde wiehern in der Ferne, das Geräusch vermischt sich mit dem Wind und wird weitergetragen. Im Schlaf entspannt sich eine Verkrampfung in Colin, und er sieht aus wie vermutlich damals mit vierzehn, wenn sich die Unschuld und Arglosigkeit der Kindheit noch auf einem Gesicht zeigt, das bereits die ersten Veränderungen hin zum Mann andeutet. Seine schönen Lippen sind halb geöffnet, seine dichten Wimpern flattern einmal, die geballten Fäuste lösen sich. Die langen Finger, wie von da Vinci gemalt.

In der Dusche wasche ich mir die Haare, schäume mich mit Duschgel ein und singe dabei »Somewhere over the Rainbow«. Meine Brüste fühlen sich empfindlich an. Verständnislos stehe ich unter dem heißen Wasser, bis es mir wie Schuppen von den Augen fällt.

Ich bin nicht ich selbst. Etwas stimmt da nicht.

Ich bin nicht schwanger. Das kann nicht sein.

Am Vormittag arbeite ich, während Colin zum Olivenhain aufbricht. Ich gehe meine Unterlagen zum Thema Margaret durch. Ihr Buch *World Mafia World* sammelt auf meinem Schreibtisch Staub an. Ich nehme es mit ins Wohnzimmer, wo Fitzy meinen Lieblingssessel mit Beschlag belegt hat. Er macht mir Platz und sich auf den Buchseiten breit. Es war gefährlich, dass Margaret die jungen Frauen der Mafiabosse, ihre Gehilfen, ihre Söhne und alle, die mit ihnen in Verbindung standen, kennengelernt hat. Sie hat sich als Englischlehrerin in Catania, einer Hochburg des organisierten Verbrechens, eingerichtet. Durch die Kinder wird sie zu Feiern, Zeremonien und sonntäglichen Mittagessen eingeladen. Ein ganzes Jahr lang hat sie Sechs- bis Zwölfjährige unterrichtet. Sicher ist sie eine gute Lehrerin. Sie ist beliebt. Die Bosse, die Ladeninhaber und selbst ein Priester müssen höflich abgewimmelt werden. Sie lauscht. Sie stellt verschleierte Fragen. Sie liest *Pu der Bär* mit den Kleinsten, *Wilbur und Charlotte* mit der Mittelstufe und *Romeo und Julia*, auch Opfer zweier verfeindeter Sippen, mit den Älteren. Es heißt, sie habe ihren Mann im Vietnamkrieg verloren. Keusch lebt sie unter dem Namen Mary Merritt. Dunkler Rock und weiße Bluse. Nur die Perlenkette, um zu zeigen, dass sie aus gutem Hause stammt. Nachts schreibt sie wie eine Wilde und versteckt ihr Notizbuch in einem abgeschlossenen Koffer unter dem Bett. *Brava*, Margaret. Darum beneide ich sie. Eine Kreuzzüglerin, die einen großen Teil ihres Lebens einer guten Sache gewidmet hat. (Und es war nicht ihr einziges Anliegen. *Der Geschmack des Terrors*, eine Analyse der angespannten Ära der Roten Brigaden, gibt uns einen Vorgeschmack auf den Terrorismus, den wir heute als die neue Normalität hinnehmen müssen.)

Das Mafiabuch war vernichtend und nannte Namen, sodass »Mary Merritt« auf einer schwarzen Liste landete. Wegen der großen Gefahr war sie gezwungen, für zwei Jahre in die USA zurückzukehren. Eigentlich ein Glück, denn in dieser Zeit schrieb sie ihren Klassiker *Die Sonne regnet auf blaue Blumen*. Während ihre Kreuzzugbücher Einblicke in ihren gnadenlosen Verstand und ihre Unnachgiebigkeit bieten, zeugen ihre Romane von lyrischer Zartheit, Liebe zur Natur, Trauer und einem messerscharfen Sinn für Humor.

Ich berühre meine Brüste: Ja, eindeutig empfindlich.

Nach einem Mittagessen bei Stefano (ich habe in meiner Pasta herumgestochert) sage ich zu Colin, ich müsse mir einige Dinge in der Apotheke besorgen. Er gesellt sich zu Leo auf einen

Kaffee auf der Piazza, zwei weitere Männer kommen hinzu, und schon werden die Spielkarten gezückt.

Ich bin wie vor den Kopf geschlagen, ein Stromstoß mit einem Taser. Das Stäbchen ist ein brennender Knallfrosch in meiner Hand. Rosa. Hübsch rosa. Streifen. Rosafarbener Kaugummi. Während mein Verstand dichtmacht, streiche ich mir mit der Hand über den flachen Bauch. Da drin ist jemand und startet durch. Unmöglich. Vierundzwanzig Jahre Sex und jetzt, jetzt … Wann genau? Ich weiß es. Als wir nach dem Mittagessen am Sonntag, an einem milden Septembernachmittag, mit unserer grünen Decke in unser Versteck unter dem Ilexbaum gegangen sind. In die idyllische, mit Gras bewachsene Bodensenke, die uns vor allen Blicken verbirgt. Colin hatte sich von einer seiner Wochen in London erholt und war überglücklich, liebevoll und leidenschaftlich. An seinem Rücken klebte ein braunes Blatt.

Schwanger! Das kam für mich nie infrage. Als ich mich mit zwanzig zum Thema Verhütung beraten ließ, meinte der Arzt, dass ich mit einer so gekippten Gebärmutter nicht schwanger werden könnte. »Bei diesem Winkel«, sagte er, »könnte auch das entschlossenste Spermium nicht über die Kante springen.« Ich malte mir einen Lachs mit offenem Maul aus, der sich stromaufwärts kämpfte und immer wieder zurückgeworfen wird. Ich hatte nichts dagegen, mich nicht mit der Pille, der Spirale, Schaum oder Cremes herumschlagen zu müssen.

Ich werde schweigen, bis ich wieder klar denken kann. Sag niemals nie. Es verändert alles. X und Y sind nun im Flux. Ein kleiner Junge mit einem Segelboot. Und Colin … Er mag die

Kinder unserer Freunde und hat ihnen schon oft angeboten, dass wir sie hüten, damit ihre Eltern einmal ein Wochenende für sich haben. Allerdings hat er stets betont, dass er keine eigenen will. Er hat seine jüngere Schwester vergöttert, als die beiden noch klein waren. Doch sie hat sich zu einer geldgeilen, oberflächlichen, manipulativen Zicke entwickelt. (Aus Kätzchen werden Katzen.) Unsere Arbeit würde in Stücke zerrissen. Wir wären nicht mehr frei. Ein schlankes Mädchen im karierten Kleid springt Seil. Sie ist ein dickköpfiges Mädchen. Sie lächelt wie meine Mutter. Meine kinderlosen Freundinnen führen ein viel einfacheres Leben und haben mehr Spaß. Wie lange bin ich schon überfällig? Es ist mir gar nicht aufgefallen, aber es müssen zehn Tage sein. Keine Periode.»Nicht vom Dach fallen«, pflegte meine Mutter zu sagen. Woher kam dieser Spruch?

Eine heimliche Abtreibung in Rom? Das wäre abscheulich. Wie die Maulwürfe, die Fitzy massakriert. Formlose, blutige Lumpen. Aus einem Raum der Verzweiflung kommen sie ins Winterlicht. Sauber geschabt. Niemand muss es erfahren. D & C, *Dusting and Cleaning* – Staubwischen und Saubermachen – nannte meine Mutter die Prozedur. Colin ist vierzig, ein beeindruckendes Alter. Ich bin vierundvierzig. Das letzte Aufbäumen alternder Eizellen. (Wie ekelhaft der Schwefelgeruch war, wenn man pastellfarben bemalte Ostereier Wochen später im Gebüsch fand.) Denke an Margarets Worte, dass italienische Kinder alt geboren werden. Außerdem entwickeln Kinder sich nicht immer zum Positiven, ganz gleich, wie sehr man sich auch anstrengt. Der Sohn des Juweliers, ein kleiner dicker Junge. Er sieht aus, wie eine Wurst, bei der gleich die Pelle platzt. Ich habe beobachtet, wie er seiner Schwester ein Bein stellt, ihr die Schuld gibt und damit durchkommt. Und was, wenn du eine Tochter wie Grazia kriegst? Die sich die Taschen mit Taschentüchern vollstopft und ein schauderhaftes Lachen hat? Das ist nicht nett von mir. Grazia ist ... Ach, warum zum Teufel denke ich so negativ? *Unser Kind.* Ein Stück von mir, ein Stück von Colin. Ach Mist. Die Nadel der Benzinuhr sackt immer wieder in Richtung leer. Ich trete auf der Stelle. Jedes Kind kostet einen Zahn, waren die Worte meiner Mutter. Die Verkündigung? Auf gar keinen Fall. Dieses späte Wunder hält eine Wunderkerze in die Luft, als ob es schon immer über mir geschwebt wäre. Sie hat auf ihren Moment gewartet. Sie?

La Raccolta:

Die Ernte

Susan schaut aus ihrem Fenster hinunter. Warum klopft Grazia um sieben Uhr morgens so lautstark an die Tür? Es ist noch kaum hell. Hinter ihr laden vier Männer Netze und Leitern von einem dreirädrigen Laster. »*Buongiorno,* Grazia.« »Tut mir leid. Ich habe vergessen, Ihnen zu sagen, dass heute *la raccolta* anfängt. Wie heißt es auf Englisch? Oliven?« »Oh, die Ernte. Wie aufregend! Können wir helfen?« »Natürlich. Zia Maria kommt um eins mit der Pasta. Der Tisch steht drüben in der Nähe von Leo, falls Sie mit uns essen wollen.«

Der Vormittag ist noch nicht vorbei, als sie eine gesamte Terrasse leer gepflückt haben. Die Kisten sind bis zum Rand mit glänzenden schwarzen und grünen Oliven gefüllt. Am Hügel haben sie eine Frühstückspause eingelegt. Gehaltvolle Panini, mit viel Mortadella. Julia steigt auf die Leiter, Susan sammelt die Oliven vom Boden auf, und Camille, auf der Terrasse darüber, zeichnet alles mit Tinte auf blaues Papier. Sie ist durch die Haine geschlendert und hat die knorrigen Bäume und die wankelmütigen Blätter bewundert, die beim leichtesten Windhauch ihre Farbe von Silbrig zu Salbeigrün ändern. Aus der Nähe betrachtet ist sie nicht sicher, ob sie ihr gefallen. Manche ähneln gequälten und geschwärzten Skeletten, die sich gekrümmt aus dem Boden winden und versuchen, Bäume zu werden. Manche erinnern an wahnwitzige Tänzer ohne Kopf. Sie fragt sich, warum etwas, das den Frieden symbolisiert, so leidend aussieht. Pierino, der Älteste der Männer, muss schon fünfundachtzig sein. Er späht ihr über die Schulter. »Tausend Jahre Wind und Regen«, sagt er, als habe er ihre Gedanken gelesen. Nur, dass er Italienisch spricht, weshalb sie ihn nicht versteht. »Es ist gut«, fügt er auf Englisch hinzu. Camille weiß, dass es nicht gut ist, doch vielleicht wird es besser, wenn sie noch eine Million spitz zulaufender Blätter zeichnet. Da er selbst mager wie ein Olivenast ist, verschmilzt er mit dem Baum, als er sich den Erntekorb um die Taille schnürt. Wie gern würde sie das auf Papier bannen. Sein ganzes Leben, anwesend bei der jährlichen Ernte. Sein Körper ist eins mit dem Ernteritual. Wahrscheinlich trägt er schon seit einem halben Jahrhundert denselben grauen Pullover und die derbe Hose. *Zumindest spüre ich die Verbindung, auch wenn ich sie nicht so erleben kann. Was in meinem Leben ist so instinktiv? Nur Charles, dieses Gefühl in der Anfangszeit, dass wir eine Person mit zwei Hälften waren.* Cleft for me, *heißt es in dem Kirchenlied,* let me halve myself in thee. *Obwohl das richtige Wort* hide, *verstecken, lautet, nicht* halve, *halbieren. Charles würde sich kaputtlachen. Nein, wird er nicht, weil er Pulver in einer Kunstharzurne hinten im Wandschrank im Flur ist, wohin ich die zurückgelassene Kleidung geräumt habe. Alte Windjacken. Was ich tun kann,* wird ihr klar, *ist, mit dem Mittagessen zu helfen.* Sie verstaut ihre Zeichensachen in ihrer Tasche. »Bin gleich wieder da«, ruft sie.

Susan mag den Rhythmus, die mit heruntergefallenen Oliven gefüllten Netze und den knallblauen Himmel, über den Wolken huschen. Archie verheddert sich mit den Pfoten in einem Netz und wird von Paolo weggescheucht, einem freundlichen Riesen, der keine Leiter braucht. Einer der anderen Männer, Lucio, singt Lieder, die sie noch nie gehört hat. Sein klagendes Falsett stammt aus einer anderen Zeit. *So geschieht es schon seit einer Ewigkeit, und zwar ohne unsere Hilfe,* denkt Susan. »Hey, Julia, sind wir deshalb hier? Hast du das erwartet? Wir werden einen ordentlichen Muskelkater in den Armen kriegen!« Ein Glücksgefühl ergreift ihren ganzen Körper. *Hier stehe ich nun am Anfang des mediterranen Lebens. Wir reihen uns in diesen rituellen Tanz ein. Adrenalin? Ganz gleich, woher der Rausch auch kommt, der Anflug von Gewissheit ist echt. Ich bin kurz davor, frische Weiden zu entdecken,* denkt sie. *Ich fliege ihnen entgegen.*

Julia stützt sich auf die Leiter und hofft, dass die gekrümmten Äste halten. »Laut Grazia dauert es vier oder fünf Tage. Es sind eine Menge Oliven! Ich will jede einzelne pflücken und mit dem frischen Öl einen wundervollen Salat machen.« Nach der Pause wird sie sich mit Chris im Dorf treffen. Als er sie gestern Abend abgesetzt hat, meinte er, er habe eine gute Idee, die er gern mit ihr besprechen wolle. »Meinst du, Grazia hätte etwas dagegen, wenn wir Chris und seine Gruppe zur Ernte einladen? Sie wären sicher begeistert.«

»Am besten fragen wir beim Mittagessen. Wir könnten später noch ein Schlückchen Wein trinken. Das wäre doch nett.«

Als Julia nach einem hohen Ast greift, erinnert sie sich plötzlich daran, wie Lizzie in ihren Traum gestürmt ist. Sie trug den

Bademantel aus Chenille, den Julia ihr nach ihrem Selbstmordversuch mitgebracht hat. Ein zartes Gelb, angeblich beruhigend. Ein kläglicher Versuch. Sie hämmerte mit den Fäusten an die Tür der Villa Assunta. *Lass mich rein. Ich bin wieder da,* schrie sie. *Klar, dass du dich meldest, nachdem ich gestern so glücklich war,* dachte Julia. Wahrscheinlich war es Grazia gewesen, die am Morgen geklopft hatte. Sie steigt die Leiter hinunter und kippt den Inhalt ihres Korbes in die Kiste. *Wie schmecken sie eigentlich roh?*, fragt sie sich und beißt in eine rohe Olive. Schauderhaft bitter.

Als sich um eins alle versammeln, bringt Camille aus dem Haus ein Tablett mit Käse und Obst mit. Außerdem einen Salat mit Gurke und Radieschen und einen Teller mit Keksen. Grazia und ihre Tante fördern *salumi*, Lasagne, Brot, Wein und noch mehr Obst zutage. Sie ziehen Bänke an den verwitterten Tisch, der sich unter dem Essen biegt. Die Frauen lassen das Italienisch über sich hinwegbranden. *Nächstes Jahr,* denkt Julia, *nächstes Jahr werde ich über ihre Witze lachen können. Ich werde nie ein Wort Italienisch verstehen,* denkt Camille. Susan versucht, Wortfetzen aufzuschnappen.

Nachdem auch der letzte Bissen Pasta aus der Auflaufform gekratzt ist, ruhen sich die Männer unter einem Baum aus. Sie reichen den Grappa herum und trinken direkt aus der Flasche. Ein paar Schlucke, ein wenig Geplauder, und dann sind sie still. Julia hört Pierino schnarchen. Camille, Grazia und ihre Tante Maria stapeln das Geschirr zusammen. Maria kocht Kaffee in einer *caffettiera* auf einem Butankocher. Sie bringt den Männern kleine Tassen aus Plastik, während Susan und Julia, erfüllt von Tatendrang, wieder anfangen zu pflücken.

Als sie später am Nachmittag ins Städtchen fahren, geht ihnen ein Licht auf. Alle Männer, Frauen und Kinder sind in den Hainen. Auf der Piazza sind Oliven das allgegenwärtige Thema. Die Italiener, sonst so auf *bella figura* bedacht, tragen Gummistiefel und schlotternde Pullover, die nach geschlossenen Truhen und Mottenkugeln riechen. In jeder Bar stehen die Männer in zwei Reihen am Tresen und trinken Espresso und Rotwein. Dieses Spektakel dauert drei Wochen, bis es jeder satthat, über Ernteertrag zu reden und mit seinem Öl zu prahlen, das natürlich das beste ist. In einigen Läden kann man sogar schon unfiltriertes Öl kaufen. Julia ersteht Halbliterflaschen in drei verschiedenen Geschäften.

Chris erwartet sie in der Bar San Anselmo, wo es wegen der Olivenpflücker hoch hergeht. Julia entdeckt ihn in einer Ecke und schwenkt ihre Flaschen mit frischem Öl.»Wir müssen uns Brot besorgen. Ich kann es nicht erwarten, es zu kosten.« Chris bewundert die leuchtend grüne Farbe. Außerdem bewundert er Julias vor Aufregung gerötete Wangen und ihre überschäumende Freude über das Olivenöl. Vom Tresen aus bemerkt Violetta, was sie da bei sich haben, und bringt ihnen einen Korb mit Brot. Zwei Stunden sitzen sie bei leicht saurem roten Hauswein da. Jedes Öl schmeckt ein wenig anders. Alle sind überragend gut. Sie können sich beide nicht entscheiden, welches ihr Lieblingsöl ist. Chris versucht es mit einigen seiner blumigen Umschreibungen. Frisches Gras und Frühlingswind, ein schmel-

207

zender Smaragd am Grunde eines Brunnens (Julia lacht darüber), irisches Moos. Sie geben es auf. Chris berichtet vom Ausflug der Gruppe nach Sant' Antimo an diesem Vormittag. »Die Mönche in diesem Kloster singen noch immer die Stundengebete. Achtmal am Tag. Laude, Compline, und dabei soll man auch selbst die ganze Zeit beten. Obwohl außer uns niemand da war, tun sie das täglich.« Er legt seine Hand auf ihre. »Das Kloster ist einfach unglaublich. Klar, streng und heilig.« Sie betrachten beide ihre Hände. Etwas bewegt sich. Er nimmt ihre Finger und dreht sie um. »Du hast hübsche Pfoten. Wir sollten da einmal hinfahren, ins Kloster Sant' Antimo.«

Julia neigt den Kopf zur Seite und betrachtet ihn. Seine Augen sind ganz leicht verschiedenfarbig. »Über welche Idee wolltest du mit mir reden?« Zurück zum Thema. *Ich darf mich nicht in ihn verlieben. Wade könnte jeden Moment hereinkommen und ›Lass uns nach Hause gehen‹ sagen. Würde ich mitgehen?* Chris' kühle Hand auf ihrer ist die erste Berührung, die sie seit Monaten gespürt hat.

Er schenkt mehr Wein ein. »Ich wollte wissen, ob du vielleicht Interesse daran hast, mir zu helfen, meine Gruppenreisen auszuweiten. Die Toskana ist meine zweite Heimat geworden. Ich komme immer hierher. Aber ich überlege, ob ich auch das Friaul einbeziehen soll.«

»Ist das in der Nähe von Venedig?«

»Richtig. Eine wunderschöne Gegend. Ich kenne die Weine und einige Winzer. Aber ich brauche jemanden vor Ort, nämlich dich, der die besten Übernachtungsmöglichkeiten und Restaurants auskundschaftet. Möglicherweise nehme ich auch Sizilien mit auf, wenn ich es schaffe, mein Unternehmen so lang allein zu lassen. Ich reise gern.«

»*Mamma mia* – sagen die das wirklich? Ich weiß gar nicht, was ich dazu sagen soll. Für mich klingt es absolut spannend. Fantastisch. Ich bin zwar hier, um mein Leben umzukrempeln, aber so etwas hätte ich mir in meinen kühnsten Träumen nicht ausgemalt.« Sie erörtern Einzelheiten und Zeitpläne.

»Ich möchte noch eines loswerden. Ich bin seit fünf Jahren geschieden und habe einen Sohn, Carter, der an der University of California in Davis Weinbau studiert. Meine Exfrau hat das Haus behalten. Ich wohne in einer umgebauten Arbeiterunterkunft auf dem Weinberg.«

»Oh, okay, du brauchst nicht …«, meint Julia.

»Es ist alles in Ordnung. Eben eine dieser Ehen, in denen man sich auseinandergelebt hat. Während Italien mir immer wichtiger wurde, wollte sie unbedingt nach Hawaii. Natürlich ist die Geschichte damit noch lange nicht vorbei. Als ich mit ihr auf einer Party war, habe ich sie quer durch den Raum angesehen, als sei sie eine Fremde. Aufgetakelt. Sonnengebräunt. Breites Lächeln. Aufgeplusterte Frisur. Plötzlich wurde ich traurig, denn ich dachte, dass ich sie nicht so liebe, wie sie es verdient hat. Es war merkwürdig. Lange Zeit habe ich mich ihr gegenüber gleichgültig und höflich verhalten. Irgendwie neutral.« Er erwähnt nicht, wie Sex mit ihr ihn deprimiert hat. Sie hat sich angefühlt wie eine aufblasbare Puppe. »Ich wollte nicht so empfinden. Ich wollte mich wieder ins Leben stürzen. Deshalb habe ich mein Geschäft ausgebaut und Wein- und Kulturreisen angeboten. Ich habe mir einen Lehrer genommen und Italienisch gebüffelt wie ein Verrückter. Auf meinen Reisen habe ich meinen Sohn Carter vermisst, allerdings nicht Megan. Wir haben uns getrennt, als er aufs College gegangen ist. Vermutlich war ich für sie ebenso weit weg wie sie für mich. Yoga, Kardiotraining, Tennis. Sie beschäftigt sich und hält sich fit. Richtig fit. Sie hat online irgendeinen Piloten kennengelernt. Carter geht es gut damit. Er verbringt viel Zeit bei mir. Ich gehe sogar mit Megan essen. Kalifornisch zivilisiert.«

»Ich wünschte, meine Scheidung, die noch nicht durch ist, wäre so abgelaufen. Ich schicke Wade, das ist mein Exmann, nicht einmal E-Mails.« Sie schildert kurz, wie Lizzies Sucht sie beide kaputtgemacht hat. »Unser schönes Leben ist implodiert und auseinandergefallen.« Was sie jahrelang belastet hat, erscheint ihr nun, als betrachte sie es durch das andere Ende eines Teleskops. Als sie jetzt über ihre Familie spricht, fühlt sie sich zwar nicht entspannt, aber wenigstens ruhig. Sie empfindet einen winzigen Funken von Mitleid mit Wade. »Die Arbeit hat mich gerettet. Bei Mulberry Press habe ich alles gelernt. Die Bücher sind fundiert und ästhetisch. Ich zeige dir einige, die ich mitgebracht habe. Es werden nicht nur Rezepte plus einer dazugehörenden Anekdote präsentiert. Nein, es geht auch um kulturelle Zusammenhänge und darum, weshalb es dieses Rezept überhaupt gibt. Jetzt überlege ich mir, ein eigenes Projekt bei Mulberry zu veröffentlichen. Mit dir zusammenzuarbeiten wäre so ein Vorteil.« Sie lächelt. »Ich wäre überglücklich! Ich bin wirklich aufgeregt.«

Chris gefällt das Konzept von *Learning Italian*. »Ich könnte dein Weinberater sein.« Seltsam, dass sie die Worte *fundiert* und *ästhetisch* verwendet hat, denn genauso wirkt sie auf ihn.

Julia kommt spät nach Hause, als Susan und Camille gerade mit dem Abendessen anfangen. Sie nimmt sich eine Schale von dem Risotto mit Zitrone und Pistazien, das Susan gekocht hat. Camille, die Salatkönigin, hat, als sie heute Mittag das Mittagessen im Olivenhain vorbereitet hat, zusätzlich Kopfsalat gewaschen. »Wir essen unbeschreiblich gut«, stellt Julia fest. »Selbst die einfachsten Dinge schmecken so aromatisch. Warum ist alles hier derart lecker?«

»Vielleicht, weil die Leute die Sachen in Ruhe lassen.« Susan träufelt frisches Olivenöl auf den Salat.

Julia erzählt sofort von der Möglichkeit, für Chris im Friaul zu recherchieren. »Können wir reisen? Susan, du könntest die Gärten besichtigen. Camille könnte sich die Museen und die Architektur anschauen. Und ich suche tolle Restaurants. Es wäre ein prima Abenteuer.«

Camille schlägt vor, zuerst Venedig zu besuchen. »Venedig außerhalb der Saison. Die Piazza San Marco im Schnee. Schneit es dort überhaupt? Heiße Schokolade in dem *caffè*, wo sie Schnulzen spielen, Gondeln ...«

Susan, die wie immer kein Blatt vor den Mund nimmt, unterbricht sie. »Was ist mit Chris? Er scheint in Ordnung zu sein. Und er ist absolut in der Welt zu Hause. Magst du ihn sehr?«

Julia lacht. »Ein leichtes Prickeln längst abgestorbener Extremitäten? Ich glaube schon. Ein seltsames Gefühl. Als ich mit ihm in der Bar saß, habe ich mir vorgestellt, wie wir in irgendeiner italienischen Stadt eine Straße entlangschlendern. Einfach nur gehen. Nebeneinanderher. Und es fühlte sich richtig an.

Ob ich jetzt eine Affäre anfangen würde? Warum nicht? Aber wahrscheinlich bleiben wir einfach Freunde.« Sie ertappt sich dabei, dass sie sich stattdessen eine Affäre erhofft. Ein Hotel in einer romantischen Villa mit eleganter Bettwäsche und Blick auf einen im Winter stoppeligen Weinberg und … Sie hat versucht, sich Chris vorzustellen, wie er in einem Hotelbademantel aus Frottee ein Bad in einer großen Marmorwanne einlässt, doch dabei lachen müssen. »Ich habe mit diesem durchdringenden Schmerz gelebt, als bohre ständig ein Zahnarzt in meinem Kopf herum. Während gebohrt wird, kann man an nichts anderes denken. Das ist vorbei. Die Erleichterung ist schwierig zu beschreiben. Zumindest hat das Geräusch für den Moment aufgehört. Heute ist meine Einstellung gegenüber Wade ein wenig versöhnlicher. Aber die Steinmauer gegen Lizzie steht noch.« *Sie hat ihr eigenes Leben und unseres zerstört*, sagt sich Julia. *Das Leid, den Verrat und die Gnadenlosigkeit kann man nicht in Worte fassen. Und wenn mein Kopf schon voller Scherben ist, ist in ihrem vermutlich nur noch Staub.*

»Du schaust nach vorne. Das ist gut.« Susan räumt den Tisch ab.

Camille trinkt den letzten Schluck Wein in ihrem Glas, während Julia ihre schimmernden Spiegelbilder in der Fensterscheibe betrachtet. »Ja, alles ist gut. Dank euch beiden.«

Susan hat drei neue Gartenbücher aus dem Dorf mitgebracht. Camille hat im Wohnzimmer das Kaminfeuer angezündet. Nachdem Susan eine Kanne Tee mit Orangenduft gekocht hat, machen es sich die drei mit ihren Büchern gemütlich. Camille liest, das italienische Original neben sich, Elena Ferrante auf Englisch. Hin und wieder studiert sie einige Sätze auf Italienisch, ihre Lippen bewegen sich, als sie die schwierigen Satzkonstruktionen nachvollzieht. Julia geht nach oben, um sich die Nägel zu richten, obwohl sie morgen beim Olivenpflücken sicher wieder fleckig werden. Chris will für ein paar Stunden mit seiner Gruppe vorbeischauen. Er hat sich erboten, guten Prosecco mitzubringen. Bald wird das frische Öl alles salben. *All die Jahre, in denen ich mich auf nichts freuen konnte*, denkt Julia. *Und jetzt, was für ein Glück.*

Susan wirft noch ein Scheit ins Feuer und reicht Camille ein Buch.»Sieh dir diesen Garten an. La Foce, da müssen wir hin. Er hat mittwochs geöffnet.«

Camille blättert die Seiten durch.»Das ist das Haus von Iris Orego. Sie hat beeindruckende Memoiren geschrieben. *Krieg im Val d'Orcia.* Ich bin bereit.«

Grün

Colin sitzt früh an seinem Schreibtisch, weil er wegen des Hotelprojekts in Florenz noch Tausende von Dingen klären muss. Was die Planung angeht, ist alles in trockenen Tüchern, aber morgen muss er nachsehen, wie weit die Bauarbeiten gediehen sind. Wir werden zusammen fahren. Ich werde durch die Stadt schlendern und das Strozzi-Museum besuchen, während er arbeitet. Danach haben wir den Abend frei, um am Ufer des Arno zu Abend zu essen und dann in unser Lieblingshotel zu gehen. Zeit für die große Enthüllung. Ich fühle mich, als hätte ich zwei Köpfe, und niemand bemerkt es. Wie kann er es nicht spüren? Nun, ich habe es ja auch nicht gespürt.

Merkwürdigerweise scheint Camille etwas zu ahnen. Gestern sind wir zur Villa Assunta spaziert, um zu schauen, wie es mit der Olivenernte vorangeht. Da wir nur fünfzig Bäume haben, waren wir zum Glück schon fertig. Fabio, der uns dabei geholfen hat, hat die Oliven bereits zur Ölmühle gebracht. Morgen holen wir unsere etwa fünfzig Liter ab und sind für das Jahr versorgt.

Julias neue Freunde tranken und prosteten einander zu. Chris ist offenbar vernarrt in Julia und beobachtete, aufmerksam wie ein Hund, jede ihrer Bewegungen. Sie beschenkte uns zwar alle mit ihrem Strahlen, doch mir fiel auf, dass sie ihm die

Hand auf den Ärmel legte, als sie ihm ein Glas reichte. Sie verbreitet ein Leuchten, und er mag sie ganz eindeutig. Ich frage mich, ob sie das wundert.

Colin ist allen zum ersten Mal begegnet. Ich bin nicht sicher, ob er verstanden hat, welche Frauen in der Villa wohnen und welche zu Chris' Gruppe gehören. Camille saß neben mir am Tisch. Als alle miteinander anstießen, lehnte sie sich zu mir hinüber.»Ist alles in Ordnung? Möchtest du etwas Prosecco?«

»Ja, mir geht es blendend. Nur Wasser, bitte.«

»Du bist so blass. Ich kenne dich zwar noch nicht lang, aber du siehst aus, als, äh, wärst du nicht du selbst.«

»Alles gut. Vielleicht bin ich ein bisschen erledigt vom Olivenpflücken. Trotzdem danke für deine Besorgnis.« Am liebsten hätte ich sie am Arm gepackt und *Was, zum Teufel, soll ich tun?* gerufen. Oder mich an ihrer Schulter ausgeweint. Aber ich und Colin sind praktisch Fremde für sie. Also habe ich allen erklärt, wie eine Ölmühle funktioniert und wie gesund das frische Öl ist.

Gemurmel von den italienbegeisterten Frauen. Sie sprudeln über von einem Entdeckergeist, den ich kenne und der manchmal noch in mir aufflammt. Allerdings nicht bei der Olivenernte. Es macht Spaß, ein paar Vormittage herumzuspielen und sich an der Gesellschaft zu erfreuen. Doch wenn man die Verantwortung trägt, ist es Knochenarbeit mit stundenlang hochgereckten Armen, während einem manchmal der Wind ins Gesicht peitscht. Trotz unserer kurzen *raccolta* sind meine Finger steif. Außerdem war ich sehr vorsichtig auf der Leiter. (Baby an Bord.)

Anders als die meisten Besucher hat sich Susan in dieses Ritual Ende Oktober verliebt. Sie war den ganzen Tag draußen und wird die Männer zur Ölmühle begleiten, um den ganzen Vorgang zu verfolgen. Grazia hat ihr einen riesigen Plastikkanister für das Öl fürs Haus gegeben. Und Julia hat Glasflaschen gekauft, um das Öl umzufüllen, sobald sie es haben. Camille fragt sich, ob es möglich ist, dieses besondere Grün auf Papier zu bannen. Nichts sonst hat diese Farbe. Weder Sellerie noch Grünkohl noch Spargel. Es ist auch nicht wie eine grüne Ampel, eine Colaflasche oder Moos. Oh, wie ein Dollarschein vielleicht?

Weil ich weiß, dass alle Gedichte lieben, selbst wenn sie selbst es nicht wissen, hob ich meinen Wasserbecher und zitierte falsch einige Zeilen von García Lorca, der sich ein wenig mit dieser schillernden Farbe auskannte:

Grün, ich will dich grün.
Grüner Wind, grüne Äste.
Große Raureifsterne
kommen mit dem Fisch des Schattens
der die Straße der Dämmerung eröffnet.
Der Olivenbaum scheuert den Wind
mit dem Sandpapier seiner Äste.
Mein Freund, wo ist sie – sag es mir,
wo ist dein bitteres Mädchen?
Wer wird kommen? Und woher?
Grün, wie sehr will ich dich grün …

Colin sah mich stirnrunzelnd an. Er kennt das Gedicht, das ich gerade verunstaltet habe. Lorca hat nicht einmal von einem Olivenbaum geschrieben, sondern von einem Feigenbaum. Lächelnd schüttelte er den Kopf. »Das ist mein Mädchen. Jetzt wissen wir, was Grün ist.« Alle applaudierten, und es wurde Prosecco nachgeschenkt.

Auf dem Weg bergauf schlang Colin den Arm um mich und küsste meinen Nacken. Sein angeborener tropischer Duft war so ein Trost. »Was ist, meine Dichterin. Belastet dich etwas? Als du das grüne Gedicht vorgetragen hast, hast du so emotional gewirkt.«

»Ja, da gibt eine Sache, über die ich mit dir reden muss.« Wie hat er aus meinem Gedicht einen Hinweis darauf aufgeschnappt, dass es Schwierigkeiten gibt? »Inzwischen sollte ich deine feinen Antennen kennen. Wir sprechen später darüber, okay?«

»Was immer du willst. Ich höre zu.«

Ich konnte schlecht *Kein Grund, dich aufzuregen* sagen, da ich nicht weiß, wie er reagieren wird. Er könnte absolut ausrasten. Ich mache mir Sorgen, doch das tue ich eigentlich immer. *Hör mit der ständigen Grübelei auf,* pflegte meine Mutter mich zu ermahnen. Aber wie sollte ich? Es können viele schreckliche Dinge geschehen. Wird er abweisend sein und es einfach hinnehmen? Ich kenne ihn so gut, bis hinunter zu seiner nach innen gebogenen kleinen Zehe, die wie ein winziger Shrimp aussieht. (*Worry*, das englische Wort für Sorge, ist von dem altenglischen *wyrgan* abgeleitet, erwürgen. *So* schlimm ist es doch nicht, oder?)

Ganz gleich, was er sagt, was er will oder nicht ausspricht, an diese bahnbrechende Nachricht wird er sich immer erinnern. Wenn er sich in Florenz an die Brüstung der Santa-Trìnita-

Brücke lehnt und bei Abenddämmerung die schroffen Spiegelbilder der Palazzi im Arno betrachtet? Beim Dessert in unserer Lieblingstrattoria, wo wir an unserem allerersten Abend frittierte Calamari bestellt haben? Knie an Knie im Zug, während die Herbstlandschaft vorbeisaust?

Der unerwartete Garten

»Wir haben ein Jahr. Mehr, wenn wir wollen! Seid ihr genauso von den Socken wie ich, dass wir die Möglichkeit haben, so etwas zu tun?« Susan rast durch Bodensenken und Kurven in Richtung La Foce. Wenn sie auf der engen Straße einen Traktor überholt, winkt sie freundlich. Sie haben um elf einen Termin, bestätigt von Iris Ortegos Tochter, um den Garten der Schriftstellerin zu besichtigen. Susan wird sich, falls sie heil ankommen, jeden Quadratzentimeter der eleganten Anlage einprägen. Italienische Gärten, geprägt von Blumenkübeln, Geometrie, Pergolas und Wasserspielen, sind ein völlig neues Terrain für sie. Das krasse Gegenteil von ihrer englisch beeinflussten Vorstellung von Gartenräumen und pflegeintensiven Rabatten aus Immergrün. So beiläufig in der Wirkung, aber teuflisch anstrengend in Schuss zu halten. Sie erreichen das kahle Val d'Orcia, eine gewaltige Landschaft aus geschwungenen Hügeln, aufgelockert durch von Zypressen gesäumten Straßen und Reihen fedriger Pappeln als Windschutz. Felder mit gepflügter brauner Erde und andere mit zerdrückten Sonnenblumenstängeln, unter denen sich Kleebüschel verbergen, bilden einen Flickenteppich. Karg, aber dennoch einladend. Susan stoppt am Straßenrand. »Lasst uns aussteigen. Camille, du brauchst eine Staffelei. Schau dir das an!«

»Ich bin nicht gut genug, um eine so beeindruckende Landschaft zu malen. Ich sollte bei meinen Stillleben bleiben. Vielleicht würde ich die weiße Straße da unten schaffen, die mit den Zypressen.«

»Die Toskana kommt mir allmählich wie ein riesiger Garten vor«, fügt Julia hinzu.

Susan ist begeistert von dem kahlen Herbstgarten. Es wimmelt von förmlichen Buchsbaumhecken und -rabatten, und dennoch wirkt der Garten nicht streng. Die junge englische Fremdenführerin weist sie auf das hin, was gerade nicht da ist – Pfingstrosen, Zierlauch, Rosen und natürlich die Glyzinien, für die der Garten berühmt ist. »Was mir an Gärten am besten gefällt«, merkt Susan an, »findet man hier überall: das Überraschungsmoment! Tretet durch diese Lücke in der Hecke, und ihr steht vor einem Brunnen oder vor einer Statue. Seht, wie die Glockenblumen in die Ritzen einer Steinmauer kriechen und wie der kleine Mauerpfeffer aus porösen Steinstufen wächst. Flache, in die Beete eingelassene Becken beherbergen winzige Seerosen, ein Paradies für Frösche.«

»Genauso ziehst du dich auch an«, stellt Camille fest. »Sehr streng und kantig, aber mit ungewöhnlichen Mustern und Accessoires.« Sie bleiben stehen und betrachten Susans langen senfgelben Pullover über hellbraunen Leggings, den lässig geknoteten rot, golden und grün gestreiften Schal und ihre ausladende rote Umhängetasche. »Ich würde nie auf die Idee kommen, dieses Gelb mit Rot zu kombinieren, aber es sieht fantastisch aus.« Anfangs hat Camille befürchtet, Susan könne ihr zu dominant sein. Inzwischen wertet sie diese Eigenschaft als Tatendrang. Außerdem drängt Susan sie stets dazu, etwas Neues auszuprobieren.

Susan umarmt Camille rasch. »Du bist ein Schatz.« Sie fördert ihr neues Notizbuch zutage und schreibt *Der unerwartete Garten* auf den Einband. »Zum Glück habe ich meine gute Kamera mitgebracht.«

Als sie sich hundert Fotos später zum Gehen anschicken, bittet Susan Nella, die junge Fremdenführerin, die drei unter einem Granatapfelbaum zu fotografieren. Sie posieren, während die alten Früchte der Persephone um sie herumbaumeln, derbe orangefarbene Kugeln, mythisch und üppig. Ein durch die Äste fallender Sonnenstrahl verwandelt Susans aufgestelltes Haar in einen schimmernden Heiligenschein. Julia setzt gerade zum Sprechen an und hat auf dem Foto den Mund halb geöffnet. Camilles Gesicht liegt im Schatten, doch sie lächelt breit, und das Licht fängt sich in ihren Augen. »Sind Sie Schwestern?«, fragt Nella.

»Beinahe«, antwortet Camille.

»Was heißt denn Granatapfel auf Italienisch?«, erkundigt sich Julia.

»*Melograna*. Ich liebe dieses Wort«, erwidert Nella. »Pflücken Sie ein paar und nehmen Sie sie mit. Wenn Sie sie unter Wasser aufschneiden, lassen sich die Kerne leicht lösen. Sie sehen hübsch aus, wenn man sie auf Desserts streut.«

Julia nickt. »Offenbar kochen Sie gern. Wo sollten wir zu Mittag essen?« Nella empfiehlt einige beliebte Restaurants in der Nähe.

»Im Frühling kommen wir wieder. Ich kann es kaum erwarten.« Sie denkt bereits an Chris. Er sollte in seine Besichtigung der Brunello-Weinberge diesen Umweg einplanen.

Sie entdecken Nellas Lieblingsrestaurant in einem Eichenhain. Drinnen bereitet eine Frau gerade Gnocchi zu. Julia fragt sie, ob sie einverstanden ist, dass sie ein Video dreht. Daraufhin übertreibt die Frau jede Bewegung, als sie dünne Schnüre aus Teig formt. Italiener sind geborene Schauspieler. Sie arrangiert die winzigen Klößchen auf einem Backblech, wischt sich die Hände an der Schürze ab und weist auf ihr Werk. »Ecco!« Da ist es! Beim Mittagessen zeigt Julia den anderen das Video. »Food Network, los, heul doch!«, verkündet sie. Als sie sich Susans Fotos anschaut, wird ihr klar, dass diese nach all den Jahren in der Immobilienbranche viel Erfahrung hat. »Deine Fotos sind besser als meine!«, ruft sie aus. »Ich habe eine tolle Idee. Würdest du mir dabei helfen, das Essen für mein Buch anzurichten und zu fotografieren?«

»Das wäre wundervoll. Mit Vergnügen.« Wenige Minuten später verspeisen sie die lockersten Gnocchi, die je gemacht worden sind. Sie können auch gummiartig ausfallen, aber diese hier sind das Musterbeispiel, serviert mit einer würzigen Tomatensoße. Schlicht, ebenso wie der grüne Salat mit einem Tröpfchen frischem Olivenöl. »Habt ihr je das Gefühl, dass wir unser Leben zu sehr verkomplizieren?«, fragt Susan.

Camille bietet nicht nur an, nach Hause zu fahren, sie besteht sogar darauf. Susan sitzt hinten, sichtet ihre Fotos und notiert sich ihre Ideen. Ein Pfad entlang der Terrasse hinter dem Haus, so schmal, dass die Beine Katzenminze, Lavendel, wilde Pfefferminze und Schmuckkörbchen streifen. Eine Bank, wo die Terrasse eine Kurve beschreibt. *Wir brauchen in unserem Garten geheime Orte.* Die Einfälle kommen schneller, als sie schreiben kann.

Camille summt vor sich hin, und Julia ist, den Kopf nach rechts abgeknickt, eingeschlafen. Das wird sie später spüren.

Transparent werden

Ein neues Blatt, in der Tat. Was wusste ich schon, als ich diese Worte auf das Deckblatt meines Notizbuchs schrieb. Ich bin früh im Dorf, denn, nun, wie sollte ich schlafen? Violetta bringt mir eine *ciambella*, einen Donut, zu meinem Cappuccino. Ein Zuckerrausch ist vielleicht genau das Richtige. Colin schläft immer wie ein Stein. Sonst hätte ihn mein Herumgewälze wohl die ganze Nacht wachgehalten. Ich stehe unter Schock und habe Angst. Nachts habe ich an meine Mutter gedacht. An die vier Jahre, die ich zu Hause geblieben bin, um sie zu pflegen. An ihr Dahinsiechen, ihren langsamen Tod, während die Jahreszeiten und Jahre verstrichen. Liebevoll saß ich in der Falle. Ich wollte helfen, aber auch leben. Und Gerald – ›Ger‹ – Hopkins stand mir immer zur Seite. Ich hatte ihn sehr gern, den Freund der Familie, der mir nach der Diagnose seine Unterstützung anbot, als ich aus Boulder nach Hause zurückkehrte. Unsere Eltern waren eng befreundet. Er war der erste Junge, mit dem ich zusammen war und den ich küsste. Während der Highschool und des Studiums führten wir eine On-Off-Beziehung. Inzwischen waren wir beide Ende zwanzig und Single. Er war, ist es noch immer, Banker. Ich habe nie richtig verstanden, was er da tat. Geldmärkte, Aktienanalyse, Investments. Häufig beruhigte er Leute am Telefon. Ich lebte in einem Schwebezustand.

Ger organisierte die Pflege, während ich pendelte, um das Semester zu beenden. Und dann war ich aus Boulder zurück (meine erste Vollzeitstelle als Dozentin für Kreatives Schreiben), um bis zum bitteren Ende zu bleiben. Zur Ablenkung unterrichtete ich ein Seminar pro Semester an der University of Miami. Mutter kehrte von ihrer Hautkrebs-OP zurück, allerdings mit einem teilweise gelähmten linken Bein. Hinzu kam ihre MS. Die Pflege verlangte mir viel ab. Durch die Steroide quoll sie auf, bis sie aufgedunsen und mondgesichtig aussah. Es wurde physisch immer anstrengender für mich. Ich erinnere mich an ihre Wutausbrüche, an ihr geschwollenes Bein und die kleinen weißen Füße, so zart wie bei einer Porzellanpuppe.

Aber ich wollte, dass sie zu Hause blieb und nicht in irgendeiner Einrichtung landete. Sie wünschte sich verzweifelt, dass ich und Ger ein Paar wurden, und sie sprach ganz offen über ein Enkelkind. Ich verriet ihr nicht, dass es mein Schicksal war, »unfruchtbar« zu sein, wie sie es ausgedrückt hätte. Ger und ich fanden wieder zueinander, und es sah ganz danach aus, als ob wir auf dem Weg seien, zu heiraten und für immer in Coral Gables zu wohnen. Inzwischen frage ich mich, warum ich während dieser Ehe im Miniaturformat in meinen fruchtbarsten Jahren nicht schwanger wurde. Als es mit Mutter bergab ging, bekam ich in Gers Bungalow immer öfter Anfälle von Klaustrophobie. Selbst wenn ich nach dem Tennis mit einem Glas Limonade auf seiner Veranda saß, spürte ich, wie Panik in mir aufstieg. *Das ist nicht mein Leben.* Nicht, dass ich als seine Frau die Schriftstellerei hätte an den Nagel hängen müssen. Er ermutigte mich sogar. Er begegnete mir nur nicht auf Augenhöhe. Und ich wurde mit dem Bankenwesen nicht warm. Doch wir hatten eine gemeinsame Schnittmenge und in dieser Grauzone der Gemeinsamkeiten eine Vergangenheit, die uns verband. Ein mächtiger Zauber. Er reiste und kochte gern und so weiter, aber wer tut das nicht? Ich würde nicht nach Boulder zurückkehren. Obwohl ich die Stadt mochte, war sie nicht mein Platz im Universum. Gers sabbernder Boxer drehte sich immer mehrmals im Kreis, bis er eine bequeme Liegeposition fand. Und das tat ich auch.

Als meine Mutter starb (das aggressive Melanom kam wieder), bewarb ich mich um ein Aufenthaltsstipendium in einem Haus für Schriftsteller an der toskanischen Küste. Ich ergatterte es. Ger wusste, ohne dass ich es ihm sagen musste, dass ich eine Linie gezogen hatte. Ich sagte es ihm trotzdem und auch, wie leid es mir täte. Er war zwar ein Gentleman, aber dennoch enttäuscht und meinte, er werde nicht noch einmal auf mich warten.

In Italien erlebte ich Wochen, in denen ich mich erholte, allein war und endlich schreiben konnte. Die meisten der Gedichte, für die ich meine Preise erhielt, wurden in einem kahlen Zimmer mit Blick auf das Tyrrhenische Meer gezeugt (da ist es wieder, dieses Wort). Wenn ich sie heute lese, erscheinen sie mir dunkelblau von der Trauer, die ich in mir trug. Der Tod meiner Mutter erinnerte mich erneut an den meines Vaters. Er wurde auf dem Miami Expressway in seinem alten TR3 von einem Kleinlaster gerammt und in die seichte Bucht geschleudert, eine Flugbahn, die ich eine Million Male abgespult habe. Ich war einunddreißig. Beide Eltern tot. Ich hatte damit gerechnet, sie noch mindestens zwanzig Jahre bei mir zu haben.

Mit einigen anderen Schriftstellern aus dem Haus unternahm ich an den Wochenenden Ausflüge. San Rocco befindet sich weitab der Touristenpfade. Wir stießen rein zufällig darauf. Die Anmut, die Würde, die stehen gebliebene Zeit. Als ich durch das Städtchen schlenderte, malte ich mir aus, hier eine lange Auszeit zu nehmen. Ein großes Projekt. Etwas, das nur mir gehörte.

Nach dem Ende des Stipendiums flog ich nach Hause, räumte das Haus aus, hinterließ es spärlich möbliert und lagerte zu viele Aufbewahrungsboxen aus Plastik ein. Was sollte ich mit Tausenden von Familienfotos, den College-Jahrbüchern meiner Eltern, dem Porzellan meiner Großmutter anfangen? Sachen und noch mehr Sachen. Eine Frau namens Stacy Jackson, die zwei Töchter hatte, mietete das Haus, und sechs Monate später waren sie und Ger ein Paar. Wie hatte er einziehen und die Miete übernehmen können? Ein bisschen gruselig, finde ich.

Mit dem Geld meiner Eltern kaufte ich mein Haus, Fonte delle Foglie, am Rand von San Rocco. Inzwischen muss ich mich bei Ger dafür bedanken, dass er mich unabsichtlich in einen geistigen Freiraum gestoßen hat. Ich lag mit meinen Gefühlen goldrichtig. Ihm und mir fehlte das Geheimnisvolle, das ich brauchte und ohne das einer Beziehung Gefahr droht. Rilkes Definition von Vertrautheit – dass zwei Einsamkeiten einander schützen, grenzen und grüßen – hat für mich nie passend geklungen. Zu trist und nicht von dieser Welt. Unheimlich. Ich hatte ein besseres Vorbild. Aus *Corfu* von Robert Dessaix schrieb ich folgendes Zitat ab: »Vertrautheit ist jedoch mehr als nur das Aufflammen liebevollen Erkennens zweier Menschen. Aber was ist sie dann? Vielleicht eine Erfahrung, die wir manchmal machen – selten, doch wir machen sie –, unter dem Blick eines anderen Menschen transparent und sanft bis in jeden Winkel durchdrungen zu werden? Und das sein oder ihr Selbst wiederum von unserem inneren Auge durchbohrt und erkannt wird.« Davon und noch von einer Menge anderer Dinge angeleitet, schrieb ich ein Jahr lang wie eine Wilde.

Wäre meine Mutter zufrieden mit mir, wenn sie das miterleben könnte? Wahrscheinlich hätte sie inzwischen die Hoffnung aufgegeben. Meine Mutter hieß Idella Parkman Raine. Wenn ich ein Mädchen, oder überhaupt ein Baby, bekomme, nenne ich es vielleicht Della Raine. Colin heißt mit Nachnamen Davidson. Nicht schlecht. Della Raine-Davidson. Della ist hübsch. Idella, auf gar keinen Fall.

Neues Blatt. Vielleicht wäre Leaf, Blatt, ja ein guter Name für einen Jungen. Hat bei Leif Erikson ja auch geklappt.

Als ich an die Sachen meiner Mutter im Lagerhaus denke, erinnere ich mich daran, dass Colin draußen im Schuppen nach einem Koffer gesucht und dabei einen gefunden hat, den Margaret zurückgelassen hatte, als sie ein letztes Mal nach Washington zurückgekehrt war. Er öffnete den Koffer und förderte ein verrücktes Kleid zutage. »Was ist da sonst noch drin? Wahrscheinlich alles vermodert.«

»Sieht nach muffigen Pullovern aus.«

Ich schüttelte das Kleid aus und erinnerte mich an die Silvesterparty, auf der sie dieses mit Pailletten besetzte Teil, schulterfrei, scharlachrot und samtig-fließend wie eingeschenkter Wein, trug. Sie rauchte eine dicke Zigarre, was sie oft der Wirkung wegen tat. Ich beobachtete sie. Sie paffte. Anmerkung im Notizbuch: den von ihr hinterlassenen Kram loswerden. Den Schuppen aufräumen. Jemand sollte dieses Kleid tragen. Doch wie intim ist es, das Kleid einer anderen anzuziehen? Intimität, das war bei ihr ein Wechselspiel. Sie konnte sich auch hinter einer Mauer verschanzen. Liegt es daran, dass ich eine Frau bin? Jedenfalls fange ich nach »den Schuppen aufräumen« mit einem neuen Gedicht an.

NACHWUCHS

Wir haben die sogenannte Zündschnur angesteckt,
Samentropfen, wie der Kleister,
mit dem wir das Kinderzimmer tapezieren.
Der kleine Schmierer im Bauch, aufgeblasen
und weit hergeholt. Wir alle waren einmal umschlossen:
Spielzeugtotenschädel mit gekreuzten Knochen, dicke
kleine Piraten, nicht wissend, dass wir uns selbst
als Geiseln halten. Die Platten der Schädeldecke
schieben sich langsam in Richtung Mitte,
und der Wasserstrudel im Trichter braucht nichts weiter
zu tun, als abzufließen.
Was uns manchmal auf dieser Erde hält,
außer Fettnäpfchen, geheimnisvollen Tabus oder
das Gegenteil von Stille oder ein Wandern
von der Weide der Vergangenheit zur nächsten
gegenwärtigen. Geburt – da muss man erst auf den
Geschmack kommen.

Ein Pauschalerbe, eine oxytozische Überraschung,
Besuch von jemandem, mit dessen Existenz
wir nicht gerechnet haben.
So komisch, so offen und nicht eingeschnürt,
so genial nomadisch und zerlumpt. Deshalb
sind wir alle hier, um dich zu sehen, gesetzlos,
um alles zu sehen und Zeugen zu werden
der größten Explosion, endlich befreit.

Es erschien mir wie ein Gewebe von Wörtern, die ich hinten in meinem Notizbuch aufgelistet hatte: geschickt, Anomie (Gesetzlosigkeit), Trichter (*imbuto*), Fontanelle, Nachwuchs, Haruspex, Schrift, zerlumpt, oxytozisch: die Geburt beschleunigend, nicht sesshaft, Suche nach neuen Weiden. Worte lösen Gefühle ebenso aus, wie man diese in Worten ausdrückt.

Seit ich vom Blitz getroffen wurde, schreibe ich pausenlos Gedichte. Woher stammen sie? Aus dem Äther? Ichor? Oder ein Dichter ist ein Haruspex, bei den Etruskern jemand, der aus den Spuren auf der Leber eines Opfertiers Bedeutung und Zukunft vorhersagen konnte.

Als Violetta mir einen zweiten Cappuccino bringt, kommt Camille zur Tür herein.

»Ich möchte dich nicht stören. Du wirkst ganz entrückt.«

Sie winkt mir von der Theke aus zu.

Ich muss das Gedicht später noch einmal lesen. »Oh, setz dich doch zu mir. Ich muss sowieso gleich weg. Wir fahren für zwei Tage nach Florenz. Was machst du denn schon so früh hier?«

»Offenbar übernehme ich deine Angewohnheiten. Ich liebe es, wenn das Dorf wieder von vorne beginnt. Außerdem sehe ich besser, wenn weniger Leute unterwegs sind. Ich mag sogar die winzige Kehrmaschine, die durch die Straßen huscht. Und den Barista, der Kaffee in die Büros bringt. Er hält sein Tablett hoch und pfeift beim Gehen. Wie einem Gemälde von Balthus entsprungen. Wo geht er eigentlich hin?«

»Ich glaube, er serviert dem Bürgermeister und dessen Mitarbeitern ihre Dosis zum Wachwerden. Ich mag die elektrische Kehrmaschine auch. Der Fahrer ist der Sohn einer Freundin. Manchmal bremst er und umarmt mich. Wo sonst würde so etwas passieren?«

Camille erzählt mir von ihrer Scheu, »in diesem hohen Alter wieder Malerin zu werden«, von ihrem Italienischlehrer und von dem, was sie als ihre »Erkundungsgänge« bezeichnet. »Ich habe meine erleuchteten Momente, wenn ich eine in eine Mauer eingelassene Säule oder ein steinernes Wappen mit eingemeißeltem Hirschgeweih, Birnen oder Eichen entdecke. Die der Medici haben nichts Subtiles an sich. Sechs Bälle. Oder sind es Orangen? In einer Straße gibt es einen mittelalterlichen Vorbau auf nicht sehr stabil wirkenden Holzstützen. Wie in einem Bühnenbild in einem Stück von Shakespeare. Nicht, dass der im Mittelalter gelebt hätte, aber es sieht aus wie das Globe Theatre. Mein Mann und ich sind so gern nach London geflogen«, fügt sie hinzu. »Wir haben immer versucht, uns eine Shakespeare-Inszenierung anzusehen.«

»Kennst du die *bottega* für Restaurierung der beiden Malerinnen im Vicolo delle Notte?« Tut sie nicht.

»Du wärst begeistert. Matilde, das ist die mit der roten Wuschelmähne, und ihre Assistentin Serena, die ziemlich ruhig ist, sind angesehene Restauratorinnen. Sie haben an vielen Fresken in Siena, Montefalco und Arezzo gearbeitet. In der ganzen Toskana eigentlich. In ihrer Werkstatt stapeln sich Gemälde, die Löcher haben, mit etwas beschüttet wurden oder einfach unter dicken Schmutzschichten verborgen sind. Sie unternehmen alles Menschenmögliche, um die Kunstwerke zu retten.«

»Das klingt absolut faszinierend. Ich werde sie finden.«

»Du hast ja Archie dabei!« Als sie die Tür öffnet, sehe ich, dass er mit seiner Leine draußen an einen Tisch gebunden ist.

»O ja. Archie will so werden wie der weiße Terrier, der einem überall über den Weg läuft. Ein Dorfhund. Mit dem Bürgerrecht, mitten auf der Straße zu schlafen.«

Ich mag Camille. Von den dreien ruht sie am meisten in sich selbst. Freundlich und schlagfertig, aber sie hat eine Ausstrahlung, als würde sie, äh, auf etwas warten? Sie ist noch immer attraktiv und muss früher eine hinreißende Schönheit gewesen sein. Mit langem silbernen Haar anstatt mit blondem würde sie aussehen wie ein Orakel. Ein römischer Bildhauer aus dem zweiten Jahrhundert hätte dieses Gesicht als Göttin der Jagd dargestellt. Dann könnten wir sie heute im Museum Borghese bewundern. Ich stelle mir gern vor, wie eine marmorne Camille den Bogen spannt. Im Moment steht sie vor dem Keramikladen und mustert eine hübsche Vorlegeplatte. Sicher wird sie herausfinden, dass man mehr Vorlegeplatten braucht, als man sich je hätte träumen lassen, wenn man in Italien zu kochen anfängt. Dann geht sie weiter, spricht mit Archie und lächelt den Passanten zu. Sie hat nicht die geringste Ahnung, dass sich ihr Leben innerhalb der nächsten Stunde verändert wird, und zwar so, wie sie es nie gedacht hätte.

Das Glück gehört den Selbstgenügsamen, das sagte schon Aristoteles.

Jetzt muss ich aber schnell nach Hause. Hoffentlich ist Colin schon fertig. Wir müssen den Zug um zehn erwischen.

Erkundungsgang

Die *vicoli* des Städtchens haben es Camille besonders angetan. Die Gassen, die von der Hauptstraße abgehen und bergauf oder bergab führen. Zwei Esel würden hier nur mit knapper Not aneinander vorbeikommen. Vicolo delle Notte biegt in einem scharfen Winkel von der Via Gramsci ab und schlängelt sich hinter Häusern mit Blick auf das Tal abwärts. Die *bottega*, die sie noch nie gesehen hat, ist von der Morgensonne durchflutet. Matilde mit ihren feuerroten Locken und Serena, so streng wie eine Quäkerin, stehen vor einer beeindruckenden Madonna in Blau, die ihre Röcke ausbreitet, in die sich unter ihrem Schutz ein Dorf im Miniaturformat schmiegt. Serena richtet einen Föhn auf den Kopf der Madonna, als wolle sie ihr die Haare trocknen. Wie trickreich, eine reparierte Stelle rasch zu erhitzen, damit sie weitermachen können.

Als Camille durchs Fenster späht, erntet sie ein Lächeln und ein Winken von Matilde, die sich umdreht und einer anderen Frau im hinteren Teil des Raums etwas zuruft. Camille hört ein Klappern. Dann erscheint ein junges Mädchen an der Tür. »*Buongiorno*. Können wir Ihnen behilflich sein?«, fragt sie auf Englisch. Camille erklärt, sie sei neu in der Stadt, wolle malen und sei von Kit geschickt worden. Die Assistentin bittet sie herein. Sie heißt Katie, ist Kunststudentin in Boston und verbringt ein Freisemester hier, um von Matilde und Serena zu lernen.

Matilde beugt sich über einen Kasten, der ihre Farben und Pinsel enthält, wählt einen Pinsel mit zwei oder drei steifen Borsten aus und fängt an, das Ohrläppchen der Madonna zu betupfen. Während sie mit den Händen einen Kreis von der Größe einer Orange beschreibt, erzählt sie auf Italienisch. Katie übersetzt:»Keine Ahnung, wie dieser Schaden entstanden ist. Schwer zu sagen. Doch der Bereich ist so groß, dass er von irgendetwas zerkratzt worden sein muss. Ich wundere mich immer wieder, wie viele Kunstgegenstände die Pest und den Krieg überstanden haben, aber ebenso erstaunen mich kleine Unfälle wie dieser. Wie ist es passiert? Wer tut so etwas?«

»Die Farben, der Föhn, sie erinnern mich an die Ausrüstung einer Maskenbildnerin in Hollywood«, erwidert Camille. Die Frauen lachen. Katie zeigt ihr einige Objekte, die noch in Arbeit sind. Eine große Kreuzigungsszene mit einem Loch genau in der Mitte, eine verblasste Landschaft, noch gar nicht so alt, eine Lünette, die das ernste Gesicht eines Mannes darstellt, und einen Tisch, bedeckt mit Freskoscherben, die an das Puzzlespiel eines Kindes erinnern.

Die Frauen sind zwar freundlich, aber Camille spürt, dass sie sie bei ihrer wichtigen Arbeit stört.»Katie, bitte sagen Sie Ihnen, dass ich vor dem, was sie da tun, Ehrfurcht habe. Entschuldigung, doch mein Italienisch ist nicht sehr gut.«

»Wird gemacht. Wegen der vielen Studenten, die sie schon hierhatten, verstehen sie eine Menge Englisch. Danke für Ihren Besuch. Wir geben auch Kurse, falls Sie das interessiert. An diesem Wochenende steht Papierschöpfen auf dem Plan. Außerdem ist die *bottega* auf die Instandsetzung von Bildhandschriften spezialisiert.« Sie weist auf einen Glasschrank, in dem sich dickes cremefarbenes Papier stapelt. »Kommen Sie doch auch. Dann können Sie ein wundervolles Päckchen mit traumhaftem Pastellpapier mit nach Hause nehmen.« Sie reicht Camille ein Flugblatt.

»Da muss ich nachfragen. Meine Freundinnen haben einen Ausflug nach Venedig geplant, aber ich bin nicht sicher, wann wir aufbrechen. Ich hätte große Lust dazu.« Camille bindet Archie los und kehrt zurück auf die Piazza, wo sie eine Stunde bei Beato Angelico verbringt und wie eine Besessene italienische Pronomen büffelt. Sie möchte sich mit Matilde und Serena unterhalten können. *Wenn es mir nur vergönnt ist, eine Sonntagsmalerin zu sein,* denkt sie, *kann ich vielleicht etwas anderes tun.* Der Kellner bringt Archie ein *biscotto,* die optimale Beschäftigung für ihn, denn der Keks ist hart wie ein Knochen.

Am späten Vormittag machen Susan und Julia ihre übliche Runde durchs Städtchen: Weinhandlung, Obst- und Gemüsestand, Metzgerei. Im Buchladen kauft Julia einen Reiseführer für Venedig. Susan wird einwenden, dass man alles online findet, weshalb es überflüssig ist, ein Buch mit sich herumzuschleppen. Doch Julia wird nicht so richtig warm mit elektronischen Geräten. Außerdem sind ihr Stil und das Gefühl für einen Ort wichtiger als Fakten. Sie ersteht auch einen Stadtplan und eine Ausgabe von *Venice* von Jan Morris.

Zum Mittagessen treffen sie sich bei Stefano, mittlerweile

ihr Stammlokal, und planen ihre Reise nach Norden in der kommenden Woche. Chris wird von einer Exkursion mit seiner Gruppe ins Weinanbaugebiet Maremma unweit der Küste zurückerwartet. Am Mittwoch wird er sich am Flughafen von Florenz von seiner Gruppe verabschieden. Julia sagt, er wird sie auf ihren Ausflug ins Friaul begleiten. Sie hat bereits stundenlang recherchiert.

»Lasst uns den Schnellzug nehmen und zuerst zwei Nächte in Venedig verbringen«, schlägt Susan vor. »Ich habe ein Hotel direkt am Canale Grande entdeckt.«

Sehr gut. So kann Camille an Matildes Kurs im Papierschöpfen teilnehmen. Sie geht hinaus, um Empfang zu haben, und schickt rasch eine Nachricht an die *bottega*, bevor Stefano die Crème brûlée serviert. »Das ist nur so eine Idee – ich habe mich gefragt, ob Kit vielleicht gern mitkommen möchte. Sie spricht fließend Italienisch, und ich glaube, sie ist Abenteuern nicht abgeneigt. Oh, ist das cremig. Was schmecke ich da heraus?«

»Ich tippe auf Lavendel. Ich würde mich freuen, wenn sie mit von der Partie wäre. Colin muss nächste Woche nach London. Würde sie mit uns Anfängerinnen reisen?« Kurz denkt Julia an Chris, hält sich jedoch vor Augen, dass es hier nur um Recherche geht. Rein geschäftlich. Zum Glück ist er Ausflüge in weiblicher Begleitung gewohnt.

»Nach Venedig mieten wir uns am Flughafen ein großes Auto. Und jetzt beschäftigen wir uns mit dem Friaul.« Susan klappt ihren Laptop auf.

»Isst du den Rest noch?« Julia beugt sich mit gezücktem Löffel vor.

Was auch immer du sagen wolltest

Colin und ich haben einen fantastischen Tag in Florenz verbracht. Unsere Reisetaschen haben wir in dem Hotel abgeworfen, wo wir immer übernachten. Uns gefällt die altmodische Atmosphäre. Riesige in Leder gebundene Gästebücher auf den langen Tischen in der Vorhalle, verschnörkelte Sessel, Vorhänge aus blauer gewässerter Seide, die Aussicht auf Kuppeln. Es gibt viele neue Hotels, die überall auf der Welt stehen könnten. Eins wie dieses findet man nur in Italien.

Wir waren etwas spät dran und haben den Elfuhrzug genommen und in einem neuen Restaurant in Oltrarno am anderen Flussufer gegessen. Wenn wir in Italien reisen, ist der Nachmittag stets für die Liebe reserviert. Gino hat uns unser Lieblingszimmer mit Blick auf die Piazza Tornabuoni und ein Stück des Arno gegeben. Später hat Colin seiner Baustelle einen Besuch abgestattet. Auf dem Weg ins Viertel San Lorenzo zu meiner liebsten Papeterie übe ich ein, was ich ihm heute Abend beim Essen sagen werde. Ich kann nicht einfach damit herausplatzen, dass sich unser Leben unwiederbringlich verändern wird. Am besten versuche ich, mich hypothetisch auszudrücken: *Wie wäre es für dich, wenn wir in dieser Phase unseres Lebens ein Baby bekämen?* So hätten wir eine Möglichkeit, ein Gespräch zu beginnen.

Vielleicht sollte ich ihn zuerst fragen, ob er heiraten will. Oh, wir haben dieses Thema schon tausendfach erörtert, und ich weiß nicht, warum ich die Entscheidung vor mir herschiebe. In Amerika wäre ich vermutlich inzwischen verheiratet. Doch hier zu leben und nicht verheiratet zu sein scheint mir zum Durchtrennen sämtlicher Fesseln dazuzugehören. Mir gefällt die Vorstellung, rechtlich ungebunden durchs Leben zu gehen, obwohl ich Colin bedingungslos liebe. Aber wenn ich jetzt ein Kind bekomme, will ich es allein ebenso haben wie mit Colin. Sie. Kleine Della. Ha! Bestimmt wird es ein riesiger, draller Lausbub. Leaf. Jamie, der Name meines Vaters. Lionel, der Name von Colins Vater. Auf gar keinen Fall.

Vor dem Essen gehen wir in die kleine Hotelbar, wo Gino sich stets an meine Lieblingsgetränke erinnert. »Keinen Campari Soda, sondern Campari pur, nur mit einem Stück Zitronenschale«, meint er.

»Gino, *grazie*, für mich ein Ginger Ale.«

Colin bestellt Campari.

Und dann: peng! Ich sitze da, als Colin sich vorbeugt und mir die Hand aufs Knie legt. »Kit, mein Schatz, ich muss dir etwas sagen, und verzeih mir, wenn ich totalen Unsinn rede. Du bist in letzter Zeit ein bisschen komisch. Könnte es sein, dass du schwanger bist?«

Ich ersticke fast an meinem Ginger Ale, spucke es in hohem Bogen aus und nicke keuchend und mit vor Schreck offenem Mund. Dann fange ich an zu weinen. Als Gino herbeihastet, verscheuche ich ihn mit einer Handbewegung und nestle an dem Glas Ginger Ale auf meinem Schoß herum.

Colin rückt seinen Stuhl näher heran und schlingt den Arm um mich. »Kit, Kit, wie lange weißt du es schon? Mein Engel, warum hast du mir nichts gesagt? Das ist …« Er verstummt, küsst mein Haar und fängt an zu lachen. Inzwischen habe ich Schluckauf. Die Gäste an den beiden anderen Tischen starren uns an.

Wir taumeln in die florentinische Nacht hinaus. Ein voller Mond spiegelt sich zittrig im Wasser. Ich habe keine Ahnung, was Colin empfindet. Vielleicht geht es ihm genauso. Wir lehnen uns an die Brüstung der Brücke, bis ich mich beruhigt habe. Inzwischen hickse ich nur noch ein bisschen. »*Madre di Dio*«, verkündet Colin. Wortlos laufen wir zu der Trattoria, in der wir immer essen. Heute ist ein brauner Oktopus mit verschlungenen Fangarmen im Fenster ausgestellt, bei dessen Anblick mir wieder übel wird.

Wir sitzen an einem Tisch mit Aussicht auf die Piazza del Carmine. Seltsamerweise habe ich Hunger und bestelle als Vorspeise einen Teller frittierte *funghi porcini*. Colin studiert die Weinkarte. Er kann jetzt sicher ein oder zwei Gläser gebrauchen. Dann lehnt er sich über den Tisch und umfasst meine Hände. Er dreht den in winzige Brillanten gefassten Saphir um, den meine Mutter mir vermacht hat, nimmt meinen Ringfinger und streichelt ihn. »Ich kenne hier einen guten Goldschmied. Ich würde gern etwas für uns entwerfen.«

»Wir müssen nicht …«, erwidere ich automatisch.

»Hör zu. Hey, das ist unser gemeinsames Ding. Ich weiß, wann es passiert ist, richtig? Vor sechs Wochen? Sieben? Wir haben uns zwar seitdem geliebt, aber nicht so wie an diesem Sonntag.

Dieses denkwürdige Mal, gut, zwei Mal, oder? Aber warum ausgerechnet dann? Wir haben uns schon früher endlos geliebt. Vielleicht aber auch nicht. Vielleicht bin ich« – er senkt die Stimme –»tiefer reingegangen, oder du hast dich mir anders entgegengebogen. *Gesú*. Warum genau dann?«

Ich will nicht an einen Lachs denken, der sich stromaufwärts kämpft. Stattdessen stelle ich mir vor, wie jemand frisches grünes Olivenöl in eine schlanke Amphore gießt. Doch mein Körper erinnert sich an den goldenen Rausch der Leidenschaft, den wir zusammen erlebt haben.

»Okay, meine Kitty« – er weiß, dass ich das hasse –,»mach dir keine Sorgen. Alles wird gut, weil wir es hinkriegen.«

Zurück in unserem Bett mit den seidenen Laken ist die Nacht so zärtlich.

Weißes Papier

Camille und die anderen Kursteilnehmer folgen Matilde eine enge Treppe hinter der *bottega* hinauf in einen Speicher mit Deckenbalken. Reihen von schneeweißem Papier sind zum Trocknen an Leinen aufgehängt. Da sich die Fenster dieses Raums mit Dachschräge auf Höhe der Oberschenkel befinden, muss man sich bücken, um einen Blick auf die Dächer und Glockentürme von San Rocco zu erhaschen. Camille betrachtet die verschiedenen Wannen, hölzernen Pressen, ordentlichen Stapel von Filz in diversen Größen, Rahmen, Behälter mit Baumwolle und Leinen und die langen Tische. Der Raum besteht nur aus Flächen, einfarbig, hell und körnig, und wirkt wie ein Holzschnitt aus einem anderen Jahrhundert, wäre da nicht das elektrische Gerät, das die Masse anrührt. Camilles Kopfhaut prickelt, und sie wird von Aufregung ergriffen. Genauso hat sie sich in ihren Seminaren gefühlt, wenn Dias mit Bildern von Matisse, Sargent und den Expressionisten aufblitzten.

Matilde beginnt: »Diese Werkstatt wurde 1710 eröffnet, was für italienische Verhältnisse noch gar nicht so lange her ist.« Die sich leicht im Lufthauch bewegenden Papierbogen scheinen ein Eigenleben zu haben. Wie gern würde Camille sie berühren und die Oberflächen betasten. »Wie bei der Olivenernte«, wird sie Susan und Julia später erzählen. »Man lässt sich auf Rituale ein, die länger dauern, als ihr es euch vorstellen könnt. Es ist schwierig zu beschreiben, aber, nun, man reiht sich in einen Tanz ein, der sich schon seit einer Weile hinzieht. Später trittst du zur Seite, und jemand nimmt deinen Platz ein.« Ein Tanz, das scheint ihr der richtige Vergleich zu sein. Die abgezirkelten Schritte, bei denen man zu weit und nicht weit genug gehen kann.

Da Camille aus den Südstaaten stammt, hat sie gedacht, sie wisse über Baumwollfasern Bescheid, die winzigen seidigen Härchen, die an den Samen in der Schote haften bleiben, nachdem die größeren Fasern in der Egreniermaschine entfernt worden sind. Die Samen werden ein zweites Mal bearbeitet, um diese zarten Fasern zu ernten, die dann zu Blöcken gepresst werden. Matilde kauft sie bei einem Spezialhändler in Arezzo. Serena rührt ein wenig davon in einen Topf Wasser und gießt alles in die Rührmaschine, die es zu einer zähflüssigen Masse zermahlt.

Matilde erklärt, wie man hochwertiges Papier schöpft. Katie, die Praktikantin, übersetzt für die Gruppe: Camille, ein amerikanischer Kunstdrucker, eine englische Kunsthistorikern im Sabbatical und zwei junge Italiener, die ungeduldig werden, weil die Fragen der Ausländer den Betrieb aufhalten. Seinen Kommentar: »Weshalb müssen die so viele Fragen stellen? Machen wir doch einfach weiter«, übersetzt Katie nicht.

Camille hat von Büttenpapier gehört, hatte jedoch keine Ahnung, dass der Ausdruck von dem Rahmen kommt, der die Größe des fertigen Papierbogens bestimmt. Gern würde sie sich erkundigen, woher das Wort Bütte stammt, doch da die jungen Männer verärgert wirken, will sie nicht stören. Sie kann sich ja zu Hause über die Geschichte des Papierschöpfens informieren. Velin kennt sie: Kalbsleder. Pergament: Ist das nicht ein Begriff, der vieles umfasst? Die Haut von Ziegen, Schafen und vielleicht anderen Tieren? Papyrus ist ihr auch vertraut. Wem nicht nach der Unterrichtseinheit über die alten Ägypter in der Grundschule? Während die Fasern umgerührt werden, zeigt Serena die Papierarten, die hier hergestellt werden, und erläutert, wie man mit dünnen, in die Papiermasse eingearbeiteten Drähten ein Wasserzeichen erzeugt. Sie bekommen eine restaurierte Bildhandschrift zu sehen. Außerdem einen Brief von Cosimo de' Medici an seinen Sohn.

Camille hat das starke Bedürfnis, einen Stoß dieses dicken Papiers zu besitzen.

Matilde setzt den Rahmen auf ein rechteckiges feines Netz und schöpft ein wenig von der zähflüssigen Masse aus der Rührmaschine. »Schütteln Sie, damit sich die Fasern gleichmäßig verteilen, und glätten Sie alles.« Sie reicht den Rahmen der Kunsthistorikerin. Alle beugen sich vor und beobachten, wie sich der tropfende Brei einebnet.

Nachdem das Wasser beseitigt ist, bringt Matilde Camille bei, wie man ein Stück Filz daraufdrückt, um die Feuchtigkeit aufzusaugen, und wann man den Rahmen abnimmt. Dann legt Matilde das Papier vorsichtig auf ein weiteres Stück Filz und drückt wieder. Die Kursteilnehmer machen sich unter Matildes und Serenas Anleitung an die Arbeit.

In der Mittagspause isst Camille mit Rowan Volk, dem Kunstdrucker aus Berkeley, in der Bar ein *panino*. Er plant, eine Sammlung von Gedichten über die Trauer in limitierter Auflage zu drucken, und hofft, genügend Papier mit nach Hause nehmen zu können. Camille verrät ihm nicht, dass sie so etwas unter keinen Umständen lesen würde. Er zeigt ihr die Reihe von Zypressen, die ein Künstler aus Bologna gemalt hat, ein Bild, das er für den Umschlag verwenden will. »Die sieht man auf jedem Friedhof im Mittelmeerraum«, teilt er ihr mit. »Und ich liebe es, wie sie die hiesige Landschaft prägen.« Aus seiner Tasche fördert er Bücher zutage. Sie bewundert die Zeichnungen und wie sich die kräftige Schrift von den cremefarbenen Seiten abhebt. Von den Namen der Dichter kennt sie nur wenige. C. D. Wright, Jane Miller. Welches Glück sie haben, in diesen prachtvollen Büchern unsterblich gemacht worden zu sein. »Sie müssen meine Nachbarin Kit Raine kennenlernen. Sie ist auch eine berühmte Dichterin.«

»Sie wohnt hier?« Ein Käsekrümel fällt ihm in den Bart.

»Ja, schon seit Jahren. Sie und Matilde sind gut befreundet.«

Camille nimmt sich vor, Kits Bücher zu bestellen. Lächelnd deutet sie eine Bewegung an, als schnippe sie sich etwas vom Kinn. Er versteht. Sie möchte mehr über seine Druckerei hören. Gerade erst hat sie gelernt, dass Papier ganz und gar nicht passiv ist, sondern eine aktive Rolle dabei spielt, wie man das darauf Gedruckte erlebt. Nachdem er gegangen ist, um sich die Hände zu waschen, blättert er mit ihr die Bücher durch. Er ist mit Feuereifer bei der Sache, was ihr gefällt. Er zeigt ihr handgenähte Bücher, wie man die Einbände mit Papier bezieht und wie das fertige Buch ausschlaggebend für den Text sein kann.

Camille nimmt einen Stift und zeichnet eine schlanke Zypresse auf eine Serviette.

»Morgen fahre ich nach Bologna, um mich mit meinem Maler zu treffen und mir eine Ausstellung zum Thema Buchkunst anzuschauen. Möchten Sie mitkommen? Mit dem Zug ist es nur ein Tagesausflug.« Er neigt den Kopf zur Seite und schiebt den Stuhl zurück, um seine langen Beine auszustrecken. Ihr fällt auf, dass er ziemlich attraktiv ist.

»Das wäre wundervoll. Am Montag fahre ich nach Venedig, aber morgen habe ich den ganzen Tag Zeit. Ich habe zwar schon Ausstellungen von Kunstdrucken besucht, aber ich glaube, ich habe nicht verstanden, dass sie ein Konzept für die Wörter suchen. Oder würden Sie es als Ausweitung von Wörtern bezeichnen?«

»Ja, als beides, Camille. Venedig. Das ist die richtige Stadt für Papier. Draußen an der Lagune gibt es ein Kloster, wo Bücher in Dutzenden von Sprachen gedruckt werden. Da müssen Sie hin. Byron hat dort Armenisch gelernt …« Er scheint alles über Papier zu wissen, obwohl er nie welches hergestellt hat. Seine Augen, so schwarz wie Obsidiane, folgen eindringlich ihren. Den ganzen Weg zurück zur *bottega* unterhalten sie sich weiter.

Später am Nachmittag erklärt ihnen Serena, wie sie das von ihnen geschöpfte Papier, nach Größe sortiert, stapeln und jedes Bündel unter die alte Holzpresse schieben sollen. Dann werden die Bogen wie Taschentücher oder Schals zum Trocknen aufgehängt. Camilles Lieblingsform ist das lange Rechteck, das etwa die Proportionen einer Tür hat.

Auf dem Heimweg grübelt Camille über ihr eigenes Wasserzeichen nach. *3C*, denkt sie. *Charles, Camille, Charlie. Aber nein, es ist ja für mich. Ein Bogen mit einem Mittelstein und den Buchstaben VA für Villa Assunta, wo ich arbeiten werde? VA, Virginia, wo ich gelernt habe und zum ersten Mal Künstlern begegnet bin.*

In der Küche duftet es nach Gebäck. Susan und Julia fabrizieren ein flaches kräckerähnliches Gebilde. »Ich habe die Anleitung gesehen«, sagt Julia. Sie rollen eine zweite Portion aus und holen die erste aus dem glühend heißen Backofen. »*Carta di musica* – Notenblatt. Das einfachste Rezept der Welt. Es stammt aus Süditalien. Schau, ein Fladenbrot so brüchig und dünn wie alte Notenblätter. Das hier ist mit Rosmarin gewürzt, das nächste mit Fenchel. Es besteht nur aus Maismehl und Wasser. Sieh, wie es aufgeht und sich dann setzt. Das italienische Wunder. Aus so wenig kann etwas so Köstliches entstehen.«

Sie bricht ein Stück ab und gibt es Camille, die die beiden umarmt. »Genau wie das Papier, das wir heute geschöpft haben! Das kam mir auch essbar vor!« Sie setzen sich mit ihren Rotweingläsern und dem leckeren Brot an den Kamin. Camille erzählt ihnen von ihrem Tag und erwähnt, dass sie morgen mit Rowan den Frühzug nach Bologna nehmen wird. Kann sie ihnen die Aufregung erklären, die das Papierschöpfen und das Gespräch über Kunstbücher in ihr ausgelöst haben? »Lasst uns essen gehen. Zum Kochen ist es zu spät. Ich habe eine Menge zu berichten.«

Nördlich nach Venedig

Als Julia mich fragte, ob ich mit nach Venedig kommen wolle, sagte ich sofort Ja. »Ich liebe Venedig. Ich habe Venedig geliebt, seit meine Eltern mich mit sieben dorthin mitgenommen haben«, erwiderte ich. »Weil wir zuvor in Österreich gewesen waren, hatte ich ein Dirndl an. Eine kleine Heidi. Ich war ganz begeistert von dem Blümchenkleid über der weißen Rüschenbluse. Am ersten Tag habe ich meine Handtasche mit den Filzstückchen darauf in einer Gondel vergessen. Da waren Münzen aus allen Ländern drin, die wir besucht hatten. Außerdem mein rotes Tagebuch, für immer abgeschlossen, denn den Schlüssel trug ich an einem Band um den Hals. Ich war untröstlich. Daddy hat sein Bestes getan, in dem er mir ein Eis nach dem anderen gekauft hat. Und meine Mutter war mit mir in einem Laden und hat mir ein neues Tagebuch aus schönem Papier geschenkt.«

»Camille könnte sich auf die Suche nach diesem Laden machen. Sie hat sich in handgeschöpftes Papier verliebt. Heute ist sie mit diesem Rowan, den sie bei dem Kurs kennengelernt hat, in Bologna. Er ist ein Kunstdrucker aus Berkeley.«

»Doch nicht etwa Rowan Volk? Er gibt die berühmten Volk Editions heraus. Es sind Kunstwerke. Sie stehen weltweit in allen Sammlungen seltener Bücher.«

»Keine Ahnung. Mag sein. Jedenfalls haben sie sich angefreundet. Ich weiß nur, dass er sehr schlank ist und einen Bart hat. Sie möchte ihn zum Essen einladen, wenn wir wieder zurück sind. Kommt doch auch, du und Colin.«

»Ja, sehr gern. Du ahnst ja nicht, wie gut ich diese Woche eine Auszeit gebrauchen kann.« Ich ertappte mich dabei, dass ich mir die Hand auf den Bauch legte. »Fritzy wird sich bei Leo sicher wohlfühlen. Annetta füttert ihn mit Resten aus der Küche.«

»Susan bringt Archie auf einem Bauernhof am Stadtrand unter. Sie macht sich Sorgen, weil er kein Italienisch spricht und nicht verstehen wird, was man ihm sagt.«

»Ach, die Familie Bruni kenne ich. Sehr nette Leute. Vielleicht will Archie ja gar nicht mehr nach Hause.«

Susan, bestens organisiert wie immer, hat sich um die Reservierungen gekümmert. Obwohl die Frauen ganz Europa bereist haben, war noch keine von ihnen in Venedig. Wie werden sie auf diese Wasserwelt reagieren? Sollte eine »Hier ist es mir zu voll«, »Venedig stinkt« oder »Ich mag Venedig nicht« jammern, werde ich sauer. Wenn ich so etwas höre, denke ich, *tja, ich mag dich auch nicht*. Man muss taub und blind sein, um der Schönheit Venedigs nicht zu verfallen.

Bald ist es so weit. Eine Gelegenheit, über schmale Brücken zu spazieren, durch gotische Fenster zu spähen und mit Fresken verzierte Decken zu bewundern, über den Canale Grande hinweg die gewaltigen Säulen von Santa Maria della Salute zu betrachten, die sich aus der Lagune erheben, die bunten Spiegelbilder der Palazzi anzusehen, die auf dem Wasser tanzen. Schauen, schauen, schauen. Mehr will ich gar nicht.

Der Zug nach Venedig trifft fahrplanmäßig ein, doch damit ist die Normalität schon zu Ende. Als wir aus dem Bahnhof treten, finden wir uns mitten im Chaos wieder. *Vaporetti* spucken Passagiere mit zu viel Gepäck aus. Eine Touristenhorde wartet aufs Einsteigen. Elegante Wassertaxis stehen für die bereit, die es auf den überfüllten Fähren nicht aushalten. Und auf dem Canale Grande entdecke ich die ersten Gondeln; ihre typischen schwarzen Silhouetten gleiten vorbei wie auf einem Kupferstich, der Venedig darstellt.

Susan hat für uns ein Wassertaxi gebucht. Glänzendes Holz und Leder. Unser Fahrer wendet scharf, um so schnell wie möglich zu verschwinden, und bespritzt dabei die Leute, die ins Boot daneben einsteigen, mit Wasser. Sofort wird er langsamer. Wenn alle über den Kanal rasen würden, würde das gemeinsam erzeugte Kielwasser die Gebäude noch weiter beschädigen. Schon seit Jahrhunderten sind die Türen hier aufgequollen oder unten mit Brettern verrammelt. Die Stufen zum Einsteigen in die Gondeln sind längst im Wasser versunken.

Nach seiner Showeinlage hat er es nicht mehr eilig. Wir stapeln unsere Reisetaschen in der Kabine. Die Jacken auch, da es warm, ja sogar schwül ist. Dann gehen wir nach oben an Deck, damit wir bloß nichts verpassen.

Julia lehnt sich ans Dach der Kabine, stützt das Kinn auf die Hände und beobachtet. Susan hat ihre gute Kamera mitgebracht. Sie zoomt die Gärten heran, auf die wir einen Blick erhaschen. »Leute, das ist einfach zu viel«, sagt sie immer wieder. Und das stimmt auch. Was für eine Diaschau: Kunstvoll verzierte Fassaden in Pfirsichfarben, Ocker, Karminrot und Gold. Kuppeln, die sich von einem dunstigen, fleckigen Himmel abheben. Pfosten, gestreift wie Zuckerstangen. Arbeitsboote, beladen mit Müll, Mineralwasser und Gemüsekisten. Ein langes, mit Dachpfannen bepacktes Boot scheint gefährlich zu kippeln. Aber eines steht fest: Die Venezianer wissen, wie man diese Kanäle befährt. Wir gleiten an einigen besonders prächtigen Palazzi vorbei, die ihre bunten Schatten auf das Wasser werfen. Ich sehe, dass Camille sich abwendet. Tränen laufen ihr über die Wangen. Die drei sind verzaubert und reißen weit Augen und Münder auf. Unschuldige im Ausland, wie Henry James sie sich vorgestellt hat. Vielleicht werden wir ja alle zu Unschuldigen, wenn wir auf Reisen sind. Stromabwärts steht Palladios streng gehaltene Kirche Il Redentore da, wie von der Hand eines Riesen aus der Luft gepflückt und am Ufer abgestellt. Ein derart perfektes Gebäude, ein Geschenk für uns. Ich erinnere mich an das Licht im Inneren, weiß wie ein Eiszapfen bringt es einen zum Frösteln. Sämtliche Farben von Venedig verblassen. Wer in diesem kalten Licht steht, wird gereinigt. (Morgen gehe ich hin.)

Mir wird ein wenig flau. Ich ducke mich in die Kabine und hole mein Notizbuch heraus. Welche Worte passen zu diesem Ort? Unmöglich. Ich schreibe: *gleiten, glänzen, glitzern, labyrinthähnlich, tausend Spiegel, getüpfelt,* elegantissima, *Wasserstrudel, Fontänen wie Engelsflügel, Wasser, Wasser überall.*

Wir sind da. Hut ab vor Susan. Sie hat auf irgendeiner Last-Minute-App einen Coup gelandet. Das Hotel ist ein Palast, beinahe ein Museum. Die Fresken in der Vorhalle sind von Tintoretto. Wir werden zu einer Suite mit zwei Schlafzimmern geführt (vier riesige Betten, alle mit Betthimmel). Zwischen den Schlafzimmern ein Wohnzimmer und dazu eine Terrasse, genau über dem Canale Grande. Gewaltige Gemälde, Brokat, alles elegant und mit Troddeln verziert. Marmorbäder, die Prinzessinnen würdig wären. »Dafür kriegst du einen goldenen Stern«, meinte ich zu Susan. »Colin und ich übernachten normalerweise in einer winzigen Pension an einem winzigen Kanal. Sie ist reizend. Aber, heilige *madre*, das hier ist unglaublich. Wir könnten bei einem Dogen zu Besuch sein! Du hast offensichtlich einen Killerinstinkt, was Immobilien aller Art angeht.«

»Stimmt. Ich bin machtlos dagegen.«

Julia winkt den unter uns vorbeifahrenden Booten zu. »Hör bloß nicht auf damit«, sagt sie zu Susan. »Es ist genial. Ich habe noch nie in einem annähernd so tollen Hotel übernachtet.«

»Was hast du denen erzählt?«, fragt Camille. »Dass wir Ehefrauen von Scheichs sind? Ich bin geplättet. Sie haben uns sogar Blumen hingestellt.« Sie weist auf eine Vase mit Rosen auf einer bemalten Kommode.

Ich habe gelernt, Neulinge erst mal in Ruhe zu lassen. Wenn man sich an einem Ort gut auskennt, neigt man dazu, Vorträge zu halten und anderen den Blick auf frische, eigene Eindrücke zu verstellen. Susan wird sie sicher von A nach B navigieren. Ich werde zuerst ein ausgiebiges Bad in der großen Wanne nehmen und dann einen langen Spaziergang machen. Wir haben uns für sechs zu Drinks auf unserer Terrasse verabredet. Drinks!

Na, du kleine, daumengroße Fallschirmspringerin: ein Shirley Temple mit einer Kirsche, hier bin ich!

»Zuerst zur Piazza San Marco«, weist Julia die anderen an. Sie marschiert voran über Brücken und enge *calli* hinunter. Sie treten in eine Säulenhalle am Ende der prachtvollen Piazza. Ehrfürchtig betrachten sie die Basilika San Marco, die ihnen gegenüber aufragt wie eine Märchenkarawanserei in einer orientalischen Fata Morgana. Die langen Arkaden, die sie aus Büchern und Filmen kennen, säumen die Piazza. Der hohe Turm erdet die ganze Szene. Sie folgen den Klängen der Musik, vermutlich »Cherry Pink and Apple Blossom White« zum Caffè Florian. Die späte Novembersonne wärmt sie, als sie sich so hinsetzen, dass sie die beeindruckende Fassade der Basilika im Blick haben. Susan recherchiert mit ihrem Telefon die Geschichte.

Julia kramt ihren Reiseführer aus der Tasche, und Camille starrt einfach nur auf den geflügelten Löwen und die riesigen tänzelnden Pferde, die wirken, als wollten sie mitten auf die Piazza springen. »Wahrscheinlich ist unser Problem, dass wir aus einem Land ohne geflügelte Löwen kommen«, merkt sie an.

»Sie symbolisieren den heiligen Markus. Die Basilika wurde zur Aufbewahrung seiner Gebeine erbaut. Damals hat man viel Tamtam um die Gebeine eines Heiligen veranstaltet«, erklärt Susan. »Was wir hier vor uns haben, sind Kopien aus Bronze. Die echten sind aus Kupfer und stehen im Museum.« Der Kellner serviert ihr Mittagessen: Spaghetti mit Venusmuscheln und Salat. »Ihre Geschichte reicht weit zurück, vielleicht bis ins Griechenland des zweiten Jahrhunderts. Später sind sie auf unbekanntem Weg nach Konstantinopel gekommen, wo sie eine Rennbahn, das Hippodrom, schmückten. Die Kreuzfahrer haben sie entführt und nach Venedig geschafft. Eine fette Kriegsbeute.«

»Also nicht die vier Reiter der Apokalypse?«, fragt Camille.

»Nein, viel älter. Wenn man nachforscht, entdeckt man, dass fast alles Christliche heidnischen Ursprungs ist«, erwidert Julia. Sie liest weiter. »Hört euch das an. Napoleon hat sie geklaut und nach Paris gekarrt. Sie sind weit gereist. Er hat sie über dem Arc de Triomphe angebracht, und nach Waterloo sind sie irgendwie nach Hause zurückgekehrt. Allerdings hat man sie im Ersten Weltkrieg nach Rom geschickt und im Zweiten Weltkrieg in einem Kloster in Padua versteckt.«

»Vermutlich spiegelt das Venedigs Schicksal wider«, meint Susan. »Schichten um Schichten, und alles treibt auf dem Wasser.«

Nach dem Abendessen erzählten sie mir von ihrem Besuch in der Basilika. Wegen der Touristenhorden war ich schon jahrelang nicht mehr drin, doch heute hatten sie keine Schwierigkeiten reinzukommen. Der frühe Winter ist die beste Jahreszeit. Vielleicht wage ich es ja morgen selbst, denn sie haben mir das kreisförmige Muster des Marmorbodens beschrieben, das sich an der Decke in vergoldeten Glaskacheln wiederholt. Außerdem die Rundungen überall. »Unsere eigene Architektur ist ja recht quadratisch«, stellt Susan fest. Ich frage mich, ob Colin bemerkt hat, wie rund das Gebäude im Inneren ist. Camille hat einen sehr geschulten Blick. Ihr sind die Zusammenhänge der Kreise sofort aufgefallen.

Da wir in *Venezia* sind, bestellen wir alle vier Gänge. Julia fördert ihr Notizbuch zutage. »*Risotto all'onda*«, sagt sie. »An die Wellen. Ideal für mein *Learning Italian*. Kochen im Gleichklang mit der Bewegung des Wassers. Schaut mal, schwarzer Reis. Wisst ihr, wie man den macht?«

Ich verrate nichts.

»Tintenfischtinte.«

Susan runzelt die Stirn. »Gewellte Tintenfischtinte. Mannomann. Schmeckt besser, als es klingt.«

Als Nächstes wird eine in einer Salzkruste gegarte *orata* serviert. Der Kellner seziert den Fisch mit einer kleinen Säge, filetiert ihn geschickt und verteilt ihn in flockigen Scheiben, begleitet von schlichten gekochten Kartoffeln, auf die Teller. Julia hat aus Neugier *moeche* bestellt, winzige männliche Krabben aus der Lagune, die gleichzeitig knusprig und saftig sind. Vor dem Fenster kreuzen nächtliche Boote auf dem Kanal, so schwarz wie Tintenfischtinte. Ich trinke einige kleine Schlucke von dem köstlichen Wein aus dem Friaul, um nicht auf meine Enthaltsamkeit aufmerksam zu machen. (Die meisten schwangeren Italienerinnen, die ich kenne, verzichten beim Abendessen nicht auf ein Glas Rotwein.) Himmlisch, ein Hauch von Apfel und ein säuerlich mineralischer Abgang. Normalerweise teilen Colin und ich uns eine Flasche. Susan ordert eine zweite, und wir prosten einander zu.

Camille war den ganzen Abend in Gedanken versunken, doch plötzlich merkt sie auf. »Habt ihr den Eingang zum Dogenpalast gesehen, die gotische Tür gleich neben San Marco? Sie heißt *Porta della Carta*. Papiertür. Ein wundervoller Name.

Papiertür! Sehr wirkungsvoll. Türen, die man einfach aufmachen kann. Türen, die nicht von Dauer sind. Nicht abschließbare Türen. Durchscheinende Türen zwischen zwei Phasen des Seins. Oder Türen, von denen man glaubt, dass sie einem verschlossen bleiben. Türen, die keine Türen sind.«

»Ein wunderschönes Sprachbild«, stimme ich zu. »Damit könntest du arbeiten.« (Ich könnte damit arbeiten.)

»Warum wird eine derart massive Tür so genannt?«, wundert sich Susan. Als es niemand weiß, schlägt sie es nach. »Vielleicht, weil sie sich in der Nähe eines Archivs befindet. Vielleicht, weil die Menschen, die ein Anliegen an den Magistrat hatten, mit Papieren draußen warteten.«

»Passt beides«, antwortet Camille. *Papier,* denkt sie. *Morgen mache ich mich auf die Suche nach gutem Papier. Auch für Rowan. Äh, Rowan.* Sie beißt sich auf die Lippe. *Was habe ich bloß angestellt?*

Susan legt die Gabel weg. »Das war ein tolles Abendessen. Ich bin pappsatt. Falls jemand ein Dessert möchte, schaffe ich vielleicht noch einen Bissen. Aber zurück zu den Pferden. Sie sehen lebendig aus. Es hat mich erstaunt, dass irgendein Künstler im zweiten oder dritten Jahrhundert genau so gesehen hat wie wir. Wahrscheinlich rede ich jetzt wirres Zeug, aber es ist, als könnte er jeden Moment hereinkommen, und wir könnten miteinander sprechen, als knüpften wir an eine Unterhaltung von gestern an. Ist euch aufgefallen, dass der Künstler bei den originalen Kupferpferden die Augäpfel ein wenig angeritzt hat, damit sie das Licht einfangen? Er wollte, dass das Leben aus diesen Pferden funkelt. Das ist seine Botschaft an uns.«

Ich bin begeistert, das zu hören.»Ja! Diesen halbmondförmigen Einschnitt nennt man *la lunula*. Auf Lateinisch der kleine Mond. Wie auf euren Fingernägeln.«Ich halte den Zeigefinger hoch und zeige ihnen den Halbmond am Nagelansatz.»Und jemand hat den Einschnitt am Auge des Pferdes so benannt. So lange habe ich gelebt, ohne diese unglaublichen Dinge zu wissen«, beschwert sich Julia.

»Man weiß, was man wissen muss.« Susan kostet einen Löffel der Crème brûlée mit Ingwer und schiebt sie dann zu Julia hinüber.»Ingwer. Erwähne das in deinem Buch. Offenbar ist das eines der Gewürze, die die Venezianer von ihren Raubzügen auf der Jagd nach den Reliquien der Heiligen mitgebracht haben.« Sie haben ein gutes Gespür für die Atmosphäre in Venedig.

Über dem Wasser kommt Wind auf. Ein Wind, der aus Konstantinopel her und durch die Jahrhunderte weht und ein wenig Staub von den Rennen im Hippodrom mitbringt? Auf dem Rückweg zum Hotel ziehen wir unsere Jacken fest zusammen und setzen die Kapuzen auf. In unserem Wohnzimmer tun wir das, was Frauen schon immer getan haben. Wir schlüpfen in unsere Bademäntel, machen es uns auf den Sofas gemütlich und reden. Auf diese Weise erfahre ich viel über ihre Vergangenheit, und sie hören ein wenig von meiner. Gegen zwei nickt Julia ein und fährt plötzlich hoch.»*Seppioline*«, sagt sie.»Kleine Sepias. Ich mag das Wort. Außerdem *branzino*, Seeteufel, und *orata*, Goldbrasse. Sie klingen nach Bronze und Gold. *Buonanotte*«, fügt sie hinzu.»Ich bin todmüde.«

Wir gehen ins Bett.

Um vier befürchtet Camille, dass ihr Herumgewälze Susan wecken könnte. Deshalb schlüpft sie in ihren Bademantel und schleicht ins Wohnzimmer. Sie isst zwei der Pralinen, die ihnen auf die Kissen gelegt worden sind, und blättert die Modezeitschriften des Hotels durch, bis die sich an der Zimmerdecke spiegelnden Wasserwirbel sie hinaus auf den Balkon locken. Die Stadt ist noch lebendig. Der Wind hat sich verzogen, und die Sterne scheinen zu klimpern. Doch das ist nur das Klappern der eisernen Ankerketten der Boote am Kai. Wie lautete noch einmal das Wort, das sie gerade in einer der Zeitschriften gelesen hat? *Gibigianna.* Sie spricht es laut aus. Das funkelnde Licht auf dem Wasser, wie verführerisch. Rowan würde das gefallen. Rowan. Charles ist erst achtzehn Monate tot, und sie denkt bereits *Rowan.* Nun, das ist nach gestern wohl das Mindeste. *Sex war wirklich das Letzte, was mich beschäftigt hat,* sagt sie sich. *Seit Charles' Tod ist Sex ein Thema, das ich beiseitegeschoben habe. Das ist vorbei. Und da ich schon so alt bin, ist das in Ordnung. Ich hatte genug davon und sogar noch mehr.* All die Jahre der Freiheit und Lockerheit mit Liebe und Leidenschaft. Sie versucht, sich Charles über ihr vorzustellen, wie er ihr eindringlich in die Augen blickte. Charles danach am Waschbecken im Bad, sein breiter Rücken und sein nicht existierender Po, wenn er rasch seine »Ausrüstung« wusch, wie er es nannte. Wie er kurz in den Spiegel schaute und das staunende Lächeln, das sie auf seinem Gesicht erkannte. Das war eine der Eigenschaften, die sie am meisten an ihm mochte. Er verlor nie sein Staunen darüber, dass etwas, wie sich zu lieben, überhaupt erlaubt war. Immer blieb er der Achtzehnjährige, der bei der Ballkönigin ge-

landet war. Und jetzt das. *Verrat* war das Wort, das ihr dazu ein-
fiel. *Untreue.*

Sie setzt sich auf die feuchte Chaiselongue. *Ich habe es verdient zu frieren*, denkt sie. In Bologna hat Rowan beim Überqueren einer viel befahrenen Straße ihre Hand genommen.
Sobald sie auf der anderen Seite waren, hat sie so getan, als müsse sie ihre Tasche zurechtrücken, und ihm ihre Hand entzogen.
Im Museum hat er sie zweimal am Ellbogen geführt. Seit achtzehn Monaten war sie nicht mehr berührt worden. Seine Hand
verbreitete ein elektrisches Knistern. *Rowan kann dem großen
Charles nicht das Wasser reichen*, sagt sie sich. Er ist mager und
hat eine römische Nase und buschige Augenbrauen. Und dann
noch dieser Bart. Sie weiß nicht, was sie von dem Bart halten
soll.

Nach der Ausstellung seltener Bücher, wo Rowan jede Umschlaggestaltung und jedes Layout gründlich musterte, sind sie
zum Mittagessen gegangen und haben sämtliche Bücher betrachtet, die er gekauft hatte. Es machte ihr Spaß, etwas über
verschiedene Schrifttypen und Druckerschwärzen zu erfahren.
Fangen die meisten bedeutenden Freundschaften nicht damit
an, dass einem jemand eine neue Welt eröffnet? Rowan rührte
kaum einen Bissen an. Er hatte eine Menge über verschiedene
Drucker zu sagen, darüber, wie viele die wichtige Verbindung
zwischen Inhalt und Form übersahen, während andere sie einfach erspürten. Sie liebte es, wie er sich für etwas begeistern
konnte. Auch sie wurde mitgerissen, als sie über Bücher und
Kunst sprachen. Sie hatte etwas über alte Pigmente gelesen. Dass
man sie aus verbrannten Pfirsichkernen, Beeren, Blattläusen

und verkohlten Knochen hergestellt hat. Konnten sie das nicht gemeinsam lernen?

Nach dem Mittagessen, im Morandi-Museum, hat sie die Initiative ergriffen. Als sie gerade den Zusammenhang zwischen den eckigen und zylinderförmigen Formen auf einem Gemälde und der Architektur erkannte, legte sie Rowan zu ihrer eigenen Überraschung die Hand auf die Schulter und zeigte mit dem Finger. »Das sieht aus wie die abstrakte Skyline eines kleinen Teils von Bologna«, stellte sie fest.

Rowan wies sie auf die gewellten Umrisse von Morandis Schachteln, Flaschen und Teekannen hin. Er lächelte. »Sie wirken wie Büttenpapier.« Mit Charles hat sie höchstens nebenbei über Kunst gesprochen. Sie hat ihn nie mit diesem Teil ihrer selbst in Verbindung gebracht.

Charles war an Kunst nicht desinteressiert, doch, wie ihr klar wurde, war seine Herangehensweise eher beiläufig als leidenschaftlich. Plötzlich fragte sie sich, ob das einer der Gründe war, warum sie die Malerei aufgegeben hat. Sie wollte Charles' ganze Aufmerksamkeit, und die Kunst war nicht der richtige Weg dazu.

Sie hat sich mit so viel Elan in ihr gemeinsames Leben, in all die Energie, den Spaß und die Herausforderung gestürzt, dass sie sich selbst ausgesperrt hat. Es ist ihr gar nicht aufgefallen, dass ihre geliebte Ehe ihre Sehnsucht, Kunstwerke zu schaffen, allmählich ausgehöhlt hat. Und, nun, da war diese Reise nach New York. Sie wollte nicht daran denken. *Die Ehe war für mich ein kuscheliger Kokon*, denkt sie. *Meine Flügel waren eingerollt. Ein hartes Urteil. Ich war glücklich. Gib es zu: glücklich, aber gefangen. Honigdurchtränkte Flügel.*

Zurück in San Rocco erbot sich Rowan, sie nach Hause zu fahren. Auf dem Weg von den Hügelausläufern in die Stadt meinte er:»Ich wohne gleich eine Straße weiter. Während meines Sabbaticals habe ich eine eigene Wohnung. Warum koche ich uns nicht rasch eine Penne all'arrabbiata, meine Spezialität. Tja, darin erschöpfen sich aber auch meine kulinarischen Fähigkeiten. Bis auf Spaghetti mit Pesto.«

»Gute Idee. Ich habe unserer Chefköchin Julia gesagt, dass es bei mir später werden könnte.«

Rowan rückte ihr den Stuhl am Tisch zurecht und schnitt das Brot auf.»Bist du verheiratet?«, fragte sie.

»Nein. Ich war es einmal. Mit Mitte zwanzig. Ich habe mich in eine Ärztin mit zwei Kindern verliebt, sechs und sieben. Sie war neun Jahre älter als ich. Und, Mann, hatte sie einen nervigen Ex. Er war Arzt in der Notaufnahme desselben Krankenhauses, wo sie auch beschäftigt war. Um es kurz zusammenzufassen: Wir waren zehn Jahre lang verheiratet, und ich habe ihr geholfen, ihren Sohn und ihre Tochter großzuziehen. Es war ein ständiges Hickhack mit dem Ex, es wurde nie etwas geklärt. Eine Menge Probleme, vor allem mit dem Mädchen. Ich bin nicht stolz darauf, aber ich konnte die Kinder nicht so lieben, wie ich es hätte tun sollen. Tess hat viel gearbeitet. Sie war klug. Lebenslustig. Meine Kunst hat sie nicht im geringsten interessiert. Wir haben uns immer mehr voneinander entfernt. Als die Kinder Teenager wurden, kam ich gar nicht mehr mit ihnen klar. Lorie, die schon immer einen Hang zum Dramatischen hatte, ist mit sechzehn an Weihnachten ausgeflippt, weil ich ihr nicht den richtigen Computer geschenkt hatte. Sie ist aus dem Wohnzimmer gestürmt und hat geschrien, sie hasse die ganze Welt. Und Jack. Nichts als Schwierigkeiten. In denselben Ferien holte er sich Tripper. Mit siebzehn. So ein Mist passierte ständig. Das große Finale kam dann an Silvester. Der Ex rief mich an und teilte mir mit, er habe eine Affäre mit Tess, und zwar schon seit zwei Jahren. Das war's. Die kranke Geschichte zweier Heiler.«

»Es hat gestimmt?«

»Das und noch mehr. Seitdem leben sie zusammen. Über die Kinder rede ich lieber nicht. Wandelnde Katastrophen.«

»Und seitdem war da niemand mehr? Es ist lange her.«

»Ach, du weißt schon, lockere Geschichten. Zwei engere Beziehungen mit ehemaligen Studentinnen, die unbedingt alles über jedes r und k wissen wollten, das ich gesetzt habe. Beides Flammen, die allmählich verloschen. Sie waren jung und wollten irgendwann ein Baby.« Er tat uns einen Nachschlag auf.

Sie lässt die Szene nach dem Essen Revue passieren, und während er Feuer machte bei weiteren Gesprächen über Morandi, vielleicht mehr Morandi, als ihm lieb war, sagte er, dass er sie küssen wolle. Er zog sie an sich und küsste sie leidenschaftlich. Das Nächste, woran sie sich erinnert, ist sein Bart auf ihren vollen, nackten Brüsten. Sie liegt auf dem Sofa, während er aufsteht und keuchend aus seinem Hemd schlüpft. Sie streift den Pullover ab. *Wenigstens ist das Licht gedämpft*, denkt sie. »Ich weiß nicht …«, beginnt sie, doch er ist schon auf ihr, und seine Hände sind überall. Diese porzellanweißen Hände, die winzige Lettern setzen, seine Hände. Sie ist trocken, aber sein Mund ist es nicht. Alles klappt. Sie lachen beide und bewegen sich so heftig, dass sie um das Sofa fürchtet.

»Wie ist das passiert?« Sie hat die Arme noch um ihn geschlungen und spürt seine hervorstehenden Wirbel. Hat er das geplant? Ein kalifornischer Freigeist steigt wieder mal mit einem Hippiemädchen in die Kiste? »Seit du gestern eine Zypresse auf eine Serviette gezeichnet hast. Seit du dich vorgestellt hast: Camille. Ich habe Kamelien schon immer geliebt. Und du warst so ehrfürchtig im Papierschöpfkurs.« Nein, er ist leidenschaftlich. Er ist der, der er zu sein vorgibt. Offenbar besitzt er noch andere Fähigkeiten als den Buchdruck.

Das ist also passiert.

Es muss fünf Uhr morgens sein. *Ich werde meinen einzigen ganzen Tag in Venedig nicht die Augen offen halten können,* denkt sie. *Ich brauche nichts zu klären. Bin ich trotz all meiner Trauer froh? Charles. Und Charlie! Wären sie nicht wie vor den Kopf geschlagen?* Camille legt sich wieder ins Bett. Susan scheint sich nicht gerührt zu haben. Fest entschlossen einzuschlafen klopft sie ihr Kissen zurecht. Sie ist nicht so redegewandt wie Rowan. Sie fand ihn nur interessant, als sie ihn kennengelernt hat. Keine Erklärung dafür, warum sie mit jemandem, den sie kaum kannte, Sex, ja, angesichts der Tatsache, dass er auf einem wackeligen Sofa stattfand, sogar richtig guten Sex hatte. *Eine tolle trauernde Witwe bin ich,* dachte sie. *Aber bereue ich es, oder glaube ich, dass ich das müsste? Ich bin es nicht gewohnt, frei zu sein. Was ist der Nachteil? Es ist mir in Fleisch und Blut übergegangen, mich nur um die In-*

teressen anderer zu kümmern. Das muss ich nicht. Vielleicht ist das Überraschendste ja nicht, dass ich einen One-Night-Stand hatte, sondern dass mich in meinem Alter noch jemand begehrt. (Und in seinem Alter, um offen zu sein.) Ich habe mir nicht einmal Gedanken über meine Oberschenkel, meine Narbe von der Biopsie oder darüber gemacht, ob ich in Bologna geschwitzt hatte. Ich habe mich fordernd gefühlt und mich in einem gewaltigen Rausch der Freiheit treiben lassen. Dabei hatte ich das Thema schon abgehakt.

Sie schlief ein.

Ich bin als Erste auf den Beinen und gehe die *calle* hinauf zu einer Bar, wo sich bereits die Einheimischen auf dem Weg zur Arbeit drängen. Als ich mit meinem Cappuccino und einem Gebäckstück an einem ruhigen Tisch sitze, vermisse ich Colin und »unsere« kleine Pension, deren Zimmerchen mit Szenen aus der Commedia dell' Arte ausgemalt sind. Wenn wir in Venedig sind, unternehmen wir jeden Morgen stundenlange Spaziergänge, besuchen aktuelle Ausstellungen, verbringen geruhsame Nachmittage in unserem Zimmer und gehen dann einen *ombre* trinken, einen Drink, benannt nach den kleinen, schummrigen Bars, wo man einfach einen Krug roten Hauswein auf den Tresen stellt. Darauf folgen ausgiebige Abendessen an irgendeinem Kanal.

Gut, ich habe Empfang. In London ist es zwar eine Stunde früher, doch Colin brütet sicher schon über den Plänen für das Hotel der Saudis. Er meldet sich sofort. »Ich bin noch immer ein wenig von den Socken«, gibt er zu. »Aber ich empfinde etwas, womit ich nie gerechnet hätte. Eine noch tiefere Vertrautheit. Ich dachte, dass wir uns nicht näher sein könnten. Doch jetzt sind wir es. Und mir wird klar, dass das Verschmelzen unserer DNA, dieser neue Mensch, uns auf eine neue Weise verpflichtet.«

»Verpflichtet. Spannend, wie du das ausdrückst. Was du sagst, stimmt, aber bist du sicher, dass du als jemandes *Daddy* weitermachen willst? Ich habe die grundlegenden Dinge nie verstanden, die für andere ganz alltäglich sind. Geburt. Tod. Samen, die wissen, ob aus ihnen Mangold oder Sonnenblumen werden. Die Sonne scheint zuverlässig. Das Sehen, herrje, der Sehnerv. Ein Wunder! Eine alte Frau, die sich an das Kind erinnert, das sie einmal war, und das Kind scheint es immer noch zu geben. Und jetzt bin ich selbst Teil eines solchen Geheimnisses. Ich weiß nicht einmal, wie mein Telefon dich aus dieser italienischen Bar anrufen kann.« Ich halte inne. »Und der Schlaf. Wer begreift, warum wir bewusstlos werden und auf einem inneren Bildschirm Tausende von Geschichten ablaufen lassen.«

»Kit, beruhige dich. Du schweifst ab, aber du hast recht. Letzte Nacht habe ich geträumt, ich würde auf dem Rücken eines Wals reiten. Was hat das wohl zu bedeuten?«

Ich lache. »Nun, das ist offensichtlich. Doch warum präsentiert dir dein Verstand dieses Bild?«

»Ich muss jetzt zu einer Sitzung, Schatz. Bilder sind es doch, warum du Gedichte liebst.«

»Hey, wir reden später weiter. Inzwischen sind die anderen sicher wach und abmarschbereit. Heute gehen wir zur Rialto-Brücke und anschließend zum Markt. Julia ist fest entschlossen, die Namen sämtlicher Fische in der Adria auswendig zu lernen, eine ziemliche Herausforderung. Sie wird ausflippen, wenn sie an den eisgekühlten Theken die lateinischen Namen der Fische und sogar die der Boote liest, die sie gefangen haben. Danach einige Museen, oder vielleicht schlendern wir auch nur herum. Camille möchte Läden für Künstlerbedarf suchen, und Susan will Bücher über venezianische Gärten kaufen. Und, oh, den Garten von Peggy Guggenheim sehen. Dann wird sie vermutlich versuchen, Statuen für die Villa Assunta aufzutreiben.« »Die drei scheinen schwer in Ordnung zu sein. Aber denk an mich. Denk an unser Lieblingszimmer mit den maskierten Schauspielern an den Wänden.« Bei unserem ersten Besuch haben wir uns verführen lassen, Masken zu kaufen, und erschraken furchtbar, als wir sie trugen, während wir uns liebten.

Als Kind haben mich die Masken an Halloween stets geängstigt, selbst die aus Pappmaschee, die meine Mutter für mich gemacht hat. Du setzt eine Maske auf, und *du* bist verschwunden. Die Masken für Touristen, die man überall in Venedig kaufen kann, stoßen mich ab. Hoffentlich kriege ich nicht die »Maske der Schwangerschaft«. Nicht vergessen: Sonnencreme, Lichtschutzfaktor fünfzig, selbst im Winter.

Als es Abend wurde, hatten wir ganz Venedig durchkämmt. Abgelegene Kanäle, über denen Laken und Hemden an Wäscheleinen baumelten. Streunende Katzen, die durch schmale Gassen schlichen, an deren Ende hell das Licht schien. Verborgene *piazze*, wo Kinder Fußball spielten. Und das Wasser, die große Gemeinsamkeit, die alles verbindet. Auf Julias Vorschlag hin fuhren wir zum Abendessen mit dem Boot nach Mazzorbo, einer Insel in der Lagune, wohin abenteuerliche Winzer einen alten Wein gebracht und eine kleine Pension mit Restaurant eröffnet haben. Susan bestellt ein Wassertaxi. Ich liebe diese winzige Insel gleich neben dem geschäftigen Burano, dem buntesten Dorf der Erde, ein zum Leben erweckter Malkasten. Mazzorbo ist genau das Gegenteil, ruhig, von Unkraut bewachsen und dünn besiedelt. (Ich wollte *Einöde* schreiben, schrieb jedoch *von der Zeit überspült*, ein passender Ausdruck für diese Laguneninseln.)

Das Restaurant ist modern und verglast, und es herrscht eine ruhige Atmosphäre. Julia konferiert mit dem Kellner. Selbst ich kenne viele Wörter auf der Speisekarte nicht. Alle Zutaten stammen aus der Region, und außerdem verwendet man hier Algen und andere Pflanzen, die in Brackwasser gedeihen. *Salicornia*, beschließt Julia, ist Queller, der zu Hause in den Dünen wächst. Camille verliest sich auf der englischen Speisekarte und glaubt, dass *squab* – Täubchen – eine Art Kürbis ist. Beim Essen stellt sie fest, dass ihr Taube ausgezeichnet schmeckt, etwas, das sie sonst nie bestellt hätte. »So viel aromatischer als Truthahn«, verkündet sie. »Vergesst nicht, zu Hause ist Thanksgiving-Woche.« Sie plaudern über ihre Familientraditionen, den gehetzten Aufbruch zum Football-Spiel, die Waldspaziergänge. Julia erinnert sich daran, wie sie einmal Kürbissuppe in einem Kürbis gekocht hat. Auf dem Weg ins Esszimmer ist dann der Boden rausgefallen. »Dank an die Fernsehköchin Julia Child! So eine Schweinerei!«

Susan berichtet, sie seien, seit die Mädchen beschlossen hatten, Vegetarierinnen zu werden, an Thanksgiving stets in ein indisches Restaurant gegangen. Camille hat immer Studenten, Cousins und Charlies Freunde eingeladen. »Hauptsächlich habe ich Erschöpfung im Gedächtnis. Die ewigen Vorbereitungen und das Saubermachen, während die eigentliche Mahlzeit viel zu schnell vorbei war. Die Preiselbeersoße musste ich jedes Mal wegwerfen, weil niemand sie gegessen hat.« Aber dennoch wunderschön. Charles, der am Kopf der Tafel die Messer wetzte und fragte, wer dunkles und wer weißes Fleisch wolle. Das Nickerchen am späten Nachmittag, wenn es ruhig im Haus war. Der Winzer hat aus einer beinahe ausgestorbenen Traubensorte einen außerordentlichen Weißwein gekeltert. Der Wein ist schwer und golden und scheint beinahe zu singen. Sie wagen kaum, eine ganze Flasche zu bestellen, weil er sündhaft teuer ist, tun es aber trotzdem. Durch vier geteilt können sie ihn sich leisten. Camille schockiert sie alle bis ins Mark, als sie plötzlich auf »hemmungslosen Sex auf Sofas« anstößt. Madonna! Ich nippe an meinem Wein. Die Sonne Venedigs ist in diesem Glas geschmolzen.

Eine der magischen Erfahrungen auf unserem Planeten: in einem offenen Boot über das dunkle Wasser in Richtung Venedig zu sausen.

Gelbe Vespas

Chris ist schon am Vorabend in Cormòns eingetroffen. Als Susan in den Parkplatz neben dem Hotel einbiegt, startet er gerade eine gelbe Vespa. Er steigt ab, umarmt sie alle und hilft ihnen mit dem Gepäck. »Wie war es in Venedig? Schaut mal«, er deutet auf eine Reihe von Vespas, »die stellt das Hotel den Gästen zur Verfügung. Seid ihr schon mal auf einer gefahren?« Julia hatte in der Highschool einen Roller. Camille war einige Male Sozia auf dem Motorrad, das Charles während des Jurastudiums besaß. Susan hat keine Erfahrung, ist aber zu jeder Schandtat bereit. (Das kann ich mir vorstellen! Friaul, nimm dich in Acht.) Ich selbst habe es in meiner Zeit hier ausprobiert, doch in meinem jetzigen Zustand werde ich nicht riskieren, über die Serpentinenstraßen zu brausen. Da eine Weinprobe momentan ohnehin tabu für mich ist, werde ich Arbeit vorschieben und mich einige Stunden lang meinem Margaret-Projekt widmen. Die Landschaft wirkt idyllisch. Wenigstens das, was wir davon sehen konnten, als Susan ordentlich Gummi gegeben hat. Allmählich werde ich vorsichtig, und wenn ich gläubig wäre, hätte ich unterwegs das ein oder andere Stoßgebet gemurmelt. Julia und Camille scheinen die hohen Geschwindigkeiten und halsbrecherischen Überholmanöver gewohnt zu sein.

Susan ist offenbar zur italienischen Autofahrerin geboren; sie hat verstanden, dass es dabei um Leben und Tod geht.

Während die anderen auspacken, sitzen Chris und Julia in der Bar. Als sie ihre Unterlagen aufschlägt, wird ihm klar, warum sie eine sehr gute Lektorin war. Sie hat den Friaul ausführlich recherchiert und Prioritäten gesetzt. Aufstellungen von Hotels, Restaurants, Städtchen und Sehenswürdigkeiten, immer mit einem Augenmerk auf Abwechslung. »Wir können die Orte aufsuchen, die ich ausgewählt habe, und dann entscheiden, was sich am besten für deine Gruppen eignet«, sagt sie. »Den Wein habe ich dir überlassen, der soll ja im Mittelpunkt stehen.«

»Schon, doch es sind das Essen, die Menschen und faszinierende Örtlichkeiten, die eine Reise zu etwas Außergewöhnlichem machen.«

»Chris, *du* bist es, der eine Reise zu etwas Außergewöhnlichem macht. Das ist mir von Anfang an aufgefallen. Du strahlst eine ansteckende Lebensfreude aus. Wenn du dich amüsierst, tun es die anderen auch.« *Er lächelt viel und geizt nicht mit Lob,* dachte Julia. *Keine ständig im Hintergrund mitschwingende brodelnde Wut.*

»Das ist lieb von dir. Du hast mich noch nicht bei einem um sechs Stunden verspäteten Flug am Frankfurter Flughafen erlebt, während ich vor Hitze zerfließe. Oder bei der Suche nach einer Notaufnahme mitten in der Nacht, weil jemand an schwallartigem Erbrechen leidet!«

Julia hat sich bereits mit der Regionalküche beschäftigt. Beim Mittagessen im Hotel schlägt sie *frico* vor. »Ideal an einem kühlen Tag, obwohl wir vorher in den Weinbergen hätten arbeiten sollen, um richtig Hunger zu kriegen. *Frico* ist eine lokale Spezialität und gehört hier zu den Grundnahrungsmitteln. Es schmeckt, als hätte jemand etwas Fantastisches mit Kartoffelrösti angestellt. Gebackener Käse mit frittierten Kartoffeln, außen knusprig, innen cremig.«

»Ich habe den Geschmack schon auf der Zunge«, erwidert Chris.

»Sie verwenden Montasio-Käse. Davon hatte ich noch nie gehört. Jedenfalls stammt er von Kühen aus der Region, die etwas Leckeres gefressen haben müssen.« Julia, die schon das Abendessen im Kopf hat, hat die Speisekarte studiert. Sie stolpert über so viele Wörter: *guazzeto, abbrusolita, scolognato.* Die Gerichte haben überhaupt nichts mit der toskanischen Küche gemein, die sie inzwischen gut kennt.

Es gibt die verschiedensten Wildgerichte, eines enthält sogar Hirschleber.

Zum Glück fährt Chris langsam, damit sie sich mit den Vespas vertraut machen können.»Wir spielen in einem Film von Fellini mit!«, ruft Susan, aber niemand hört sie.

»Im Sommer muss es hier himmlisch sein«, sagt Julia, aber auch sie hört niemand. Alle schnappen Fetzen auf, als Chris, der Spinner, aus voller Kehle»America the Beautiful« gefolgt von»Roxanne« schmettert.

Männer in derber Kleidung, mit wettergegerbten Gesichtern und einem kräftigen Händedruck öffnen die Türen der Weinkeller. Die Verkostung findet auf einem umgedrehten Weinfass statt. Keine T-Shirts wie in Kalifornien; kein aromatisiertes Olivenöl, keine Kaffeebecher, keine Souvenirs. Die Weine werden einer nach dem anderen serviert, und zwar immer in richtigen Gläsern. Wie sich herausstellt, sind die Männer die Besitzer. Sie haben schwanzwedelnde Hunde und noch eine Menge Arbeit vor sich. Der Traktor wartet neben der Tür. Sie sind nur rasch vom Feld gekommen. Chris kauft Kisten mit Wein, und die Winzer schenken den Frauen einzelne Flaschen. Chris stapelt alles draußen auf, um es später abzuholen.

Drei Weingüter haben sie nun hinter sich, und es stehen noch zwei weitere auf der Liste, die für Anfängerinnen auf der Vespa jedoch zu weit entfernt sind. Am späten Nachmittag fahren Chris und Julia mit dem Transporter los. Die anderen bleiben mit ihren in Venedig gekauften Büchern im Hotel. Camille, die sich vermutlich am wenigsten für Essen und Weine interessiert, tippt auf ihrem Laptop. Sie war so verliebt in Venedig, dass sie gar nicht mehr wegwollte. *Als ich vor der Porta della Carta stand*, schreibt sie an Charlie, *hatte ich eine Idee zu einem Projekt. Nach Wochen (Jahrzehnten?), in denen ich mich umgeschaut, Kunstwerke betrachtet, gezeichnet, überlegt und geträumt habe, weiß ich, dass ich auch Papiertüren haben will. Der Kurs bei Matilde war ein Glücksgriff, denn er hat mich dazu inspiriert, auf eine neue Art und Weise mit Papier umzugehen. So ungeduldig bin ich, mit der Arbeit anzufangen, dass ich mit dem Gedanken spiele, den Rest des Friaul-Ausflugs ausfallen zu lassen. Doch alles fasziniert mich.* Sie erinnerte sich an ihre Gemälde aus dem Kunststudium und der Zeit danach, die nun auf dem Speicher ihres Hauses in Chapel Hill lagern. War da auch nur die Spur von Talent vorhanden? Immerhin hat sie ein Stipendium bekommen. Sie denkt an die Modelle in den Seminaren, ein Stillleben mit Rosen in einer grünen Schale, einige Landschaften. *P. S.:* schreibt sie an Charlie. *Sieh dir meine Bilder auf dem Speicher an. Gibt es daran etwas zu bewundern?*

Ich entdecke einen Sessel unten am Kamin und verfasse einige Seiten über Margaret.

Die ersten beiden Jahre, bevor ich Colin kennenlernte und wir uns nahestanden, kann ich mir mühelos ins Gedächtnis rufen. Wir lasen einander vor, bereisten in ihrem Alfa Italien, saßen mit einer Flasche Wein am Tisch, brüteten über Gedichten von Anna Achmatowa, Cesare Pavese und Nâzim Hikmet und analysierten den Satzbau bei Italo Calvino und Katherine Mansfield. Ständig machte sie mir Geschenke: Kissen aus der Türkei, Lotionen aus der englischen Drogerie in Florenz, italienische Reiseführer aus den Zwanzigern und auch sonst Bücher über Bücher. Sie konnte zwar nicht kochen, brachte aber zu ihren Besuchen stets die besten weißen Pfirsiche oder einen Trüffel mit. Wenn ihr das Essen in einem Restaurant nicht schmeckte, schob sie es beiseite und bestellte etwas anderes, denn das Leben sei zu kurz, um es mit Dingen zu vergeuden, die man beeinflussen könne. Ich war fasziniert von ihr, und vielleicht war sie ein bisschen verliebt in mich. Möglicherweise verliebt in das Leben, das ich noch vor mir hatte. Als wir uns begegneten, war sie bereits achtundsechzig, doch wie meine drei neuen Freundinnen achtete sie nicht auf ihr Altern. Ich auch nicht. Sie sagte, sie sei »mit dem Tatendrang von zwei Menschen geboren«.

Oft durchwanderten wir Teile des San-Francesco-Pfads von La Verna nach Assisi und den Rilke-Pfad von Sistiana zur Burg von Duino, wo der Dichter seine bedeutenden Elegien schrieb. Neben der Casa Gelsomina hatte sie eine Wohnung in Rom, in der sie viele Jahre lang mit einer Frau zusammengelebt hatte. Ihr Name wurde nie erwähnt und beiseitegewischt, wenn Margaret Anekdoten aus jener Zeit erzählte. Hin und wieder fuhren wir übers Wochenende hin, um Ausstellungen zu besuchen, und übernachteten dort. Fünfter Stock ohne Aufzug und eine Terrasse mit Blick auf den Tiber. Ein Schlafzimmer. Zwei Einzelbetten. Frag nicht nach. Ich tat es nicht. Wie gesagt behielt sie vieles für sich und war ein Geheimnis. Als ich mich verliebte, war sie verärgert, schien jedoch von Colin begeistert. Sie lobte seine spontane Schlagfertigkeit und seine Leidenschaft für die Architektur. Nach einer Weile mochte sie ihn lieber als mich.

Würde sie das amüsieren, diese Jagd nach Weinen und das Planen von Reisen für Frauen, die beschäftigt, unterhalten und angeregt werden wollen? Ich fände es schön, wenn es so wäre. Sie hatte ein feines Gespür für die verschiedenen Arten, auf die Frauen herablassend behandelt werden. Ein Mädels-Wochenende wird leicht belächelt, ganz im Gegenteil zu einem Jagdausflug für Männer. Nicht, dass eines von beidem einer guten Sache dienen würde. Das war es, was Margaret stets umtrieb, auch wenn sie sich manchmal selbst eine Genussreise gönnte, insbesondere nach einem anstrengenden journalistischen Einsatz in einer gefährlichen oder rauen Gegend. Die Ungerechtigkeit auf dieser Welt versetzte sie in Rage. Auch mich belasten die gewaltigen Krisen auf unserem Planeten. Aber was kann ich gegen Migrationsprobleme, die Erderwärmung und den Terrorismus unternehmen, als zu spenden und vernünftige Kandidaten zu wählen? Etwa mein Gemüse kompostieren?

Margaret wäre sicher persönlich bei den Flüchtlingen, würde ihre Beobachtungen und Gedanken aufzeichnen und die Leute (auf ihre kühle Art) mit ihren Fragen an die Wand drücken. Ich habe vor mir, wie sie in Gedanken die Zusammenhänge der weltweiten Migrationsbewegungen im Laufe der Geschichte durcharbeitet. Die langfristigen Folgen der Diaspora. Einzelschicksale, die wir uns nicht einmal vorstellen können. Vielleicht war das das Buch, das zu schreiben ihr bestimmt war. Eines, das nicht in Vergessenheit geraten wäre, ganz im Gegenteil zu ihren Berichten über das versuchte Attentat auf einen Premierminister oder die zwielichtigen Machenschaften eines Politikers, nach dem heute kein Hahn mehr kräht. Journalisten werden von Themen inspiriert, die aktuell auf den Nägeln brennen. Doch die in fiebrigem Enthüllungsdrang geschriebenen Bücher verschwinden in der Versenkung, sobald sich die launischen Medien dem nächsten Missstand zuwenden. Sie hat über Süditaliener geschrieben, die auf der Suche nach Arbeit nach Deutschland auswanderten. Die Massenimmigration aus dem Mittleren Osten wäre ein gefundenes Fressen für sie gewesen.

Es sollte ein Wort für das geben, was ich denke, nämlich sich ein Buch vorzustellen, das jemand schreiben müsste, selbst wenn diese Person bereits tot ist. (Das Deutsche verfügt über viele präzise Ausdrücke für Gefühle, die anderen Sprachen fehlen: *Sehnsucht* zum Beispiel. Ich empfinde diese *Sehnsucht* stellvertretend für Margaret.)

Im Inneren meines Herzens glaube ich, dass die Dichtung eine wichtige Aufgabe erfüllt. So wie jede Kunstform. Welches Wissen ist über die Höhlenmenschen überliefert worden? Nicht, wer das meiste Wild erlegt oder über den Wald geherrscht hat. Handabdrücke in Ruß und Blut an den Höhlenwänden sind geblieben. Und die Strichfiguren und Tiere, die sie gezeichnet haben. Kunst ist von Bestand. Dennoch erfüllt mich das unentrinnbare Mahlen des Weltgeschehens mit Unbehagen. Zu Margarets Unsterblichkeit gehört, dass sie die zweite Stimme in meinem Kopf ist. Sie fordert mich heraus. Sie drängt mich an die Wand. (*Zugunruhe* beschreibt auf Deutsch den Zustand von Vögeln, bevor sie in den Süden fliegen.)

Vor dem Abendessen möchte Chris in die *enoteca* im Städtchen. Hier wimmelt es von Winzern aus der Region Collino, alle glatt rasiert, mit zurückgekämmtem Haar und in schicken Hemden und Pullovern. Es wird ausschließlich über Wein gefachsimpelt. Chris und Julia schütteln den Männern die Hand, die sie besucht haben, und stellen sich einigen anderen vor. Sie sehen nicht aus wie Toskaner, sie haben eine gedrungenere Statur, und ihre Haare und Augen sind heller. Außerdem scheinen sie zurückhaltender zu sein. Generationen in unmittelbarer Nachbarschaft zu Slowenien und die Vermischung mit Österreichern haben einen anderen Menschenschlag hervorgebracht. »Spitze, dass diese Typen sich offenbar miteinander vertragen«, merkt Chris an. »Bei erfolgreichen Winzern wie ihnen könnte man meinen, dass sie über die Konkurrenten herziehen. Das habe ich in der Toskana und in Kalifornien zur Genüge erlebt. Doch hier scheint eine Bruderschaft zu bestehen, es wird viel ins Glas geschaut und genickt, und man lässt den Wein kreisen.«

Der Kellner stellt der Gruppe eine Käseplatte hin. Er stößt Julia an und zeigt auf einen dünn aufgeschnittenen rosigen Schinken. »*Il migliore*«, verkündet er. »*Il prosciutto della famiglia D'Osvaldo.*« Der beste Schinken, hergestellt von der Familie D'Osvaldo. Und das stimmt. Julia muss sich zwingen, nicht den dicken Fettrand an jeder Scheibe abzureißen. Der beinahe durchscheinende Schinken schmeckt frisch und leicht gepökelt. Sie rollt eine Scheibe zusammen und reicht sie Chris. »Wir sollten versuchen, das Unternehmen zu besichtigen, wo der gemacht wird. Köstlich. Das Fett schmeckt wie gesalzene Butter.« Julias Horizont in Sachen Prosciutto erweitert sich. Früher hat sie ihn meist nicht beachtet, wenn die Antipasti serviert wurden. Rasch notiert sie sich den Namen.

An der Bar bestellen Camille und Susan kleine Gläser Friulano und dann den ungewöhnlichen Ribolla Gialla. Susan kostet einen Schluck. »So etwas haben die römischen Götter vermutlich bei ihren Orgien getrunken.« Sie schürzt die Lippen.

»Honig, Röstbrot, Rohrzuckersirup und Melone«, witzelt Camille.

»Klingt nach Frühstück.« Der Kellner schenkt ihnen einen limonadefarbenen Pinot Grigio ein. »Der perlt ja. Ein himmelweiter Unterschied zu einem normalen Hauswein.« Als Susan ihr Glas ans Licht hält, sprüht der Wein kupferne Funken. »Weißer Pfeffer, Mineral, oh, vielleicht mit Steinen zermahlene Steine.« Sie hebt ihr Glas. Mit ihrem tannengrünen langen

Pulli, den vom Wind geröteten Wangen und dem noch mehr als sonst zerzausten Haar sieht sie aus wie ein Kobold. Susans Lachen erhellt einen Raum, und sie findet häufig einen Grund dafür. Eine Eigenschaft, die sicher sehr nützlich war, wenn übel gelaunte Kunden in einem Vorstadthäuschen Stuckdecken verlangten. »Lass uns rasch zurückgehen und Kit holen. Sicher ist dir aufgefallen, dass sie nichts trinkt. An dem Abend bei Leo hat sie es noch getan. Meinst du, sie könnte schwanger sein? Komm, wir fragen sie.«

»An so etwas habe ich auch schon gedacht. Aber fragen können wir sie nicht. Vielleicht fühlt sie sich nicht ganz wohl. Geh nur. Ich probiere noch etwas. Was nur?« Camille winkt den Kellner heran. »Was sollte ich sonst noch kosten?«

Er schenkt einen Sauvignon ein, Ronco delle Mele. »Hügel der Äpfel«, erklärt er.

Nur, dass noch nie ein Apfel so gut geschmeckt hat. Ein Hauch frisches Zitrusaroma, allerdings nicht diese schwere Grapefruitnote der Sauvignons aus Neuseeland, den sie den ganzen Sommer in der Sandburg in sich hineingekippt haben. »Der gefällt mir. Könnte ich drei Flaschen zum Mitnehmen haben?« Sie hofft, dass sie etwas Neues für Chris und Julia entdeckt hat.

Es begeistert sie, wie sie und ihre Freundinnen sich gegenseitig befruchten. Zum Beispiel entwickelt sie selbst mehr Freude an Essen und Wein. Gefrorene Fertiggerichte kommen ihr nie wieder ins Haus. Außerdem interessiert sie sich stärker für die Gartenanlagen der Renaissance, so wie Julia. Das Zusammensein mit Susan löst in ihr den Wunsch aus, entschlossener und ehrgeiziger zu werden. Susan und Julia haben inzwischen ein größeres Gespür für die Kunst. Vom letzten Antiquitätenmarkt hat Susan ein gut gemaltes Stillleben mit Kirschen darauf mitgebracht, das jetzt in der Küche hängt. Sie alle müssen sich unbedingt mit Kits Gedichten befassen.

Beim Erlernen der Sprache haben sie verschiedene Grade von Begabung entdeckt. Julia schnappt alles blitzschnell auf. Susan büffelt fleißig Vokabellisten und Pronomen und hat keine Scheu, mit den Menschen zu sprechen, die sie in San Rocco, Venedig oder anderswo trifft. Sie kann über ihre Fehler lachen, während Julia sich entschuldigt, und redet dann einfach weiter. Wenn Camille sich hinsetzt, um zu lernen, ertappt sie sich, dass sie sich leicht ablenken lässt. Sie fragt sich, ob sie zu alt ist, um sich Konjugationen einzuprägen, oder ob die Sinneseindrücke zu überwältigend sind und sie sich deshalb nicht konzentrieren kann. Wie hat Rowan das bezeichnet? Das Stendhal-Syndrom, benannt nach dem Autor, dessen handelnde Figur angesichts des Überflusses an Schönheit in Florenz beinahe zusammenbricht. Camille büffelt dieselben Partizipien wieder und wieder. Wenn jemand schnell spricht, senkt sich ein Schleier herab, und sie möchte nur noch eindösen.

Julia und Chris wirken so aufeinander eingespielt, dass die Winzer sie für ein Ehepaar halten. Sie sind zum Abendessen eingeladen worden. Camille beobachtet, dass Chris sich zu ihr umdreht und auf sie deutet. »*Certo. Tutti!*«, ruft der Mann, mit dem er geredet hat. Natürlich alle.

Julia kommt zu ihr an die Bar. »Wir sind in das Restaurant des Bruders dieses Mannes zum Abendessen eingeladen. Wo ist

Susan?«Julia wirkt so aufgeregt und energiegeladen, als würden ihre Haarspitzen gleich Funken sprühen.

»Sie ist gleich zurück. Sie wollte Kit holen. Sind diese Weine nicht ein Traum? Hast du schon bemerkt, dass Kit nicht trinkt? Wir fragen uns, ob sie womöglich schwanger ist.«

»O nein, dafür ist sie viel zu klug.« Das enorme Risiko, das es bedeutet, ein Kind in die Welt zu setzen, hat sich tief in Julia eingebrannt. »Ich bin begeistert von diesen Weißweinen. Sie sind so komplex wie ein guter Roter. Das kannte ich noch gar nicht.«

Sie hatten sich geschworen, nie wieder *Wir sind nicht mehr in Kansas* zu sagen. Beim Abendessen hat Julia Mühe, es sich zu verkneifen. Das Essen, das der Bruder dieses Mannes – wie heißt er noch mal? – auftragen lässt, sprengt jegliche Vorstellungskraft. Schnecken mit Schweinefleisch, in Tomatensoße gegart. Im Gegensatz zu den zarten französischen Weinbergschnecken ein herzhaftes, deftiges Gericht. Sie dürfen nicht bestellen. Als Nächstes werden Gnocchi mit Pflaumen serviert. Sie sitzen mit etwa zwanzig Männern und einigen Frauen in einem Raum mit Gewölbedecke, dessen Wände mit eisernen Weinregalen bedeckt sind. Den Anlass erfuhr Julia nie. Vielleicht gibt es ja auch gar keinen Anlass, und es ist nur ein ganz normaler Tag in Cormòns. Waldschnepfe aus Slowenien auf der anderen Seite der Grenze. *Capriolo*, Rehbock, die Keule, übersetzt sie heimlich mit ihrem Telefon. Sie bemerkt, dass Kits Glas leer bleibt. In dieser Gesellschaft muss man trockener Alkoholiker oder, o ja, schwanger sein, um den Spitzenweinen zu widerstehen. *Falls es zutrifft*, denkt Julia, *hoffe ich, dass es Absicht war.* Ein letzter Anlauf, bevor der Eierkorb leer ist.

Als sie Kits Blick am Ende des Tisches auffängt, hebt sie ihr Glas und sieht, dass Kit mit einem leichten Nicken dasselbe mit ihrem Wasserglas tut und die Augenbrauen hochzieht. Aus dieser wortlosen Geste schließt Julia, dass Camille recht hat.

Als Chris ihr die Hand aufs Knie legt, zuckt sie nicht zusammen. »Das ist so unbeschreiblich gut. Viel besser als alles, was ich erwartet habe. In so einer Stadt könnte man leben. Ich habe an der Straße zum Hotel ein verrücktes Ziegelhaus gesehen. Vielleicht sollte ich Napa den Rücken kehren und hierherziehen.«

»Jetzt haben wir dich beeinflusst. Du flippst auch aus.« *Was für eine tolle Idee,* denkt sie. Wenn man eine Sache endgültig hinter sich gelassen hat, ist es leichter, den nächsten Neuanfang zu machen. Plötzlich fragt sie sich, ob Wade sich nach Rose einer anderen Frau zugewandt hat, und ihr krampft sich kurz der Magen zusammen. Der Bruder des Winzers, Mikal heißt er, kommt und erkundigt sich, ob sich die netten Amerikaner amüsieren.

»*Squisita*«, bringt Julia heraus. »Ausgezeichnet.«

»*Mille grazie.*«

Chris beginnt ein Gespräch über Weine aus der Region und erklärt, er werde im Frühling mit weiteren netten Amerikanern wiederkommen.

Camille, Susan und ich verabschiedeten uns früh, nun, es war fast elf. Chris und Julia setzten sich an einen kleinen Tisch, nachdem die Gäste sich zerstreut hatten. Julia fand, sie sollten um der Recherche willen noch einige Nachspeisen kosten. Einige Männer saßen am Ende des Tisches und tranken Grappa. Da sie alle Gentlemen waren, standen sie auf, als wir gingen, verbeugten sich kurz und sagten *buonanotte*. Bis auf mich sind alle müde. Das viele ungewohnte rote Fleisch, und ich meine rot, hat meine Synapsen befeuert. Zwei Sorten Hirsch, der große, der wie ein Rentier aussieht, und ein kleiner *cervo*, wie ich sie manchmal auf meinem Grundstück beobachte. Ich habe sogar etwas von dem Gulasch gegessen, das Mikal am Schluss herumgereicht hat. Was für ein zupackender Küchenchef, der gewaltige, massige Mikal, und was für eine großzügig bestückte Tafel. Seit ich in Italien lebe, habe ich keine so breit gefächerte Küche erlebt wie im Friaul. Eine gelungene Mischung aus all den bedauerlichen kriegerischen Auseinandersetzungen, die diese Gegend geprägt haben. Kein Wunder, dass Julia ein Dessert wollte. Ich habe die Sachertorte auf der Speisekarte auch gesehen.

Während sie den ganzen Nachmittag fort waren, habe ich ein Gedicht geschrieben, was mir stets neue Kräfte verleiht. Ich habe mich ausgeruht und anschließend einen gemächlichen Spaziergang am Flussufer unternommen. Ich versuche stets, etwas, das ich beobachtet habe, und etwas, das passiert ist, in meine Gedichte zu integrieren. Eine heimliche Marotte. Ich bin überzeugt, dass mich das erdet. Bestimmt weiß Julia über das Baby Bescheid. Sie hat mein Glas betrachtet und mich fragend angesehen. Ich warte, bis wir alle zusammen sind, und erzähle es ihnen. Da ich noch nicht beim Arzt war (denn danach wäre es echt), bin ich nicht sicher, ob ich etwas sagen soll. Aber Julia hat eindeutig einen Verdacht. Nach dem alkoholgeschwängerten Abend fährt Susan langsam. Als sie anfängt,»Blue Moon« zu singen, stimme ich ein. Camille schreckt immer wieder hoch, dann sackt ihr Kopf wieder nach vorne. Zu spät, um Colin anzurufen. In drei Tagen ist er zu Hause.

Als Julia hereinkam, stellte ich mich schlafend. Bestimmt hatte sie nicht die ganze Nacht Sachertorte gegessen. Gegen fünf kroch sie ins Bett und rührte sich erst, als Susan um halb neun anklopfte. Ich las noch einmal *Austerlitz* von W. G. Sebald, weil mir eingefallen war, dass er über berühmte Festungen geschrieben hat und wir heute eine sehen werden. Julias Entscheidung. Außerdem Udine und Aquileia für Chris' Tour.»Raus aus den Federn!«, rief Susan.»Es gibt lockere Pfannkuchen, gefüllt mit irgendeiner sahnigen Creme. Tausend Kalorien pro Bissen. Der Transporter wärmt schon auf, denn es ist lausig kalt.«

Und so fahren wir nach Aquileia und Palmanova. Nach Maniago und Udine. Dann zurück nach Cormòns und nach Hause. Es ist der Abschluss von Julias Suche nach Sehenswürdigkeiten, die Chris' Reisegruppe im Friaul besuchen sollte.»Ich sage es ja nur ungern«, beginnt Camille unterwegs,»aber ich muss unbedingt zurück nach Venedig. Die Vorstellung brennt sich wie eine glühende Kohle in mein Gehirn, und eine Stimme flüstert mir zu, dass ich dort sofort etwas entdecken muss. Ich habe Spaß, und ich würde mir gern die Mosaike in Aquileia anschauen – wie spricht man nur ein Wort mit sechs Vokalen aus? –, doch danach möchte ich einen Bus oder Zug nehmen und die nächsten beiden Nächte in Venedig verbringen. Kit, wie heißt denn das Hotel, wo Colin und du immer übernachtet?«

Wir erörtern Organisatorisches, während Susan die Fahrpläne von Bussen und Zügen nachschaut, Chris fährt und Julia durch das Fenster Landschaftsfotos knipst. Ich versuche, etwas über Aquileia zu lesen, benannt nach einem Adler, der dahinflog, als einige Römer die Umrisse der Stadt mit einem Pflug festlegten. So heißt es wenigstens.

Dann ist die Entscheidung gefallen. Chris gibt sein Auto zurück, wir fahren nach San Rocco, und auf dem Heimweg holen wir Camille am Bahnhof von Padua ab. Schüchtern wende ich ein, dass es schwierig sein dürfte, sich mit dem Auto in Padua zurechtzufinden. Doch sie sind Amerikaner und haben vollstes Vertrauen in die Navigationssysteme ihrer Uhren und Telefone, die nichts von italienischen Autofahrern ahnen. Susan bucht für Camille zwei Nächte in meinem (ehemaligen) Lieblingshotel. Das Reisen mit anderen (einen Sack Flöhe hüten) kann einen in den Wahnsinn treiben. Launen, Logistik, Missverständnisse und vielleicht eine schwangere Frau, die nur ihre Ruhe will.

Aquileia fasziniert mich. Wie viele Römersiedlungen wurde es strategisch angelegt. Ein Flusshafen und ein Stützpunkt für Angriffe die Donau hinauf. Ihre Blütezeit erlebte sie im vierzehnten Jahrhundert nach Christus. Wird die Stadt auch Chris' Reisegruppe begeistern? Zuerst besichtigen wir die im Jahr 313 erbaute Basilika. Ja! Allein das älteste und größte Bodenmosaik der christlichen Welt zu sehen ist einen Flug nach Italien wert. Warum war ich noch nie hier? Italien erstaunt einen immer wieder. Ich vermisse Colin. Wir sind es gewohnt, alles gemeinsam zu erkunden und in unserer eigenen Welt aus Assoziationen und Reaktionen zu versinken. Mir fehlt eine Gliedmaße, die ich gar nicht verloren habe. »Welcher Teil gefällt dir am besten?«, würde ich ihn fragen. Bei mir sind es die drei Fischer (sind zwei davon Engel?), die ihr von kleinen schwarzen Steinchen gebildetes Netz in einem geschichteten Meer versenken, wo die verschiedensten Fische schwimmen. Ein Glücksgefühl ergreift mich. Als ich über diese Traumwelt von einem Mosaik schlendere, kann ich nicht aufhören zu lächeln.

Warum reisen? Deshalb! Über die Jahrhunderte hinweg streckt sich die Hand des Künstlers nach kleinen Mosaikteilchen aus. Ein Getümmel aus Tieren, Fischen und Vögeln breitet sich auf dem Boden aus. Ein Pfau, sicher ein Spaß, die blauen Steine in sein Rad einzufügen. Ein Hirsch, so groß wie der Rehbock, den es gestern Abend gab. Esel, Hummer, Reiher, Rebhuhn, Widder, ein Hahn, der an einer Schildkröte pickt. Die Künstler haben in der Natur geschwelgt. Es sind auch einige allegorische und biblische Anspielungen vorhanden. Jonas und der Wal, Engel und vielleicht andere Legenden, die ich nicht kenne. Außerdem heidnische Symbole. Ein geflügeltes Pferd und ein Mann, der träge unter einer Pergola schläft. Camille beugt sich vor, um eine realistisch dargestellte Gruppe von Schlangen zu fotografieren. »Was findest du bis jetzt am schönsten?«, erkundige ich mich.

»Die Schlangen begeistern mich. Aber hast du die Fischer gesehen? Wahrscheinlich Apostel. Dieses Netz im Meer, absolut durchsichtig und dennoch aus Steinen zusammengesetzt, haut mich um. Und der verknäulte Tintenfisch!« (Okay, Colin, ich kann auch ohne dich reisen.)

»So viele Fische überall. Wahrscheinlich spiegelt das den Alltag der Menschen wider. Es war eine Hafenstadt, das Meer ganz in der Nähe, überall Wasser. Einige dieser Fische kann man sicher bestimmen. Wir könnten sie beim Mittagessen auf unseren Tellern wiederfinden.«

»Wie hat das nur all die Zeit überstanden? Ich habe gelesen, die Stadt sei einmal von den Hunnen und ein- oder zweimal von Erdbeben zerstört worden.«

»Vermutlich wurde es irgendwie verschüttet oder überdeckt. Schlamm, Stroh, Erde. Dann hat man einen Fußboden verlegt. Irgendwann haben die Österreicher übernommen und sind darauf gestoßen. Die Stadt stammt aus dem Jahr 181 vor Christus. Stell dir nur vor, wie viele Horden sie überrannt haben.«

Es gibt zwar noch viel zu sehen, doch es geht schnell. Eine Reihe sich verjüngender Säulen, die früher das Forum umgaben. In den archäologischen Museen marmorne Begräbnisbüsten und Statuen von Verstorbenen, die einst Straßen des Gedenkens säumten, Urnen und gewaltige Grabsteine mit lateinischen Inschriften. Ein gewaltiger Fundus lebhafter Erinnerungen. Dass der Großteil der Stadt noch nicht ausgegraben ist, löst in mir den Wunsch aus, eine milliardenschwere Archäologin zu sein.

Es führt zu einiger Verwirrung, Camille in einen Zug zu bugsieren, so wie immer, wenn in einer Reisegruppe jemand ausschert. Das mit dem »Sex auf dem Sofa« hat sie nie genauer erläutert. Trifft sie sich in Venedig mit diesem Rowan? Sie sagte, sie wolle einer Idee nachgehen. Jedenfalls ist sie jetzt auf dem Weg in ihr Abenteuer. Und weiter geht die Fahrt. Nach Palmanova. Dort denke ich stets am meisten an Colin, da die Venezianer diese Festung mit den neun Zacken auch als utopischen Lebensraum gedacht haben. Palmanova, geplant als Burg mit Burggraben, sollte die ideale Stadt werden. Das würde Colin faszinieren. Ich habe bei W. G. Sebald gelesen, dass nach diesem Muster angelegte Festungen zum Zeitpunkt ihres Baus schon wieder aus der Mode waren, und zwar wegen der inzwischen erfundenen Neuerungen im Rüstungsbereich. Das deckt sich mit Sebalds Haltung, dass die Welt ständig zerfällt, da alles bei seinem Erscheinen bereits überholt ist. Wir sind stetig im Rückstand. So eine traurige, ja tragische Welteinstellung. (Margaret würde ihm zustimmen.)

Palmanova, erbaut 1593, sollte dem Zweck dienen, seine Bewohner gegen marodierende Türken, Österreicher oder andere zu schützen, die versuchten, die Mauern zu erklimmen oder zum Einsturz zu bringen. Dass Schönheit das Gute in der Gesellschaft fördert, war ein Konzept der Venezianer. Was für ein Luftschloss. Alle sollten gleich viel Land erhalten. Der Plan war idealistisch. Das *centro*, ein Sechseck, von dem achtzehn konzentrische Straßen abgehen, die wiederum von vier Ringstraßen gekreuzt werden, ein wundervoller Entwurf. Das Problem war nur, dass niemand einzog. Endlich, 1622, ließ man venezianische Strafgefangene frei, um die ansonsten menschenleere Stadt zu besiedeln. Ich stimme Sebalds Aussage zu: »Je mehr man sich einmauert, desto mehr muss man an die Verteidigung denken.« Ich hätte nicht gern in einer Festung gewohnt, ganz gleich, wie optimal der sechseckige Hauptplatz ist.

So spannend diese Anlage auch sein mag, fragen wir uns, ob sie sich für eine Besichtigung durch eine Touristengruppe eignet. Julia macht sich emsig Notizen. Chris findet sie trotz der beeindruckenden Geschichte nicht so interessant. Susan kehrt mit uns in ein Café ein. »Ich würde mit ihnen herkommen«, sage ich. Wir stehen an der Bar. »Man muss vieles bedenken.« Susan greift über mich hinweg und nimmt sich den Zucker. Wie die Italiener hat sie sich angewöhnt, ihren Kaffee ausgiebig zu süßen.

Ich habe ein wenig nachgelesen. »Ich muss sofort an die drei Bilder von der idealen Stadt denken, die unbekannte Künstler um 1480 geschaffen haben. Eines wurde Piero della Francesca zugeschrieben. Offenbar stand Palmanova unter dem Einfluss des Hangs zu mathematisch durchgeplanten Städten ein Jahrhundert zuvor. Sie wurden mit feststehenden Proportionen, Perspektiven und Fluchtpunkten angelegt, ohne dass Menschen, Märkte und Tiere durch ihre Anwesenheit störten.«

»Ich stimme dir zu«, erwidert Julia. »Chris müsste nur die Hintergrundinformationen aufbereiten. Alle wären begeistert.«

(Für mein Notizbuch: Ich frage mich, ob diese Bilder von Gebäudegruppen etwas mit den Gedächtnispalästen zu tun haben, die ich aus der Literatur kenne. Der Grundriss dieser Stadt könnte einer sein. So viele Fenster und Türen, um Worte aufzubewahren. Ich kann mir vorstellen, jedem Quadranten in diesem Straßennetz Informationen zu entlocken. Und so werden sie zur Gedächtnisstütze. Ich habe diese Methode selbst ausprobiert und die Zimmer meines Elternhauses als Speicher für die Strophen eines langen Gedichts verwendet, das ich mir einprägen wollte,»St.-Agnes-Abend« von Keats. Es funktionierte, obwohl das Gedicht nun für immer mit dem blauen Schlafzimmer meiner Eltern und dem Balkon mit den Bambusmöbeln und den Deckenventilatoren verbunden ist.)

»Julia, Kit, ihr habt recht. Wenn ich hier herumlaufe, möchte ich mir am liebsten den Plan anschauen. Von oben muss es aussehen wie ein eckiges Mandala«, sagt Chris.

»Du bist eben ein Junge aus Kalifornien«, witzle ich.

Julia lacht.»Nun, ich bin begeistert.«

»Ich auch. Vielleicht haben wir das ja gemeinsam: Wir lassen uns leicht begeistern.« Verdammt, ich vermisse Colin. Er sollte jetzt hier sein. Ich möchte mit ihm über all das reden.

Mittags essen wir rasch eine Pasta, meine mit Kalbsbäckchen, und fahren dann weiter nach Udine, das man vor seinem Tod unbedingt gesehen haben muss.

Julia hat ein Hotel im Zentrum aufgetan. Es ist in Ordnung, genügt allerdings nicht den Ansprüchen von Chris' Gästen. Wer kann es ihnen verübeln? Sie bezahlen einen *sacco di soldi* für ihre große Reise. Viele von ihnen werden nie wieder hierherkommen. Warum sich also nicht verwöhnen? Julia entschuldigt sich. Auf den Fotos sah es nicht so abgewohnt aus. Doch eigentlich gibt es an dem Hotel nichts auszusetzen, ein wenig angestaubt vielleicht, aber mit großen Zimmern und alten Marmorbecken in den Bädern.

Susan und ich unternehmen einen langen Spaziergang durch die Stadt, während Chris und Julia Notizen eintippen und mögliche stimmungsvolle *agriturismi* (Gästen zugängliche Bauernhöfe) in der Gegend recherchieren. (Wie ich feststelle, sind sie in seinem Zimmer.)»Bitte macht euch Aufzeichnungen und fotografiert.«Julia winkt uns nach. Susan hat einen ausgezeichneten Orientierungssinn, während ich mich stets fröhlich verlaufe. Wir besichtigen das Museum, die hohe Decke von Tiepolo im Oratorio della Purità und das staubig wirkende Porträt des heiligen Franziskus von Caravaggio in der Galleria d'Arte Antica, das sich als gute Kopie entpuppt.

»Hättest du keine Lust, dieses Haus mit dem wilden Wein zu kaufen, deine Bücher hierherzubringen und sofort einzuziehen?« Susan versteht Udine sofort. Es ist eine stilvolle Stadt, in der sich gut leben lässt.»Eines habe ich gelernt, seit ich hier wohne«, fährt sie fort.»*Das schöne Leben* ist für die zu haben, die danach fragen. Warum spießig werden? Ich begreife nicht, dass wir ernsthaft mit dem Gedanken gespielt haben, in eine nette Einrichtung für betreutes Wohnen zu ziehen. Wir waren ja so ahnungslos!« Wir begegnen eleganten Damen mit Hunden an der Leine, Kindern auf Fahrrädern und Männern, die in der Nachmittagssonne vor einem Café Karten spielen. Als wir an einem Laden für Babykleidung vorbeikommen, schaue ich rasch weg.

»Stimmt«, pflichte ich ihr bei. »Aber nicht in der Nähe eines Großflughafens. Das ginge für mich gar nicht.«

»Ja, richtig.«

Nachdem sie für die Tour ein Landgasthaus in einem Weinberg entdeckt haben, kehrt Julia in ihr Zimmer zurück. Sie muss sich die Haare waschen und ihre Kleider für morgen herauslegen. Außerdem möchte sie mit ihrem Vater telefonieren. Bei ihm ist es jetzt früher Morgen. Sicher trinkt er seinen Kaffee draußen auf dem Balkon mit Blick auf den Fluss. Wie gern würde sie die Tür aufschieben und sich zu ihm setzen. Rasch schaut sie in ihren Kalender. In gut drei Wochen kommt er über die Feiertage. Seit einer Woche hat sie nicht mehr mit ihm gesprochen. Sicher möchte er die Städtchen im Friaul sehen. Sie braucht Ruhe, um über das nachzudenken, was auf dieser Reise geschehen ist. Gestern Nacht, nach drei Desserts und einem starken *digestivo*, sind sie und Chris allein vom Restaurant ins Hotel gefahren. »Komm noch kurz rauf«, sagte er. »Dann können wir den Rest der Reise durchsprechen. Offenbar stehen noch einige Entscheidungen an.« In seinem Zimmer schloss er die Tür, und sie haben sich geküsst. Erst war sein Kuss zart, dann leidenschaftlich. *Ich will das nicht*, dachte sie. *Es ist wie in einer dieser abgedroschenen Filmszenen, in denen sie sich rückwärts aufs Bett zubewegen, sich gierig die Kleider vom Leibe reißen und unmögliche Stellungen einnehmen. Zumindest unmöglich, wenn die Frau auch etwas davon haben will.* Doch er hielt sie in den Armen und küsste ihre Kehle und ihre Ohren.

»Du bist fantastisch«, sagte er.

291

»Nein, du.« Auf ein Blatt Hotelbriefpapier schreibt sie für sich die Geschichte auf: Wir haben uns geküsst. Schließlich saßen wir auf der Bettkante, und er ließ sich, die Hände über dem Kopf, nach hinten kippen. »Ich hätte nie damit gerechnet, dass ich einmal so empfinden könnte. Du bist jemand, den ich kenne, den ich schon mein ganzes Leben gekannt habe. Niemals bin ich einem Menschen so mühelos so nah gekommen. Bist du sicher, dass wir uns nicht in einem anderen Leben schon einmal begegnet sind?« Seine Augen erscheinen mir gleichzeitig seltsam und anziehend. Das eine gelblich wie das eines Tigers, das andere blassblau wie ein altes Baumwollhemd.

»Ich weiß, ich weiß.« Ich legte den Kopf auf seine Brust und lauschte den gleichmäßigen Schlägen seines Herzens. Wir sprachen über die Winzer, den Abend, den überraschenden Geschmack des Rehbocks auf unseren Zungen und darüber, ob Kit schwanger ist. Er hat Susan und Camille sehr gern. In unserer Gesellschaft fühle er sich befreit. Ich kenne dieses Gefühl. Meine Freundinnen bereichern mein Leben.

Wegen der unzähligen verkosteten Weine dämmerte ich einfach weg und schlief ein. »Uns geht es gut«, sagte ich. Stille. Ich erinnere mich, dass ich »Deine Augen erregen mich« hinzufügte und darauf ein leises, schnaubendes Schnarchen hörte. Als ich später aufwachte, stellte ich fest, dass wir nebeneinander ausgestreckt auf dem Bett lagen. Chris schmiegte sich an mich und hielt meine Hand. Sein Atem streifte mein Ohr. Ich löste mich aus seiner Umarmung und schlich in mein Zimmer. Kit hatte sich zwar abgewandt, doch ich hatte den Verdacht, dass ich sie geweckt hatte. Voll bekleidet kroch ich unter die Decke.

(Meine schriftstellerischen Methoden mögen manchmal nicht ganz koscher sein. Woher kenne ich diese Szene? Die Seiten steckten zusammengefaltet in unserem Reiseführer.)

Susan ging in ihr Zimmer, um ihre Töchter in Kalifornien anzurufen. Dort war es Morgen, hier dämmerte es bereits um fünf Uhr nachmittags. Wir nähern uns dem kürzesten Tag des Jahres. Spürt mein kleiner Teelöffel aus Protoplasma, wie sich die Erde um ihre Achse dreht? Ich kehre zurück zum Laden für Babyausstattung und betrachte die Strampelanzüge, den winzigen gelben Pullover und die empfindlichen bestickten Kleidchen, die nur Großmütter kaufen würden (meine Mutter wird das alles verpassen). Die mit Spitze besetzten Söckchen, die unbeschreiblich kleinen Schuhe aus Lammleder. Immerhin sind wir hier in Italien. Im anderen Schaufenster stehen zusammenklappbare Buggys, Babyphones, Wippstühlchen und hochherrschaftliche Kinderwagen in Marineblau und Weiß, die aussehen wie für den königlichen Nachwuchs bestimmt. Ich bin erschrocken, denn bis jetzt habe ich gar nicht an das viele Zubehör gedacht. Allerdings teile ich die Neigung der Italiener zum Aberglauben. Nicht im Traum würde ich etwas kaufen, bevor ich nicht praktisch auf dem Weg ins Krankenhaus bin. Aber ich mache ein Foto von den Schühchen und schicke es Colin.

Mir kommt es vor, als seien wir nicht erst gestern in Aquileia gewesen. So ist es nun mal beim Reisen: Die Zeit dehnt sich aus und schnurrt auf unerklärliche Weise zusammen. Um eine der malerischsten *piazze*, die ich je gesehen habe, auf mich wirken zu lassen, bestelle ich auf der Piazza della Libertá ein Haselnusseis und beobachte eine halbe Stunde lang die Passanten und die Muster der sich bewegenden Schatten. Der große Dichter Czesław Miłosz hatte recht. Die Tragödie des Lebens ist, dass man nur eines davon hat, obwohl sich vor einem so viele Möglichkeiten auftun. Sollte man dieses Leben, oder wenigstens einen Teil davon, in Udine verbringen?

Camille hat an ihrem Nachmittag in Venedig eine Menge erledigt. Sie hat aus einem verzauberten Laden für Künstlerbedarf Röhrchen und Päckchen mit Pigmenten nach Hause geschickt. Inzwischen steht ihr das Projekt deutlich vor Augen, obwohl sie noch nicht einmal einen Pinsel angefasst hat. Außerdem hat sie sich einen Vorrat an handgeschöpftem Papier zugelegt und wird mit Matilde und Serena zusammenarbeiten, wenn sie Nachschub braucht.

Sie hat in altehrwürdigen Buchhandlungen gestöbert und fast tausend Euro für zerfallende, in Leder gebundene Folianten ausgegeben, in denen Zeichnungen und Kupferstiche venezianischer Gebäude und Landgüter abgebildet sind. Außerdem einige dicke Bücher mit Gedichten aus der Renaissance. Anschließend hat sie in einem gewöhnlichen Buchladen ein Vermögen in Kunstbände investiert – Giorgione, Palladio, Veronese. Ihre Gefühle kann man nur mit Verliebtheit vergleichen, eine geschärfte Wahrnehmung, bei der alles andere in den Hintergrund tritt. Sie fühlt sich wie eine Lupe im Sonnenlicht. Nach zwei Zügen, einem *vaporetto* und kilometerlangen Fußmärschen pocht ihr neues Knie. Bei jedem Schritt zurück zum Hotel krampft sich ihr die Wade zusammen. Und trotzdem sollte man in Venedig nicht einfach den Zimmerservice rufen.

Nach einem Nickerchen hievt sie sich hoch und geht langsam zu einer Trattoria mit sechs Tischen, an dem sie vorhin vorbeigekommen ist. Wenn die anderen nicht mithören, wird ihr Italienisch plötzlich besser, und sie bestellt ohne Schwierigkeiten. Bei einer Schale mit Muscheln und gegrilltem Fisch lernt sie die Amerikaner am Nebentisch kennen, ein junges Paar aus Baltimore auf seiner ersten Europareise. Nach dem üblichen Small Talk – woher kommen Sie? – und einem Gespräch über die Eindrücke von Venedig fragt die Frau Camille: »Sind Sie in Rente, oder arbeiten Sie noch?«

»Früher habe ich an der Uni unterrichtet«, erwidert Camille. »Jetzt widme ich mich ganz der Kunst.«

Den ganzen nächsten Tag hat sie Zeit, sich zu amüsieren. Ihr schmerzendes Knie dämpft ihren übersprudelnden Tatendrang ein wenig, der sie so sehr mit Kraft erfüllt. Immer wieder legt sie eine Pause ein, um einen Kaffee oder ein Glas Wasser zu trinken. Bei ihrem letzten Besuch haben sie die Carpaccios nicht gesehen. Sie ist begeistert von dem Bild der heiligen Ursula, die in ihrem Zimmer schläft, während der Engel an der Tür innehält, um ihr den Palmwedel des Martyriums zu überbringen. Warum ist sie zur Märtyrerin geworden? Weil sie die Pläne ihres Vaters, sie zu verheiraten, durchkreuzt und auf mehreren Schiffen elftausend andere Jungfrauen mitgenommen hat. Er hatte sie mit dem Barbaren Conan verlobt, und sie wird ihr Schicksal erleiden. Doch noch liegt sie friedlich in ihrem hübschen Zimmer, einen kleinen Hund neben dem Bett.

Zufällig entdeckt Camille das vor aller Augen versteckte Carlo-Scarpa-Museum, genauer gesagt die von ihm entworfene Büroausstattung und Schreibmaschinen von Olivetti, direkt an der Piazza Grande, allerdings unauffällig. Ein Ort, in dem man sich tiefer in das versenken kann, in das sie sich gerade fallen lässt. Sie studiert die Details, die Messingzylinder, die die Marmortreppe stützen, eine betont moderne Linienführung, so dezent ausgeführt, dass sie zeitlos wirkt. Die Skulptur in einer viereckigen Wasserfläche, immer Wasser, erinnert einen daran, dass man in Venedig ist. *Hier bin ich nun, bei Scarpa, dem erstaunlichen Architekten. Ich werde eine lange Romanze mit ihm beginnen.* Sie kehrt in den Buchladen zurück und kauft ein ausführliches illustriertes Buch über Scarpa. Dann eilt sie zum Palazzo Querini Stampalia und dem Garten, um sich rasch weitere Arbeiten von Scarpa anzuschauen. Susan sollte diesen Garten sehen. Camille hebt die Arme über den Kopf und schüttelt ihr Haar aus. *Jetzt stehe ich in Flammen,* denkt sie. Auf dem Rückweg zum Hotel hinkt sie zwar ein bisschen, summt jedoch beim Gehen:»I Set Fire to the Rain.« Wir müssen mit Colin zu Abend essen und über venezianische Architektur sprechen. Scarpa liebte die römische Schrift. Das muss ich alles Rowan erzählen.

Nach dem Abendessen schläft sie mit Scarpa ein und genießt das, was er geliebt hat: japanisches Design, polierten Stuck, schlichte Materialien, vermischt mit kostbaren. Und Wasser, für diesen Sohn Venedigs stets das Wasser. Wasser, das gegen

Türen plätschert und unter ihnen hereinströmt. Türen, die sich zum Wasser öffnen. Hintertüren, die in schmale, feuchte Gassen führen. Wasser, Verstand und Körper durchtränkt und treibend.

Sieben Stunden später wacht sie mit Charles auf. Aus einem Traum von einem Spaziergang am Spit Creek und ihrem Garten. Keine Geschichte: Er ist einfach da. In Freizeitkleidung und Tennisschuhen schlendert er, wie Millionen von Malen zuvor, den Pfad entlang zu der von ihm selbst gebauten Brücke und einem kurzen Wanderweg im Wald. *Er möchte nachsehen, ob die weißen Alpenveilchen blühen,* denkt Camille, als sie sich aus dem Schlaf reißt. Dann ist sie wach. Als sie die Vorhänge aufzieht, gleitet gerade der Bug einer Gondel an ihrem Fenster vorbei. Von Venedigs Kanälen zum Spit Creek. *Das freut mich, Charles. Schön, dass du auf den Garten achtest.*

Den letzten Tag verbrachten wir damit, die Recherchen abzuschließen. Von Udine aus folgten wir einem Hinweis auf Maniago, eine Stadt berühmt für ihre Messerproduktion. Chris war auf der Suche nach Unikaten, die seine Gäste kaufen oder für ihre Einzelhandelsgeschäfte importieren konnten.

Die handgefertigten Messer könnten zu einem stilvollen Mord inspirieren. Die schlanken, wohlgeformten Stilette lösen in einem den Wunsch aus, nach ihnen zu greifen und vielleicht jemandem damit das Herz zu durchbohren. Sie sehen viel zu elegant aus, um etwas damit auszuweiden oder zu häuten. Ich habe ein jadegrünes für Colin gekauft. Die Griffe der Messer bestehen aus Horn, Hirschhorn oder einem hübsch gefärbten Material namens Perlex, was immer das auch sein mag. Möglicherweise wird er damit Paketschnur durchschneiden. (Oh, die Nabelschnur.) Nach einem kurzen Besuch im Messermuseum wussten wir alles über die Messerproduktion, was wir wissen wollten, und kehrten zu unserem letzten Abendessen zurück nach Cormòns.

Wir sind früh aufgestanden und unterwegs. Chris dreht k. d. lang auf, und wir alle schmettern »Hallelujah« und dann ihr unvergleichliches Duett mit Roy Orbinson, »Crying«, mit. Die kahlen Pappeln am Straßenrand sausen vorbei. Wir sind alle glücklich, weil wir so viel Neues gesehen haben. Chris umkurvt Traktoren und klopft den Rhythmus mit dem Handballen auf dem Lenkrad mit. Schließlich wird der Verkehr dichter. Der Transporter wird langsamer, und wir alle verfallen in Reisetrance. Ich schlafe ein.

Camille hat ihren Zug mühelos erwischt und erreicht den Bahnhof von Padua so rechtzeitig, dass sie auf die anderen warten muss, deren geliebte Navis sich weigern, Straßenbaustellen in Betracht zu ziehen. Eine Stunde steht sie jetzt schon vor dem Bahnhof, als sie sieht, wie der Transporter in den Taxistand einbiegt. Susan beugt sich winkend aus dem Fenster.

»Da ist Camille. Sie sieht ein bisschen zerzaust aus, aber sie strahlt vor Glück.« Susan wirft ihre Jacken nach hinten, um Camille Platz zu machen. »Glaubt ihr, sie hat sich in Venedig mit Rowan getroffen?«

Camille steigt ein. Sie hat im Bahnhof eine Tüte Panini gekauft. Während wir darüber herfallen, dreht Chris die Musik wieder lauter. Sam Cooke. Alle kennen den Text von »You Send Me« und »Change Is Gonna Come«.

Invasion

Vor ihrer Ankunft in San Rocco müssen sie sich organisieren. Chris stoppt an einem Supermarkt, wo sie Vorräte für den Abend besorgen. Er kommt zum Abendessen, und Camille hat Rowan eingeladen. Kit lehnt ab, weil sie den Abend mit Colin allein verbringen will. Sie holen Archie ab, der sich seiner Familie offenbar nur widerstrebend anschließt. Immerhin hat er leckere Lammknochen bekommen, am Fußende des Bettes schlafen dürfen und ist frei auf dem Bauernhof herumgetollt, wo er die dummen Perlhühner gejagt hat. Sie setzen Chris an seiner Wohnung und zu guter Letzt Kit ab, die aus dem Auto springt, als Colin ihr in der Auffahrt entgegenläuft. Seine Arme sind weit ausgebreitet, ein Lächeln erhellt sein Gesicht.

Als Susan in ihre Auffahrt einbiegt, atmen die drei erleichtert auf. Wundervolle Reise, aber es ist gut, wieder zu Hause zu sein. Sie werden langsamer, und Julia beugt sich vor. »O nein, wir haben die Haustür offen gelassen! Moment. Das ist völlig unmöglich.« Rechts neben der Tür steht eine Packkiste. Aus der Tür strömt ein Lichtstrahl in den Garten. »Die Lichter sind an.«

Susan stoppt vor der Tür, anstatt wie sonst ums Haus herumzufahren.

»Die Tür ist offen«, wiederholt Camille. »Verdammt, es hat jemand eingebrochen.«

»Vielleicht ist Grazia hier. Aber ihr Auto fehlt.« Julia schiebt die Tür des Transporters auf. Archie springt heraus und rennt ins Haus.

»Archie«, ruft Susan. »Komm her!« Sie befürchtet, dass noch jemand im Haus sein könnte. »Archie!« Sie drückt auf die Hupe, obwohl das überhaupt nichts bringt. Stille. Julia und Camille steigen vorsichtig aus und schleichen zur Seite des Hauses und zur Küchentür, die sie stets benutzen, weil sie für die Vordertür nur den großen Eisenschlüssel besitzen.

Susan hupt unablässig. Wenn die Einbrecher noch im Haus sind, will sie auf sich aufmerksam machen. Die Haustür wirkt unberührt, doch Julia und Camille stellen fest, dass das Fenster neben der Küche eingeschlagen wurde. Jemand hat einen Gartentisch daruntergezogen, um einsteigen zu können. Julia deutet auf zwei klar zu erkennende Fußabdrücke. Sie gehen zur Vorderseite des Hauses und beschließen, gemeinsam einzutreten. Plötzlich hören sie, dass jemand hinter dem Haus ihren Namen ruft. Leo erscheint, fragt, was los ist, und stößt bei jedem Atemzug einen Fluch aus, in dem die Wörter *Madonna* und *Dio* vorkommen. Annetta hastet hinter ihm her und schnappt japsend nach Luft.

Zusammen gehen sie vorsichtig ins Haus. In der Vorhalle scheint alles unverändert. In der Küche sehen sie zuerst Archie, der, starr und aufmerksam wie ein Jagdhund, finster den Kamin beäugt. Drei weiße Kätzchen kuscheln sich in einen mit einem Handtuch ausgelegten Brotkorb. Rings um sie herum hat jemand ausreichend Futter und Wasser aufgebaut. Außerdem hat sich der Wohltäter die Zeit genommen, Zeitungen auszubreiten, falls sie sich erleichtern müssen. In der Spüle liegen Teller, Gabeln und zwei Weingläser. Julia erkennt die übrig gebliebene Pasta mit *ragú*, die sie eingefroren hatte. »Du heiliger Strohsack, die haben sich hier ein Abendessen genehmigt.« »Und die Weingläser, nicht zu fassen. Welchen Wein haben sie wohl aufgemacht. Oh, wo ist mein Stillleben mit den Kirschen?«, fragt Susan.

»Wo ist unsere neue Küchenmaschine?« Julia schaut sich in der Küche um, aber sonst scheint nichts zu fehlen.

»Zum Teufel noch mal!«, schimpft Camille. »Bei uns ist eingebrochen worden. Aber sie haben uns Katzen dagelassen! Das ist doch völlig absurd. Abendessen? Sie haben zu Abend gegessen? Zweifellos wussten die, dass wir verreist sind.«

Als Nächstes stellt Julia fest, dass die Schubladen im Esszimmer ausgekippt wurden. Servietten und Platzdeckchen liegen herum. Auch das Silber ist auf dem Boden verstreut. Offenbar waren die Diebe nicht daran interessiert. Sofapolster und Kissen wurden herumgeworfen. Als Leo die drei Frauen darauf hinweist, fällt es ihnen wie Schuppen von den Augen: Jeder Spiegel, jeder Kunstdruck und jedes Gemälde wurde abgenommen und ordentlich an die Wand gelehnt. »Die haben einen Safe gesucht«, sagt Leo. »Sie wollten Geld.« Er ruft seinen Freund Eugenio, den Polizeichef, an, dessen sechsmonatige Tochter beim Abendessen Oliven geknabbert hat.

Camille geht aus dem Raum und über den Flur in ihr Zimmer. Auf der Türschwelle entdeckt sie ein Armband. Drinnen Kleiderberge und eine seitlich aufgeschlitzte Matratze auf dem Bett. *Das kann nicht sein.* Sie schließt die Augen. *Die haben mei-*

nen Schmuck gestohlen. Weil die Polizei noch nicht da war, will sie nichts anfassen. Die Kettenglieder aus Weißgold auf dem Ziegelboden geben ihr die Hoffnung, dass nicht all die geliebten Erinnerungsstücke fort sind, die Charles ihr im Laufe ihrer Ehe geschenkt hat. Die Kette aus einer Goldkordel mit einer Schließe aus Saphir, die er ihr an seinem fünfzigsten Geburtstag in Charleston gekauft hat. *Weil wir glücklich sind und wegen all der gemeinsamen Jahre,* hatte er gesagt. Die Perlen mit einem eingeflochtenen Strang aus Amethysten und die romantischen Ohrhänger aus Diamanten. Silberhochzeit. Sie hat nie viel Schmuck besessen, aber wenn, dann guten. Wirklich guten. Jeden Tag trug sie ein Stück davon, und der Gedanke an das Ereignis, dem sie das verdankt, ist ein Moment der Meditation über ihr Glück in der Liebe. Ihr Hochzeitsgeschenk, ein tropfenförmiger Smaragd an einer mit winzigen Diamanten besetzten Kette. »Bitte lass den nicht auch weg sein«, flüstert sie. Vor ihr hatte Charles' liebe Mutter diesen Smaragden besessen, ein Hochzeitsgeschenk von seinem Vater. Nichts, was sie sonst besitzt, bedeutet ihr so viel.

Annetta will das Esszimmer in Ordnung bringen, doch Susan hindert sie daran. »Fingerabdrücke«, sagt sie. »Verunreinigung eines Tatorts.« Sie hat vergessen, dass Annetta kein Englisch spricht, und zeigt auf ihre Fingerspitzen. »*Certo, cara!*«, ruft Annetta. Natürlich, meine Liebe.

Camille hakt Susan unter. »Ich fürchte, mein ganzer Schmuck ist weg. Ich bin ja so blöd. Ich habe die Beutel in die unterste Schublade gelegt.«

»Ach, Liebes, ich habe Angst.« Sie und Julia haben sich be-

303

reits oben umgesehen, wo erstaunlicherweise bis auf die umgedrehten Matratzen alles unversehrt ist.

»Zu Hause verstecke ich meinen Schmuck stets in Plastikbeuteln unter dem Zucker, in der Spielzeugkiste unter Charlies Schlagzeug oder in einer Tamponschachtel. Nie zwischen den Laken im Wäscheschrank, bei der Unterwäsche oder an anderen Orten, wo sie zuerst suchen. Niemals in der Nähe von Matratzen, Bücherregalen oder Handtaschen. Und ganz sicher nicht in Buchattrappen. Und jetzt, mein Gott, wie dumm. Ich hätte die Sachen im Trockner unter einem Haufen T-Shirts lassen können. Ich hatte schon so viele geniale Verstecke. So gut, dass ich sie häufig selbst vergessen habe. Charlie zieht mich ständig deswegen auf. Einmal habe ich einen Beutel sechs Monate lang vermisst, bis ich ihn in Charles' Werkzeugkasten in der Garage entdeckt habe.«

Susan hat viel Erfahrung mit Kunden, in deren Häuser eingebrochen wurde, während sie zum Verkauf standen. Deshalb kennt sie jedes menschenmögliche Versteck. Doch vor der Abreise nach Venedig hat sie das optimalste für ihre eigenen Sachen gefunden. »Ich habe gerade nachgeschaut. Mein Schmuck ist noch da. Ich wünschte, ich hätte euch den Tipp gegeben. Du kennst doch diese Klobürsten in ihren Ständern aus Edelstahl. Mir ist aufgefallen, dass es sie in jedem italienischen Haushalt gibt, weil die Toiletten so unpraktisch geformt sind. Also habe ich den Schmuck, den ich nicht mitgenommen habe, in einer Plastiktüte verstaut und ihn unter die Bürste in den Ständer gelegt.«

Camille gelingt ein Lächeln.

Die Carabinieri treffen ein. Eugenio, der *maresciallo*, kommt hereingerauscht und umarmt Camille fest. Die drei Männer in ihren schicken Uniformen sehen aus, als seien sie einem Schwerverbrechen gewachsen. Einer spricht ausgezeichnet Englisch, weil er einige Jahre lang in New Jersey gelebt hat. Sie durchkämmen das Haus. Einer fotografiert. Die Suche nach Fingerabdrücken sei zwecklos, beteuern sie. Die Einbrecher seien nicht dumm. Sie trügen Handschuhe. Wie wir kommen sie zu dem Schluss, dass die Diebe, nach der Art, wie die Scheibe eingeschlagen wurde, durch das hintere Fenster eingedrungen und durch die Vordertür wieder gegangen sind. *Sherlock Holmes*, denkt Susan. Als Julia triumphierend auf die Fußabdrücke zeigt, zucken alle die Achseln. Solche Turnschuhe habe doch jeder. Sie treten ins Schlafzimmer. Fort. Alles. Die *ladri* haben sich die Zeit gelassen, die Rolle mit dem Schmuck zu öffnen, den blauen Satinbeutel aufzuschnüren, den Inhalt zu entnehmen und die Halterungen auf den Haufen aus Wäsche und umgekippten Schubladen zu werfen. Das einzige Stück Modeschmuck, eine Kette aus Glasperlen, wurde verschmäht und liegt auf dem Boden. Allerdings hat einer der Kerle sie versehentlich zertreten. Camile hebt das Armband aus Weißgold von der Türschwelle auf. Vermutlich haben sie es für wertlos gehalten.

Wieder werden sie von den Polizisten umarmt. Sie sind aufrichtig gerührt und wiederholen ständig, dass die Perlen von Camilles Mutter stammen. Der Schmuck einer Mutter ist ihnen heilig. Darauf folgt eine Debatte über mögliche Verstecke. Ein Safe? Auf gar keinen Fall. Sie beharren darauf, dass Einbrecher nicht dumm sind. Sie besitzen Werkzeuge, um einen Safe aus der Wand zu brechen und ihn aufzubohren. Videoüberwachung vielleicht? Nein, glauben Sie, die tragen keine Masken? Julia bezweifelt, dass sie mit Masken und Handschuhen ihr *ragú* gegessen und den Chianti Reserva getrunken haben. »Graben Sie im Garten ein Loch unter einem Blumentopf«, rät der attraktive Polizeichef. Oder da oben hin, empfiehlt ein Großer, Muskulöser und macht es vor. »Sie können nicht auf allen Balken im Haus nachschauen«, fügt er hinzu. »Genauso wenig, wie sie unter allen Blumentöpfen graben können.«

»Jetzt wird es langsam absurd«, murmelt Susan.

Camille erwähnt nicht, dass sie keine Lust hat, jedes Mal, wenn sie ihre Ohrringe tragen will, im Garten zu buddeln. Außerdem verkriechen sich Skorpione gern unter Blumentöpfen. Es wird spät. Und jetzt hat sie sowieso nichts mehr, was sie vor Juwelendieben verstecken müsste.

Susan erkundigt sich bei den Carabinieri, ob man sich nicht bei Juwelieren wegen des Schmucks umhören solle. »Zwecklos.« Sie ziehen ihre Mäntel an. »Bis morgen früh ist das Gold eingeschmolzen.«

»Zigeuner«, lautet ihre Schlussfolgerung. »Sie lagern vor Florenz und klappern die Städtchen auf dem Land ab. Für solche kleinen Aktionen werden meistens Frauen eingesetzt. Wenn sie bemerkt werden, behaupten sie einfach, dass sie die Putzfrau sind. Allerdings ist das mit den Kätzchen etwas ganz Neues.« Sie verabschieden sich. Keine Vorschläge. Keine heiße Spur.

Annetta und Leo umarmen ebenfalls alle und gehen nach Hause. Wir starren die drei lebhaften Kätzchen an, die von einem offenbar verliebten Archie umkreist werden. Julia startet die Waschmaschine. Niemand möchte Kleidungsstücke berühren, die von schlauen, offenbar mit ihrer Zeitplanung vertrauten Diebinnen berührt wurden. Ein Jammer, dass sie anstatt von Camilles nicht Julias Zimmer durchwühlt haben. Diese Susan. Wirklich gerissen. Als Julia Wade verließ, hat sie sämtliche Schmuckstücke bis auf eine Goldkette von ihrem Vater, die zu allem passt, in einem Schließfach in Savannah gelagert. Die Schätze, die Julias Mutter gehört haben, hat Lizzie schon vor langer Zeit verkauft.

Leo kommt vorbei und erstattet Colin und mir Bericht. Sofort hasten wir hin, als Chris gerade völlig ahnungslos aus dem Taxi steigt. Auch Rowan trifft ein und klettert mit einem großen Strauß Lilien aus dem Auto.

»Ihr wart uns eine große Hilfe dabei, dieses Chaos zu beseitigen«, verkündet Susan. Sie öffnet eine Flasche Prosecco und bringt einen Trinkspruch aus. »Es hätte schlimmer kommen können.« Ein Mann trifft ein, den die Polizei geschickt hat, damit er das Fenster verrammelt. Susan reicht auch ihm ein Glas.

»Nein, leider nicht.« Camille hat diese Frage schon tausendmal beantwortet. Nein, sie hat ihren Schmuck nie über das hinaus versichert, was die Hausratsversicherung abdeckt. (Sie könnte sich ohrfeigen.) »Man hat uns versprochen, dass einem hier nichts passiert«, sagt sie.

Alle fühlen mit ihr. Doch Susan meint: »Für jeden ist der Verlust von Geschenken, die einem so viel bedeuten, tragisch, und, ja, das ist es auch. Doch ich finde es auch traurig, dass bei einem Preis von tausend Dollar pro Feinunze so viel Gold weg ist.«

»Und warum wollen die den Schmuck nicht suchen, weil er bis morgen sowieso eingeschmolzen ist? Smaragde schmelzen nicht. Saphire ebenso wenig.« Susan steht hinter Camilles Stuhl und legt ihr beschützend die Hände auf die Schultern.

»Ich koche jetzt etwas«, verkündet Julia. »Ihr kommt alle mit in die Küche, und ich verteile die Aufgaben. Chris, du setzt das Nudelwasser auf. Susan, Salat. Rowan, deck bitte den Tisch. Kit und Colin müssen bleiben, weil wir moralische Unterstützung brauchen. Könntet ihr den Wein öffnen und die großen Gläser suchen? Ich würde mehrere Flaschen empfehlen. Camille, du bleibst einfach sitzen.«

»Ich weiß, dass es oberflächlich ist, sich so über materielle Dinge aufzuregen«, sagt Camille. »Es ist ein Luxusproblem.«

»Sei nicht albern«, entgegnet Julia. »Das wirst du nie mehr vergessen.«

»Ich schenke dir einen Diamanten, so groß wie das Ritz«, witzelt Rowan. »Was ist denn übrigens in der riesigen Kiste da draußen? Haben die Einbrecher euch ein Geschenk hinterlassen?«

Susan lacht. »Das ist der Anfang meines neuen Geschäfts. Mehr davon später. Wir hatten einen langen Tag.«

Es wird zwar, anders als geplant, kein festlicher Abend, aber trotzdem ein recht angenehmer. Alle berichteten von den Verlusten, die sie erlitten hatten. Ein Lastwagen fuhr rückwärts an ein Haus in Napa heran, während die Besitzer verreist waren, und alles bis hin zum Kühlschrank wurde ausgeräumt. Ein gestohlenes Auto. Ein Fahrrad. Eine Freundin, der die Handtasche weggerissen wurde. Camille ist untröstlich. Julia tut jedem einen Riesenberg Spaghetti alla Carbonara auf, der restlos vertilgt wird. Die ganze Zeit legt Colin den Arm um mich. Chris und Rowan bestehen darauf, über Nacht zu bleiben. Sie helfen mit, in zwei oberen Schlafzimmern die Betten zurechtzumachen. Die Carabinieri haben beteuert, dass die Zigeuner nicht zurückkommen werden, und zugesichert, die Straße stündlich zu patrouillieren. Doch alle fühlen sich in einem Haus voller Menschen wohler und können einander beruhigter als erwartet *buonanotte* wünschen. Archie schläft neben dem Kamin ein. Die drei Kätzchen kuscheln sich an ihn, als sei er ihre Mutter.»Oh, *Madonna serpente*«, sagt Susan. Ihr erster toskanischer Fluch, aufgeschnappt im Olivenhain. Es ist ein ziemlich derber. Schlangenmadonna.

In der Nacht macht Rowan sich Sorgen. Barfuß schleicht er sich die Treppe hinunter und öffnet langsam Camilles Zimmertür. Sie ist noch wach und liest in einem Buch.»Ich wollte nur nach dir schauen.« Er setzt sich auf die Bettkante.»Was für ein Schlag. Es tut mir so leid. Wie kann ich helfen? Soll ich dich im Arm halten, bis du eingeschlafen bist?«Camille rutscht unter die Decke.»Ja. Bitte.« Nach all den Worten ist schlichte menschliche Wärme so tröstend.

Susan schläft in ihrem Zimmer. Zu aufgedreht, um sich zu entspannen, war sie lange wach und hat E-Mails verschickt.

Julia überquert den Flur und geht in Chris' Zimmer. Er schläft zwar wie ein Toter, fährt aber sofort hoch, weil er glaubt, die Einbrecher seien zurück. »Julia! Mist! Es muss ein Albtraum für dich sein. Aber, Mannomann! Was für ein Anblick.«

Sie zieht sich das Nachthemd über den Kopf und schlägt die Decke zurück. »Morgen reist du ab. Wann werden wir wieder Gelegenheit haben, zusammen zu sein?«

Schließen und Ketten

Ich wusste, dass sich der Einbruch in der Villa Assunta schon herumgesprochen haben würde, als Colin und ich auf einen Kaffee ins Dorf gingen. Wir machten es uns mit Cappuccinos und Gebäck in der Bar Beato Angelico gemütlich, kamen jedoch kaum zum Essen oder zum Trinken, weil ständig Leute an unseren Tisch traten, um das schreckliche Ereignis zu erörtern.

Heute am späten Vormittag fahren wir mit dem Zug nach Florenz. Colin hat einen Termin bei einer Frauenärztin vereinbart, die ihm einer der Architekten auf seiner Baustelle empfohlen hat. Wie immer macht mich die Vorstellung nervös, mit den Beinen nach oben auf einem gynäkologischen Stuhl zu liegen, während jemand *Ganz locker* sagt. Diese Quälerei erspare ich mir nach Kräften.

Wenn in San Rocco etwas Schlimmes geschieht, nehmen es die Menschen persönlich. Allen hier tut es leid, und es ist ihnen peinlich, dass die netten Amerikanerinnen bestohlen worden sind. Und jeder hat eine Theorie. Ein zwielichtiger Charakter, der hin und wieder Gelegenheitsarbeiten erledigt, muss eine Menge Beschuldigungen einstecken. Und natürlich die Zigeuner. Falls etwas passiert, waren es immer die Zigeuner. (Nicht, dass hier viel passieren würde.) Eine Touristin war völlig außer

311

sich, weil ihre Geldbörse gestohlen worden sei. Kurz darauf wurde sie auf einem Stuhl neben dem entdeckt, wo die Frau vorhin Kaffee getrunken hatte. Betrunkene Jugendliche haben in einem Rohbau randaliert. Ein Hund hat vergiftetes Fleisch gefressen, doch viele meinten, er habe es nicht anders verdient, nachdem er einen ganzen Monat lang jede Nacht den Mond angebellt hatte. Natürlich besitzt eine ältere Frau eine Menge Schmuck. Sie sollte es besser wissen, als ihn unter ihre Kleider zu legen. Ihr Versteck sei schlecht gewesen. Aufgrund eines weitverbreiteten Misstrauens gegenüber Banken und einer Neigung, Einkommen, das besteuert werden könnte, möglichst nicht zu melden, bewahren viele Italiener Bargeld zu Hause auf. Schaut nur unter die Blumentöpfe! Die meisten kennen eine todsichere Methode, Wertgegenstände zu verstecken, und zwar nicht hinter Büchern oder in der Spitze eines Schuhs. Ein Jammer, so die vorherrschende Meinung, dass ein Teil des Schmucks von ihrer Mutter stammte.

»Und was nun?«, frage ich Colin. »Wahrscheinlich hat die Frau des Einbrechers im Moment eine Handvoll Perlenohrringe, den Smaragd und die Perlenkette, die nicht eingeschmolzen werden konnten, in einer Socke verstaut. Vielleicht hat der Mistkerl von einem Ehemann die Goldteile ja abgerissen. Er könnte die Schmuckstücke aber auch für sie, die Liebe seines Lebens, intakt gelassen haben. In ein paar Monaten holt sie die cremefarbenen Perlen vielleicht hervor und hakt die goldene Schließe an ihrem Nacken ein. Sie schaut in den Spiegel und malt sich aus, woher die Kette kommt. Möglicherweise wagt sie es ja, die kostbar schimmernden Perlen zu tragen. Und am selben Tag könnte Camille auf dem Markt sein und eine Frau beobachten, die sich über die Äpfel beugt, sodass ihre Perlen nach vorne schwingen.«

»Nicht einer der großen Verluste auf dieser Welt. Unbedeutend angesichts der Tatsache, dass die Armen ums Überleben kämpfen, sinnlose Kriege geführt und Terroranschläge verübt werden und die Menschen die Erde nicht genug achten, um ihre Umwelt zu schützen, und so weiter und so fort«, entgegnet Colin.

»Aber die Welt ist auch privat. Und wenn jemand in dein Haus eindringt und dir eine lebenslange Sammlung hochgeschätzter Dinge wegnimmt, löst das eine anhaltende Trauer aus. Camille fühlte sich nackt. Psychisch angegriffen. Wirklich wütend. Bei Schmuck liegt die Sache völlig anders als bei Geld. Es hat mit Romantik, Familientradition und einem Konzept innerer Schönheit zu tun. Die zarten Ohrringe, die man in etruskischen Gräbern gefunden hat, rühren uns deshalb so an, weil sie uns an die Trägerin von damals denken lassen. Vor zweitausendsechshundert Jahren hat sie ihre Ohrläppchen berührt, und wir spüren es. Ich liebe den Ring meiner Mutter« – das strahlende Blau ihrer Augen, ihre Großzügigkeit –, »und auch der Ring meiner missmutigen Tante« – hat sie je geliebt? – »funkelt an meinem kleinen Finger. Ich würde lieber das Geld verlieren, das sie wert sind.«

»Richtig. Du hast immer recht. Wenn man Bedeutung an den Ereignissen in dieser Welt misst, wird einem das eigene Leben immer banal erscheinen. Du fängst dort an, wo ich aufhöre, mein Liebling.«

»Sei nicht albern. Übrigens habe ich eine Menge zusammengerolltes Bargeld in einer leeren Weinflasche versteckt. Sie ist zugekorkt und steht zwischen den Essigflaschen.«

»Die Banknoten werden sich entrollen. Wie kriegen wir sie wieder aus der Flasche?«

»Ganz einfach, wir zerbrechen die Flasche. Und jetzt auf zum welterschütternden Termin.«

Meinen Berechnungen nach bin ich in der zehnten Woche, weshalb diese Untersuchung überfällig ist. Sobald ich mir sicher war, habe ich angefangen, Schwangerschaftsvitamine zu nehmen. Bald verwandelt sich der Embryo in einen Fötus. Momentan wiegt das Geschöpf zwar nur wenige Gramm, hat jedoch bereits eine Lunge und ein Herz, und alle lebenswichtigen Organe arbeiten. Bei diesem Gedanken werden mir die Knie weich. Nur drei Zentimeter lang und hat schon einen Magen und Fingernägel. Wie Sylvia Plath es ausgedrückt hat: »Ich bin in den Zug gestiegen, von dem es keinen Ausstieg gibt.« Wie Ihnen bereits bekannt ist, erstaunen mich die Grundfunktionen des Lebens immer wieder. Woher weiß eine Spinne, wie man ein kompliziertes Netz webt? Wie segeln Stare über den Himmel, wie schlägt das Herz immer weiter? Natürlich erfüllt mich Ehrfurcht angesichts der Tatsache, dass ich einen weiteren Menschen für diesen Planeten schaffe.

IV

Was ist wertvoller?

Als sich die Geschichte im Dorf verbreitet, erzählen *alle* den drei Frauen von ihren eigenen Verlusten oder denen von Freunden und Familienmitgliedern. Diese Geschichten sind nicht hilfreich, sondern lösen noch mehr Angst aus, genauso als wenn man einer Schwangeren die Wehen schildert. Doch im Großen und Ganzen verstand Camille, dass sie nicht allein mit ihrem Schicksal war. Verglichen mit denen, die die Ersparnisse eines ganzen Lebens, verstaut in einem leeren Milchkarton im Kühlschrank, verloren hatten, war sie mit ihrem Schmuck noch verhältnismäßig glimpflich davongekommen (obwohl sie sich innerlich dagegen sträubte).

Als sie bei Stefano zu Mittag aßen, beichtete sie Rowan, irgendein urwüchsiger Teil von ihr irgendwo tief in ihrer Hirnrinde frage sich, ob die Götter ihr Charles' Geschenke genommen hätten, weil sie mit ihm geschlafen habe. Er lachte darüber. Doch etwas Ursprüngliches in ihr fürchtete sich vor Vergeltung. »Du kannst es auch anders betrachten«, entgegnete Rowan. »Du bist völlig begeistert aus Venedig zurückgekommen. Mit einem neuen Projekt, von dem du mir noch kaum etwas gesagt hast. Du hast Künstlerbedarf, Kunstbände, Pigmente, Gedichte und ein Buch über Architektur mitgebracht. Beladen mit Reichtümern. Seltsam, dass die Erinnerungen an dein früheres Leben, eigentlich nur Schließen und Ketten, in dem Moment verschwinden, in dem diese neuen Anregungen auf den Plan treten. Könntest du mir darin vielleicht zustimmen?«

Stefano bringt einen Teller Crostini. »Was gibt es denn so Ernstes?«, fragt er. »Mit diesen Dingern da und einem Glas Wein sieht die Welt schon viel rosiger aus.«

Camille schweigt. Rowans geheimnisvolle Deutung ist etwas, worüber sich nachzudenken lohnt. Dann jedoch meint sie: »Nein, ich schaffe den Sprung auf diese mystische Ebene nicht. Das Konzept Auge um Auge sagt mir nicht zu, es ist so engstirnig. Schau dir die vielen Stinkreichen an. Denen wird nichts weggenommen, damit sie sich weiterentwickeln und sich für ihre Jacht einen Helikopter kaufen. Warum sollte ich, eine Dozentin in Teilzeit mit einem sparsamen Ehemann, etwas verlieren, um zu gewinnen?«

Rowan lacht. »Touché. Dennoch finde ich das zeitliche Zusammentreffen spannend. Vielleicht hilft es dir, die Sache als Symbol zu sehen.« Nach dem Mittagessen verbringen sie den Nachmittag bei ihm. Als sie später träge und befriedigt aufwacht, empfindet sie einen Anflug von Trauer. Sie denkt an die vielen Male in ihrem Leben, die sie sich mit Sex abgelenkt hat, anstatt das zu verfolgen, dem sie sich sonst vielleicht zugewandt hätte. Warum hat sie noch nicht mit der Arbeit angefangen, von der sie nun weiß, dass sie das ist, was sie will?

Die ersten Geschenke treffen ein. Leo überreicht ihnen eine Salz- und eine Pfeffermühle, die er aus dem Holz eines Obstbaums geschnitzt hat. Er legt sogar grobes Salz und Pfefferkörner bei, die sie zermahlen können. Die Besitzerin des Wäschegeschäfts, wo sie Tischtücher gekauft haben, bittet Susan herein und schenkt ihr drei handgewebte Geschirrtücher aus Baumwolle, die fast zu schön sind, um sie zu benutzen. Stefano gibt ihnen beim Mittagessen fünfzig Prozent Rabatt. In der Weinhandlung bekommen sie eine Flasche Grappa. An der Tür hängen vier liebe Briefe. Patrizia, die Frau mit den Kräutern, der Julia am Straßenrand begegnet ist, erscheint mit einer Auflaufform Lasagne. All diese spontanen Geschenke sorgen dafür, dass die Frauen nächtelang über ihre Bedeutung nachgrübeln. Die Nächstenliebe des Gebens und die große Lücke, wenn einem etwas weggenommen wird.

Camille hofft noch immer auf ein Wunder. Der Schmuck wird in einer Papiertüte vor der Tür stehen. Die Polizei wird mit triumphierendem Sirenengeheul bei ihnen vorfahren: Sie haben alles gefunden! Die Diebe sind im Gefängnis! Jedes Mal beim Anziehen vermisst sie die Kette mit dem Kristallkästchen voller Glücksdiamanten, die Charles ihr zu einem runden Geburtstag geschenkt hat. Oder die baumelnden Amethystohrringe von der Farbe toskanischer Trauben. Sie erinnert sich daran, wie ihr die alte Perlenkette (Mutter!) einmal in einem Restaurant gerissen ist, worauf die Kellner und Charles unter den Tischen herumgekrochen sind. *Ich werde den Schmuck nicht ersetzen,* denkt sie, *selbst wenn ich es könnte. Ich bedaure es, ihn nicht meiner Enkelin vererben zu können, aber so ist es nun mal. Da ich jetzt weiß, wie es ist, ihn zu verlieren, will ich das nicht noch einmal durchmachen. Charles – fort. Alle seine Geschenke – fort. Diese Verluste hängen*

miteinander zusammen. Verlust um Verlust stürzt durch mich hindurch
wie eine mit Beton gefüllte Kiste, die man im Meer versenkt. Ihr fällt
ein Moment aus dem Traum ein, in dem er im Wald spazieren
gegangen ist. »Alpenveilchen.« Er drehte sich zu ihr um und
sagte lächelnd: »Wertvoller als Juwelen.«

Anfangs ist er in Italien nicht in Erscheinung getreten. Nun
kann er wieder durch ihre Gedanken wandern. Mit diesem
umherstreifenden Geist hat sie nicht gerechnet. Als ihre Eltern,
ihre ältere Schwester, Cousinen und Freunde starben, und inzwischen sind es eine Menge, zogen sie sich nach der Phase der
frischen Trauer zurück und tauchten nur wieder auf, wenn sie
sich erinnerte, dass *Sophie Anemonen liebte* oder *es in Mutters Haus*
nach diesem Fichtenöl und nach Schokoladenkeksen roch oder daran,
dass *Billie Holliday sang, an dem Abend, als Ralph* ... Ihre geliebten Eltern besuchen sie nie in ihren Träumen. Ihre Mutter ist
ihr am nächsten, wenn sie in ihren vergilbten, brüchigen Rezepten nach mit Maismehl panierten Okra, Karamellkuchen,
Muffins mit braunem Zucker oder Soufflé aus Maisgrütze sucht.
Ihr Vater kehrt zurück, wenn sie hört, dass jemand so klar pfeift
wie ein Vogel, wenn sie an einem Golfplatz vorbeikommt oder
wenn ein Mensch einen Bourbon auf ex trinkt. Ihre Schwester Sophie, deren Brustkrebs rasch gestreut hat, ist nur in Momentaufnahmen zu sehen: beim Seilspringen, beim Sturz vom
Pferd, als sie bei ihrer Hochzeit ganz sachte ohnmächtig zusammengesackt ist. Sie war immer der Ansicht gewesen, Unsterblichkeit sei, in den Erinnerungen der Hinterbliebenen wei-
terzuleben. Die Erkenntnis, dass im Alltag so wenig übrig bleibt,

macht sie traurig. Doch allmählich verleiht es ihr Mut, dass der Drang voranzuschreiten so stark in ihr pulsiert.

Zu Hause, sagt sie sich, hätte sie ihren Lesezirkel wiederbelebt, Ingrid von der Schule abgeholt, Kontakt zu Kollegen gehalten, Vorlesungen in Kunstgeschichte besucht und sich vielleicht für Cornwallis Meadows entschieden. Mit Glück hätte sie ein Endhaus mit einer Kolibritränke und einer Schaukel auf der Veranda ergattert. Die nette Catherine von der Einführungsveranstaltung, die aus dem Norden hergezogen war, hätte nachmittags mit ihr Tee getrunken. Daran ist nichts Falsches. Aber – was, wenn ich die Villa Assunta verpasst hätte? Tausende von Bildern stürmen auf sie ein: Venedig, ihr Atelier, der Kurs im Papierschöpfen, Rowans rauer Bart an ihren Brüsten, Julia, die in der Küche lacht. Alle, wie sie miteinander anstoßen und beim Abendessen ihre neuen Erfahrungen schildern. Susan, die fröhlich und halsbrecherisch den blauen Fiat über die Straßen lenkt. Unzählige Geschmacksexplosionen, Staunen auf dem Markt, das reizende San Rocco, das Licht, das den ganzen Tag die Piazza kreuzt wie eine Sonnenuhr, die drei Katzen der vermaledeiten Einbrecher, die im Haus umhertollen und sich in ihre Herzen einschleichen. Ja, inzwischen haben sie Namen: Bimba, Ragazzo und Vino. Letzteren haben sie dem kleinen Racker nach dem Abendessen verpasst, als er von Susans Schoß auf den Tisch gesprungen ist und an ihrem Glas geleckt hat.

Susans Kuppel

Susan bittet Leo um Hilfe beim Auspacken der Kiste, die ge-
liefert wurde, während die Einbrecherinnen das Haus durchwühlt und zu Abend gegessen haben. Vielleicht ist ja eine von
ihnen, das Weinglas in der Hand, zur Tür geschlendert und hat
den Empfang quittiert. Unverschämte Miststücke. Die Kiste,
zusammengenagelt und stabil, als sei die Mona Lisa darin verstaut, enthält stattdessen ein Astrolabium und eine steinerne
Statue so schwer wie der Felsen von Gibraltar.

Nachdem Susan Peggy Guggenheims Skulpturengarten in Venedig verlassen hatte, entdeckte sie eine Antiquitätenhandlung
voller Dinge, von denen man nicht im Traum gedacht hätte,
dass einfache Sterbliche sie für schnöden Mammon besitzen
können. Zwischen gewaltigen barocken Gemälden, verschnör-
kelten Reliquienschreinen mit marmornen Engeln und kunstvollen vergoldeten, geschnitzten und mit Brokat bezogenen Mö-
belstücken stieß sie auf ein verrostetes Astrolabium auf einem
mit Wellen verzierten eisernen Sockel. Daneben stand eine steinerne Gartenstatue, ein Podest, geziert von einem schlanken
Merkur mit einem verkniffenen, ja beinahe hämischen Lächeln.
Klein, vielleicht insgesamt einen guten Meter hoch. *Genau die*

richtige Größe für Götter, dachte sie. *Rasch und geschmeidig huschen sie zwischen Wolken, Erde und Unterwelt hin und her.* War Merkur nicht in die Unterwelt hinabgestiegen? Und hat auf dem Weg nach unten jemanden verführt? Sie war begeistert von seinem spitzen Helm mit den wie zurückgeweht wirkenden Flügeln und den an den Fersen geflügelten Sandalen. Einfach abheben und den Canale Grande überqueren. Der Ladeninhaber öffnete die Tür. »Kann ich Ihnen behilflich sein, Signora? Sie bewundern meinen Merkur? Sicher wissen Sie, dass er der Gott der Reisenden wie Ihnen ist.«

»Das wusste ich nicht«, erwiderte Susan. »Doch er könnte der Gott eines wunderschönen Gartens sein.« Sie schüttelte dem Mann die Hand und trat ein.

»*Sono* Renzo Sciavonni«, stellte er sich vor. Sein enger Anzug schimmerte wie Sterlingsilber, und sein gewachstes, zurückgekämmtes Haar erforderte vermutlich eine solche Menge an Pflegeprodukten, dass Susan nur zu gern einen Blick in seinen Badezimmerschrank geworfen hätte. Sie nannte ihm ihren Namen und erklärte, sie habe einen Garten in der Toskana, wo ein Gott fehlte. »Offenbar hat Ihr Garten bereits eine Göttin.« Er lächelte. In Italien wird immer höflich geflirtet, selbst im hektischen Venedig.

»*Grazie*, Signore.« Susan lachte sehr laut. Das runde Instrument aus Bronze faszinierte sie. »Erzählen Sie mir, was das ist. Eine Sonnenuhr ist es sicher nicht. Offenbar etwas, um den Himmel zu kartografieren.« Sie beugte sich vor, um die auf einen langen Pfeil aufgespießten, einander überschneidenden Scheiben zu mustern. Vermutlich der Neigungswinkel der Erde.

»*Brava*. Sie betrachten gerade ein Planisphärum, auch Armillarsphäre genannt. Sehen Sie, wie gut mein Englisch ist! Unsere Vorfahren waren klug. Mithilfe dieses Geräts konnten sie die Höhe der Sterne, die Position von Mond und Erde und auch ihre eigene berechnen.«

Sie gehörten ihr. Im Geiste stellte Susan sie bereits im Garten der Villa Assunta auf. Ein Garten lebt von Anziehungspunkten, die Aufmerksamkeit erregen. Sie malte sich aus, wie Merkur sie und ihre Freundinnen begrüßte, wenn sie aus dem Auto stiegen. Wie geheimnisvoll würde das Astrolabium in einem Beet mit Artemisia und Gemeiner Schafgarbe wirken? Sind diese beiden Pflanzen so alt wie die römischen Götter? Haben die Astronomen inmitten von Lammohren und Gartennelken ihre Berechnungen betrieben?

Auch die Preise waren astronomisch. Renzo war bereit, höflich einen zehnprozentigen Nachlass zu gewähren. Allerdings hatte er seine Rechnung ohne die erfolgreiche Immobilienmaklerin aus Chapel Hill, North Carolina, gemacht, die Neugier, Charme und schlichtweg Gerissenheit einsetzte, um ihn um dreißig Prozent, inklusive Lieferung, herunterzuhandeln. Er konnte nicht anders, als den Hut vor ihr zu ziehen.

Leo stemmt die Kiste auf, braucht jedoch Colins Hilfe und eine Sackkarre, um den Merkur herauszuwuchten. Nun steht er im Vorgarten Wache. Das Astrolabium stellt Susan vor der Steinmauer einer Hügelterrasse neben der Eisenbank auf, die sie gleich nach ihrer Ankunft aus der *limonaia* geschleppt hat. Was für ein wundervoller Ort, um dazusitzen und an die Genies des Altertums zu denken, die ein solches Instrument erfunden haben. Sicher waren es Streber wie ihre Töchter und deren Kollegen im Silicon Valley.

Susan träumt vom Garten im Frühling und im Sommer, doch ihr Denken funktioniert wie das Astrolabium – in sich überschneidenden Scheiben. Sie plant auf den Moment hin, wenn ein einzelner Gedanke sich in einem Bogen bis in die Zukunft erstreckt. (Ach, fantasierst du wieder, wie großartig, pflegte Aaron zu sagen.) Spontan hat sie Signor Sciavonni ihre Visitenkarte gegeben.»Schicken Sie mir bitte eine Mail, falls sie weitere Gartenantiquitäten erwerben«, hat sie ihn gebeten.»Ich liebe Sonnenuhren, eiserne Rankgerüste und steinerne Löwen, die auf den Hinterbeinen stehen. Sogar die Statuen, die die vier Jahreszeiten darstellen, obwohl ich weiß, dass sie häufig vorkommen.« Als sie den Laden verließ, blitzten Funken in ihrem Kopf auf. Auf dem Antiquitätenmarkt in Arezzo hat sie eiserne bogenförmige Oberlichte, Brunnen mit Löwenköpfen und kunstvoll gestaltete Tore gesehen. Sie ist stehen geblieben, um sie zu mustern, hat jedoch nicht darüber hinausgeschaut.

Inzwischen verbindet sie die Punkte miteinander.

Auf dem Rückweg zum Hotel wich sie den Ellbogen und Einkaufstüten der Touristen aus und rief Molly Dodge in Chapel Hill an. Wenn Susan ein Haus verkaufen wollte, hatten sie oft zusammengearbeitet, um der gesichtslosen Immobilie mit Porträts, Sideboards und Lampen Atmosphäre einzuhauchen. Manchmal möblierten sie auch ein Haus komplett, wenn die Besitzer schon ausgezogen waren. Am liebsten deckte sie Tische für imaginäre Gäste oder richtete beruhigende pastellgrüne Schlafzimmer ein.

»*Ciao, bella*«, überschrie Susan beinahe das Stimmengewirr der Touristen. »Ich rufe aus Venedig an.«

»Soll das ein Scherz sein«, erwiderte Molly ebenso laut. »Ach, wie ich dich beneide. Mir fehlen die Worte.« Sie unterhielten sich über das, was sich zu Hause tat, wobei Susan Tränen in die Augen stiegen. Ein heftiger Anfall von Heimweh, mitten auf dem Campo Santo Stefano. Dann jedoch fiel ihr ein, wie trist ihr Büro nach Aarons Tod gewesen war. Die ganze Firma hatte sich angefühlt, als habe man die Luft rausgelassen. Und bei ihr selbst ebenfalls.

»Mir geht es absolut spitze. Meine Freundinnen sind einfach toll. Es ist wie eine WG zu College-Zeiten, nur dass niemand unordentlich ist, sich betrinkt oder streitet. Wir erleben ein Abenteuer nach dem anderen. Aber ich rufe an, weil ich eine Superidee habe. Ich habe gerade zwei ganz besondere Gartenantiquitäten für das Haus gekauft, das wir in der Toskana gemietet haben. Nirgendwo sonst findet man etwas annähernd Ähnliches.«

Molly wusste das, denn sie beschäftigte jemanden, der in Frankreich Möbel und Accessoires aufspürte. Immer weniger zu stetig steigenden Preisen schien ein ungeschriebenes Gesetz zu sein.

Sie verabreden, dass Susan einen halben Container voll Antiquitäten kaufen und ihn an Artful Dodge Antiques schicken wird. Brunnen, Oberlichte, Tore, Gartenmöbel, Statuen, Geländer, Spülbecken aus Klöstern, Tischbeine. Die Liste ist endlos. Sie werden sehen, wie sich die Sache entwickelt.

»Und dann kommst du nach Hause, Süße! Wir vermissen

dich. War es nicht toll, als wir all die Häuser für einen Höchstpreis losgeworden sind?«

»Stimmt. Und nun werden sich die Gärten in den Südstaaten verwandeln. Das wird sicher ein Spaß.«

Julia gießt Rotwein in eine tiefe Bratpfanne. Der leckere Geruch der brutzelnden Zwiebeln lockt alle herbei, weil sie wissen wollen, was es gibt. »Wieder ein Anlass zum Feiern«, verkündet Susan. »Ich habe Neuigkeiten für euch.« Sie deckt für sechs Personen, holt die Proseccogläser und schenkt ein. Dann führt sie sie in die Kälte hinaus. Licht bescheint ihre Schätze. »Die bewachen jetzt unser Haus. Und das Astrolabium wird uns helfen, falls wir uns im Universum verirren.«

In diesem Moment kommen Colin und ich mit schwingenden Taschenlampen den Hügel hinunter auf sie zu. Susan beleuchtet das archaische Lächeln des Merkur und die Ziffern auf den Scheiben des Astrolabiums. »Die sind für uns. Doch sie haben mich auf einen Gedanken gebracht, den ich voller Elan verfolgen werde.«

Rowan trifft ein, und wir setzen uns ans Feuer. Er hat einige seiner Veröffentlichungen mitgebracht. Er, Camille und ich betrachten sie vor dem Abendessen. Rowan ist berühmt, wenn auch nicht wohlhabend. Bibliotheken für seltene Bücher von Berkeley bis nach Oxford kaufen seine Werke. Ebenfalls Sammler von Erstausgaben und Raritäten.

Sein Vorschlag, eine limitierte Ausgabe meiner Arbeiten herauszubringen, schmeichelt mir. Er ist ein Meister seines Fachs.

Außerdem freut mich, dass er meine Gedichte aus jüngster Zeit in Literaturzeitschriften gelesen hat. Es sind schwierige Gedichte, Momentaufnahmen meines Unbewussten. (Für den bewusst schreibenden Verstand ist es unmöglich, das Unbewusste wirklich abzubilden. Eine Sollbruchstelle, ich versuche es trotzdem.) Er hat einen sardischen Pecorino dabei, der Fiore di Monte heißt. Julia ist ganz aus dem Häuschen, hobelt den Käse und gibt ihn auf ein Brett mit Focacciascheiben und Oliven, die sie mit Pepperoni und Zitronenschalen gebacken hat. Sie haben es nicht eilig mit dem Abendessen. Rowan schürt den Kamin in der Küche, Musik von Ennio Morricone läuft im Hintergrund. Als der Soundtrack von *Mission* beginnt, meint Julia:»Bitte legt das bei meiner nächsten Hochzeit oder Beerdigung oder was auch immer auf.«

Bei Tisch berichtet Susan von ihrem Telefonat mit Molly und ihrer Vereinbarung, ihr Glück als Importeurinnen zu versuchen.»Für mich klappt das ausgezeichnet. Ich treibe faszinierende Gartenantiquitäten auf und schicke sie nach Hause. Molly zahlt Geld auf mein Konto in North Carolina ein, wenn sie etwas verkauft. Auf diese Weise verdiene ich kein italienisches Geld. Ich habe nämlich keine Lust auf das italienische Steuersystem. Außerdem darf ich hier sowieso nicht arbeiten. Aber ich kann exportieren, absolut legal.«

»Du bist genial. Ständig fällt dir etwas Unerwartetes ein. Ha, mit zwei Mausklicks hast du uns hierhergebracht.« Als Susan einschenkt, fängt Camilles Glas eine gekippte, konvexe Reflexion der von Wärme erfüllten Küche ein.

»Ja, und du hast recht«, erwidert Julia. »Chris hat mir erklärt, dass ich als seine Beraterin in den USA bezahlt werde.« Chris! Jetzt ist er fort. Julia hat ihn heute Morgen zum Zug nach Rom gefahren. Er hat aus seinem Hotel angerufen und vermisst San Rocco und Julia bereits. Morgen ist er wieder in Napa und zurück im Geschäft, bei seinem Sohn, der über die Ferien zu Hause ist, und bei der Planung seiner nächsten Reise.

»Für mich wird das vermutlich kein Problem«, stellt Camille fest.

Julia hat einen Salat aus Roter Bete und *burrata* gemacht. Danach gibt es *stracotto*, der für Susan einfach nur wie ein leckerer Rindereintopf schmeckt.

In San Roccos vier Antiquitätenläden entdeckt Susan zwei alte Sphinxe aus Terrakotta, einen *trogolo* aus Stein, eigentlich ein Trog für Tiere, jedoch hübsch als Blumenkübel, eine Art-Nouveau-Gartenlaube, die man auseinandernehmen und flach zusammenklappen kann, und ein schmiedeeisernes Rankgerüst, so klein, dass es in einen Topf Kletterclematis passt. Es macht unglaublichen Spaß. Die Villa Assunta wird zum vorübergehenden Ausstellungsgarten für Susans Schätze. Ihr wird klar, dass sie einen Lagerraum mieten muss. Ansonsten wird es auf dem Grundstück bald aussehen wie auf einem Schrottplatz der anderen Art.

Sie braucht einen *fondo*. In den Nebenstraßen hat sie Schilder mit der Aufschrift ZU VERMIETEN an den steinernen Lagerräumen in den Erdgeschossen von Häusern bemerkt; zumeist zu klein für ein Auto. Ihre breiten Türen, bestückt mit eisernen, im Laufe der Jahrhunderte handgeschmiedeten Schlössern, öffnen sich zur Straße hin. Drinnen stützen dicke Balken den oberen Teil des Hauses. Die feuchten Räume wirken, als sollten noch grüne Glasballons mit Wein und Amphoren voller Olivenöl entlang der Wände stehen. Doch als sie nun durch die Stadt spaziert, entdeckt sie kein einziges Schild, auf dem *AFFITASI* steht.

Am Ende der elliptischen Piazza von San Rocco, versteckt hinter einer Ladenfront, nicht breiter als zwei Armlängen, stößt sie auf das Büro eines Immobilienmaklers. Die doppelflüglige Tür aus Walnussholz ist mit gewölbten ovalen Glasscheiben versehen. Neben der einen Seite der Tür hängt ein Glaskasten, in dem Häuser zum Verkauf angeboten werden. Natürlich mustert Susan die Mansardenwohnungen und die hochherrschaftlichen Landgüter, verunstaltet durch kitschige türkisfarbene Swimmingpools. (Was sie mit einem Swimmingpool für die Villa Assunta alles anfangen könnte!) Sie starrt auf ein Ungeheuer von wahrhaft olympischen Dimensionen und malt sich eine steinerne Umrandung und einige kugelförmige Buchsbäume am einen Ende aus. Und wie könnte man einen kleinen Wasserfall integrieren?

Bevor sie sich nach einem *fondo* erkundigt, trinkt sie einen Kaffee und schlägt einige Vokabeln nach, um erklären zu können, was sie sucht. Man sollte nie völlig unvorbereitet auftreten. Seit Kurzem nehmen sie alle drei Unterricht bei einer Lehrerin, die Grazia empfohlen hat. Signora Perruzi kommt zweimal die Woche für zwei Stunden nach dem Mittagessen. Außerdem sind da noch die Hausaufgaben. Diese herausfordernde Sprache scheint ein Fass ohne Boden zu sein.

Als Susan einen Kaffee bestellt, schlägt Violetta stattdessen *una ciocolata calda*, eine heiße Schokolade, vor. *Sì.* Susan nickt. Und kurz darauf wird ihre Vorstellung von heißer Schokolade auf den Kopf gestellt. Sie ist so zähflüssig, dass der Löffel darin stehen bleibt. Was für eine Erkenntnis. Damit wird sie morgen Julia überraschen.

Susan läutet. Im Büro lernt sie Nicolà Bertolli kennen. Sie sitzt zwar am Empfang, ist jedoch, anders als Susan angenommen hat, nicht die Sekretärin, sondern die Inhaberin. Zierlich, eine dichte Lockenmähne, ein schickes Kostüm im Prada-Stil und roter Lippenstift, der ihr breites Lächeln nur leicht befleckt. »Ich habe von den drei Amerikanerinnen gehört. Nett, Sie kennenzulernen«, sagt sie in fließendem Englisch. Sie weist auf das weiche, pekanfarbene Sofa und die Sessel, die hinten ins Büro gezwängt sind. Die beiden setzen sich. Nicolà erzählt Susan, ihr Mann, Brian Henderson, sei Engländer. Das Büro in San Rocco besäßen sie gemeinsam, doch als der toskanische Vertreter von Lloyd Bingham Estate Sales unterhielte er noch eines in Florenz. Brian hat sich in Nicolà und die Toskana während eines Auslandssemesters verliebt und zu guter Letzt festgestellt, dass er nicht mehr wegkonnte. »Er ist noch immer sehr englisch«, meint Nicolà, »aber er hat eine italienische Seele und vier italienische Kinder, die inzwischen alle erwachsen sind und in der Toskana leben. Wir verbringen noch immer viel Zeit in England. Ich liebe London, und er hat Familie in Sussex.«

Susan ist die bekannte britische Firma ein Begriff, auch wenn sie keine Ahnung hatte, dass es in der Nähe eine Filiale gibt. Nicolà ist schätzungsweise in ihrem Alter. Sie mustern einander, zwei modebewusste Frauen, die einander als Konkurrenz betrachten könnten. Doch sie beschließen, Freundinnen zu werden. »Mir gefallen Ihre Haare«, stellt Nicolà fest und schleudert ihre offenen Locken zurück. »Sie sind eine Ansage, die wahrscheinlich *Leg dich nicht mit mir an* lautet.«

»Und ich könnte für diese Schuhe einen Mord begehen«, erwidert Susan. Wie zieht sie sie mit all diesen Gladiatorenriemchen überhaupt an? Und dann noch die langen Beine bis hinauf zu dem englisch wirkenden Tweedrock. *In unserem Alter fast im Minirock*, denkt Susan. *Vielleicht kaufe ich mir auch einen. Meine Beine sind in Ordnung, bis auf die paar geplatzten Äderchen in der Kniekehle.*

Nicola spricht über Villen, die zum Verkauf stehen, und die Listen von Immobilien in ganz Italien, die man mieten kann. Darüber, wie schwierig es ist, Häuser zu verwalten, die an Ausländer vermietet werden. Sie weiß über den Einbruch Bescheid und erkundigt sich, ob Susan diejenige ist, die ihren Schmuck verloren hat.

»Meiner war unter der Klobürste versteckt«, antwortet Susan. »Ich wollte Camille eine Kette von mir schenken, doch sie möchte nie wieder Schmuck besitzen. Danke, dass Sie nachfragen. Jedenfalls hatten mein Mann Aaron und ich ein ziemlich großes Maklerbüro in North Carolina. Natürlich nicht in derselben Liga wie Lloyd Bingham, aber, ja, wir waren erstaunlich erfolgreich. Nach Aarons Tod vor dreieinhalb Jahren habe ich mich langsam aus der Firma zurückgezogen. Wir haben unsere Arbeit geliebt. Ich bin besessen von Häusern. Eine meiner liebsten Tätigkeiten war, die Häuser herzurichten. Sie müssen uns in der Villa Assunta besuchen. Wir hatten viel Spaß daran, sie wieder zum Leben zu erwecken. Meine beiden Freundinnen und ich lieben dieses Haus.«

»Ich kenne es. Ziemlich unterbewertet. Auf dieser Hochebene hat man eine wundervolle Aussicht. Werden Sie es kaufen?«

»Wir sind erst seit Oktober hier. Da wir alle drei vor Entscheidungen stehen, nehmen wir jeden Tag, wie er kommt. Wer weiß?«

»Möchten Sie andere Häuser besichtigen und vergleichen?«

»O nein. Das ist mir jetzt wirklich peinlich. Im Moment bin ich nur auf der Suche nach einem *fondo*. Einem bescheidenen Lagerraum. Wahrscheinlich beschäftigen Sie sich nicht mit so etwas.« Sie wirft einen Blick auf die Hochglanzbroschüren auf dem Couchtisch.

Nicolà lacht. »Wir beschäftigen uns mit allem. Und ich finde einen *fondo* für Sie. Wozu brauchen Sie ihn?«

Als Susan ihren neuen Geschäftsplan erläutert, ist Nicolà Feuer und Flamme. »Das Herrichten der Häuser, das Sie erwähnt haben, Susan, ist hier nicht üblich, obwohl es das sein sollte. Häufig sind diese hochherrschaftlichen Anwesen ziemlich trist. Ich predige den Besitzern, sie sollen neue Lampenschirme und Bettwäsche kaufen, die Küche auf Vordermann bringen und Wände streichen, die seit dreißig Jahren keinen Maler mehr gesehen haben. Nein, sie wollen die *madia* ihrer Großmutter nicht loswerden oder einen modernen Herd anschaffen. Sie begreifen einfach nicht, dass die Käufer sich geändert haben. Der bäuerliche Charme wirkt nicht mehr so charmant wie früher. Das gilt insbesondere für die brettharten Wohnzimmermöbel. Darüber müssen wir reden. Außerdem können die Gärten prachtvoller Villen einen struppigen und ungepflegten Eindruck machen, wenn man mit russischen Milliardären oder, verzeihen Sie, Amerikanern vorfährt, die glauben, kaufen zu können, was in Jahrhunderten gewachsen ist. Sie verlangen eine modernisierte Version des Ist-Zustandes. Die Kunden heute unterscheiden sich von den früheren, die Lust auf das Renovierungsabenteuer hatten. Inzwischen muss alles perfekt sein, wenn sie mit ihren Koffern voller Elektronik und Luxuskosmetika eintreffen. Ich habe erlebt, dass eine Frau beim Anblick der gewaltigen Anzahl von Aluminiumtöpfen in einer Villa, es müssen Hunderte in allen Größen gewesen sein, geweint hat. Angeblich kriege man davon Alzheimer. Blumen müssen auf Befehl blühen. Ein Pizzaofen – ja, bitte, obwohl sie ihn fast nie benutzen. Keine Stromausfälle! Schnelles Internet. Und dennoch sehnen sie sich nach der Ruhe und dem Frieden, die sie erst hierhergeführt haben. Ich kann mir nicht vorstellen, wer diese großen, von Konzernen umgebauten Pseudoschlösser und gewaltigen Landgüter kauft. Diese seelenlosen Toskana-Kopien. Irgendein Innenarchitekt fliegt aus London ein und taucht alles in skandinavisches Grau. Diese Häuser sind todlangweilig. Wir, das heißt Brian und ich, wollen es lieber authentisch, aber nicht abgewohnt.« Sie redet wie ein Wasserfall und gerät regelrecht in Rage.

»Ich verstehe. Es ist nicht leicht. Eine Gratwanderung«, erwidert Susan. »Offengestanden sind wir vielleicht auch ein bisschen wie diese wählerischen Mieter. Wir sind auch nicht begeistert, wenn die Eisenrohre einen muffigen Kloakengeruch aus den Gedärmen der Erde nach oben schicken. Und was haben Italiener eigentlich gegen gedämmte Türen? Aber Sie haben recht. Ein kahles Haus ist eine Enttäuschung. Man muss das optimale Mittelmaß zwischen Tradition und Gegenwart finden. Ach, was ist denn übrigens eine *madia*?«

»Die gab es früher in jedem Haus. Ein Kasten aus Kastanienholz, in dem man das Brot quellen ließ. Normalerweise handelt es sich um Schubladen unter der, wie sagt man, Arbeitsfläche. Das Unpraktische daran ist, dass man den Deckel anheben muss, um sie zu benutzen. Also kann man nichts daraufstellen.«

»Ach, das ist es also! Wir haben so etwas in unserer Küche. Wunderschön, aber im Weg. Julia bewahrt Schüsseln darin auf. Wenn ich ihr das erzähle, fängt sie mit dem Brotbacken an. Ich hatte keine Ahnung, wozu es dient, aber ich habe in einem Restaurant einmal eine offene gesehen, die als Bar gedient hat. Gute Idee.«

Susan mag Nicolà. Sie könnte den ganzen Vormittag weiter mit ihr plaudern. »Hätten Sie und Brian vielleicht Lust, zu uns zum Abendessen zu kommen? Ich weiß, es ist ein bisschen früh, doch ich möchte, dass Sie meine Freundinnen kennenlernen. Ich verspreche Ihnen ein fantastisches Abendessen. Ich koche nämlich ganz bestimmt nicht selbst!«

Die drei Frauen haben beschlossen, den ganzen Winter lang am Freitagabend Freunde einzuladen. Julia wird diese Abendessen als erste Recherche für *Learning Italian* nutzen. Sie haben sich darauf geeinigt, dass die Gästeliste am Donnerstag feststehen muss, damit jede ihren Beitrag leisten kann. Susan ist für die Blumen und den Tisch zuständig, Julia fürs Kochen und Camille für die Einkäufe und Hilfstätigkeiten in der Küche.

Susan schildert Nicolà Julias literarisches Kochbuchprojekt und Camilles aufkeimendes Interesse an der Malerei, die sie jahrzehntelang vernachlässigt hat. »Sie blüht richtig auf. Es ist, als umkreise sie den Mond und suche nach dem richtigen Landeplatz.« Susan zieht den Mantel an und hält Nicolà die Hand hin. »Ich hatte Lampenfieber herzukommen, weil ich so schauderhaft Italienisch spreche.« Sie holt einen Zettel aus der Tasche. *Vorrei affitare un fondo,* steht darauf. Ich würde gern einen *fondo* mieten.

Lachend greift Nicolà nach dem Papier. »Wenn Sie es fließend sprechen, lasse ich das hier für Sie rahmen.«

Susan macht sich auf der kopfsteingepflasterten Römerstraße auf den Heimweg. Auf dem Fußmarsch ins Dorf hatte sie eine Liste von Partizipien in der Hand, wie Kit es vorgeschlagen hat. Sie übt während des ganzen Rückwegs.

Heilige Tage

Winter. Als Colin und ich aufwachen, schwimmt das Tal unter uns in einem Meer aus schaumigem Nebel. Es ist berauschend, die Fensterläden aufzureißen und sich hinaus in die *aria fresca* zu lehnen. Den ganzen Vormittag lang steigt der Meeresspiegel und hüllt schließlich das Haus ein. Dann brennt die Mittagssonne den Dunst weg. Ich schüttle drei Skorpione aus meinen Stiefeln, die in der Scheune stehen. Unsere Wollsocken riechen nach den Schafen, von denen sie stammen. Colin zieht die Riegel der Fensterläden fest, damit sie nachts nicht im Nordwind klappern.

Man muss einen Sinn für Winter haben, sagte der Dichter Wallace Stevens. Das habe ich. Während der verschlossenen Monate habe ich Großes vor. Nicht, dass die Winter hier je so streng werden wie in Minnesota. Doch in Steinhäusern hält sich die Kühle. Wir haben es dank unserer Heizkörper, die beim Anspringen vier leise Noten von sich geben, verhältnismäßig mollig. Außerdem besitzen wir ein *scaldaletto*, eine Art flauschige Matratzenauflage, die alle Italiener, die ich kenne, von November bis April benutzen. Sie ist elektrisch. Mit einer warmen Daunendecke über und dem plüschigen Ding unter sich fühlt man sich wie ein feuchter, schnarchender Bär in einer Höhle.

Doch zuerst veranstalte ich eine Party. Die Feiertage stehen vor der Tür, und bevor sich meine neuen Nachbarinnen mit ihren Angehörigen, die zu Besuch kommen, in alle Winde zerstreuen, möchte ich sie mit meinen besten italienischen Freunden und einigen ausländischen bekannt machen. Und ich will feiern. Auf unserem Grundstück wachsen wilde Stechpalmen und Misteln in den Astgabeln der Mandelbäume. Mein Haus wird voller Rosen sein.

Die Speisenfolge habe ich schon im Kopf, obwohl ich kein Händchen für Gebäck und Torten habe. Bei einer Frau im Dorf kann ich eine köstliche Haselnussroulade bestellen. Ich liebe winterliche Gerichte: kurze Rippen, die Kartoffelkroketten meiner Mutter, Schweinebraten mit Rotkohl und Kastanien, Polenta mit Pilzen.

Als ich in Coral Gables aufwuchs, meinte Minnie, unsere Haushälterin, stets, das Schicksal schlüge immer dreimal zu, im Guten wie im Schlechten. Sie glaubte fest daran, dass Gott die Dinge in Dreierpaketen schickte.

Mir stehen drei gute Dinge bevor.

Erstens: Nach dem Besuch bei Dr. Caprini (Bedeutung: Ziegen, verrückt) war ich vor Freude außer mir. Wer rechnet auf einem Untersuchungstisch schon mit einer mystischen Erfahrung? Als ich mit Gel eingerieben und dem Ultraschall verbunden wurde (Bauch noch immer flach) und der winzige grauschwarze Fleck, kleiner als ein Shrimp in der Bucht (Kopf zu erkennen), in Sicht kam, zerquetschte ich Colin fast die Hand. Am liebsten hätte ich laut geschrien. Dann wollte ich weinen und tat es auch. Dr. Caprini schien ebenfalls begeistert und machte mir überhaupt keine Angst davor, eine sogenannte »ältere *primigravida*« zu sein, also eine Frau über fünfunddreißig, die zum ersten Mal schwanger ist. Stattdessen staunte sie angesichts der Neigung meines Uterus und meines Alters über meine Schwangerschaft (fünfundachtzig Prozent aller Frauen sind mit vierundvierzig unfruchtbar). »Das ist ein entschlossenes kleines Geschöpf«, lautete ihr Urteil. Sie hat tüchtige kühle Hände, einen eisgrauen, straffen Dutt und ein vorspringendes Kinn. Solange sie das Kommando führt, wird kein Grünschnabel irgendwelche Mätzchen machen. Ich mochte sie. »Es wird alles gut gehen«, verkündete sie. »Sie haben einen jungen Körper. Allerdings bin ich erleichtert, dass Sie keine Zwillinge kriegen. Eines ist genug.« Ich lachte. Dann fröstelte ich. »Das Geschlecht ist noch nicht zu erkennen«, fügte sie hinzu und musterte das verschwommene Häkchen. »Das ist in Ordnung. Wir sind nicht sicher, ob wir es überhaupt wissen wollen.« Mehr Untersuchungen folgen später, in der Zwischenzeit ist alles bestens; es gibt Bücher, die ich lesen, und Vitamine, die ich nehmen soll. Außerdem soll ich mich eiweißreich ernähren.

Zweitens: Colins Team hat einen Preis für innovatives Design und eine Auszeichnung für die optimale Anpassung an das Gelände erhalten. Es ging um ein Universitätsgebäude in Manchester. Danach haben wir erfahren, dass sein Londoner Büro Anfang nächsten Jahres expandieren wird. Sie eröffnen Filialen in Dubai und Miami. Dubai, weil es eben Dubai ist, und Miami, weil sie dort drei wichtige Aufträge bekommen haben: ein Museum, ein städtisches Wohnbauprojekt und ein für Touristen konzipiertes Pier mit Läden und Restaurants. Bei seiner letzten Reise hat er herausgefunden, dass es ihm offensteht, in London zu bleiben, aber mehr Projekte vor Ort in Italien zu betreuen oder auf Projektbasis in Teilzeit im Büro in Miami tätig zu sein, falls er das möchte. Das bedeutet, dass unser Leben hier leichter wird. Das unfassbar anstrengende Pendeln nach London wird weniger werden. Und Florida – wenn nach dem Tod meiner Mutter eine Stelle frei geworden wäre, wäre ich wahrscheinlich noch dort. Mein Sehnsuchtsort unterscheidet sich sehr von dem Bild, das die meisten Menschen von Florida haben. Mein Florida muss man suchen, aber es ist vorhanden. Eine karge Landschaft aus heißem Sand, wild wuchernden Pflanzen, Alligatoren mit lachhaft weit aufgerissenen Mäulern, Bäumen, von denen das Moos hängt, und Stränden, wie man sie sich erträumt. Soll die kleine Miss X dort ihren ersten Atemzug tun? Oder soll der junge Master X in Florenz die Luft der Medicis, die Geheimnisse der Renaissance und das Gegenteil des Primitiven in sich aufsaugen? Colin betrachtet all das als aufregende Möglichkeiten, nicht als Stress, und so versuche ich, es auch so zu sehen. Nur gelegentlich machen mir Ungewissheit und, ja Stress zu schaffen. (Im Italienischen gibt es kein Wort für Stress. Es wurde aus dem Englischen übernommen: *lo stress*.)

Wir planen, meine kleine Scheune aus Stein umzubauen. Wenn Colin sie mit einem großformatigen Drucker und anderen benötigten Geräten ausstattet, kann er dort arbeiten. Im Augenblick stehen seine Zeichentische noch im Gästezimmer. Ein Architekt vor Ort lässt ihn seinen Drucker benutzen. Nicht der allerbeste.

In der Scheune gibt es nicht viel Licht, nur das, welches durch das bogenförmige, für einen Karren gebaute Tor hereinfällt. Doch er kann an der Rückseite, wo man es nicht sieht, ein Oberlicht anbringen, falls wir eine Genehmigung bekommen. Das große Tor könnte ganz aus Glas bestehen, weil es noch einen Seiteneingang gibt. Neben dem Tor soll ein Astrolabium stehen. Das wird eine Überraschung für ihn werden, falls ich Susan dazu überreden kann, ein anderes aufzutreiben. Als ich die Funktion eines Astrolabiums recherchiert habe, bin ich auch auf Hinweise auf Heloise und Abelard gestoßen, die philosophiebegeisterten, von den Sternen faszinierten Liebenden, die im frühen elften Jahrhundert eine leidenschaftliche Romanze hatten. Affären zwischen Lehrer und Schülerin nehmen selten ein gutes Ende. Heloises erboster Onkel ließ Abelard wegen seines Verhältnisses mit seiner Nichte kastrieren, allerdings erst, nachdem ein Sohn gezeugt worden war. Er wurde Astralabe genannt. Vermutlich glaubten sie, dass ihre Liebe ebenso viele Dimensionen enthielt wie der Himmel, und *bambino* Astralabe war das Symbol dafür. Doch als ich das Colin erzähle, meint er:

»Hmm. Sollen wir unser Kind Ultraschall nennen?«

»Wie findest du Abelard? Das ist ein netter Name.«

»Machst du Witze. Richard ist ein netter Name. James. Placido. Alessandro. Aber Abelard? Die werden ihm den Spitznamen Abe oder Lard geben.« Er schiebt mich rückwärts aufs Bett, küsst meinen Hals, pustet mir ins Ohr und kitzelt mich, bis ich mit den Beinen strample. »Allerdings könnte ich Balthazar etwas abgewinnen.«

Drittens: Wir heiraten. *Gesù!* Aus unerklärlichen Gründen

bin ich aufgeregt. Colin auch. Bis jetzt war es uns egal, ob wir im Stadium Freund/Freundin hängen blieben. Doch jetzt reden wir jeden Tag beim Abendessen über das Wann, Wo und Wie. Wir hören in der Küche Musik, tanzen und schauen dazwischen nach den grünen Bohnen und dem Hühnchen, das sich im Backofen am Grill dreht. Ich verwerfe die Idee, in Coral Gables zu heiraten, und zwar in derselben Kapelle, in der meine Eltern getraut wurden und wo ich zur Erstkommunion gegangen bin. (Etwa sechs Monate lang war ich schrecklich fromm.) Ich schlage unseren Garten im Frühjahr vor, wenn der Jasmin von der Pergola hängt und sich die blütenreiche Banks-Rose über der Tür rankt. Aber möchte ich in einem zarten Hochzeitskleid wirklich einen Bauch haben? Also muss es früher passieren. Er denkt an Griechenland. Nur wir beide auf einer Insel. An Silvester?

Eigentlich sind es derzeit mehr als drei Winke des Schicksals. Was mich betrifft, fallen mir beim Einschlafen und beim Aufwachen Gedichtzeilen ein, und ich kann mich an alle erinnern. Tagsüber schreibe ich Gedichte, die mich überraschen. Ich lasse Bruchstücke von Gefühlen und ein wenig esoterisches Wissen einfließen, das ich mir beim Lesen aneigne. Die Form wird lockerer, der Zeilenfall wirkt weniger bemüht. Nach jedem Gedicht widme ich mich wieder den Abenteuern der drei Frauen oder meinem Margaret-Projekt, das eine erschreckende Wendung genommen hat, als wir die Scheune untersuchten und ich auf einen weiteren ihrer Koffer stieß, die sie bei ihrem Pendeln zwischen den USA und hier nach dem Verkauf der Casa Gelsomino hinterlassen hat.

Ich fürchte mich davor, die Scheune zu öffnen, weil dort zwei *barbagianni* leben. Als ich nach dem Sommer die Ventilatoren wegräumen wollte, starrten mich die beiden Eulen, so groß wie einjährige Kinder, von einem Deckenbalken aus an und schlugen mit den Flügeln. Eine Spannweite von mindestens einem Meter. Ihre Blicke durchbohrten mich. Sie krächzten, als stammten sie aus einer anderen Welt, während ich erschrocken die Ventilatoren fallen ließ und, mit den Armen rudernd und schreiend, die Flucht ergriff.

Heute sind sie nicht zu Hause. Auf den Regalen hinten im Raum lagern wir ein Archiv von Gepäckstücken. Rucksäcke, Reisetaschen, einige Rollkoffer und gewaltige faltbare Ungeheuer, die ich nie wieder benutzen will. Ihrer ist mittendrin im Stapel. »Kannst du ihn ins Haus schleppen?«, bitte ich Colin. »Ich sichte ihn später.«

Wir entdecken die abgewetzte Reisetasche aus Kalbsleder, die einem Freund gehört. Darin befinden sich Tuben mit eingetrockneter Ölfarbe, steife Pinsel, Lappen, die Pantoffeln, in denen er immer gemalt hat, und ein recht ordentliches Stillleben. Pflaumen in einer Zinnschale. (Der Lichteinfall auf den Früchten hat seinen Weg in ein Gedicht gefunden.)

»Oh, da ist ja Jeremy!«, sagt Colin. »Inzwischen arbeitet er in der Tate Gallery. Ob er das wohl zurückhaben will?« Jeremy hat einen Sommer unsere Gastfreundschaft überbeansprucht und ist zu lange geblieben.

»Du könntest ihn fragen. Ich glaube, er hat sie vergessen. So saftig aussehende Pflaumen. Wir könnten das Bild aufhängen, in Gedenken an all die Nächte, die er uns mit Gesprächen über

343

Perspektiven, das Werk von Emil Nolde und den Studenten, mit dem er gerade vögelte, wachgehalten hat.«

Colin heuert einen Mann mit einem Laster an, der Jeremys verdorbene Farben und außerdem Tonnen von angehäuftem Schrott wegschafft, der sich so langsam ansammelt, dass man gar nicht bemerkt, was für eine schauderhafte Last man bei sich beherbergt: vermoderte Koffer, eingerissene Gartenschläuche, ein Tisch mit abgebrochenem Bein, betonhart gewordener Dünger, Müll, Müll, Müll. Leer geräumt wirkt die Scheune plötzlich so groß, dass man sich weiß verputzte Wände, saubere, seit vielen Jahrhunderten von Hufen blank gewetzte Steinböden und einen langen Arbeitstisch mit schicken Industrieleuchten darüber vorstellen kann.

Nach dem Mittagessen öffne ich Margarets Koffer. Sie hat Säckchen mit Potpourri in die Seitentaschen gesteckt. Der Kleiderhaufen verströmt einen Geruch nach Wäldern voller Farne, Moder und einem Gewürz, vielleicht Curry. Wahrscheinlich liegt der Koffer schon seit fünf Jahren dort. Ich finde den Papierstoß nicht sofort, ein dickes Bündel, zusammengehalten von einem schmalen gelben Band und in einer Handtasche verstaut. *Verstörende Anmerkungen*, lautet der Titel. Darunter steht handschriftlich *Margaret Merrill*. Ich blättere die im einzeiligen Abstand getippten Seiten durch. Einige sind mit Streichungen und Notizen in der violetten Tinte bedeckt, die sie in ihrem Mont-Blanc-Füllhalter bevorzugte. »Colin«, rufe ich die Treppe hinunter. »Ich fasse es nicht. Margaret hat ein Manuskript hinterlassen!« Ich kippe den Inhalt des Koffers aufs Bett. Ein Morgenmantel aus Jacquard-Seide, der auch einem Mann gehören könnte. Drei Pullover. Die orangefarbenen Wildlederstiefel, die ich immer so bewundert habe. Eine Flasche Parfüm von Dior, inzwischen verdorben. Ein Baumwollnachthemd. Ein schwarzer Rock. Und dann, ganz unten, eine Perlenkette und eine aus Glasperlen aus Murano, die ich ihr einmal geschenkt, aber nie an ihr gesehen habe. Mittlerweile glaube ich, dass sie ihr zu kitschig war.

Colin kommt hereingestürmt, wühlt in dem Kleiderhaufen und greift nach einem mit Strukturbändern durchwirkten Pullover.»Der ist hübsch. Wir stoßen heute auf Schätze. Würdest du den anziehen? Oder das Kleid, das ich letztens mit reingebracht habe. Das, das aussieht, als sei es direkt dem Großen Basar entstiegen?«

»Es ist so laut. Oh, vielleicht. Aber schau. Das hier ist eindeutig ein Manuskript. Ich glaube nicht, dass es bereits erschienen ist. Es muss ein unveröffentlichtes Buch sein, das schon seit Jahren in unserer Scheune vor sich hin modert. Ist dir klar, was das bedeutet? Ein verloren gegangenes Werk von Margaret Merrill?«

»Ja, für dich ist es wichtig. Doch ich bezweifle, dass es die Welt aus den Angeln heben wird.« Wir schieben die Kleider beiseite, setzen uns aufs Bett und fangen an zu lesen. Ein Roman? Die Widmung lautet: *Ich ziehe einen Tropfen Blut einem Tintenfass vor. (George Seferis)*

»Kommt mir bekannt vor. Margaret verabscheute Theorien.« Wir schlagen die erste Seite auf. *Im Tal fiel Regen in grauen Schnüren,* lautet der Anfang. *Ich war neu in meinem Zuhause und*

345

genoss es noch. Die schiefen Stufen zum Esszimmer, die zu meinem Ver-
gnügen bei meinen Gästen stets ein kurzes Schwindelgefühl auslösen,
die um den Kamin gruppierten senffarbenen Samtsessel, Fenster mit
Blick auf den gewaltigen Turm des angrenzenden Palazzo. »Hmmm,
das ist die Casa Gelsomino. Ist der Text autobiografisch?« Ich
blättere weiter und überfliege die Seiten. »Hat sie ihre Memoiren geschrieben?«

»Das zu klären überlasse ich dir. Ich muss noch arbeiten.«
Colin nimmt den blauen Pullover und schnuppert daran. »Du
weißt sicher noch, dass sie ihren ganz eigenen Geruch hatte.
Nicht frisch wie du, nach Bettlaken, die in der Sonne trocknen.
Eher wie der Weihrauch, den ein Priester um einen Sarg verstreut, rauchig eben und verboten. Oder noch schlimmer, so
als käme sie gerade aus einer Haschischhöhle, wo jemand ermordet wurde.« Er lacht.

»Sie hatte etwas Düsteres an sich.«

Es war einfach, sich über Margaret, Maud und Freya kundig zu
machen und sie auf Papier zum Leben zu erwecken. Ich hatte
Margaret sehr gern, später nicht mehr so. Als ich meine Gedichte aus San Rocco in einem Washingtoner Buchladen las –
ich fühlte mich geehrt, weil man mich eingeladen hatte –, war
sie zufällig in der Stadt. Damals kannte ich sie schon seit einigen Jahren, meine schlagfertige, ach so weltgewandte Freundin und angesehene Literatin. Meine Anfangsjahre, in denen
ich mich fragte, ob ich *Ein Glas voller Morgenregen*, mein erstes
Buch, dem ich die Stelle in Boulder verdankte, würde übertref-
fen können. Ich war das Sinnbild einer »aufstrebenden Auto-

rin«, schlug mich mit Absagen herum und versuchte dennoch, ein weiteres Buch bei einem Verlag unterzubringen, verdammt, einen Gedichtband zu veröffentlichen. Und dann geschah es. Mein Durchbruch kam, als ich mit meinen italienischen Arbeiten hausieren ging. (Vielleicht war nach der langen Zeit der Einsamkeit an meinem Schreibtisch der Knoten ja geplatzt.) (Wie sehr vermisse ich es, mich so konzentrieren zu können wie damals.) Ein Gedicht war ein Abecedarium, basierend auf den Buchstaben des italienischen Alphabets. Ein anderes wurde von italienischen Wörtern inspiriert, die mir gefielen. Ich versuchte, jedes Wort – *cipresso, mirtillo, girasole, luna, chiacchierone, sera, cielo* – in eine Landschaft oder ein Ereignis einzufügen. Am beliebtesten, wenn man diesen Ausdruck im Zusammenhang mit Gedichten überhaupt verwenden kann, waren meine Prosagedichte über den Alltag in San Rocco. Ich bemühte mich, sie authentisch klingen zu lassen, und wünschte, ich könnte den gelben Ginster, der auf den Hügeln blühte, die zerschlissenen Seile des Kleinwüchsigen, der auf dem Rücken Holz zu den Pizzaöfen schleppte, die von Leo geschnitzten Spazierstöcke und die marineblauen, bedruckten Kittelschürzen, die die älteren Frauen zu Hause tragen, auf die Seiten kleben. All die mit Händen zu greifenden Gefühle, die an diesem magischen Ort ständig auf mich einstürmen. So entstand mein erstes Buch, *Ein Glas voller Morgenregen*. Entschuldigen Sie das Wortspiel mit meinem Namen: *Rain* heißt auf Englisch Regen.

Die Lesung in Washington war erfolgreich. Man merkt es, wenn das Publikum mitgeht. Ich begann, es zu genießen, und dass Margaret hinter mir saß, gab mir Kraft. *Das Kit-Team*, dachte ich. In der anschließenden Fragestunde hob jemand die Hand. »Wie reagieren die Einheimischen auf Ihre Gedichte? Gefallen sie ihnen?«, erkundigte sich die Person. Ich wusste nicht, ob ein Einheimischer sie jemals lesen würde, und suchte nach einer Antwort, als Margaret, die in ihrem weißen Leinenkostüm aussah wie ein Filmstar aus den Dreißigern, aufstand. »Nein«, sagte sie. »Auf keinen Fall. Die Leute dort finden, dass Ausländer sich um ihre eigenen Angelegenheiten kümmern sollten. Sie werden zu ihren üblichen Ausflüchten greifen, und außerdem können sie mit modernen Gedichten nichts anfangen. Für sie müssen Gedichte sich reimen.« Sie setzte sich wieder. *Was?* Ich war wie vor den Kopf gestoßen. »Jetzt haben Sie es gehört«, erwiderte ich. »Ich weiß es wirklich nicht, doch Margaret Merrill lebt schon seit vielen Jahren in Italien. Vielleicht kennt sie sich besser aus. Ich habe diese Gedichte mit Liebe geschrieben. Ich hoffe, dass sich das in einer Übersetzung vermitteln lässt, falls es je so weit kommt. Hat noch jemand eine Frage?« Welcher Teufel hatte sie geritten, *meine* Lesung zu stören? Viele, die ihren Namen kannten, drehten sich nach der besessenen Frau um, die inzwischen, allerdings mit gerecktem Kinn, einen Notizblock konsultierte. Sie schien auf uns Erdenwürmer herunterzuschauen. Die Stimmung war verflogen, es war vorbei.

Warum stellte ich sie nicht zur Rede? Warum? Eindeutig Charakterschwäche. In meiner Familie ließ man die Dinge vor sich hin köcheln, bis eine auflodernde Flamme eine plötzliche Explosion auslöste. So bin ich eben. So verhalte ich mich. Nach der Lesung ging sie mit mir in ein belebtes Restaurant voller

Politiker (igitt), wo sechs Männer an unseren Tisch kamen und sagten, sie hätten ihren Text über die Mafia sehr bewundert. Sie bestellte Austern (igitt) und Champagner, »um den Beginn einer große Karriere zu feiern«. Kein Wort über ihren Seitenhieb. Später im Hotel schickte ich Colin eine Mail. *Das ist jetzt echt schräg. Ich glaube, Margaret ist eifersüchtig auf MICH. Lach jetzt nicht.*

Das Zehntausend-Kilometer-Gespräch

Durch die freitäglichen Abendeinladungen hat Julias Buch *Learning Italian* vier Kapitel dazugewonnen. Während sie den ganzen Nachmittag lang kocht, stellt sie ihren Laptop auf die Arbeitsfläche und chattet mit Chris. Wenn sie Zwiebeln und Knoblauch hackt und sie zum Dünsten in die Pfanne gibt, glaubt sie, er ist so nah, dass er riechen kann, wie sie brutzeln. Er berichtet von den Fortschritten beim Pinot Noir in diesem Jahr. Die Fassverkostung verspricht einen Spitzenwein. Sie wischt ein paar Spritzer Olivenöl vom Bildschirm. Chris sitzt mit einem breiten Lächeln in seinem Büro in Napa. Sein Schreibtisch gefällt ihr: zwei Weinfässer mit einem unregelmäßigen Stück Redwood-Holz als Platte. Sein Stuhl ist ein drehbarer Barhocker aus Kuhfell mit Hörnern. In seinem Jeanshemd, so ganz anders als die maßgeschneiderten Sachen, die er in Italien trägt, sieht er aus wie in einem Western. Sein Lächeln überträgt die Kraft, die sie so gut kennt, über den Cyberspace. Er kocht mit ihr, als sie ihm von den Maismehlgnocchi mit *parmigiano* erzählt, die sie gerade in den Backofen schiebt. Und von der Entenbrust mit reduzierter Balsamicosoße und Orangenschalen, die schon servierfertig ist.

Heute Abend werden sie zu zwölft sein. Susan hat kleine Töpfe mit weißen Alpenveilchen in der Mitte des Tisches arrangiert. Dazu weiße Teller und ein grünes Tischtuch. Sie ist froh, weil Nicolà und Brian kommen. Außerdem hat Camille Chiara Bevilacqua, die Buchhändlerin, und ihre Lebensgefährtin eingeladen, deren Namen sie noch nicht kennt. Rowan, Annetta und Leo und Colin und Kit sind auch mit von der Partie. Camille hat sich den ganzen Tag zurückgezogen und ist nur zur Mittagszeit aufgetaucht, um sich eine Portion übrig gebliebene Lasagne aufzuwärmen, die sie mit in ihr Zimmer genommen hat. Sie hat versprochen, rechtzeitig herauszukommen, um die Weine zu öffnen und die Antipasti anzurichten. Julia und Susan freuen sich für Camille. Sie arbeitet! Nach Wochen, in denen sie durch die Luft gewirbelt, in den Sturzflug gegangen, gekreist, aufgestiegen und wieder hinabgestürzt ist, ist die Stille in ihrem Zimmer Musik in ihren Ohren.

»Jetzt haben wir richtig Winter«, teilt Julia Chris mit. »Als du abgereist ist, lag der Herbst noch in den letzten Zügen, doch das Wetter hat eindeutig umgeschlagen. Nachts hören wir Eulen.« Julia hält inne und sucht einen Topflappen. »Du solltest hier sein. Komm zurück!« Die frisch gedünsteten *broccolini*, vermischt mit Zwiebeln, Knoblauch und einigen Anchovis, schmecken bitter, angenehm bitter. Chris beobachtet, wie sie schon das Essen für morgen vorbereitet, eingerollte Putenbrust, die Gilda vom Hotel Santa Caterina ihnen in ihrem Kochkurs beigebracht hat. Julia geht zwei Vormittage die Woche hin. Sie schneidet die große Putenbrust an entgegengesetzten Enden fast vollständig auf und klappt sie auseinander. »Laut Gilda kann man sie füllen, wie man will. Ich werde verschiedene Variationen ausprobieren, doch jetzt mache ich es genauso wie sie. Zuerst eine Schicht gehacktes Kalbfleisch, dann eine Schicht grobe Croutons und zu guter Letzt ein paar zerkleinerte Pistazien.« Sie rollt die Putenbrust der Länge nach zusammen und sichert sie an vier Punkten mit Bindfaden.

»Das ist Folter.« Chris beugt sich vor. »Bei mir gibt es heute Abend Nudeln mit Tomatensoße aus der Dose. Was willst du in deinem Buch zu diesem gerollten Ding schreiben?«

»Über Truthahn kann man hier eine Menge sagen. *Tacchino*. Sie sind riesig, wenn man einen ganzen kauft. Doppelt so groß wie normal. Diese Brust allein sieht schon aus wie ein ganzer Truthahn! Und ich schwöre dir, du würdest gar nicht merken, dass du Truthahn isst. Das Fleisch ist so saftig und lecker, dass ich es für Kalbfleisch gehalten habe. Vergiss Truthahnsandwiches! Das hier ist Spitzenqualität. Und die Pistazien. Ich wusste gar nicht, dass in toskanischen Rezepten so häufig Pistazien vorkommen. Das recherchiere ich gerade. Warum Pistazien?«

»Keine Ahnung. Ich dachte, die Dinger sind nur dazu da, dass man sich die Fingernägel daran abbricht, wenn einem ein Schälchen davon zum Campari Soda serviert wird. Ich vermisse dich. Du bist die Einzige, mit der ich stundenlang über Pistazien diskutieren könnte.« Er zögert. »Julia, ich habe mir etwas überlegt. Sag sofort Nein, wenn du es zu aufdringlich findest. Möchtest du, dass ich Lizzie in San Francisco suche, falls sie noch dort ist? Ich weiß, dass du seit Monaten nichts von ihr gehört hast, und auch, dass du Zeit brauchst, um dir dein Leben zurückzuerobern. Aber sicher leidest du darunter.«

Julia legt den Löffel weg. Sie schweigt.

»Es war nur so eine Idee. Ich könnte zu ihrer letzten bekannten Adresse gehen. Hast du mich nicht gefragt, ob ich die Gegend um die Scott Street und die Sutter Street kenne? Und dann könnte ich so diskret wie möglich Nachforschungen anstellen.«

»Chris, Chris. Vielen Dank. Ich verdränge meine Sorgen, das muss ich. Ich habe nämlich Angst, mich wieder freiwillig in ein großes Unglück zu stürzen.«

»Denk darüber nach.«

»Danke. Es ist lieb von dir, dass du mir das vorschlägst. Sie würde glauben, wir hätten ihr einen Spion auf den Hals gehetzt. Es ist wirklich sehr nett, aber lass es …«

»Was, wenn ich nur das Viertel erkunde? Mir ein Bild mache?« Ihr Zögern ist ihm nicht entgangen. »Du hast zu viel durchgemacht. Ich möchte mich nicht einmischen.«

»Oh, da sind ja die Kätzchen. Siehst du Ragazzo? Schau, wie schnell sie gewachsen sind.«

»Aha, Themenwechsel. Stichwort: die Kätzchen. Niedlich!«

Julia lacht. »Genau. Widmen wir uns lieber *unseren* Themen. Wenn ich mit dir rede, bin ich *bei* dir. Ich bin dann wirklich ich selbst, nicht mehr ein wandelnder Zombie aus Savannah. Apropos: Weißt du, dass mein Daddy zu Weihnachten herkommt? Wir haben beschlossen, ein paar Tage hierzubleiben und dann nach Rom zu fahren. Rom! Ich kann es kaum erwarten. Er möchte auch nach Neapel.«

»Du machst mich fertig. Was würde ich dafür geben, die Feiertage mit dir in Rom zu verbringen. Weiß der Mann, was für ein Glückspilz er ist?«

»Tut er! Lizzie war sein Ein und Alles, aber inzwischen stehe ich wieder an erster Stelle. Du wirst ihn kennenlernen. Er ist etwas ganz Besonderes, und zwar nicht nur, weil er mein Vater ist. Feierst du Weihnachten mit deinem Sohn?« Lizzie an Weihnachten. Salz in offene Wunden. Die Geister vergangener Weihnachtsfeste.

»Einen Teil der Zeit. Nach den Feiertagen fährt er nach Tahoe, und ich muss eine Menge Arbeit nachholen, damit alles glatt läuft, wenn ich Ende März nach Italien komme.« Sie haben letzte Hand an die Friaul-Reise gelegt, die im April stattfinden soll und bereits ausgebucht ist.

»Ich muss mich jetzt ans Dessert machen. Reden wir morgen?«

»Ich warte jetzt schon darauf.«

Auseinanderstieben

Es sind festliche Tage. Auch in San Rocco. Lichterketten mit Birnen, die aussehen, als stammten sie aus den Vierzigern, sind über die Straße gespannt. Die Stadtverwaltung hat mitten auf der Piazza einen kläglichen und mickrigen Christbaum aufgestellt. Schulkinder haben ihn mit Girlanden aus schleifenförmiger, mit Goldlack besprühter Pasta und den wenigen im Park gesammelten Tannenzapfen geschmückt. Die drei Frauen sind verzaubert von diesem Weihnachten, so völlig anders als das, was sie gewohnt sind. Die kleinen Läden lassen keine Weihnachtslieder auf Endlosschleife laufen. Kein »Stille Nacht« treibt ihnen die Tränen in die Augen, während sie Warenhausgänge nach Spielsachen durchstöbern, die vierundzwanzig Stunden nach der Bescherung vergessen sein werden. Im Schaufenster der Konditorei funkeln rosige, violette und aprikosenfarbene Marzipanfrüchte, gerolltes Mandelgebäck, aufgeplusterte, mit Sahne gefüllte Baisers und glasierte Kumquats und Kastanien. Auf dem Wochenmarkt gibt es Eimer voller Mistel- und Stechpalmenzweige und einige Kiefern (noch struppiger als die auf der Piazza). Ihre Wurzeln sind in Sackleinen gewickelt, damit man sie nach dem kurzen Aufenthalt im Haus draußen einpflanzen kann. Man wird sie mit kleinen Briefen an *Babbo Natale*, Pralinen, Schneeflocken aus Papier und einer blinkenden bunten Lichterkette dekorieren, die jeden Moment ein Feuer auslösen könnte.

In den Kirchen stehen Weihnachtskrippen, manche kunstvolle Nachstellungen von Renaissancegemälden, andere aus simpleren Materialen, zum Beispiel einer Streichholzschachtel als Krippe und einem Schuhkarton als Stall für den Plastikesel. Die Heiligen Drei Könige aus Pfeifenputzern und die Schafe aus Stahlwolle und Zahnstochern gehen Camille besonders ans Herz.

Die drei Freundinnen lieben die frühen Winterabende im Dorf, wo sich fröhliche Menschen in den Bars drängen und einander zuprosten. Auch die Vormittage, wenn die Läden voller Frauen auf der Jagd nach Zutaten für das Festmahl sind. Susan trifft sich mit Nicolà auf eine heiße Schokolade. Camille lädt Serena und Matilde zum Mittagessen ins Hotel Santa Caterina ein. Kein Weihnachten ist je vergangen, an dem Julia keine Geschenke für Wade und Lizzie gekauft hat (nun, im letzten Jahr war Lizzie verschwunden). Jetzt besorgt sie Geschenke für ihre Freundinnen. Keine gemütlichen gelben Bademäntel. Kein berauschendes Herrenparfüm, das er sich hinter seine reizenden Ohrläppchen tupfen kann. Aber wenigstens kann sie Lammfellhandschuhe und perlgraue Kaschmirsocken für ihren Vater kaufen. An Chris lässt sie einige Bücher liefern, unter anderem einen riesigen Wälzer über Sizilien. Susan bekommt ein Maßband mit Zentimetern und Inches und einen korallenroten weichen Wollschal. Julia kann sich bildlich vorstellen, wie er aus dem Schiebedach des dahinrasenden Fiat weht. Für Camille ersteht sie ein verruchtes Parfüm, dass sie sich selbst nie kaufen würde, Moschus und Gardenien. Dazu einen Federhalter aus Glas und einige Flaschen Künstlertusche in Violett, Dunkelblau und Bernsteinfarben.

Für den heutigen Abend karrt Colin Tonnen von Holz heran. Ich habe Zypressenzweige auf dem Kaminsims drapiert. Er hat das Feuer den ganzen Tag in Gang gehalten, während wir unten alles für unser Fest vorbereitet haben.

Colin hat Wohn- und Esszimmer freigeräumt und an jedes Ende unseres Tisches für zwölf Personen einen geborgten Klapptisch gestellt. Jetzt können wir bei unserer großen Weihnachtsfeier vierundzwanzig Gäste unterbringen. Für die Musik sind meine irischen Freunde Brendan und Sally zuständig. Er bringt seine Gitarre mit, und sie singt wie ein Engel. Leo und Annetta werden mir helfen, in ihrem Kamin riesige Schweinelenden zu grillen, und heute Nachmittag habe ich die wunderbarste Haselnussroulade der Menschheitsgeschichte abgeholt, für Julia sicher der Höhepunkt des Fests. In der Toskana ist ein Abendessen für so viele Menschen ganz normal, für mich jedoch ziemlich anstrengend. Ach, Moment, ich habe Riccardo ganz vergessen, unseren Freund, der Übersetzer beim Vatikan ist und nur am Wochenende herkommt. Also sind wir fünfundzwanzig. Ich muss noch ein Gedeck dazwischenquetschen.

Gianni holt Cleve Hadley in Fiumicino ab und fährt ihn auf direktem Weg zur Villa Assunta, wo Julia auf und ab tigert und zwischen Fenster und Ofen hin und her hastet, weil sie Zitronenkuchen, den Lieblingskuchen ihres Vaters, backt. *Sicher wird er müde sein*, denkt sie und deckt sein Bett auf. Dasselbe Bett, wo Chris … Sie stellt einen Topf mit duftender Pfefferminze, Salbei und Thymian und einen Krug Wasser auf seinen Nachttisch. Außerdem legt sie Pralinen dazu wie in einem Luxushotel.

Cleve wird über Weihnachten bleiben, und dann werden er und Julia eine Woche lang reisen. Er möchte die Bibliothek der italienischen geografischen Gesellschaft besuchen und durch die Korridore des Vatikans schlendern, wo er auf seiner ersten Reise als junger Mann die Globen und frühen Landkarten bewundert hat. Außerdem will er einen Tee in der Galleria Doria Pamphilj trinken und sich, ganz gleich bei welchem Wetter, mit Blick auf die Piazza Navona einen Negroni genehmigen.

Morgen fährt Susan mit dem Zug nach Mailand, um sich dort mit ihren Töchtern zu treffen. Von dort aus geht es mit dem Mietwagen weiter nach San Cassiano, einem Bergdorf in den Dolomiten, wo sie Weihnachten verbringen wollen. Anschließend werden sie die Region Trient und Südtirol erkunden. Ich wage kaum, mir auszumalen, wie Susan in einem Mietwagen über den Falzagero-Pass rast, wo es etwa zweitausend Meter tief bergab geht. Sie wird die Mädchen nur für ein Wochenende nach San Rocco mitnehmen, der Anfang einer Partie »Reise nach Jerusalem«, die sich mit Camilles Plänen, jedoch nicht mit Julias überlappt. Die Töchter werden Julia beim Abendessen kennenlernen, wenn Susan sie nach Rom bringt, von wo aus sie nach Hause fliegen werden.

Camilles Sohn Charlie trifft mit seiner Tochter Ingrid spät am ersten Weihnachtstag ein, nachdem sie die Familie seiner Frau in Kopenhagen besucht haben. Charlie kriegt das Zimmer gegenüber von Julias Vater, Ingrid schläft in dem noch nie benutzten Zimmer im hinteren Teil des Hauses. Charlies Frau Lara kommt einige Tage später nach. Camille plant für Silvester einen Ausflug nach Venedig.

Susan hat Hotelzimmer, Transport und außerdem eine Putzfrau organisiert, die während des Ansturms zweimal wöchentlich in der Villa Assunta sauber macht. Keiner hat mehr den Überblick über die wahnwitzigen Pläne der anderen. Am 6. Januar sind alle wieder zu Hause. So viel wissen sie. Sobald wir morgen das Durcheinander von der Feier beseitigt haben, brechen wir auf nach Florida.

Camille und Susan sind im Dekorationsfieber. Die weißen Rosen für das Fest heute Abend haben sie schon abgegeben. Mit vollgepacktem Auto und einem der mageren hiesigen Weihnachtsbäume, festgezurrt auf dem Dach des Fiats, biegt Susan in den Hof der Villa Assunta ein. Auf dem Weihnachtsmarkt haben sie bemalte Keramikkugeln, Lametta, auf Schnüre gefädelte winzige Glöckchen, auf die die Kätzchen sich stürzen werden, und Wunderkerzen besorgt. Für Julia haben sie eine Schachtel glasierter Maronen, rosafarbene Quarzohrringe von einem lokalen Designer und ein Ding gekauft, mit dem man Flüssigkeit aus Geflügelknochen presst. Vermutlich wird es nicht das beliebteste Küchengerät werden, doch sie fanden es faszinierend, und darum geht es ja bei Weihnachtsgeschenken, oder? Um den »O Gott, was ist das denn?«-Moment. Susan schleppt eine frisch aus Sizilien angelieferte Kiste Clementinen ins Haus. Camille stellt den Baum in einen Terrakottakübel und zerrt ihn ins Wohnzimmer. Julia hat bereits drei Vasen mit Hagebutten und von roten Beeren strotzenden Stechpalmen im Erdgeschoss verteilt. Susan pflückt mehr Stechpalmen auf dem Hügel vor Leos Haus und wickelt sie um die langstieligen weißen Rosen fürs Esszimmer. Beim Anblick des mit Lametta und einer Lichterkette geschmückten Baums würde Susan am liebsten »Stille Nacht« singen. Also tut sie es. Camille und Julia lachen in der Küche. Die Villa funkelt.

Sie funkelt noch mehr, als Cleve Hadly eintrifft. Jubelnd fällt Julia ihm um den Hals und tanzt mit ihm in der Vorhalle hin und her, während Susan und Camille Gianni mit Cleves Mantel und Tasche helfen. Er sieht genauso aus, wie sie sich Julias Vater vorgestellt haben. Zierlich gebaut wie sie, ein dichter eisgrauer Haarschopf und ein ordentlich gestutzter Bart. Er ist durchtrainiert und braun gebrannt, seine Bewegungen sind sparsam und präzise. Jedenfalls macht er eindeutig den Eindruck, dass er schwer in Ordnung ist.

Nachdem sie ihn durchs Haus geführt haben, bringt Julia ihn in die Küche, wo Suppe und Bruschetta schon bereit stehen. Er ist begeistert. »In all meinen Jahren habe ich noch nie so ein hinreißendes Esszimmer gesehen. Nicht einmal in Savannah, wo es einige prächtige Esszimmer gibt. In dieses Gartenfresko könnte man eintreten und durch den Rosengarten schlendern. Überlegt mal, wie viele Leute im Laufe der Jahrzehnte, die hier gegessen haben, den gleichen Gedanken hatten. Oh, diese Suppe ist genau das, was der Arzt mir verschrieben hat.«

Obwohl der Flug ruhig verlaufen ist, ist er nach der siebzehnstündigen Reise erschöpft. Die Kichererbsensuppe mit Nudeln macht sie alle schläfrig. »Und von diesem Olivenöl wird sie so grün?« Julia erklärt ihm mehr über Olivenöl, die Qualitäten, die Geschichte und die Herstellung, als er je für möglich gehalten hätte. »Und schmeckt außerdem gut.« Er lächelt.

»Wir sollten uns ein Nickerchen gönnen«, schlägt Susan vor. »Schließlich müssen wir heute Abend in Partylaune sein.« Cleve zieht die Augenbrauen hoch, nickt aber. Julia zeigt ihrem Vater sein Zimmer. Sie und Susan haben im Dorf einen Friseurtermin. Cleve duscht, fällt ins Bett und schläft, dem Jetlag geschuldet, bald tief und fest.

Papiertüren

Camille beabsichtigt nicht, sich für länger als fünfzehn Minuten hinzulegen. Endlich, endlich, erst in dieser Woche, hat ihr Projekt sich ihr eröffnet, und sie genießt die angespannte Konzentration und das berauschende Gefühl, vorwärtskatapultiert zu werden. Vielleicht lag es ja an Charlies E-Mail: *Mom, ich habe mir die Bilder auf dem Speicher angeschaut. Ein Jammer, dass du dein Talent dort oben versteckt hast. Ich hatte ein schrecklich schlechtes Gewissen. All die Aufmerksamkeit, mit der du mich überschüttet hast! Die Gemälde waren zwar staubig, aber dennoch strahlend und bewegend. Ich habe sie mit nach unten genommen und gereinigt. Es macht mir großen Spaß, sie im Flur, im Esszimmer und eines über dem Bett in deinem – jetzt unserem – Schlafzimmer aufzuhängen. Das ist nämlich mein Lieblingsbild: ein Spiegel an einer verwitterten Wand, in der sich eine erleuchtete offene Tür reflektiert. Dahinter geheimnisvolle Gegenstände, die man nicht richtig erkennen kann.*

Aha, also hatte es selbst damals eine Tür gegeben, die sie anlocken oder warnen wollte. Diesem Gedanken ist sie tagelang nachgehangen, noch immer kreisend und voller Furcht.

Ein kleines Aquarell von Susans kugeliger gelber Chrysantheme, lehnend in einem hohen Glas, oder ein architektonisches Detail der Steinumrandung am Wohnzimmerkamin kriegt sie hin. Rowan hat die Bilder bewundert und sie ermutigt. Und den-

362

noch hat sie abgewartet. Doch das Ende des Jahres naht, und ein neues wälzt sich auf sie zu. Sie spürt die abwärtsziehende Strömung bereits in ihren Schultern, ihrem leeren Magen und unten am Rücken. Zu viele Jahresenden sind in der Versenkung verschwunden. Nun verliert sie die Geduld mit sich selbst. Eine Nadel, die sticht.

Vor drei Nächten ist sie um vier aufgewacht und hat sich in ihr Atelier geschlichen. Alle Materialien ordentlich aufgereiht. Zu ordentlich? Sie betrachtete die Papierstapel, die Tuben und Pinsel, die Bleistifte und die Leinwände. *Mein Arsenal*, dachte sie. Sie zog den Morgenmantel fester um sich und setzte sich. »Zeit zum Anfangen«, sagte sie laut. Grazia hatte ihnen erzählt, eine legendäre Nonne habe einst in diesem Haus gemalt. Bei einer gründlicheren Musterung hatte Camille festgestellt, dass die Klauen und Füße des schwarz-weißen Vogels die Initialen NM formten. Eine kluge Nonne. Namenlos. Und dennoch, so viele Leben hat sie berührt.

In dieser Nacht malt Camille einen Türrahmen auf ein Blatt ihres selbst geschöpften Papiers. Lange hält sie inne und belebt dann die Tür mit ihren eigenen Symbolen. Schrift, die eingemeißelt, nicht aufgepinselt wirkt. Spiegelschrift. Der Schal der Frau auf dem Fresko im Esszimmer wird zu einem abstrakten Muster, das an die Mosaike in Aquileia im Friaul erinnert: entlang des Randes kachelförmige Quadrate wie von Scarpa. Tusche. Wasserfarbe. Öl. Spontan klebt sie ein Blatt Papier auf das andere, dann noch eines und noch eines, fünfzehn Stück, ein Stapel. Jetzt ist die Tür dick. Ein Gegenstand, kein Gemälde. Aber leicht. Beim Arbeiten kommen ihr die Tränen. Das übertrifft alles, was sie sich zugetraut hat. Sie ist begeistert. Sie hat ein ungewöhnliches Kunstwerk geschaffen. Eine Papiertür, ein geheimnisvolles neues Objekt. Weder Skulptur noch Buch noch Bild. Ihr wird klar, dass es nur aus ihr selbst kommt. *Fleisch von meinem Fleisch.* Neu. Die Gestalt aus der schwarzen Lagune. Lachend weicht sie von ihrem weiß glühenden Arbeitstisch zurück. Sie betrachtet die rauen Kanten des Büttenpapiers und denkt dabei an ein versiegeltes Album, das Logbuch eines Schiffes auf dem Boden einer Truhe, das Tagebuch, das sie mit neun geführt hat. Der Schlüssel verloren. Sie taucht ihren dünnsten Pinsel in gebranntes Umbra und fügt unten eine schmale Kante hinzu. Wo aufhören? Wann ist es genug? Sie vermischt ein winziges Tröpfchen Blau mit Weiß, sodass ein ausgewaschener Farbton entsteht, wie der dunstige Himmel, wenn die Sonne grell scheint. Dieser zarte Schatten umgibt den Rest der Tür. CT schreibt sie an den unteren Rand und fügt #1 hinzu.

Danke, NM.

Türen, die sich öffnen. Durchsichtige Türen. Durchscheinende Türen. Mit Nägeln beschlagene Türen von Bastionen, doch nicht die oberflächigen Abbildungen von toskanischen Türen auf Postern. *Meine Türen sind Eingänge zu was, zum Leben, zu dem, was das Leben hauptsächlich ausmacht, zum Unbewussten. Hat Kit nicht über ihre Gedichte gesagt, dass sie das Unbewusste abbildet?*

Als sie ihre zerrissene Keilschrift, ihre Rückwärtsschrift, die Spiegelschrift und die von Mosaiken inspirierten Muster gemalt hat, hat sie gespürt, dass sie in einen Bewusstseinszustand hinüberglitt, den sie *verändert* nennen würde. Auch wenn das esoterisch klingt. Aber es ist eine neue Form von Aufmerksamkeit, beinahe eine Ausdehnung. Sie konnte es sich selbst nicht erklären und beschloss, es gar nicht erst zu versuchen, sondern nach dem schweren Blatt Papier zu greifen und zu sehen, was sich als Nächstes öffnen würde.

Es begann mit einer Tür in einer Tür, wie man sie bei einigen mittelalterlichen Toren antrifft, damit die Leute eintreten konnten, während das große Hauptportal der Festung geschlossen blieb. Erst bei ihrem zweiten Versuch nimmt sie eine schmale Schere und schneidet ein Loch hinein, durch das das Licht vom nächsten Blatt Papier schimmert. Die Sonne brennt durch die kleine Tür, und die Schrift darüber ist kreuz und quer und unleserlich. Was heißt das? Es bedeutet Farbe. Ein Zusammenspiel der Formen. Ein scharlachroter Ring um die Sonne, ein Strahl aus Buchstaben. Noch ein Strahl aus Buchstaben. Leuchtende Buchstaben in einer geheimen Sprache, deren Bedeutung sich ihr vielleicht im Traum eröffnen wird. Der Schlüssel zu einem Schreibtisch. Der eiserne Schlüssel zur Villa. Der Türklopfer in Form eines Pferdekopfes an ihrem Haus in North Carolina. Sie klopft, klopft und klopft und fragt sich, warum sie ihre eigene Tür nicht öffnet. Ja, ein veränderter Bewusstseinszustand.

Am späten Nachmittag trifft Rowan ein. Sie haben sich alle vor dem Fest versammelt, um Geschenke auszutauschen, da er und Susan morgen aufbrechen werden. »Darf ich dir etwas zeigen? Genau genommen ist es dein Geschenk. Hoffentlich gefällt es dir.« Er folgt Camille ins Atelier, wo die Lampe auf der Tischplatte #1 und die verstreuten Materialien für #2 bescheint. »Du warst dabei, als ich Papier entdeckt habe. Und dann haben wir einen Tag in Bologna verbracht und uns Kunstbücher und noch mehr Papier angesehen. Du hast mir gesagt, wo ich in Venedig hingehen soll. Ich kann dir nicht genug danken.« Rowan legt ihr den Arm um die Taille und beugt sich über die Papiertür. Sein Schweigen dauert zu lang. Was, wenn er sich verzweifelt das Hirn nach einigen taktvollen, aufmunternden Worten zermartert, um zu verbergen, dass er sich für sie schämt? Doch als sie ihm einen Seitenblick zuwirft, erkennt sie sein reizendes Lächeln. Sein Gesichtsausdruck, wenn ihm vor Freude die Worte fehlen. Sie hat diese Miene schon dreimal gesehen. Jetzt zum vierten Mal. Langsam schüttelt er den Kopf und zieht sie an sich. »Wundervoll, einfach wundervoll. Sagen wir mal, dass ich dein Talent erkannt habe.« Er lässt sie los und hebt die Papiertür mit ausgestreckten Armen hoch. »Vertrau mir, Camille. Das hier ist einzigartig, es gibt nichts dergleichen. Du musst weitermachen. Du hast es geschafft. Mein Weihnachtsgeschenk! Ha! Dieses Bild hat eine bessere Wand verdient als die vergilbte in meinem Büro. Für den Moment hängen wir es über deinen Zeichentisch, damit es dich inspiriert. Das hier ist der Anfang des großen Werks deines nächsten Jahrzehnts! Liebling, du bist ein Genie.«

»Warte, bist du sicher? Ich …« Sie fängt an zu lachen und verstummt.

Rowan betrachtet das neue Gemälde, das sie heute Nachmittag begonnen hat. »Diese Bilder haben etwas Geheimnisvolles und sind gleichzeitig kräftig und direkt. Es ist, als würde dein träumender Verstand dir Bilder zuwerfen, die du auffangen musst.«

»Etwas Ähnliches versuche ich. Doch einiges stammt auch aus Bruchstücken jedes Tages, Sätze, die zu erfordern scheinen, dass man sie rückwärtsschreibt. Und der Vogel. Siehst du seine Füße? Die Buchstaben NM, das ist die Nonne, von der ich dir erzählt habe. Das Mosaik, der Schal im Fresko. Dinge, die der Tag mir zuwirft.«

»Bleib einfach offen. Aber das bist du ja. So hat die Erde von North Carolina dich geformt.«

»Was?«

»Ach, du kennst doch den Schöpfungsmythos, in dem die Götter uns aus der Erde vor Ort geknetet haben.«

»Richtig.« Scin überschwängliches Lob ängstigt Camille.

»Flieg nicht zurück! Ich brauche dich hier zur Unterstützung.«

»Du schaffst das. Und noch viel mehr. Ich komme mit den Schwalben wieder.«

»Bis dahin ist es noch lang. Werden wir einander vergessen? Auf dieser Reise einen Mann kennenzulernen ist das Letzte, womit ich gerechnet habe.«

»Okay, Liebste, unterschätz mich nicht. Wir bleiben in Verbindung. Ich schreibe sogar richtige Briefe. Ende Mai bin ich wieder bei dir.«

Bei Kerzenschein

Alle bringen die Geschenke ins Wohnzimmer, wo Susan bereits ein knisterndes Feuer geschürt hat. Julia zündet auf beiden Fensterbrettern Kerzen an. »Ich habe einen ganz besonderen Wein dabei«, verkündet Rowan. »Einen 2001er Amarone. Chris wäre stolz auf mich. Dann holen wir mal die Gläser mit dem dicken Hintern raus.« Cleve zuckt bei diesen Worten zusammen. Rowan fördert seine Geschenke aus einer Tasche zutage. Sie sind ordentlich in braunes Papier verpackt und mit Bindfäden verschnürt, in denen ein Rosmarinzweig steckt. »Nur *pensieri*«, sagt er. »Kleine Gedanken.«

»Typisch Kunstdrucker«, meint Camille. »Zum Glück habe ich noch etwas für dich, da mein erstes Geschenk ja zurückgewiesen wurde.« Sie reicht ihm eine rote Schachtel.

Er hält einen dicken heidegrünen Pullover mit V-Ausschnitt hoch. »Für den kältesten Tag in Berkeley«, erwidert er.

Sie prosten einander zu, schnüren Schleifen auf und rufen. Julia hat noch nie eine Knochenpresse gesehen, scheint sich aber zu freuen. Sie trägt eine Platte mit Walnüssen und Gorgonzolacrostini auf. »Nur ein Häppchen, denn Kit plant ein großes Abendessen. Ich weiß auch, was es gibt.«

In Matildes *bottega* hat Rowan leere Bücher entworfen und hergestellt. Wunderbare Reisetagebücher, die er ihnen mitgebracht hat. Er hat sie in ockerfarbenes handgeschöpftes Papier gebunden; jedes ist mit der Abbildung eines alten Segelboots, Fahrrads oder Doppeldeckers verziert.

Julia schenkt ihm eine Tüte von ihren Zitronenkeksen für den morgigen Heimflug nach Kalifornien. Von Susan bekommt er zwei mit Kräutern gefüllte kleine Kissen. »Gegen Schlafstörungen«, erklärt sie.

Bald ist alles ausgepackt und bewundert worden. Der Schein des Kaminfeuers fängt sich in den Gläsern mit tiefrotem Amarone. Der kleine Weihnachtsbaum funkelt tapfer. Die Crostini werden vertilgt. Cleve ist begeistert von Handschuhen und Socken. Genau das, was er braucht. »Wirklich!«, verkündet er. »Es ist eine Wohltat, die richtigen Handschuhe und Socken zu haben.« Er setzt sich ans bis jetzt nicht angerührte Klavier. Seltsamerweise spielt er »Summertime«. Die drei beinahe defekten Tasten klacken nur. Alle scharen sich um ihn und singen aus voller Kehle mit. Die Frauen aus den Südstaaten kennen natürlich die Versionen von Janis Joplin und Ella Fitzgerald. Rowan, der kulturell eher von »California Girl« von den Beach Boys geprägt ist, kann nur zuschauen. Cleve holt drei kleine Schatullen aus der Sakkotasche. »Mädchen, entschuldigt die Mädchen, aber das seid ihr für mich. Ihr sollt nicht vergessen, woher ihr kommt. Nach Julias Berichten zu urteilen habe ich den Verdacht, dass euch das leichtfallen könnte.« In jeder Schatulle befindet sich ein dünnes Silberkettchen mit Anhänger, auf dem eine emaillierte weiße *Magnolia grandiflora* abgebildet ist.

Immer noch dünnhäutig nach dem Juwelenraub hält Camille ihre Kette in der Hand, während die anderen sie sofort umlegen. »Sehr hübsch, Daddy. Hat jemand in Savannah sie gemacht?«

»Ja, die Tochter von Alison. Sie unterrichtet inzwischen am Kunstcollege.«

Alison, Julias pummelige, vom Glück gesegnete Nachbarin. Es versetzt Julia einen Stich, dass Cheryl, gut zehn Jahre jünger als Lizzie, zarte Schmuckstücke entwirft, während Lizzie abrutscht und ... nein. Gründlich betrachtet sie das komplizierte Muster: wachsartige Blütenblätter, eingebettet in Gold. »Oh, *brava*, Cheryl. Komm, Camille, ich lege sie dir um.«

»Wirklich reizend«, sagt Susan. »Das ist so nostalgisch. Zu Hause in meinem Vorgarten habe ich eine riesige Magnolie.« *Was für einen Dreck die machen*, dachte sie. Ständig werfen sie ihre ledrigen Blätter ab. Aber, oh, in den wenigen Wochen, in denen sie blühen und ihr Duft nachts durch die offenen Fenster ins Haus weht, dann weiß man, das ist der Atem des Südens. Man schnuppert diesen Duft und fragt sich: *Warum sollte ich je anderswo leben?* Sie geht zum Fenster und schaut hinunter zu den kleinen Lichtern auf den Hügeln in der Ferne. Alle sind zu Hause. Alle versammeln sich. Aber nicht Aaron. Er kommt nicht, die Arme voller Geschenke in getupftem Einwickelpapier, hereingestürmt. An Weihnachten trug er immer eine schauderhafte Fliege aus roter Seide. Seine breiten Schultern eines Football-Spielers. Wie groß und aufrecht er dasteht und den Kamin anzündet. Als die Mädchen noch klein und aufgeregt waren. Jetzt werden sie gleich in ein Flugzeug steigen, das sie auf zwölftausend Metern Höhe über das Meer bringt, damit sie sich in einem fremden Land mit ihr treffen können. Wo keine familiären Mint-Julep-Becher auf dem Tisch stehen. Kein kleiner Chor aus der Methodistenkirche, der Weihnachtslieder singend von Tür zu Tür geht. Kein offenes Haus wie jedes Jahr. Nach Zimt und Nelken riechender Glühwein. Geröstete Pekannüsse und Käsestangen auf dem Couchtisch. Die duftende langnadelige Tanne, die die Decke berührte, ja sie berühren musste. Die beschlagenen Fenster. Sie nimmt sich zusammen und wendet sich wieder ihrem anderen Leben zu. Inzwischen spielt Cleve »Angels we have heard on high ...«. Camille ruft alle in die Küche. Auf dem Tisch steht eine teure neue Küchenmaschine. »Ein verfrühtes Geschenk von Charlie! Den Schmuck konnte er zwar nicht ersetzen, dafür aber das hier für uns bestellen.«

Freunde

Sie steigen den Hügel hinauf, biegen oben an der Auffahrt ab und haben plötzlich Fonte vor sich. In allen Fenstern flackern Kerzen. »Das ist dein Leben, Susan Ware«, flüstert Julia. Sie hält ihren Daddy am Arm.

Camille und Rowan bilden die Nachhut. »Kommst du nach dem Abendessen mit zu mir?«, fragt er. »Ich habe noch eine Flasche von dem Amarone gebunkert. Wir müssen *Papiertüren #1* feiern. Und zwar so schön wie möglich.«

»Dem Angebot kann ich nicht widerstehen«, erwidert Camille. »Ja! Ich würde gern eine kuschelige Nacht mit dir verbringen. Nein, keine kuschelige, sondern eine skandalöse. Schließlich ist es das letzte Mal für lange Zeit, obwohl ich nicht daran denken mag.«

»Ha! Ein Jammer, dass wir zu alt sind, um einen Skandal auszulösen.«

Camille ist gleichzeitig traurig und aufgeregt. Morgen wird Rowan in Berkeley mit seiner älteren Schwester und seiner uralten Mutter Weihnachten feiern, während sie überglücklich sein wird, Charlie und Ingrid wiederzusehen. »Ich weiß, dass du nur ungern abreist, aber freust du dich nicht auch, nach Hause zu kommen?« *Ich habe einen ganzen Tag, um mich wieder zu fassen*, denkt sie. Um alle Spuren zu verwischen und mein Muttergesicht aufzusetzen.

»Ja. Ich liebe meine Mutter. Meine Schwester und ich teilen uns die Pflege. Es ist keine Last.« Camille erinnert sich an die Worte ihrer eigenen Mutter: *Bei einem Mann, der seine Mutter nicht gernhat, stimmt etwas nicht.* Charles hat seine Mutter geliebt. Sie weiß, dass das bei Charlie genauso ist. *Was für einen wundervollen Freund ich gefunden habe*, sagt sie sich. *Allerdings schläft man nicht mit seinem Freund, zumindest nicht in meinen Kreisen. Was also ist er dann? Mein Liebhaber!* Sie lacht auf.

»Was ist denn so komisch?«, erkundigt er sich.

»Das Leben im Allgemeinen.« Sie gehen schneller, denn Schneeregen setzt ein.

Kann etwas wärmer und einladender wirken als ein weihnachtlich erleuchtetes bäuerliches Steinhaus auf dem Land? Ich habe sämtliche Kerzen in San Rocco aufgekauft. Kein elektrisches Licht im ganzen Haus, nicht einmal in den Bädern. Die Küche ist die einzige Ausnahme. Stefano hat mir zwei seiner Kellner zur Unterstützung geschickt. (»Mein Weihnachtsgeschenk.«) Also müssen Colin und ich nicht ständig Teller abräumen. Der Tisch ist gedeckt: ein schneeweißes Tischtuch und riesige Leinenservietten, die ich auf dem Antiquitätenmarkt gekauft habe. Alle sind mit den Monogrammen längst verschwundener Frauen versehen, die ihre Tische für Gäste geschmückt haben. Meine Tischkarten habe ich mit Stechpalmenzweiglein durchbohrt, der einzige rote Akzent. Da genügend Gäste zweisprachig sind, kann ich sicher sein, dass keine Schweigezonen die Atmosphäre am Tisch stören. Überall weiße Rosen (danke, Susan) und weiße Hortensien (außerhalb der Saison) verleihen den Räumen ihren eigenen Schimmer. Der besenschrankgroße Blumenladen im Dorf quillt über von Blumen, die jemand mit dem Lastwagen aus holländischen Gewächshäusern herankarrt. Keine Kränze oder Gestecke. Nur Schnittblumen. Warum? Weil sie meistens für den Friedhof gedacht sind, der während der Feiertage prachtvoll geschmückt wird. Dank der Toten genießen wir einen solchen Überfluss. Alle treffen ein. *Buonasera*, hallo, *ciao*, hallo. Sie bringen Geschenke und Wein mit. So schön, kalte Wangen zu küssen. Mir lag sehr viel daran, dass die Amerikaner Wally und Debra die drei Frauen kennenlernen. Sie sind im Ruhestand und aus Chicago hierhergezogen und haben sich mit Feuereifer in den Bau von Steinmauern gestürzt. Außerdem unterstützen sie finanziell und praktisch die kulturellen Ausflüge der *scuola materna*, der Grundschule. (Sie haben sich wirklich hier eingelebt.) Debra gibt einen zweisprachigen Newsletter heraus, den wir alle lesen, um zu erfahren, was sich so tut. Ach, die Besatzung der Villa Assunta. Rowans letzte Nacht. Morgen kehrt er nach Berkeley zurück, um sein Abschlussseminar in Buchdruckkunst am Mills College zu unterrichten. Ich umarme alle fest. »Jedes gute Sabbatical geht einmal zu Ende, *amico*«, flüsterte ich ihm zu. Er überreicht mir drei seiner Veröffentlichungen, Schätze. Susan sieht in ihrer taillierten, mit weißem Satin gefütterten Jacke aus rotem Samt hinreißend aus. Und das muss Cleve Hadley sein. Was für ein Südstaatenname. Ich habe sofort das Bedürfnis, ihn zu beschützen. Wie muss er mit Julia wegen seiner abgestürzten Enkelin gelitten haben. Unsere guten Freunde Guido (so unverschämt attraktiv, dass einen die eigene Mutter vor ihm warnen würde) und Amalia. Nicolà und Brian. Stefano. Und die schlagfertige Kanadierin Belinda mit ihrem deutschen Mann Karl, einem pensionierten Diplomaten. Sie kommen hereingestapft und schütteln sich Regen und Schneeregen von den Kleidern. Karl hat beim Einparken einen Kotflügel an einer Steinmauer zerkratzt und ist kurz vorm Platzen. Ich gebe ihm ein großes Glas Prosecco. Belinda trägt eine Art schottischen Kilt. (»Nicht sehr schmeichelnd«, hätte meine Mutter gesagt.) Ich stelle fest, dass sie meine ungewöhnliche Aufmachung skeptisch mustert. Als ich in den Spiegel schaue, gefällt mir diese neue Version von mir recht gut.

Alle steuern aufs Kaminfeuer zu. Colin hat es mächtig geschürt und scheint sehr stolz darauf zu sein. Oder auf etwas anderes. Er ist so schön, mein Mann. Und ein Glückspilz. Colin sieht – wie soll ich es ausdrücken? – gütig aus. Beim Anblick seiner langen Wimpern (hatte Elizabeth Taylor nicht auch zwei Reihen davon?), der Art, wie seine Augen auf einem ruhen, und seiner Lippen, die sich versonnen nach oben biegen, weiß man, dass er anwesend ist, ganz und gar und mit Leib und Seele. Im Gegensatz zu anderen Männern schweigt er sich nicht aus und hebt sich sein Urteil nicht für später auf. *Du bist einfach in Ordnung, mein Schatz*, strahlt er aus. Beim Dessert wird er den anderen von unserem Nachwuchs erzählen. Ich wollte es nicht früher verraten, weil ich befürchtete, dass sich das Gespräch dann den ganzen Abend nur um das Baby drehen würde. Als ich meinen Bauch berühre, spüre ich einen kleinen verhärteten Hügel, so wie damals in meiner Kindheit, als ich am Strand meine Füße mit nassem Sand bedeckt habe.

Stefanos Kellner reichen mir die Platten mit den Antipasti: verschiedene *salumi*, Crostini mit Hühnerleber (Crostini *neri*, ohne die in der Toskana keine Party stattfindet), Crostini aus Erbsen und Mascarpone, Schalen mit gebackenen, scharf gewürzten Oliven, um Brotstangen gewickelter Prosciutto, Käse, mit Dinkel gefüllte Chicoreeblätter, Pastetchen mit Pilzen und frittierte Gemüsescheiben.

Zum Abendessen habe ich die drei Frauen unter den Gästen verteilt, damit sie alle neue Bekanntschaften schließen. Für meine rechte Seite habe ich mir Julias charmanten Vater gesichert, ein Gentleman der alten Schule. Er trägt ein Einstecktuch mit Paisleymuster und einen Kamelhaarblazer mit Hornknöpfen. Seine Oxfords sehen nach Maßarbeit aus. Alles an ihm ist korrekt, aber nicht im übertriebenen Sinne. (Herzzerreißend, was diese Familie durchmacht.)

Fitzy springt auf den Kaminsims. Er ist schneeweiß, und sein buschiger Schwanz wedelt zwischen den Blumen herum. Majestätisch und blasiert beobachtet er alles mit aufgerissenen gelben Augen, ein *lar familiaris*, ein Familiengott, ohne den man sich keinen römischen Haushalt denken kann. Er zwinkert mir, die ihn füttert, zu und betrachtet dann mein Kleid. Margarets Kleid, aus dem Koffer gerettet und zum Lüften in die Sonne gehängt. Als ich es anprobierte, hat Colin darauf bestanden, dass ich es anziehe. »Du siehst exotisch aus, wie die Lieblingskonkubine in einem türkischen Harem«, behauptete er. Goldene Seide mit ausgestellten Ärmeln (Vorsicht wegen der Soßen auf dem Tisch), eine Schärpe aus amethystfarbenem Brokat und eine gewaltige Schleppe aus gerüschtem scharlachroten Samt, die auf dem Boden schleift (sie war sogar noch größer als ich). Ich fühle mich glamourös. Wie eine Frau in einem Roman von D. H. Lawrence oder eine Bloomsbury *literata*, die sich auf ein lasterhaftes Wochenende auf dem Land freut. Hoffentlich ist die Wirkung nicht eher die eines Bademantels aus dem Secondhandladen.

Sind alle da? Nein, Riccardo fehlt. Zugverspätung? Luca und Gilda kommen auch noch, obwohl es schwierig für sie ist, sich von ihrem Hotel loszueisen. Normalerweise hasten sie herein, wenn wir uns alle zu Tisch setzen. Dann warten wir eben. Wozu die Eile?

Viele der Menschen, die ich in San Rocco am liebsten habe, haben sich an diesem Tisch versammelt. Julia, Camille und Susan sind erst seit einer Saison hier und haben sich dennoch so mühelos in meinen Alltag eingefügt, dass ich mir diesen Hügel ohne sie gar nicht mehr vorstellen kann. Da sie älter sind als ich, möchte man meinen, dass ich auf ihre mütterliche Ausstrahlung anspringe. Doch die haben sie gar nicht. Vielleicht haben sie sie ja auch abgestreift. Dennoch habe ich das Gefühl, dass ihr Wohlwollen durch ihre bloße Anwesenheit auf mein Baby abfärben wird. Wenn ich wegen des Neugeborenen den Tränen nah und erschöpft bin, werde ich an ihrem Küchentisch Trost finden. Ich weiß, dass ich sie nachts anrufen könnte. Im Spätsommer werden wir nachmittags auf der Piazza sitzen, Limonade trinken und abwechselnd das Baby halten. Freundinnen, wahrscheinlich deshalb, weil sie alle große Verluste erlitten haben, was sie befreit und sie feinfühlig und offen gemacht hat. Wir lachen. Auch dass wir dieses kleine Stück Toskana miteinander teilen, hat uns zusammengeschweißt.

Guido sitzt links von mir. Wir flirten immer miteinander. Amalia und Colin nehmen es uns nicht krumm, dafür kennen sie uns zu gut. Guido ist ein wenig jünger als ich, schlank wie eine Bohnenstange und hat Augen so schwarz wie ein Teereimer. Seine Familie, Siedler im zwölften Jahrhundert, besitzt die größte Villa in der Gegend. Sie sind fantastische Winzer, und ihr Schloss ist die Sehenswürdigkeit, wegen der San Rocco besser gestellt ist als andere kleine Dörfer. Auch Amalia stammt aus uraltem Adel, der früher seine eigenen Münzen geprägt hat und gar nicht wusste, wie groß seine Ländereien eigentlich waren. Die beiden sind späte und hinreißende Blüten, alten, dornigen Stängeln entsprungen. Man würde Amalia nicht für schön halten, wenn man Leonardo da Vincis Porträt der Ginevra de' Benci nicht kennt. Sie ist dem geheimnisvollen und distanzierten Bild wie aus dem Gesicht geschnitten, nur dass Amalia die besseren Haare hat. Während Ginevras Miene ernst ist, breitet sich auf Amalias Gesicht oft ein strahlendes Lächeln aus. (Ginevra soll Dichterin gewesen sein. Aus ihrem ganzen Leben sind nur zwei Zeilen überliefert: *Ich bitte Sie um Verzeihung / Ich bin ein Bergtiger.*)

Als es läutet, macht Colin Riccardo, Luca und Gilda auf. Nach einem raschen Prosecco werden sie an den Tisch geführt. Es ist neun, also Zeit für die Kartoffelravioli und die Weine aus Collino, die Chris uns geschenkt hat. (*Cin cin*, Chris, ganz allein

in Kalifornien. Komm bald zurück.) Margaret hat zwar nie gekocht, mir jedoch die Zubereitung dieses Nudelgerichts mit
Hummer beigebracht. (Ein Küchenchef, mit dem sie eine kurze
Affäre hatte, hat ihr das Rezept gegeben.) Einfach zu kochen
und unglaublich köstlich. Margaret ist eine Hausgöttin, schießt
es mir durch den Kopf.

Leo und Annetta, meine italienische Familie und immer
gastfreundlich, helfen beim Herumreichen der Teller und beim
Nachfüllen der Gläser.

Riccardo, ein Mann des Wortes und herausragender Übersetzer nicht nur meiner Gedichte, sondern auch der Werke von
Autoren, denen ich nicht das Wasser reichen kann, fängt mit
den Trinksprüchen an. Ich habe ihn neben Susan mit dem grünen Daumen gesetzt, weil er Rosen züchtet und außerdem ein
Krokusfeld hat. Er sammelt die Stempel mit der Hand ein, trocknet sie und bessert sein mageres Einkommen mit dem Verkauf
seines Safrans auf. (Ich habe ein Röhrchen für Julia.) Sicher
werden sie gemeinsame Gesprächsthemen finden. Da er sich
die ganze Woche über im Vatikan aufhält, hat er stets lustige
oder beängstigende Anekdoten auf Lager. Er erhebt sich und
trinkt auf den Papst. Ob er das ernst oder ironisch meint, können wir nicht feststellen. Er spricht über die gute Zukunft und
endet mit einem Scherz über die derzeitige Politik der Amerikaner, den ich nicht ganz verstehe, da ich mich um das Servieren des gefüllten Schweinebratens mit Kartoffelpüree und der
mit Schnittlauch verschnürten Gemüsebündel kümmern muss.

Cleve, dem ich zugetraut habe, dass er eine Gelegenheit beim
Schopf packt, steht auf und bedankt sich bei allen dafür, dass

sie seine Tochter und ihre Freundinnen so warmherzig aufgenommen haben. Riccardos Seitenhieb in Sachen verrückte amerikanische Politik beantwortet er mit einer amüsanten Anspielung auf Berlusconis Bunga-Bunga-Partys. Er tut, als habe er sich so etwas für heute Abend erhofft (eine kleine, ach so zarte Spitze aus Savannah) und prostet dann leise (süßer Zuckerrohrsirup, Tupelo-Honig) Colin und mir zu und meint, er würde uns alle gern in Savannah, Georgia, willkommen heißen, wann immer es uns recht sei. Ich bemerke, dass Julia bei diesen Worten die Augenbrauen hochzieht. Doch sie erhebt sich und bedankt sich mit zitternder Stimme auf Italienisch. *Brava!* Sie sagt nur, welches Glück sie und ihre Freundinnen gehabt hätten, die Villa Assunta gefunden zu haben wie ein aus dem Hut gezaubertes Kaninchen. »Da fängt man an, an das Schicksal zu glauben«, schließt sie. »Dieses Schicksal macht uns so glücklich. Außerdem, dass wir heute Abend hier sind.« Camille und Susan stehen auf und stoßen mit allen an.

»Auf Kit und Colin, unsere wundervollen Gastgeber«, fügt Camille hinzu. Danach wird weitergeplaudert. Noch mehr Politik. »Zumindest erkennen wir Italiener einen Faschisten, wenn wir ihn sehen«, verkündet Stefano.

»Ach, so plötzlich?« Susan lacht. Sally erwähnt eine anstehende Ausstellung in der Strozzi-Galerie. Brian redet über die Flüchtlinge, die auf den Inseln im Süden angeschwemmt werden, so viele, dass die Inseln seiner Ansicht nach bald sinken.

»Sie wollen doch nur das Gleiche wie wir«, beharrt Debra.

»Die hätten zu Hause bleiben und für ihr Land kämpfen sollen«, entgegnet Karl. Gilda kündigt an, sie werde in ihrer Kochschule einen Kurs im Tranchieren anbieten. Jeder Teilnehmer bekommt ein ganzes Schwein und lernt, wie man mit dem Messer umgeht und sämtliche Stücke, außer dem Todesschrei, verwendet. Mein Magen macht einen Satz. Ich proste Leo mit meinem Wasserglas zu und forme mit den Lippen das Wort *Grazie*. Der Schweinebraten ist köstlich. Ich beiße in die knusprig knisternde Kruste.

Riccardo zitiert eine Ode von Horaz. (Noch ein Grund, das Leben hier zu lieben.) Die ganze Welt ist dort, wo wir leben, kein beengter Ort. Als ich hierherzog, war es, als würden mir die Scheuklappen abgenommen. Stefanos Männer räumen die Teller ab und servieren Wildsalat mit Ziegenkäse und Gelber Beete.

Vor dem Dessert greift Brendan nach seiner hinter ihm stehenden Gitarre und stimmt »Per Te« an, in Italien ein beliebtes Lied von dem Sänger Jovanotti. Colin prostet mir über den Tisch hinweg zu. Bemerkt jemand, dass in meinem Glas Blutorangensaft ist? (Vielleicht Wally, ein Abstinenzler, der in dieser Hinsicht vor langer Zeit Probleme hatte.)

Rowan steht auf und bedankt sich bei den Italienern am Tisch dafür, dass sie noch einen Fremden hier willkommen geheißen haben. Gilda hebt ihr Glas und lobt Julia und ihr Talent als Köchin. »Sie ist viel besser als wir. Wir beneiden sie um ihre Fähigkeiten!« Julia schüttelt den Kopf und beugt sich vor, um Gilda und Luca zu umarmen. Das Dessert. Ehrfürchtiges Schweigen senkt sich über die Tischgesellschaft, als Annetta und ich die köstliche Roulade auftragen. Im selben Moment schiebt

Colin seinen Stuhl zurück, sodass dieser mit einem lauten Knall umfällt.

»Geliebte Gäste«, beginnt er. Die Muttersprachler lachen, während die Italiener einander achselzuckend ansehen. »Auf Kit! Ihr kennt sie als leidenschaftliche Schriftstellerin. Als eine Frau, die herkam, um ihrem Werk eine neue Richtung zu geben, was ihr auch geglückt ist. Eine Frau, die keine ausgetretenen Pfade beschreiten wollte. Damit, dass sie sich in einen Mann verliebt, der noch um seine Karriere kämpft, hat sie nicht gerechnet.« Er hält inne und sieht mich an. »Sie war mein Leitstern. Wir wohnen so gern in eurer Mitte und lieben euch alle. Wie ihr wisst, bin ich vierzig, und Kit ist vierundvierzig. Unsere Zukunft ist also vorgezeichnet, richtig? Wir haben die Freiheit, zu reisen und zu schuften wie die Berserker. Freiheit. Und jetzt erhebt eure Gläser, denn wir wollen auf die Unterbrechung unseres vorgezeichneten Wegs anstoßen.« Die Kellner schenken teuren Champagner ein. »Wir wollen euch von unserem überraschenden Glück erzählen. Wir erwarten ein Baby. Im Juni werden wir Eltern.«

Brendan klopft einen Trommelwirbel auf seine Gitarre, während die anderen aufstehen, trinken und *Hört, hört* rufen. Alle sind erstaunt. Nur auf den Gesichtern der drei Frauen erkenne ich ein weises Lächeln. Die Gäste stürmen auf uns zu, um uns zu umarmen. Die Italiener stimmen die Siegesgesänge der verschiedenen Fußballmannschaften an. Amalia weint. Die drei Frauen nicken: *Wir haben es gewusst, wir haben es gewusst.* Riccardo, möglicherweise entsetzt, zieht sich in eine Ecke zurück und zündet sich eine Zigarre an. Nicolà tanzt vor dem Kamin, gemeinsam mit Belinda in ihrem schauderhaften Kilt. Wally und Debra greifen nach den Flaschen und füllen sämtliche Gläser nach. Trotz des Tohuwabohus gerät die Haselnussroulade nicht in Vergessenheit. Julia wirkt erstaunt. Die Flaschen mit Limoncello, Grappa und Averna werden zutage gefördert. Dazu eine Käseplatte und Walnüsse in der Schale. Eine Schüssel mit Clementinen. Wir sitzen lange zusammen. Kein Grund, um zu gehen. Wir haben den Rest unseres Lebens vor uns. Ein traumhafter Abend für uns in Fonte delle Foglie.

Ich bin ein Bergtiger.

V

In Kontakt

Ciao Kit – tolle Party! Tolle Nachrichten! Natürlich waren wir im Bilde, und zwar seit dem Abendessen in Cormòns. Nur ein kurzes Dankeschön aus den Dolomiten, wo das Wort Gemütlichkeit erfunden worden sein muss. Allerdings zeitgemäße Gemütlichkeit. Keine Kuckucksuhren. Unser Berghotel besteht aus matt gebleichtem Holz und verfügt über dampfende Whirlpools, samtweiche Bademäntel und einen Panoramablick in die Tiefe. Aber kein Schnee! Meine Mädchen fahren eine mit Schneekanonen aufbereitete Piste hinunter. Hoffentlich bricht sich keine ein Bein. Zu beiden Seiten dieser Piste sind die Berge stoppelig und braun. Keine Menschenmassen und keine Schlangen vor den Liften. Ich benutze sie, um mir die Gegend anzuschauen. Durch die Weiden kann man hinauf zu einem rifugio *wandern. Oh! Suppe aus Kartoffeln und Äpfeln, Wild mit Trüffeln. Julia wäre im siebten Himmel! Ich sitze in der fahlen Sonne draußen auf der großen Terrasse. Wir haben zum Frühstück Fondue bestellt! Die Luft ist berauschend, so als wäre der Kabinendruck abgesackt und die Sauerstoffmasken fielen herab. Die Äpfel sind unglaublich. Derb und süßsauer. Wir haben schon den ganzen Korb, der in unserem Zimmer stand, vertilgt. Ciao aus San Cassiano. Hoffentlich hast du Spaß in Florida. A presto, Susan.*

PS: Ich setze J und C in cc, weil mein Akku schlappmacht.

Hallo Susan, hallo Camille,

ihr wart alle so lieb zu Daddy. Er war ganz begeistert von euch.
Kits und Colins Party war doch eine Wucht, oder? Wir haben
viele neue Freunde gefunden. Wenn wir nicht aufpassen,
leben wir uns so gut in San Rocco ein, dass wir nie wieder
wegwollen. Weihnachten war seltsam, aber friedlich. Nachmit-
tags sind wir durch das Viertel rings um die Spanische Treppe
spaziert, dann Prosecco im Straßencafé und zu guter Letzt
ein ausgezeichnetes Abendessen in unserem Hotel. Danach
haben wir uns Drei Münzen im Brunnen *angeschaut, Ent-*
deckerinnen Italiens aus früheren Zeiten. Jünger – und
romantischer. Echt albern, aber ich habe geweint. Lizzie und
Wade haben wir beide nicht erwähnt. Ich entwickle mich zu
einer Meisterin darin, im Augenblick zu leben. Nach wunder-
schönen, warmen Tagen in Rom sind wir gestern mit dem
Schnellzug in Neapel angekommen. Eine andere Welt. Ich werde
noch eine Weile brauchen, bis ich die schwindelerregenden
Unterschiede zwischen italienischen Städten begreife. Atlanta,
Charlotte und Raleigh ähneln sich mehr oder weniger, richtig?
Doch die kurze Fahrt von Rom nach Neapel sorgt dafür, dass
man sich fühlt wie in einer Zeitmaschine. Rassistisch, ich
weiß, aber wie ich gehört habe, sagen die Italiener, dass hinter
Rom Afrika beginnt. Nun, jedenfalls ist es atemberaubend
anders. Schon im Taxi zum Hotel hielten Daddy und ich uns
krampfhaft an den Händen, und ich habe einige Male
geschrien. Aber der Fahrer hat nur gelacht. Ich war ein wenig
beruhigter, als mir klar wurde, dass die anderen Fahrer von
uns erwarteten, dass wir sie schneiden, ausscheren und

waghalsig um die Kurven rasen. Es ist völlig normal, hinter
einer Vespa herzufahren, auf der sich drei Leute und ein
quergelegtes Fahrrad befinden. Einer rauchte, der Zweite zog
wenn nötig das Vorderrad hoch, und der Dritte kümmerte
sich ums Hinterrad. Dabei lachten sie und riefen Freunden
etwas zu. Außer uns schien sich niemand daran zu stören.
Susan, du wärst in deinem Element. Heute sind wir die
Spaccanapoli entlanggeschlendert, die gerade Straße (der
römische decumanus)*, die Neapel teilt. Wir sind in kleine*
Gassen geraten, wo es aussah, als könne hier ein Mord
geschehen. Davon ging eine schmale Straße ab, wo all das
Zubehör – das meiste batteriebetrieben, damit es sich bewegt –
für die Weihnachtskrippen verkauft wird, wie wir es überall
in San Rocco beobachtet haben. Die Figürchen sind unbe-
schreiblich detailgetreu. Kein Wunder, dass dieser Geschäfts-
zweig so wichtig für Neapel geworden ist. Natürlich schauder-
haft kitschig. Trotzdem habe ich mich vorgebeugt, um die
winzige Frau beim Bügeln, den Mann, der Brot in einen forno
schiebt, den Gemüsehändler, die Stalltiere, die mit den Köpfen
schütteln, die Gipsengel (ich habe ein paar gekauft) und so
weiter und so fort zu bewundern. Daddy fand es ein wenig
übertrieben. Anschließend haben wir in einer der berühmten
Pizzerien zu Mittag gegessen. Ich weiß, dass es ketzerisch ist,
aber meiner Ansicht nach war die Pizza nicht der Knüller –
gummiartig, zu viel Teig und nur ganz wenig Tomatensoße
und Käse, obwohl der Mozzarella aus Büffelmilch war.
Mir schmeckt die dünne Kruste in der Toskana viel besser!
Jetzt sind wir von unserem Nachmittagsausflug zurück im

Hotel, einem ansehnlichen Palazzo mit gepflegtem Hof. Unter meinem Fenster stochert jemand mit einem Stecken im Müll. Offengestanden fangen die Kontraste an, mich zu faszinieren. Ein Ort, wo man nie weiß, was einen erwartet. Sind wir nicht deshalb hier? Erzählt mir, wie es bei euch läuft. Ich vermisse euch! Julia

*Liebe, liebe Freundinnen,
in San Rocco geht es um die Weihnachtszeit noch verträumter zu. Charlie und Ingrid sind schon ganz verliebt in das Dorf. Ingrid, fast fünfzehn und gerade erst zahnspangenfrei, hat ihre Eltern gebeten hierherzuziehen. Sie ist hingerissen, weil sie von einer Highschool namens* liceo *gehört hat, wo sie Latein und Griechisch lernen könnte. (Obwohl ihre Noten in Spanisch eher mittelprächtig sind.) Sie ist begeistert von der heißen Schokolade, die so zähflüssig ist wie Pudding, und von den Baisers, die einem im Mund zergehen. Vor allem liebt sie die Villa. Ich glaube, sie denkt dabei an* Der geheime Garten. *Charlie und Lara sind ebenfalls fasziniert von jedem Zimmer und der Lebensart. Selbst Lara, die stets ein Haar in der Suppe findet, wie meine Mutter es ausgedrückt hätte, hält endlich den Mund. Nickend und lächelnd schlendert sie von Zimmer zu Zimmer. Wie schön. Natürlich hat sie etwas gegen die Katzen einzuwenden und scheucht sie ständig von den Möbeln.* »Was habt ihr euch dabei gedacht, drei Katzen anzuschaffen?«, *hat sie ungläubig gefragt.* »Gar nichts«, *habe ich freundlich geantwortet. Wir vier haben im Kamin eines der riesigen Steaks gegrillt*

und Kartoffeln in der Glut gebacken. Dazu haben wir einen
großen Salat aus Wildkräutern gegessen, die Patrizia
vorbeigebracht hat. Annetta hat uns mit einer crostata *mit*
Blaubeeren beglückt. Julia, wir haben uns wacker geschlagen!
Morgen Abend sind wir bei Gilda und Luca zu einem Fest-
mahl ins Hotel eingeladen. Meiner Familie wird vor Ehrfurcht
die Kinnlade runterfallen. Es macht mir großen Spaß, unsere
Stadt mit ihren Augen zu betrachten. Charlie, der kleine
Träumer, lässt sich auf alles ein, was er sieht. Lara will ihre
Ruhe, weil sie dauernd auf Reisen ist. Aber sie gibt sich
Mühe.
Susan, noch mal vielen Dank dafür, dass du die Wohnung
in Venedig aufgetrieben hast. Was werden die für Gesichter
machen, wenn wir dort ankommen. Charlie hat sämtliche
Kunstwerke recherchiert. Vielleicht steigt er ja auf einer Wolke
in den Himmel auf wie die Jungfrau Maria. Er hat für
Silvester einen Tisch für uns reserviert. Direkt am Canale
Grande. Ich hoffe auf Schnee. Soll ich deinen Antiquitäten-
händler aufsuchen, Susan? Ich kann es kaum noch
erwarten, endlich dort zu sein. Ich habe eine seelische
Verbindung zu dieser Schimäre am Wasser. Nachdem sie aus
Venedig abgereist sind, gönne ich mir noch einen Tag allein.
Es wird mich traurig machen, dass sie weg sind, aber wie ihr
wisst, spricht die Stadt zu mir. Außerdem freue ich mich
darauf, unser Leben in der Villa Assunta wieder aufzuneh-
men. Gute Reise. Ich wünsche euch viele Erleuchtungen,
bevor wir am Dreikönigsfest wieder miteinander anstoßen.
Xxxxooo, Camille

Das Überqueren der Brücke

Durch das Viertel fahren und sich umschauen. Chris würde Lizzie nicht erkennen, wenn sie nackt auf der Straße herumspazieren würde. Er musste nach San Francisco, um das Design seiner Etikette ändern zu lassen. Da sein Sohn Carter gerade seinen Master an der Davis University abschließt, möchte Chris, dass auch sein Name auf dem hinteren Etikett von Magnitude Vineyards steht. Carter wird ein ausgezeichneter Winzer werden. Er hat einen sensiblen Gaumen, vor allem bei den regelmäßigen Fassverkostungen, bei denen man, während der Wein sich noch entwickelt, wissen muss, wie er einmal werden wird. Als Winzer in der vierten Generation ist Carter fest in den trockenen kalifornischen Hügeln verwurzelt und kann es kaum erwarten, zurückzukommen und zu modernisieren. »Innovationen bei Dingen einführen, die schon funktionieren«, wie er es ausdrückt. Chris versteht die Botschaft. Mach Platz, Dad. Er hat nichts dagegen. Carters Freundin, die auch ihren Abschluss in Weinbau macht, kommt mit. Waka, zart und schlank wie ein Trinkhalm, Amerikanerin japanischer Abstammung. Ihre Großeltern, geboren in Sacramento, wurden festgenommen und in ein Lager gesperrt, um dort bis zum Ende des Zweiten Weltkriegs auszuharren. Sie hat glattes, taillenlanges Haar, an dem sie ständig herumspielt, es mit den Händen zusammenfasst und wieder fallen lässt, häufig, wenn sie eine klare Meinung äußert. Könnte nützlich sein. Könnte nervig sein. Aber Carter möchte sie mit an Bord haben, und Chris vertritt die Auffassung, dass er seinem Sohn seinen Willen lässt, solange dieser vernünftig klingt. Er ist sicher, dass Carter deshalb ein großzügiger Mensch geworden ist.

Ende Februar leuchten die grünen Hügel von Marin. Als Chris, ein wenig schneller als die meisten, den Highway 101 entlangsaust, ist der Verkehr flüssig. Auf der anderen Seite des Tunnels bietet sich ihm ein Blick auf die weiße Stadt, die auf bewegtem kobaltblauen Wasser schwebt. Die Brücken erinnern an schimmernde Baukastenteile. Leuchtend weiße Segel gleiten in Richtung Alcatraz. Als Chris hierherzog, hat er sich Hals über Kopf in die Stadt verliebt, und selbst jetzt wird er von Aufregung ergriffen. Was heute an der Westküste geschieht, sendet Wellen aus, die man im restlichen Land erst zehn Jahre später spürt. Das weiß er.

Er biegt in das Hafenviertel ein und malt sich aus, wie es wäre, in einem der Häuser im spanischen Kolonialstil aus den Dreißigern zu wohnen. Ein kleiner Hof, wo Julia den Tisch für Freunde deckt. Er ertappt sich dabei, dass er vor sich hin summt, und verstummt. Muss ich denn immer an »city by the bay« denken, an Tony Bennett, wie er im Fairmont säuselt? Es ist ein bisschen peinlich, dass es ihm jedes Mal vor Rührung die Kehle zuschnürt, wenn »I left my heart« beginnt. *Oh, Dad, wie kitschig!*, würde Carter sagen.

September. Das hübsche Mädchen – Lauren? – stützt sich mit den Ellbogen auf den Tresen. »High on a hill«. Sein erster Job, das Ende der Sommer auf den trostlosen, staubigen Feldern auf der Farm seiner Eltern in Modesto. Ernte, gebrochene Herzen und das ständige Gefühl, im Exil zu sein. Das Erschrecken bei der Ankunft in der kühlen Stadt. »Halfway to the stars«. Er weicht nach rechts aus, als ein Motorradfahrer beinahe seinen vorderen Kotflügel streift. San Francisco, mit nichts zu vergleichen, nicht einmal mit Rom. Selbst jetzt, obwohl es hier von Computerfuzzis wimmelt. Zumindest kaufen die Wein, wenn sie nicht gerade giftgrüne Säfte trinken. Oder grüne Blätter rauchen.

Nach einigen Wochen in San Francisco wusste er, dass er als Jugendlicher mit seinem Drang zu entfliehen die ganze Zeit über recht gehabt hatte. Er war im Exil aufgewachsen. Weit weg von der frischen Luft, den geschwungenen Hügeln und dem atemberaubenden Panorama, wo alle jung und hungrig auf die Zukunft sind. Die äußerste, rasiermesserscharfe Kante des Landes. Er liebt es, liebt den gewaltigen Ozean, die eiskalten Wellen an den weiten Stränden von Point Reyes, die kräftigenden Spaziergänge im Nebel. Obwohl Kalifornien überbevölkert ist, bleibt das Hinterland rückständig und einsam. Das genaue Gegenteil von seiner anderen Liebe, Italien, mit ihren menschlich geformten Landschaften und Städtchen. *Welch Glück, dass ich beides habe* – so wie Julia und ihre Freundinnen, die einer Lebensweise verfallen, die sich so von ihrer Südstaatenheimat unterscheidet. Julia. Was, wenn sie sich vor zwanzig Jahren begegnet wären? Die Kinder, die sie hätten haben können. Die Reisen. Der Aufbau von Magnitude Vineyards. Ihre Bücher. Das Leben zwischen zwei Ländern. Doch stattdessen hat er Carter. Dafür kann er dem Glück danken.

Auf dem Weg in die Stadt wird er von einem Hochgefühl ergriffen. Nicht hier, das ist vorbei. Ein Flugzeug muss über den Pol aufsteigen und an einem alten, ruhigen Ort landen, umgeben von einem noch blaueren Meer.

Unterhalb von Pacific Heights sieht es ziemlich schäbig aus, obwohl es hier inzwischen von schicken Cafés wimmelt. Er sucht die letzte bekannte Adresse einer gewissen Lizzie Hadley. Nein, wahrscheinlich trägt sie den Nachnamen des Ehemannes. Dieses Vollidioten. Tyler, Wade Tyler heißt er. Er versucht, sich ins Gedächtnis zu rufen, was Julia über Lizzie erzählt hat. Nicht nur die Schilderung ihres Absturzes, ihres Untergangs, ihrer Selbstzerstörung. Hat wenig Geduld mit dummen Menschen. Hatte früher eine Schildkröte namens George. Hat Muscheln gesammelt. Keine Ahnung, wie sie aussieht. Moment, Julia hat ihre kleinen Zähne erwähnt, als sie im Friaul einen Barista lächeln sahen. *Solche Zähne hat Lizzie auch, wie kleine Perlen.* Kein hilfreicher Hinweis. Ich bezweifle, dass sie viel lächelt. Insbesondere, wenn sie das Lächeln einer Meth-Süchtigen hat.

Eine Reihe heruntergekommener viktorianischer Häuser, drei davon von Optimisten renoviert. Einige magere Bäume, umgeben von Hundescheiße. Andere Häuser sind wenigstens gestrichen. Auf den Veranden stehen Töpfe mit Agaven oder Gräsern. Rollos an den Fenstern. Der Verfall in San Francisco ist nicht so drastisch wie in anderen Städten. Immobilien sind zu teuer, als dass Vermieter ihr Hab und Gut zu lange vernachlässigen würden. Er bemerkt auf den ersten Blick, dass das Viertel gentrifiziert wird. Bald werden die Junkies sich noch weiter an den Stadtrand zurückziehen müssen. An der Kreuzung wird er langsamer. Das zweite Haus, mit abblätternder violetter Farbe und das abgewrackteste in der Straße, sieht aus wie ein möglicher Unterschlupf von Drogensüchtigen. Julia hat von violett und nicht völlig baufällig gesprochen. Eine Frau mit strähnigem Haar raucht auf der Vortreppe. Am Geländer lehnt ein magerer Typ und tippt auf seinem Telefon herum. Chris parkt ein Stück die Straße hinunter und geht zu dem kleinen Laden, der an der Ecke des Hauses steht. Ein lavendelfarbenes Haus im Queen-Anne-Stil kommt auch infrage. Aber eine uralte schwarze Frau tritt heraus und fängt an, ihre Veranda zu fegen. Nebenan kratzen Maler in Schutzkleidung unter einer Plane jahrzehntealte Schichten Bleifarbe ab. Wieder ein Haus, das kernsaniert wird.

Er kauft eine Tüte Chips und eine Wasserflasche. Der pakistanische Ladeninhaber schaut beim Kassieren kaum von seinem Computer auf.

»Wissen Sie vielleicht, ob hier ein Haus zu vermieten oder zu verkaufen ist?«, erkundigt sich Chris.

»Es ist alles zu verkaufen«, lautet die knappe Antwort. Der Mann starrt auf den Bildschirm. Er trägt ein zerknittertes T-Shirt mit aufgedrucktem Skelett.

»Sicher eine gute Investition.«

»Wissen Sie, für wie viel diese Mistkerle jetzt verkaufen? Die renovieren die Häuser und verdreifachen den Wert.«

»Was ist mit dem Dreistöckigen, Violetten?«

»Nein. Das ist eine Art betreutes Wohnen.«

Bingo. »Bessert sich der Zustand der Leute?«

»Bei manchen schon.«

»Also nicht zu verkaufen oder zu vermieten?«

»Gehört der Stadt. Die werden alle bezahlt. Angenehme Arbeit.«

»Ach, von so was hab ich schon gehört.« Er weist auf die Frau, die auf der Treppe raucht. »Wahrscheinlich kaufen sie hier ein?«

»Die ja. Der Typ klaut ab und zu ein Bier. Ich lasse es ihm durchgehen. Das arme Schwein. Kann nicht mal richtig reden. Der stottert nur.« Er plustert die Lippen auf, schnippt mit den Fingern dagegen und macht blubbernde Geräusche.

»Das Haus nebenan hat jemand aufgemotzt.« Er möchte nicht zu neugierig wirken.

»Hat dreihunderttausend bezahlt und noch mal die gleiche Summe reingesteckt. Jetzt ist es über eine Million wert.«

»So viel Geld, und nebenan wohnen Sozialfälle.«

»Genau. Und man kriegt die Autoscheibe eingeschmissen.«

»Wie viele wohnen da?«

»Es waren acht. Zwei habe ich seit Monaten nicht gesehen. Einer war überall tätowiert, sogar rings um die Augen. Und dann ein Mädchen aus den Südstaaten. Hielt sich für was Besseres. Aber als ich letztes Jahr überfallen wurde, hat sie das Glas splittern gehört, kam angerannt und hat einen Krankenwagen gerufen und den Laden bewacht, bis mein Schwager da war.«

»O Mann. Zusammengeschlagen?«

Er dreht sich zur Seite und zeigt seine schiefe Nase und eine

gewellte Narbe, die von der Wange bis zum Haaransatz reicht.
»Baseballschläger. Die Wahnsinnssumme von zweiundsiebzig
Dollar haben die abgegriffen. Ich war dafür einen Monat in der
Hölle.«

»Mist. Das tut mir leid.« Er beschließt, offen zu sein. »Hey,
eigentlich suche ich die Frau aus den Südstaaten. Etwa fünfunddreißig. Ihre Familie hat schon seit einer Weile nichts mehr von
ihr gehört. Das ist zwar vertraulich, aber ich frage mich, ob sie
die Frau war, die Ihnen zu Hilfe gekommen ist. Wie viele Süd-
staatenschönheiten gibt es hier? Diese Straße ist ihre letzte bekannte Adresse.«

Der Pakistaner blickt argwöhnisch. »Keine Ahnung. Gehen
Sie doch rüber und reden Sie mit diesen Losern.«

»Oh, ja, okay. Wahrscheinlich eine Verwechslung. Danke,
Mann.«

»Ach, schon gut. Was soll's. Die Frau heißt Liz. Ist das der
Name von der, die Sie suchen? Die ist längst weg. Ein Krankenwagen hat sie abgeholt. Sicher eine Überdosis.«

Chris fährt zu dem supercoolen Grafikdesigneratelier in einem
von Bäumen gesäumten Teil der Pacific Avenue und gibt die
kleine Änderung seines Etiketts in Auftrag. Die Vorderseite, eine schlichte Bleistift- und Tuschezeichnung, die eine Weinrebe
mit aufplatzenden Knospen darstellt, bleibt, wie sie ist. Doch
für die Rückseite hat er sich etwas Neues ausgedacht. Die junge
Frau, die ihn betreut, trägt einen ausgestellten, aus steifen Bah-
nen bestehenden schwarzen Rock und eine weiße Bluse mit weiten Ärmeln. Comme des Garçons oder vielleicht etwas noch

Angesagteres. Dazu hat sie schwarze Stiefeletten an. Das bis an die Obergrenze gestylte Haar fällt ihr wie der Flügel eines Rabens über die Hälfte des Gesichts. Chris denkt an die Frau, die auf der Vortreppe von Lizzies Haus geraucht hat. An ihr strähniges schmutzigblondes Haar. Die Augen, die ins Leere starrten. Die Beine gespreizt, dass jeder, der wollte, ihr bis in den Schritt sehen konnte. Chris hat nicht gewollt. Auf gar keinen Fall. Als er an ihr vorbeiging, wurde er beim Anblick ihrer traurigen glasigen Augen, die ihn kaum zur Kenntnis nahmen, von Mitleid ergriffen. Mit ihr, mit Lizzies vergeudeten Möglichkeiten, mit Julias Sorge, ja selbst mit Wade, diesem Idioten, der mit den beiden Frauen, die er liebte, so viel durchgemacht hat.

Cara Julia, schreibt er. *Ich habe versucht, dich anzurufen. Ich weiß, du wolltest nicht, dass ich Lizzie suche, aber ich habe mich darüber hinweggesetzt, weil du dir unsicher warst. Ich bin überzeugt, dass du gern etwas über sie erfahren möchtest. Ich hatte nicht vor, sie anzusprechen, sondern wollte nur wissen, ob sie noch dort wohnt. Ich war an der Kreuzung. Der Inhaber des Gemischtwarenladens kannte sie. Er sagte, sie sei nicht mehr da. Ein Krankenwagen habe sie abgeholt.*

Er schilderte ihr den Überfall und dass Lizzie für den Mann einen Krankenwagen gerufen hatte. Dann fuhr er fort: *In dem Haus wohnen noch andere Leute, die wissen könnten, wo sie ist. Soll ich noch einmal hinfahren und nachfragen? Die Sache klingt ziemlich kritisch.*

Danach beschrieb er ihr seinen Tag, machte nur eine Pause, um sich ein Glas von dem herben Weißwein einzuschenken, den sein Nachbar ihm geschenkt hatte, und um etwas von dem

Brathuhn abzuschneiden, das er sich im Biosupermarkt gekauft hatte. *Was machst du gerade? Wo bist du? Irgendwann einmal möchte ich dir San Francisco zeigen ... Un abbraccio forte!*

Eine feste Umarmung. Jetzt grübelt er darüber nach, wo diese Lizzie wohl stecken mag.

Mandeln: Die erste Blüte

Gegen Ende des Winters kommt ein glückseliger Tag. Milde Luft senkt sich herab. Warm genug, um ein Fenster zu öffnen. Laut Margarets felsenfester Überzeugung werden Tiefdruckfronten in Gibraltar abgeblockt, sodass das warme Mittelmeer auf unserer Seite seinen Zauber wirken lassen kann. Ob das nun stimmt oder nicht, ich male mir immer aus, wie ein gewaltiger Felsen die tobenden Unwetter fernhält. Der Mandelbaum vor meinem Arbeitszimmer blüht, wenn auch noch zögerlich. Die schüchternen Blüten verströmen einen schwachen Duft, jedoch nicht nach Mandeln, sondern nach der weißen Paste, die eine Freundin im Kindergarten immer aß. So mild war der Winter, dass ich die weißen Geranien in ihren Töpfen entlang der Steinmauer gar nicht ausgegraben habe. Jetzt muss ich nur noch die toten Triebe abschneiden, und dann schlagen sie im Sommer wieder aus.

Wie genau der Winter gewesen sein mag, haben wir im sonnigen Florida verpasst. Nach unserer Rückkehr unternahmen wir lange Wanderungen. Unter unseren Stiefeln schmatzte feuchtes Laub, ein scheues Paar *caprioli* hüpfte durch unsere Olivenbäume, und nachts grunzten die Wildschweine auf der Suche nach Eicheln. Alle unsere Freunde fütterten uns mit *ribollita*, Würsten und Rindereintopf, allen voran Julia, die im Winter bei Gilda einen Kurs zum Thema toskanisches Schweinefleisch abgeschlossen hat. Sie haben einheimische Schweine zerteilt und filetiert, insbesondere die Wildschweine, die zwar eifrig bejagt werden, es aber dennoch schaffen, ihre Population alle paar Jahre zu verdoppeln. (Margaret meinte immer, sie wolle ein Buch mit dem Titel *Die Wildschweine, die ich kannte* schreiben.) Julia stellt ihre eigenen, mit Fenchel gewürzten Würste her und grillt die gewaltige Leber, die ich bis jetzt gemieden habe. Ihr erstes Frikassee hatte noch zu viel Wildgeschmack, aber nachdem sie das mit dem Einlegen in Essig richtig hingekriegt hat, sind ihre Wildschweinragouts saftig und so zart, dass das Fleisch vom Knochen abfällt.

Da Colin in London ist, habe ich den Tag für mich, und den brauche ich auch. Seit unserer Rückkehr habe ich noch nicht alles ausgepackt. Das, was ich dort geschrieben habe, liegt auf meinem Schreibtisch, ein Stapel Notizen und eine Mappe mit sechs Gedichten. Margarets Manuskript ist auch Teil des Haufens. Unsere Arbeiten sind inzwischen rettungslos ineinander verschlungen. Anstatt mich dieser Havarie zu widmen, gehe ich hinaus, schneide Mandelzweige ab und stelle sie in einem Glas auf die Arbeitsfläche in der Küche. Frühling. Er naht.

Jetzt bin ich im fünften Monat und trage einen Halbmond vor mir her. Die kleine Mondläuferin macht ein- oder zweimal am Tag winzige Schritte. Spätnachts spüre ich, wie sie schwerelose Purzelbäume schlägt. Oder er. Nicht angedockt und im Mutterschiff treibend. Wir haben beschlossen, dass wir das Geschlecht nicht wissen wollen. Keine Ahnung, warum, aber es gibt uns mehr Raum, uns das Geheimnis dieses geheimnisvollen Wesens auszumalen.

Seit ich mit Puppen gespielt habe, habe ich mir mich selbst nie als Mutter vorgestellt. Ich solidarisierte mich mit den vielen Schriftstellerinnen, die kinderlos blieben, überzeugt, dass die Mutterschaft der Kreativität die Todesglocke läutet. Denken Sie sich nur Virginia Woolf mit einer Kinderhorde. Jane Austen. Eudora Welty. Colette. Simone de Beauvoir. Edith Wharton. Elizabeth Bishop. Willa Cather. Und auch Margaret. Nun suche ich wie besessen nach Gegenbeispielen für neue Vorbilder. Sylvia Plath – wir wissen, wie das geendet ist. Joan Didion, nicht optimal. Jhumpa Lahiri. Zadie Smith. Sie ist stark. Sonst fallen mir keine ein, aber ich überlege weiter. Meine Mutter sagte immer, sie habe doppelte Hoffnungen in mich gelegt, da Schwangerschaft und Geburt ein solches Grauen waren, dass sie nicht den Mut für einen zweiten Versuch hatte. Bis jetzt ist es bei mir sehr angenehm verlaufen, doch es nahen die Monate, in denen mein Körper sich aufblähen wird und mir nichts übrig bleibt, als die flatternde Fahne eines Schiffes hochzuhalten, das bereits in See gestochen ist. Wer weiß: Wenn Virginia Woolf niedliche Söhne gehabt hätte, hätte sie sich vielleicht nicht die Taschen mit Steinen vollgestopft und wäre in den River Ouse hinausgewatet.

Unser Hausarzt in Miami war froh, dass er sich geirrt hatte. Er hatte auch gute Nachrichten für mich: Wer mit über vierzig ein Kind kriegt, hat eine viermal höhere Chance, hundert zu werden. Das erlöst mich von einem Teil der Angst, eine mutterlose College-Studentin zurückzulassen. Miss X könnte Mitte fünfzig sein, wenn ich ins Jenseits entschwebe.

Wer wohl am meisten überrascht war, mir in Florida zu begegnen, war meine erste Liebe Ger, inzwischen ein Freund. Ich musste mich mit ihm und Stacey, der Frau, die das Haus meiner Eltern gemietet hat, treffen, weil das Holz der von einem Fliegengitter geschützten Veranda verrottet. (Außerdem wollte ich das Haus inspizieren.) Zwei Fensterrahmen im Zimmer meiner Mutter müssen ausgetauscht werden. Ich erklärte mich bereit, die Küche streichen und eine neue Spülmaschine einbauen zu lassen. (Sie zahlen so wenig Miete, dass ich dachte, sie könnten das auch selbst erledigen, aber nein.)

Ger fiel nichts auf. Ich trug eine schlabberige Strickjacke und Leggings. Erst als Stacey hinausging, um Kaffee zu kochen, erkundigte er sich in angespanntem Ton: »Und was gibt's Neues bei dir?«

Bestimmt habe ich übers ganze Gesicht gestrahlt. »Ich erwarte im Juni ein Baby.« Bei dem Versuch, sich die Frage zu verkneifen, wie das möglich sein könne, verschluckte er fast seine Zähne. Also erlöste ich ihn von seinen Qualen. »Ich war anfangs auch erschrocken. Ein Unfall. Ich freue mich so. Zunächst war ich auch von den Socken. Wie du weißt, konnte ich nie ...«

Die Töchter seiner Lebensgefährtin tänzeln herein. Pferdeschwänze, Rüschen und die Münder voller Zahnspangen. Falls wir je zurückkommen, werden sie umziehen müssen. Vielleicht verkaufe ich ihnen ja auch das Haus, obwohl ich mir das nur schwer vorstellen kann. Es ist mein einziges Vermögen. Das Erbe meiner Eltern (dezimiert durch die lange Krankheit meiner Mutter) habe ich in den Kauf von Fonte delle Foglie gesteckt. Meine Eltern haben jede Wand, jeden Fußpfad und jedes Schlüsselloch unseres geräumigen, verputzten Hauses geliebt, das von der Straße zurückgesetzt steht und von Palmen und mit Moos bewachsenen Eichen umgeben ist. Ich erzählte Ger, Colin habe die Möglichkeit, von Miami aus zu arbeiten, was bedeuten würde, dass wir mehr Zeit hier verbringen würden. Dann erkundigte ich mich nach seinen Plänen.

»Ich glaube, wir werden heiraten. Sie macht mich glücklich, und ich hoffe, dass es umgekehrt genauso ist. Wer würde diese Mädchen nicht lieben? Sie bringen jeden Raum zum Leuchten. Du weißt schon, dass dieses Haus noch nach dir und deiner Familie stinkt. Manchmal glaube ich, dich, den Arm voller Bücher, die Treppe runterrasen zu sehen. Oder deine Mutter auf der Chaiselongue im Wintergarten, eine rosafarbene Seidendecke über den Beinen, den Kopf in eine Rauchwolke gehüllt. In der Werkstatt deines Vaters hängen noch alle seine Werkzeuge ordentlich an ihrer Leiste. Jedenfalls denke ich, dass wir bald umziehen werden. Ein Neuanfang in einem der Fertighäuser am Wasser. Whirlpool, Weber-Grill, alle Schikanen.« Er grinst, denn er weiß, wie sehr ich Fertighäuser und Reihenhäuser verabscheue.

Das Wort *stinkt* kränkt mich ein wenig, doch mir ist klar, was er damit meint.

Ich traf mich mit Freunden, die vor Freude Luftsprünge machten. Einige Autoren vom literarischen Institut der University of Miami luden mich zum Kubaner ein (Knoblauchhuhn = Soulfood). Der Leiter, auch ein Dichter, bot mir an, jederzeit eine Stelle als Assistenzdozentin annehmen zu können. Gut zu wissen.

Und das Beste ist – Überraschung! –, oh, *Madre di Dio*: Wir haben geheiratet. Warum nicht jetzt, dachten wir uns. Ich arrangierte alles innerhalb von zwei Tagen, und ich muss behaupten, dass das die beste Methode ist. Kein Stress, keine großen Kosten, und der Spontaneität wird kein Abbruch getan. Die Trauung fand in der mit Holz verkleideten Kapelle statt, wo ich getauft wurde und wo meine Eltern geheiratet haben. Eingeladen wurden nur Ger und Stacey, ein Kollege von Colin und seine Lebensgefährtin, drei meiner Freundinnen aus der Highschool (alle geschieden!) und sechs enge Freunde meiner Eltern, die mich mit großgezogen haben. Der episkopalische Priester wirkte altersschwach und gelangweilt, nahm uns jedoch mit kräftiger Stimme das Eheversprechen ab. Gladys, die beste Freundin meiner Mutter, las ein Gedicht von Jaime Sabines, das ich mir gewünscht hatte. Melanie, mit der ich aufs College gegangen war und mit der ich mir ein Zimmer geteilt hatte, bis sie ausstieg, um mit einer Band auf Tournee zu gehen, kündigte nur an, sie werde ein Überraschungslied singen. Ich dachte, der Priester würde explodieren, als sie anfing, »Let's Stay Together« von Al Green zu schmettern. Danach luden wir alle zum Abendessen ein, und damit war es erledigt. Die Gäste stießen miteinander an und schwelgten in Erinnerungen. Dann übernahm Melanie die Rolle des DJ, und wir tanzten zu »I'll Be There«. Colins Eltern konnten nicht kommen, schickten uns jedoch einen ordentlichen Scheck und Bettwäsche, die nicht auf ein italienisches Bett passt. Ich bat Ger, sie im Haus meiner Mutter aufzubewahren.

Jetzt sind wir ein Ehepaar. Ich wollte weiter den Ehering meiner Mutter mit Saphiren und Diamanten tragen. Colin wünschte sich, dass ich den breiten Goldreif seiner Großmutter mit einem einzelnen Smaragden bekam. Jetzt bin ich behangen wie ein funkelnder Pfingstochse. Ich schenkte ihm den Ehering meines Vaters, verschwieg ihm jedoch, dass er von seinem im Wasser angeschwollenen Finger geschnitten und repariert hatte werden müssen. Auf die Innenseite der Ringe ließen wir die Worte *Für immer* eingravieren. Ein gewaltiges Versprechen.

In Flugzeugen, in gemieteten Wohnungen und in schlaflosen Nächten – der Mann, den ich geheiratet habe, singt manchmal im Schlaf, vielleicht seine allerliebenswerteste Eigenschaft – schrieb und las ich und machte mir Notizen. Nachdem ich Margarets Manuskript studiert habe, weiß ich, dass ich nichts Weiteres herausfinden werde. Was ich habe, ist mehr als genug für das Buch, das ich schreiben will, damit ihr Werk nicht in Vergessenheit gerät. Den Rest, die von mir entdeckten Geheimnisse, ihren komplizierten Charakter, die Leiden und die Überraschungen, werde ich bis auf einige sorgfältig ausgewählte Einblicke auf sich beruhen lassen. Ich dachte immer, sie sei in Colin verliebt. Jetzt weiß ich, warum. Ich habe geglaubt, sie sei neidisch auf mich – was, um alles in der Welt, konnte *ich* ihr voraushaben? –, und ich bin der Sache auf den Grund gekommen. Auch noch anderen Dingen. Sie bleibt weiterhin ein Geheimnis, und das wird auch immer so sein. Aber vielleicht bin ich ihr nähergekommen als jedem anderen, den ich kenne, einschließlich Colin. Und sie hat eine beispielhafte Novelle hinterlassen.

Wenn ich mir überlege, was ich tun oder schreiben soll, wenn ein moralisches Thema auf den Plan tritt oder sogar wenn Politiker im Wahlkampf debattieren (sie hatte einen guten Riecher für Unsinn), befrage ich die Margaret in meinem Kopf. *Was würde Margaret davon halten?* Margaret würde sich darauf stürzen. Häufig ist es eine klare Antwort, über die ich nachdenken muss, auch wenn ich vielleicht nicht mit ihr übereinstimme. Doch sie ist da, die Kompassnadel, die mich auf Kurs hält. Möglicherweise braucht jeder eine Mentorin wie sie.

NOTIZBUCH:
Der Anfang eines Gedichts, nachdem ich Margarets Manuskript gelesen habe:

Ich weiß, was ich weiß. Du nicht.
Wie kannst du sein, ohne ich zu sein. Aber das Gedicht von
Ovid,
das ich während der Siesta, etwa in derselben Siesta wie im
achten Jahrhundert von Christus, gelesen habe.
Leichter, als mit dem telefonino *anzurufen,*
wenn man über die autostrada *rast, bin ich auf*
den alten Publius Ovidius Naso gestoßen.
Ich habe die Frau des Händlers auf dem Fluss berührt
und einen weißen Hahn, getötet
von einem Fuchs vor dreizehnhundert Jahren. Aber du bist
Nicht Ich.
Und ich arbeite nur hier. Die Besitzerin ist nicht zu Hause,
niemand
nimmt deinen Anruf entgegen. Deine Einstellungen
wurden von einem weit entfernten Anbieter geändert.

Und wenn jeder nur ein wenig leuchten würde,
könnten wir uns das Licht zurückholen. Zumindest das.
Iss mehr, wiege weniger. Lehn dich an mich.
Deine Hand würde ich wiedererkennen, in einem Eimer vol-
   ler Hände.

(Ovids Siesta-Gedicht – wir würden *riposa* sagen – hätte heutzutage geschrieben werden können.»The River Merchant's Wife«: Ezra Pound. Der Hahn, ein chinesisches Gedicht von einem anonymen Verfasser, glaube ich. Ich habe die Notiz verloren.)

DAS MANUSKRIPT aus Margarets Koffer:

Ich wurde [schrieb Margaret, 2008? Ich bin mir nicht ganz sicher, was das Jahr angeht] im Januar meines Abschlussjahrs an der Georgetown University schwanger. Da ich zu Hause wohnte, war es leicht, meine sich verändernde Figur selbst vor meinem Vater geheim zu halten. Meine Mutter hatte ihn vor zwei Jahren verlassen, weshalb ich beschlossen hatte, vom Wohnheim wieder zu ihm zu ziehen, um ihm Gesellschaft zu leisten und zu versuchen, das Haus mit Leben zu erfüllen. Er hatte meine Freunde sehr gern. Es störte ihn nicht, beim Aufwachen festzustellen, dass er sich durchs Wohnzimmer schleichen musste, weil ein paar Mädchen dort übernachteten.

Der Vater meines Kindes hört sich fantastisch an. Offen gestanden war er das auch. Es war eine Situation, die sich Tschechow ausgedacht haben könnte. Ich war in ihn verliebt, nennen wir ihn Mark. Er hingegen war in meine Freundin Millicent verliebt, die nur sich selbst liebte. Außerdem flatterte sie von einem Techtelmechtel zum nächsten. Wir waren alle zwanzig. Absolut ahnungslos. Eines Nachts war mein Vater auf Geschäftsreise. Nach einer Party bei mir blieb Mark, denn Millicent war mit einem Schnösel von der juristischen Fakultät losgezogen, einer Flachpfeife, bei dem schon vorauszusehen war, dass er einmal in die Politik gehen würde. Sie würden den Namen kennen, doch das gehört nicht zu meiner Geschichte, wie ich von jemandem geschwängert wurde, der mich nur mochte. Mark half mir, die Gläser, Aschenbecher und leeren Pizzakartons wegzuräumen. Anschließend saßen wir vor dem Kaminfeuer und sprachen wie immer über das Thema »Was Millicent will«. Nach einer Weile redeten wir über unsere eigenen Pläne. Ich wusste, dass ich reisen wollte, und sah mich klar auf dem Weg zur Schriftstellerin. Er wollte sich zwar wie so viele unserer Freunde für Jura einschreiben, doch ihm fehlte der Ehrgeiz, der unsere Clique auszeichnete. Für ihn stand fest, dass er nach Richmond zurückkehren und seinen Platz in der langen Familientradition von Anwälten in einer dortigen großen Kanzlei einnehmen würde. Ich hatte Versammlungen des Fördervereins des Museums und der historischen Gesellschaft, Porträts im Esszimmer und ihn vor mir, wie er immer stattlicher wurde. Nichts für mich. Aber dann sah ich, oh, seine breiten Schultern, sein Gesicht wie die Statue des David, dieselben geschürzten Lippen und den ernsten, selbstbewussten Blick, mit dem er Goliath mustert. Ich wollte mit den Händen über seinen muskulösen, marmornen Körper streichen. Das tat ich, nachdem wir uns eine Flasche Wein geteilt, Lieder aus dem Ferienlager gesungen und gekichert hatten. Er nahm mich in seine Arme, so wie Rhett Scarlett, und trug mich in das Bett meiner Kindheit, wo wir uns dreimal wie verrückt liebten. Mark schlief bis zum Morgen. Michelangelo hätte auch einen schlafenden David meißeln sollen, nicht nur einen aufmerksam dastehenden jungen Mann. Ich lag die ganze Nacht wach. Wie gebannt. Es war nicht mein erstes Mal gewesen, doch noch nie hatte ich es so intensiv erlebt. Eine solche Freude, wie sich unsere Körper im Rausch ineinander verschlangen. Jetzt würde er mich lieben. Ich presste die Lippen an seine feuchte Wirbelsäule. Irgendwann in der Nacht drehte er sich um und streckte die Hand nach mir aus. Es war die längste Nacht meines Lebens. Und dazu zähle ich auch die in dem Betonbunker von einem Hotel im Irak, während auf den Straßen Schüsse hallten und Bomben fielen.

Nach einigen Liebesschwüren, romantischen Komplimenten und ein paar Tassen Kaffee musste er ins Seminar. Danach: nichts. Ich sah ihn nur ein Mal wieder, und zwar sieben Wochen später. Inzwischen erhob Millicent neue Besitzansprüche auf ihn. Ich kündigte ihr die Freundschaft. Als ich wusste, dass ich schwanger war, fühlte ich mich verpflichtet, es ihm mitzuteilen. Dem Kindsvater. Er reagierte … nun, Sie haben es sicher schon erraten. Das kann doch nicht sein, bist du sicher, warum hast du nicht … Seine gute Erziehung meldete sich, wenn auch nur widerwillig. Er erbot sich, mir zu helfen, sich »darum zu kümmern«. Ein Widerspruch, fand ich. Er war sogar bereit, mich zu begleiten.

Es ist so lange her, liebe Leser. Das Zeitalter der Kleiderbügel und Scheidenspülungen mit chemischen Lösungen, doch Abtreibungen waren nicht unbekannt. Noch immer sehe ich mein entsetztes Gesicht im Spiegel, als ich die unmöglichen Tatsachen durchspielte. Das alte Lied. Für die Betroffene stets ein neues. In meinen Romanen gab es verschiedene Enden für eine solche Geschichte. Im wirklichen Leben sind da nur wenige Auswege. Du behältst es, du gibst es weg. Und ist »es« an sich nicht schon so bezeichnend? Wenn »es« ein Adam oder eine Lucinda wäre, wäre der Ausweg schon ein Zickzackkurs.

Als Mark am nächsten Tag anrief, sagte ich ihm, ich hätte die Abtreibung in die Wege geleitet. Er warf einen Umschlag mit achthundert Dollar durch unseren Briefschlitz. Alles paletti. Ich verhärtete mich gegen ihn. Wie hatte ich so einen herzlosen Mistkerl »lieben« können? Ich hörte nie wieder von ihm.

Ich werde nicht länger auf meine quälende Entscheidung eingehen. Jedenfalls habe ich nicht abgetrieben. Ich distanzierte mich von meiner Clique, änderte meinen Kleidungsstil zu weiten Oberteilen und formlosen Röcken und drückte mir stets meine Notizblöcke vor den Leib. So gelang es mir, das Semester abzuschließen. Im April beichtete ich es meinem Vater, der sein Sherryglas auf seinen Schuh fallen ließ. Nach der Abschlussfeier, der ich fernblieb, fuhr mein Vater mich nach New York, wo er mir ein Einzimmerapartment im West Village besorgt hatte. Ich ergatterte ein unbezahltes Praktikum bei der *Village Voice*. Seltsamerweise stellte mir niemand Fragen, als ich zunehmend aus dem Leim ging. Hatte ich die Pflicht, Mark mitzuteilen, dass ich sein Kind erwartete? Meiner Ansicht nach hatte er das Recht darauf verwirkt, weil er es hatte loswerden wollen. Ich liebte meine Arbeit. Die Redakteure waren beeindruckt, wirklich beeindruckt. Später, nachdem das Baby da war, bot man mir eine richtige Stelle an.

Ich war häufig unerträglich einsam. Dieser Sommer war die erste Episode meiner häufigen Phasen unbeschreiblicher Einsamkeit. Kein Kontakt zu meiner Mutter, die mit einem fünfzehn Jahre jüngeren Mann aus Ostindien ein neues Leben angefangen hatte. Außer meinem Vater hatte ich niemanden, den ich anrufen konnte. Meine übrigen Verwandten wären schockiert gewesen. Sie hätten mich als »gestrandet« bezeichnet, zusätzlich zu ihren früheren Urteilen (verwöhnt, frech, neunmalklug und dickköpfig). »Sie war schon immer ein aufsässiges Kind«, belauschte ich einmal.

Ich trank auf der Feuerleiter Eistee und blätterte mein Adressbuch durch. Wen konnte ich anrufen? Aber (neunmalklug eben) ich wusste, dass sich dieser sensationelle Klatsch nicht würde geheim halten lassen.

Ich fühlte mich wie Gregor, der beim Aufwachen feststellt, dass er sich in einen Käfer mit sechs Beinen und einem Panzer verwandelt hat. Eine Verwandlung, in der Tat. Von klapperdünn zu voluminös. Abgesehen von der Arbeit hatte ich meine innere Mitte verloren. Es war ein Sommer, in dem ich Elizabeth Bowen, Henry James (ich ging an seinem Haus vorbei) und Betty Friedans Buch las, in dem sie »das Problem ohne Namen« beschreibt. Es war ein Sommer der Dosensuppe, des Brathuhns wegen des Eiweißes, Eiweiß, Eiweiß, und der Schokoladenmilch.

Ich war noch immer ein halbes Kind und glaubte nie, dass ich das Baby würde behalten können, obwohl mein Vater anbot, mir zu helfen, ihn oder sie – niemals »es« – großzuziehen.

Durch meine Möglichkeit, in der Redaktion zu recherchieren, stieß ich auf eine Adoptionsagentur in der Park Avenue und sprach dort vor. In einem verglasten Büro mit Fichten von Norfolk Island in Kübeln und einer Wand mit Fotos von Adoptiveltern, die ein kleines eingewickeltes Bündel in ihren Armen anhimmelten. Kein einziges Bild von den am Boden zerstörten, trauernden oder befreiten Müttern. Nach dem Gespräch zeigte man mir Mappen von vier Paaren. Ich log, ich wisse nicht, wer der Vater sei. Es handle sich aber um einen Studenten an der Georgetown University. Ich bedauere meine promiskuitive Zeit nach der Trennung meiner Eltern. Vermutlich finden nur wenige Adoptionen ohne ein paar Notlügen statt. »Liebeslügen« nannte das meine Mutter. Lügen, die man einsetzt, um einen anderen oder sich selbst vor der Wahrheit zu schützen.

Ich überlegte: gebildet, humorvoll, herzlich, klug, gesicherte Verhältnisse. An Armut brauchte ich gar nicht zu denken, denn jeder, der sich die Gebühren leisten konnte, musste wohlhabend sein. Alle vier machten einen vielversprechenden Eindruck. Ich verlangte, noch weitere Kandidaten zu sehen, doch zu guter Letzt entschied ich mich für das Paar oben auf dem Stapel. Sie war Geigerin mit einem offenen Gesicht, das gütig wirkte. Außerdem hatte sie glattes pechschwarzes Haar wie Mark. Vielleicht war ihr Kinn oval wie meines. Sie hatte an der Colby und der Juilliard studiert. Der Mann war hochgewachsen wie Mark und hatte eine Hakennase und einen Blick, als habe er gerade einen Scherz gemacht. Seinen Beruf fand ich spannend: Schiffsbauingenieur. Der Vater meines Kindes. Er konnte es werden. Blass wie ich, vermutlich als Kind sommersprossig. Jedenfalls wirkte er bodenständig und zuverlässig. Ich suchte nach Eltern, die von ihrem Erscheinungsbild her mit meinem Kind blutsverwandt hätten sein können. Der Name auf der Mappe war mit Klebeband abgedeckt. Geschickt hob ich es auf meinem Schoß mit dem Fingernagel an, während ich mit der Leiterin die Bedingungen erörterte. Vielleicht war das mein erster Schritt in Richtung investigative Journalistin. Als ich meinen Rock glatt strich, schaute ich nach unten. Edward und Amanda Knowles. Ich drückte das Klebeband wieder fest, und wir besprachen die Einzelheiten. »Könnten Sie sie fragen, ob sie den Namen, den ich dem Baby gebe, in Erwägung ziehen würden?«

»Das ist ungewöhnlich, aber ich erkundige mich.«

»Dann bedanke ich mich. Das Baby hat ein gutes Zuhause.«

Ruhig bleiben und voranschreiten. Doch ich war jung und allein – und etwas zerbrach in mir. Ich ging weiter in eine veränderte Welt.

Um die Informationen in Margarets Manuskript zu verstehen, schrieb ich Passagen in mein Notizbuch ab, in der Hoffnung, die Worte würden mir, wenn sie in Form von Tinte auf Papier trafen, helfen, ihr geheimes Leben zu begreifen. Außerdem war da noch die Frage, warum sie den chaotisch bekritzelten Papierstapel hinterlassen hatte – damit ich ihn fand oder auch nicht. Hatte sie geahnt, dass sie nicht zurückkehren würde? (Namenloses Problem. Hauchdünn. Rechte. Urteile. Klatsch. Schreiben. Porträts im Esszimmer. Mit den Händen streichen. Wie verrückt lieben. Erzeugen. Eingewickelte Bündel. Blass wie ich. Veränderte Welt.)

Meine Schwangerschaft verglichen mit ihrer. Meine hat ihrer Geschichte Leben eingehaucht, wie es nicht möglich gewesen wäre, hätte ich den Text, einige Monate nachdem sie ihren Koffer hier abgestellt hatte, gelesen – in einer Zeit, als *meine* Schwangerschaft undenkbar oder gar von Interesse gewesen wäre. In mein Gedächtnis hat sich ein Bild von Margaret eingebrannt. (Ich kenne Jugendfotos von ihrer elfenhaften Schönheit mit den wissenden Augen.) Sie sitzt an einem heißen Abend im Schneidersitz auf der Feuertreppe, trinkt etwas Kaltes und spürt am Rande ihres Verstandes große schwarze Flecken. Drinnen spielt ein kleines Radio Tanzmusik. Musik aus einer Welt, die sie hat hinter sich lassen müssen.

Lo Studiolo:

Das Atelier

Als Camille sich in ihrem Malzimmer umschaut, fällt ihr plötzlich die Transformation auf. Was als in eine Ecke gezwängter Arbeitsplatz mit einem großzügigen Zeichentisch, schlichten Regalen, einem Lesesessel und einer Lampe angefangen hat, hat sich in einen lebendigen Bienenstock voller Kunstbücher, Postkarten aus Museen an Pinnwänden, einem zweiten Zeichentisch, drei Staffeleien, Tuben, Pinseln und Stapeln aus Papier verwandelt, das sie jede Woche mit Matilde herstellt. Auf neuen Regalen hat sie kleine Gläser mit winzigen Perlen, Kupferkörnchen, Kügelchen aus blauem Glas und graviertem Zinn, dünnen goldenen Kacheln – wie einflussreich die Mosaike in Aquileia sich doch erwiesen haben –, mikroskopischen Halbedelsteinen in allen Farben, einen Korb voller auf dem Antiquitätenmarkt gekaufter antiker Bänder, Klebstoffe zum Archivieren und eine Reihe von Stiften mit gläserner Spitze und Tuschefässer angeordnet. Seeblau, violett, burgunderrot, weiß. An der vom Licht beschienenen Wand hängen ihre Papiertüren, lebhaft strahlend wie das Book of Kells, die Bildhandschrift, die sie in San Marco in Florenz so bewundert hat, und sogar wie persische Miniaturen. Wie schon die Mönche faszinieren sie die Seitenränder besonders. Obwohl sie auf die verschiedensten historischen Epochen anspielt, sind ihre Papiertüren eindeutig zeitgenössisch. Die Entwürfe beschreiben Winkel und unterteilen.

Sie verwendet in ihren Mustern Farbvierecke, die von den maurischen Spaniern stammen könnten, wären da nicht die auffälligen Kontraste und Überschneidungen.

Achtzehn, und es sind noch längst nicht alle. Jedes davon für sie so lebendig wie ein Mensch. Sie liebt das griffige Papier und den mühelosen Einsatz von schmückenden Elementen bei unterschiedlichen Oberflächen und Dimensionen. Die Wörter, Zeilen und Formen sind alle intuitiv, obwohl sie nach all den Jahren, die sie das Einführungsseminar in die Kunstgeschichte unterrichtet hat, auf einen wahren Schatz aus Bildern zurückgreifen kann. Das Projekt wächst und zieht sie mit, sogar in Momenten, in denen sie lieber aufhören und sich an einer Winterlandschaft oder einem Stillleben mit Granatäpfeln in einer Glasschale versuchen würde.

»Du steckst dein ganzes Leben in diese Bilder«, hat Charlie an Weihnachten festgestellt. Und da hatte sie erst zwei fertig. Der Besuch hat seinen eigenen Horizont als Künstler erweitert und ihre Beziehung vielschichtiger und tiefer werden lassen. Alle paar Tage schicken sie einander nun ein Foto und einen Bericht über ihre Fortschritte. Sie fühlt sich ihm so nah wie damals, als er nach seinem ersten Semester Kunststudium nach Hause kam und gewaltige Leinwände auf dem Boden entrollte, seine Augen strahlend von einem Feuer, das sie auch einmal empfunden hat.

Camille räumt ihr Atelier auf und denkt dabei, anders als seit vielen Monaten, nicht an ihre Verluste, sondern an ihr Glück. Ihr großartiger Junge. Eine wundervolle Liebe, ein harmonisches Zuhause, Gesundheit. Und jetzt das hier. Ihr Verstand läuft auf Hochtouren. Sie schaut sich im Zimmer um und flüstert jemandem, nicht einem Gott, aber vielleicht der Nonne NM, ihrer Muse, zu: *Ich bin unterwegs.*

In der Küche trifft sie Julia lesend an. Im Feuerschein schimmert sie golden. Das Haar hat sie mit einem blauen Band oben auf dem Kopf zu einem Dutt zusammengefasst, eine rosafarbene Decke liegt auf ihrem Schoß. Angesichts dieser friedlichen Szene kann man sich kaum vorstellen, dass sie einmal die Hauptrolle in einem so hässlichen häuslichen Drama gespielt hat. Durch das Fenster strömt blaues frühabendliches Licht herein. Ja, jemand sollte das malen.

Wenig später beobachtet Camille durchs Fenster Susan, die noch immer draußen arbeitet und den frühlingshaften Tag nutzt. Camille kocht Tee und stellt die Kanne mit einigen *biscotti* auf den Tisch am Kamin. »Wie lieb von dir«, sagt Julia und nimmt sich zwei von ihren selbst gebackenen Haselnussmakronen. »Wenn Susan reinkommt, möchte ich euch beiden etwas zeigen.«

»Was liest du da?«

»Kits Gedichte. Sie sind seltsam.«

»Ja, ich stimme dir zu. Aber auf gute Weise seltsam.«

»Absolut. Woher hat sie das? Wir kennen sie. Sie ist wie wir. Jünger, klar. Doch im Grunde genommen normal.«

»Vielleicht sind wir ja alle nicht normal«, witzelt Camille. »Die Gedichte sind Schichten, die man abziehen muss. Nicht, dass ich mich mit Kit vergleichen könnte, aber ich betrachte meine

Papiertüren, und das, was ich sehe, befand sich vorher nirgendwo innerhalb meiner Reichweite, bevor ich mit der Arbeit anfing. Was ich schaffe, entsteht aus dem Schaffensprozess.«

»Hör dir das an:«

Die Katze wird knochenlos, wenn sie schläft. Aber sie wacht auf und streckt sich in Spannung. Sie starrt durch das Fenster auf die Vögel. Ihre Augen schießen hin und her. Sie ahnt nicht, dass es eine gefallene Welt ist.

»›Wird knochenlos‹ schreibt sie, während ich ›entspannt‹ sagen würde. Und dann etwas so Schlichtes und gleichzeitig Präzises. Der Sprung in den Kosmos. Es ist, als würde sie die Sprache mit einem Elektroschocker antreiben, damit sie ruckartig lebendig wird. Fühlt sich das Malen für dich auch so an?«

»Für *sie* muss es so sein. Ich verliere mich einfach. Eine Art Trance, wenn das nicht zu albern klingt. Früher habe ich gern mit den Schnittmustern meiner Mutter aus Seidenpapier gespielt. All die blauen Linien, die aussahen wie Himmelskarten. Ich habe die Kleider und Schürzen auf großen Papierbögen nachgefahren und sie dann ausgemalt. Erinnerst du dich noch an die Zeit, als Frauen ein Nähzimmer wollten? Und an die Papieranziehpuppen? Hast du dich je nach dem Leben von Betsy McCall gesehnt?«

»*McCall's Magazine!* Ja, ich habe jeden Monat ihre Kleidchen ausgeschnitten! *Betsy feiert ein wundervolles Thanksgiving. Betsy geht an den Strand.* Sie und ihre Mom in zueinanderpassenden Badeanzügen. Ich wollte lieber Betsy als Julia heißen.«

»Ich nicht. Ich hatte eine Puppe, die pinkeln konnte – Betsy Wetsy. Aber wie sich mein Projekt entwickelt hat, hat viel mit der Papierpuppe Betsy zu tun. Und all ihren ausländischen Papierzwillingen, die ich gesammelt habe. Die polnischen Kinder mit schwarzen Zickzackbordüren. Die holländischen mit den flächigen Gesichtern und den Holzschuhen. Die Blondinen aus dem Mittleren Westen in Overalls und Baumwollschürzen.«

»Hör auf! Man sollte uns mal reden hören. Männer würden behaupten, ihr erster Einfluss sei ihre Mutter gewesen, die auf dem Cello Bach gespielt hat. Und ein früher Kontakt mit den Collagen von Matisse.«

Während sie sich unterhalten und Camille Tee nachschenkt, kommt Susan zur Hintertür herein und entledigt sich ihrer Handschuhe und schlammigen Stiefel. Als Archie sich schüttelt, ergreifen die Katzen die Flucht. »In ein paar Wochen werden wir unseren Augen nicht trauen. Keimende Blumenzwiebeln überall. Hyazinthen! Was sonst noch da ist, weiß ich nicht, aber der Garten wird explodieren.« Camille holt für Susan eine Tasse. Als Archie sich vor das Kaminfeuer legt und die Beine in die Luft streckt, springen zwei der Katzen auf ihn. Ragazzo hüpft auf Julias Schoß, ohne auf die Toberei zu achten.

»Zeit, Bilanz zu ziehen, Mädels.« Camille weist in den Raum. »Denkt an den Tag unserer Ankunft. Jetzt sind die Fensterbretter voller Kräuter und weißen Gloxinien. Auf dem Kaminsims stapeln sich die Kochbücher. Julias Krug mit blauen Pfannenwendern auf der Arbeitsfläche. Eine Schale Zitronen. Keramikteller an der Wand. Drei Katzen, herrje. Die rosafarbene Mohairdecke. Holzscheite. Gefülltes Weinregal. Was meint ihr?«

Susans Antwort erfolgt prompt:»Wir haben uns hier häuslich eingerichtet. Du hast recht, die Küche war schon vorher traumhaft, aber jetzt gehört sie uns. Die beste Küche, in der ich je gekocht habe. Wusstet ihr, dass es im Italienischen kein Wort für ›Zuhause‹ gibt? Nur für Haus, *casa*. Seltsam in einer Kultur, in der das Zuhause alles bedeutet.«

»›Haustier‹ gibt es auch nicht«, ergänzt Camille.»Nur irgendeine Beschreibung für Tiere, die man an der Tür füttert. Aber Moment, ich wollte noch etwas erwähnen. Ich habe mir mein Atelier angeschaut. Zuerst habe ich die beiden Bilder, jetzt und damals, nicht auf einen Nenner gebracht. Und da fiel es mir wie Schuppen von den Augen: In den knapp fünf Monaten seit unser Ankunft haben wir *alles* verändert. Wir haben einen gewaltigen Satz nach vorne gemacht. Übrigens werden heute Nacht die Uhren umgestellt. Schaut, was wir hier hingekriegt haben. Staunt ihr genauso darüber wie ich?«

Julia nimmt zwölf Eier aus dem Kühlschrank.»Was haltet ihr von Omeletts und Salat zum Abendessen? Der Schrank ist leer. Wir müssen morgen einkaufen. Ja, du hast absolut recht. Die Küche riecht eindeutig anders! Von muffigen Abflussrohren und Mäusen hin zu Blumen, Kräutern, Knoblauch und Melone. Ich stimme dir zu, Camille. Auch ich denke an mein Zimmer. An all meine Schals auf dem Ständer, Susans vergrößerte Fotos von Olivenbäumen, meinen Schreibtisch, auf dem sich Rezepte und Reiseführer türmen. Wir haben so viel gelernt. Die ausgeblichenen Seidenvorhänge auf dem Markt zu finden war ein echter Glücksgriff. Hast du es nicht Eau-de-Nil genannt, Camille?«

»Ja, ich liebe diese Farbe des Nilwassers. Sie sind dekadent. Savannah wird stolz auf dich sein. Und Italienisch zu lernen! Das war die einschneidendste Veränderung. Nicht, dass wir es fließend beherrschen würden. Diesen Konjunktiv werde ich nie kapieren.«

Sie schlendern durch die Zimmer im Erdgeschoss und bewundern die Veränderungen. Susan hat einen runden Tisch in die ehemals kahle Vorhalle geschleppt, auf dem nun stets ein gewaltiger Blumenstrauß steht. Hier hinterlassen sie einander ihre Post und Zettel. Auch auf dem Klavier im Wohnzimmer haben Susans Blumen Platz gefunden. Es ist ein Morgenraum; die frühe Sonne strömt durch die Fenster herein und malt Lichtvierecke auf den Backsteinboden. Sie hat Südstaatenfarne gezüchtet, die den ganzen Winter lang auf den breiten Fensterbrettern aus Stein wachsen. Oben im Lagerraum hat sie einen Wandteppich entdeckt. Er zeigt vier zierliche Reiterinnen, deren Pferde mit seidigen Mähnen herumtänzeln. Er ist zwar ein wenig mottenzerfressen, wirkt über dem Kamin jedoch trotzdem majestätisch.

»Wer hätte das gedacht«, sagt Camille. »Ich habe erwartet, dass wir einfach einziehen, auspacken und das Haus so bewohnen, wie es ist. Eine Horizonterweiterung, klar – aber das Gesamtpanorama ist ein unfassbares Geschenk.«

Das Esszimmer haben sie mehr oder weniger im Originalzustand belassen. Das Fresko der Nonne dominiert so den Raum, dass man außer Essen auf dem Tisch eigentlich nichts mehr braucht. »Lasst uns heute hier essen.« Julia öffnet die *madia* und holt Platzdeckchen und Servietten heraus. »Es ist mein Lieblingszimmer. Wir haben bereits so viele Erinnerungen an Festmähler. Wisst ihr noch, wie Rowan auf das Fresco gezeigt und dabei sein Weinglas vom Tisch gefegt hat?«

»Nun, selbstverständlich, denn schließlich ist es auf meinem Schoß gelandet. Er hat sich rasch mit irgendeinem Weinzitat von Catull aus der Affäre gezogen. Ich muss mir den Garten der Villa ansehen, *com'era*«, erwidert Susan. Sie liebt *era*, das große Imperfekt von *war*, bei dem selbst Abgeschlossenes in Bewegung bleibt. *C'era una volta* beginnen die Märchen. Es war einmal ...»Und als der Vogel reingeflogen und auf dem Tisch gelandet ist. Er hat uns alle angestarrt und ist wieder verschwunden.«

»Das war ein Besuch von unserer malenden Nonne.« Obwohl Camille eigentlich nichts von Esoterik hält, glaubt sie es fast.

Seufzend beginnt Julia, den *parmigiano* zu reiben, während Camille und Susan ihre üblichen Aufgaben übernehmen: die Tiere füttern, den Tisch decken, den Wein öffnen. »Zu Hause! Wir sind zu Hause! Wir wussten nicht, ob wir das fertigbringen würden und könnten. Habt ihr schon ein Bauchgefühl? Wollt ihr bleiben? Könnt ihr euch vorstellen, wieder von hier fortzugehen? Oder könntet ihr morgen nach Hause fliegen?«

»Wir waren noch nicht auf Sizilien. Ich fange gerade erst an.« Camille denkt an den Stapel handgeschöpftes Papier in ihrem Regal. Sie vermisst Charlie – nicht Lara – und Ingrid, die sich über Weihnachten in Italien verliebt und gefragt hat, wann sie wiederkommen kann. Ist es nicht besser, überlegt sie, die beiden mit diesem Land bekannt zu machen? Besser als der

Sonntagsbrunch mit Fertigquiche in North Carolina, ja selbst als die jährliche Woche auf Bald Head Island?»Allerdings werden wir immer Amerikanerinnen bleiben. Dagegen können wir nichts tun. Und noch dazu aus den Südstaaten. Wir alle haben schon einmal nachts auf einem Baumwollfeld gestanden, während Blitze am Himmel zuckten und elektrische Strahlen eine galaktische Melodie trommelten.« Julia runzelt die Stirn.»Was?«

»Du weißt, was ich meine. In Italien müssen wir *als ob* leben. Als ob wir dazugehören würden.« Susan reicht den Wein herum.»Für mich ist als ob in Ordnung. Für immer bleiben? Ich könnte es. Ich habe weniger Heimweh als gedacht. Obwohl ich jeden Tag meine Veranda und meinen Garten vermisse. Meine Töchter sehe ich ohnehin nicht oft. Und ich weiß, dass sich die Jahre nur mit leichten Abwandlungen wiederholt haben. Es ist nichts falsch daran. Schon okay. Ich liebe es, nur einfach aufzuwachen, nicht wissend, was der Tag bereithält.« Sie zeigt ihnen die ersten Wildblumen, die sie heute gefunden hat. Annetta nennt sie *bellavedova*. Obwohl die kleinen rosa- und burgundfarbenen Iris überall auf den Hügeln wachsen, hat sie nur ein Dutzend gepflückt.»Das erste Geschenk des Frühlings: ›die schöne Witwe‹.« Sie hebt Archie hoch und wirbelt ihn herum.»Unsere Zeit hier ist noch nicht einmal zur Hälfte um. Verschieben wir dieses Gespräch über die Zukunft auf später.«

»Auf die eine oder andere Weise wollte ich schon immer so ein Leben führen«, sagt Julia.»Ich liebe jede Minute hier.« Sie wendet sich ab und starrt auf das beschlagene Fenster. Tränen.

Stets knapp außer Sichtweite, ihr Schattenmädchen, nun noch mehr verschwunden als zuvor. Whirlpool, Schlangengrube. Sie schüttelt ihr Haar zurück. »Nicht zu fassen, wie orange das Eigelb hier ist.« Sie schlägt die Eier zu einem zitronengelben Schaum auf. Was soll sie Chris antworten? Sie hat sich nicht mehr gemeldet, seit er Lizzies letzten Wohnsitz ausfindig gemacht hat. Sie rührt den Käse und eine Handvoll Thymian und Petersilie unter. Aus einem Video von Jacques Pépin hat sie gelernt, wie man das perfekte Omelette zaubert. »Seid ihr bereit?« Sie wendet es in der Luft und lässt das erste lockere halbmondförmige Omelett auf einen Teller gleiten.

Nach dem Essen holt Susan ihren Laptop an den Tisch. Camille und Julia stöhnen erst auf, fangen dann aber an zu lachen. Wenn Susan zum Laptop greift, führt sie etwas im Schilde. Einige Minuten lang tippt sie fieberhaft und hebt dann den Kopf. »Wollt ihr nach Florenz?« Auf dem Bildschirm erscheint eine mit Fresken ausgemalte Wohnung. »Ich bin auf ein tolles Last-Minute-Angebot gestoßen. Sie ist noch zu haben. Schaut nur.« Sie betrachten den Arno, in dem sich ockerfarbene, siennabraune und rostrote Palazzi spiegeln. »Das ist die Aussicht vom Wohnzimmer. Und ich habe noch mehr Neuigkeiten. Nicolà und Brian haben mich gebeten, eine zu vermietende Immobilie zu bewerten, die sie vielleicht in ihr Portfolio aufnehmen wollen. Anfang April können wir alle nach Capri fahren.«

»Ich habe Angst, dass etwas Schreckliches passieren wird. Wir haben immer hochfliegendere Pläne.« Julia malt sich etwas *wirklich* Schreckliches aus: Lizzie, wie sie sich Tabletten in die Handfläche schüttelt und sie schluckt. Die Wochen, nachdem sie das letzte Mal verschwunden ist. Der zerreißende Schmerz, der sich anfühlte, als würde man ertrinken.

»Wie lautet das Sprichwort? Erst Wurzeln, dann Flügel.« Camille glaubt ebenfalls, solche Extravaganzen nicht verdient zu haben. Sie denkt ans Einkaufen. Ihre hübschesten Sachen hat sie immer im Schlussverkauf oder aus dem Katalog gekauft. Charles mochte die Pullis und Shorts von Lands' End. Sie neigte eher zu bedruckten Seidenstoffen von Off Fifth und Kaschmir im Sonderangebot bei Neiman Marcus.

»Unsinn. Stellt euch nur die Geldsäcke vor, die die wundervollsten Immobilien in London aufkaufen und sie dann leer stehen lassen. Glaubt ihr, auch nur einem von denen kommen wegen eines Wochenendes in einer gemieteten Luxusvilla auf Capri Gewissensbisse? Ein typisches Frauenproblem. Die Frage, ob wir es auch verdient haben. In diesem Jahr wollen wir die Seele baumeln lassen. Wir sind alt. Wir haben ein Recht auf ein wenig Leichtfertigkeit. Kommt drüber hinweg!«

Julia und Camille lieben Susan dafür.

Florenz:

Der Winter vertrieben

Milde Luft. Der Arno ist angeschwollen und fließt schnell und karamellfarben dahin. Wenige Touristen. Elegante Schaufenster, die einen schwören lassen, seinen Kleiderschrank auszumisten. Zauberhafte Palazzi mit massiven Türen, die man nur zu gern öffnen möchte: *Firenze*. Julia bleibt auf einer Brücke stehen und benennt die Farben, die sie sieht. Zimt, Curry, Safran, Salbei. Sie kehrt auf einen Cappuccino ein, riecht den muffigen Fluss und lässt den Morgenwind mit ihrem Haar spielen.

Susan verbringt auf der Suche nach Vorboten des Frühlings den Vormittag mit einem Spaziergang durch den Boboli-Garten, den sie zwar als prächtig, aber auch als seltsam deprimierend empfindet. Einige Teile sind derart trist und spärlich bepflanzt, dass sie sich auf eine Bank setzt und den Park so zeichnet, wie er ihrer Ansicht nach aussehen sollte. Die größenwahnsinnigen Medici hätten eine solche kahle Landschaft niemals geduldet. Sie fotografiert die berühmte Statue des pinkelnden dicken Zwerges, den Neptun, dessen Dreizack aussieht wie eine große Cocktailgabel, und ein wundervolles Pferd, das sich aus dem Wasser erhebt. Perseus auf seinem Rücken treibt es an. Als sie langsam durch den Park schlendert, wirkt das nicht entspannend, sondern lässt in ihrem Kopf unzählige Gestaltungsmöglichkeiten entstehen.

Sie entdeckt eine schattige Bank, wo sie eine halbe Stunde lang Präpositionen büffelt. Susans Italienisch ist eine Naturgewalt. Sie kennt keine Furcht. Sie spricht schnell. Langsam versteht einen keiner, selbst wenn die Grammatik stimmt. Den ganzen Winter hat sie fleißig gelernt und sich häufig mit Annetta auf einen Spaziergang, mit Nicolà zum Mittagessen und mit Riccardo auf einen Drink getroffen. Jedes Mal spricht sie ausschließlich Italienisch. Sie weiß, dass es eine Quälerei für Riccardo ist, denn schließlich ist Übersetzen sein Beruf. Doch sie lachen herzhaft über ihre Patzer, und er kommt häufig zu ihnen zum Abendessen.

Noch mehr hat sie dadurch gelernt, dass sie sich ehrenamtlich im Krankenhaus engagiert. Sie füllt zwar nur Wassergläser nach und hilft Patienten nach der OP, langsam auf dem Flur hin und her zu gehen. Manchmal, wenn sie jemand darum bittet, liest sie ihm die Zeitung vor. Sehr zu ihrem Vorteil und zum Amüsement ihres Zuhörers im Bett. Sie wird verbessert und merkt es sich für das nächste Mal. Im ganzen Krankenhaus ist sie für ihre Blumen bekannt, die nun alle im Wartezimmer begrüßen.

Sie schaut hinauf zum Palazzo Pitti und nickt. *Ja, wie dumm von mir*, denkt sie. *Natürlich! Die Gartenanlage sollte von dort oben aus betrachtet werden. Eine allumfassende Perspektive. Während sie nur eine Ameise auf dem Pfad ist, hatte die Medici-Sippe eine göttergleiche Aussicht ohne den lästigen Schlamm.* Sie umrundet einen großen, mit Steinen eingefassten Teich. *Wenn wir in der Villa As-*

sunta bleiben, sagt sie sich, *brauchen wir Wasser.* Nicht nur einen simplen Swimmingpool und ganz sicher kein Olympiabecken. Etwas Natürliches, umgeben von *pietra serena* mit, ja, etwas Hohem am Ende, von dem Wasser herunterstürzt. Zeichnen und träumen, gehen und sehen.

Camille bleibt in der Wohnung, föhnt sich, was sie selten tut, das Haar zu einer leichten Tolle, versucht sich an Eyeliner und Wimperntusche, wählt ihre Kleidung sorgfältig aus und wischt sogar jeden Schlammspritzer von ihren Stiefeln. Sie hat nämlich einen (für ihre Verhältnisse) verrückten Plan. Bei Prada starrt sie ins Schaufenster, sie hat sie schon gestern betrachtet. Die zierliche, elegante Frau in Schwarz, die sie an der Tür begrüßt, wirkt einschüchternd auf sie. Während sie versucht, sich lässig umzusehen, weicht sie ihr nicht von der Seite. Susan hat ihr erklärt, dass es Service, kein Argwohn ist, in der Nähe des Kunden zu bleiben. Sie wollen nur behilflich sein. Etwas, das wir, wie sie hinzugefügt hat, nicht gewohnt sind. Camille weist auf die Schuhe im Fenster, die sie bewundert, ja sogar begehrt. »Neununddreißig?«, fragt sie.

Zehn Minuten später gehören sie ihr. Dunkelrote Samtschuhe mit einem schmalen Fesselriemen und einem ziemlich hohen Absatz. Zum Teufel mit dem Knie. Jetzt muss sie nur noch einen Anlass erfinden, sie auch zu tragen. Als die anfänglich so förmliche Verkäuferin Camilles Begeisterung bemerkt, wird sie freundlicher und zeigt ihr eine Clutch aus Pythonleder, die farblich genau zu den Schuhen passt. Sie hat sie auch gekauft.

Nach ihrem Konsumrausch verbringt sie den Vormittag in dem Mahlstrom amerikanischer zeitgenössischer Kunst, eine gerade erst eröffnete Ausstellung der Ära von Kandinsky bis Pollock im Strozzi. Hier hängen viele der Werke, die sie in ihren Einführungsseminaren durchgenommen hat. In dieser lichtdurchfluteten Atmosphäre werden die Bilder von Energie umschwirrt. Nach monatelanger Beschäftigung mit der Kunst der Renaissance ist die plötzliche Rückkehr in ihre eigene Zeit ein Schock. Fasziniert von den Rothkos bleibt sie stehen. Es sind fünf, so gekonnt beleuchtet, dass sie von innen heraus zu leben scheinen. Ein Bild sieht aus wie die Oberfläche des Mondes mit dem All im Hintergrund. Eigentlich ist es nur grau und weiß, doch wie strahlend, körnig, undurchsichtig und geheimnisvoll. Lange mustert sie ein Werk von Helen Frankenthaler, eine der wenigen hier ausgestellten Künstlerinnen. Sie liebt Frankenthaler. Ein ernster, etwa vierzehnjähriger Junge geht mit einer geliehenen Audiobeschreibung von Bild zu Bild. Sie erinnert sich an die Jahre, in denen Charlie die Kunst entdeckt hat. Dieser Junge verspürt auch diesen Drang. Als sich ihre Blicke kurz treffen, lächelt er. Sie erwidert die Geste. Eine kurze Begegnung, die ihr die Tränen in die Augen treibt.

Beglückt von der Fülle von Kunst, den roten Schuhe, dem Jungen und der verheißungsvollen Luft macht sie sich auf den Weg zum Mercato Centrale, wo sie mit Julia und Susan zum Mittagessen verabredet ist. Julia hat den Vormittag dort bei einem Kochkurs verbracht, allerdings nicht viel gelernt. Die Herstellung von Pasta beherrscht sie schon seit Langem, ebenso wie die einfach zuzubereitende Pannacotta und das langweilige Tiramisu.

Im Mercato, dem Sinnbild eines Food-Courts der gehobenen Klasse, wimmelt es selbst außerhalb der Saison von Menschen. Was für eine Auswahl. Winzige Läden, die Hamburger, *lampredotto* (fragen Sie nicht), Pasta mit Trüffeln, sizilianisches Gebäck und köstliche Mozzarellas anbieten. Sie schlendern von Bude zu Bude, bringen kleine Teller an einen Tisch, besuchen die nächste verlockende Theke und eilen zurück. Als gutes Südstaatenmädchen entscheidet Susan sich für Frittiertes. Sie reicht ihren Teller mit knusprigen Zucchini, Calamari, Karotten, Kartoffeln, Zucchiniblüten und panierten Brotklößchen herum. Julia analysiert ihre Pasta mit Blumenkohl und *guanciale*, ein gutes Rezept, das man sich für kaltes Wetter merken muss. Camille, die sich an etwas Ungewohntes gewagt hat, beäugt leicht misstrauisch ihre schwarze Polenta mit gegrilltem Oktopus. Sie befürchtet, der Oktopus könne wie Gummi schmecken, aber er ist köstlich.

Zurück in der Wohnung packt sie ihre Schuhe aus, schwenkt sie hoch über dem Kopf und tanzt dabei herum. »Cha-cha-cha!« Alle probieren sie an. Camille hat beim bloßen Anblick ein Zwacken im Knie. »Ich werde zweieinhalb Kilo abnehmen und mir ein schwarzes Kleid kaufen. Im April werde ich siebzig.« *Meine Arbeit schreitet voran,* denkt sie. *Und ich nehme mir Susan als Beispiel. Mehr figurbetonte Kleidung, buntere Farben. Und mehr Durchhaltevermögen wie Julia. Schluss mit dem endlosen Brüten über Kunstbüchern. An die Arbeit!*

Im Moment ist sie mit dem Einkaufen fertig. Für heute Nachmittag und morgen Vormittag hat sie Karten für die Uffizien, wo sie ihren Augen etwas bieten und ihr Notizbuch füllen will.

Susan möchte die Kunstgewerbeläden im Ortrarno, auf der anderen Seite des Arno, erkunden. Julia, die zu viel gegessen hat, verkündet, sie brauche jetzt ein »Renaissance-Nickerchen«.

Einen Brief abschicken?

Der Termin ist rasch vorbei. Die Ärztin lächelt zufrieden. Oh, wie wundervoll! Colin und ich verbringen die Nacht in Florenz. Wir essen mit unseren amerikanischen Nachbarinnen zu Abend. Susan hat eine Wohnung mit Blick auf den Fluss ergattert. Als sie anrief, erzählte sie, Camille sei nicht mehr wiederzuerkennen. Sie habe Oktopus bestellt und bei Prada eingekauft. Ihr künstlerischer Durchbruch hat offenbar auch andere Fesseln gelockert. (Nicht zu vergessen, den noch nicht erläuterten Sex auf dem Sofa, auf den sie bei unserem Ausflug angestoßen hat.) Wie in Venedig sind sie ausgeschwärmt. Susan rief aus einem »hyperschicken« Café unweit des Palazzo Pitti an, das sie beim Verlassen des Boboli-Gartens entdeckt hat. Sie saßen draußen und tranken um fünf Uhr nachmittags Campari Soda. Hoffentlich sind sie nicht zu beschwipst, wenn wir uns um acht treffen.

Nach meinem Termin musste Colin noch arbeiten. Die Renovierung des Palazzo verzögert sich dadurch, dass man in einem großen Raum, der eigentlich in drei unterteilt werden sollte, ein Fresko gefunden hat. Der Albtraum eines Architekten. Nun muss eine Horde von Fachleuten das Gemälde bewerten. Auf den ersten Blick würde ich sagen, dass Colin eine Menge Ärger bevorsteht. Die hinreißende Darstellung von Grazien à la Botticelli, die der Jungfrau eine lange Blumenkette bringen, bedeckt eine ganze Wand. Die Jungfrau greift nach den Blüten und steigt in den Himmel auf. Colin überlegt, diese Wand in einen langen, breiten Flur zu integrieren und die Schlafzimmer dafür zu verkleinern. Meiner Ansicht nach ist die Immobilie durch das Bild noch einmal um einiges wertvoller geworden. (Natürlich spricht da Architektin Kit.)

Ich bin zurück im Hotel, blättere Notizen durch, ordne sie und schaue manchmal einfach nur auf die Piazza Tornabuoni hinaus. So ein hübscher Platz. Ich bin auf Augenhöhe mit Renaissancefenstern in acht verschiedenen Stilrichtungen. In solchen Momenten bin ich Margaret nah, denn sie hat die Architektur leidenschaftlich geliebt. Wir saßen in der Sonne vor dem Caffè Rivoire mit Blick auf die Piazza della Signoria, bestellten Orangensaft und unterhielten uns über jedes Gebäude rings um den Platz, die alles miterlebt haben. Angefangen von der Verbrennung des Savonarola bis zur Aufstellung einer protzigen Statue von Jeff Koons gleich neben dem David (eine Kopie). Obwohl sich alle Touristen hier einfanden, nahm Margaret sie gar nicht zur Kenntnis. »Schau nach oben«, rügte sie mich. Oder sie blickte einfach durch sie hindurch. Margaret verströmte Energie. Auch wenn sie nur dasaß wie alle anderen, besaß sie eine Ausstrahlung, die selbst dem Kellner nicht entging. Überfreundlich war er, nicht barsch wie sonst. In all der Zeit, die ich sie kannte, bis sie mit fünfundsiebzig starb, veränderte sie sich kein bisschen. Nur ihre Kleider wurden exzentrischer. Wie ich bereits erwähnt habe, dachte ich, dass sie für Colin schwärmte. Sie brachte Ausdrucke eines kürzlichen Entwurfs von Renzo Piano oder Zaha Hadid vorbei, saß Schulter an Schulter mit ihm da, erörterte die Einzelheiten und diskutierte mit ihm darüber, ob sich das menschliche Element dem Design unterordnen und wie der Lichteinfall im Inneren sein müsse.

Ich schlage das Ende ihres Manuskripts auf, wo sie einen Brief hineingesteckt hat. Der Umschlag ist adressiert und mit einer Marke versehen, allerdings nicht zugeklebt. Calhoun Green. Eine Anwaltskanzlei, Green, Green & Schwartz in Richmond, Virginia. Er ist vergilbt. Also hat sie ihn offenbar nicht abgeschickt. Soll ich es tun?

War der Inhalt des Koffers für mich bestimmt? Sie sagte, sie werde im Herbst wieder da sein. Nach ihrer Rückkehr nach Washington hören wir immer weniger von ihr. Dann nichts mehr. Und zu guter Letzt alles.

Ich las:

Cal, hier schreibt dir Margaret Merrill. Sicher erinnerst du dich noch gut an mich. Nach all den Jahren möchte ich dir mitteilen, dass dein Kind nicht ausgeschabt und weggespült wurde. Ich habe einen Jungen zur Welt gebracht. Vier Kilo. Ein schwarzer Haarschopf und blaue Babyaugen, die aussahen wie der Nachthimmel im Hochsommer. Kleine Fäuste, mit denen er fuchtelte, als wolle er in die Luft boxen. Ein süßes kleines Kraftpaket. Ich war einundzwanzig. Ich habe ihn weggegeben. Mithilfe einer Agentur in New York habe ich einen attraktiven Schiffsbauingenieur, der dir ein wenig ähnlich sah, nur größer, und eine Musikerin

ausgesucht, deren Karriere rasch Fahrt aufnahm. Ihr Haar
war glatt wie ein Wasserfall, und sie hatte ein stolzes Kinn.
Ich weiß, dass sie gute Eltern waren. Während des Adoptions-
vorgangs habe ich ihre Namen in Erfahrung gebracht, und
dann war es leicht, ihre Adresse in der Upper East Side zu
finden.

Damals arbeitete ich in der Stadt. Häufig besuchte ich das
Café an der Ecke ihres Backsteinhauses. Eine Hausnummer
aus poliertem Messing an der Tür, Blumen der Saison auf
dem kleinen Treppenabsatz. Ein eiserner Zaun rings um das
Grundstück. Fürsorgliche Leute. Die»Mutter«, mit großen
braunen Augen und das Haar inzwischen hochgesteckt,
manchmal mit herausrutschenden Strähnchen, kam, das Baby
im einen Arm, den Kinderwagen im anderen, aus dem Haus.
Wie vorsichtig sie ihn hineinlegte, eine weiche weiße Decke über
seine Füße breitete und das Kissen zurechtklopfte. Sie küsste
ihn auf die Wange. Immer lächelte sie. Sie schob den Kinder-
wagen direkt an meinem Fenster vorbei.

Später beobachtete ich ein Kindermädchen, eine gepflegte
Filipina, die mit ihm auf dem Gehweg spazieren ging. Immer
wieder blieb er stehen, um Blätter zu betrachten und auf
Hunde zu deuten. Er wandte sein offenes Gesicht dem Kinder-
mädchen zu, um festzustellen, ob sie das Wunder vor ihren
Augen erkannte. Bekleidet war er mit einem gelben Pullover
mit einem aufgestickten Boot und blank polierten Oxfords. Ein
kleiner Mann, lebhaft, schlau und furchtlos. Ständig musste
das Kindermädchen ihm nachlaufen und ihn festhalten.
Den Vater sah ich zweimal. Der Junge saß auf seinen Schultern

437

und wippte auf und nieder, als ritte er auf einem Pferd. Der
Vater galoppierte, um dem Jungen eine Freude zu machen.
Ich verließ das Café und sah die beiden an. Mein Blick und
der des Jungen trafen sich einen Moment. Er lächelte.
Das letzte Mal war zwei Tage nach seinem vierten Geburts-
tag. Ein schwülheißer Tag in Manhattan. Ich hatte die
Hoffnung schon aufgegeben und trat vor das Café, als ich
sah, dass er auf dem Gehweg auf einem Roller auf mich
zusauste und immer schneller wurde. Er war eine Erschei-
nung. Die Passanten machten ihm Platz. Seine langen
Locken wurden nach hinten geweht, sein Fuß bearbeitete das
Trottoir. »Hoppla, Colin!«, rief die Floristin vor ihrem
Laden ihm zu. Der Zeitungshändler begrüßte ihn und eine
Obdachlose auch. Er schoss vorbei. Er war einem Traum
entstiegen.

Viereinhalb Jahre später war ich fort. Europa. Reportagen.
Einige private Aufträge für die Regierung. Meine Romane.
Vielleicht hast du es ja gehört. Durch meine Kontakte und
später das Internet stieß ich auf Bruchstücke von Infor-
mationen. Die Konzerte. Die Galas. Einen Artikel über die
Fortschritte in der Ortung von U-Booten. Nicht viel. Dann,
erst im letzten Jahr, arbeitete ich für die Times in Afghanis-
tan und fand über die Pressedienste folgenden Bericht:

Colin Adam Knowles, 16, Sohn von Amanda und Edward
Knowles, starb am 5. August an den Folgen eines Kletter-
unfalls im Yosemite National Park. Er war Schüler an der
Horace Mann School, wo er sich besonders in Sprachen

und Literatur hervortat. Colin, der als Baby adoptiert wurde, wurde von seiner Familie und vielen Freunden wegen seines Humors, seiner herausragenden Intelligenz und seiner ansteckenden Lebensfreude sehr geliebt. Nach dem Schulabschluss wollte er Architektur studieren. Er war ein begabter Pianist, spielte begeistert Tennis und Fußball und trainierte mit einer Gruppe engagierter Bergfreunde für die Besteigung des Annapurna. Mit seinen Eltern trauern seine Großeltern Carlos und Josephine Alcazar und Sandra und Philip Knowles sowie seine jüngere Schwester Josephine Amanda Knowles.

So. Du hast es nie gewusst. Nun weißt du es. Er hat die Jahre gelebt, die ihm vergönnt waren. Ich habe jeden Tag mit ihm gelebt. Jetzt hast du – und ich meine das nicht ironisch – auch diese Ehre. Margaret.

Colin findet, dass ich den Brief abschicken muss. Wie kann ich das? Sie hat es nicht getan. Wie kann ich das nicht tun?

Manchmal ist das Leben surreal. In mir brodelt dieses Dilemma, und gleichzeitig rücke ich meinen Stuhl im Cipolla Rossa zurecht und begrüße Susan, Camille und Julia, alle in Hochstimmung wegen der Fresken in ihrer Wohnung, ihrer neuen Frisuren aus einem teuren Salon, Pistazieneis, des Buchladens Feltrinelli und des Veilchenstraußes, den sie mir mitgebracht haben. Alle sprudeln über vor Glück. Ich bleibe ruhig, in meinem sackartigen Kleid, den engen Schuhen und mit Beinen, die sich wie aufgepumpt anfühlen.

Colin und ich spazieren am Fluss entlang zu unserem Zimmer. Der durchscheinende Mond über uns wirkt wie eine von einem Kind gepustete Seifenblase. Die Freundinnen haben beschlossen, sich auf der Piazza noch einen späten Limoncello zu gönnen. Morgen fahren wir mit demselben Zug zurück nach San Rocco. Mich erstaunt, welche Tatkraft sie verströmen. Seit ihrer Ankunft scheint ihre Energie sich verdoppelt zu haben. Ich gehe auch mit dem jungen Colin Knowles nach Hause, dessen Leben zu früh geendet hat. Mein Colin war stundenlang still, nachdem er den Brief an Mark, alias Calhoun Green, gelesen hatte. Warum, Margaret? Wenn sie es uns nur erzählt hätte. Wie albern von mir anzunehmen, dass sie auf Colin stand, obwohl sie nur ein wenig Trost gesucht hat, indem sie einen Teil ihrer Trauer und Sehnsucht übertrug. Ihr verlorener Colin hätte ein Mann wie Colin werden können. Schriftsteller verteilen Namen. Mein *Colin*, Architekt, das muss sie getroffen haben wie ein Bolzenschuss.

Der Brief hat Margarets dunkle Seite ans Licht gebracht: ein geheim gehaltenes Kind. Und danach hat sie ihre Geheimnisse ein Leben lang mit sich herumgetragen.

Belauscht

Als in der Küche das Telefon läutete, sahen wir einander an. Wer mochte das sein? Ich war zum Abendessen in der Villa Assunta (Colin ist bis morgen in London). Zum Dessert waren wir ins Wohnzimmer umgezogen. Seit ich immer mehr in die Breite gehe, bevorzuge ich voluminöse, weiche Sessel. Dieser hier erinnert mich an Tito, der seine großen Füße am Kaminfeuer wärmte, während Luisa kratzige rote Schals strickte. Als ich die Polster zurechtrücke, glaube ich, dass mir ein Hauch seines Zigarrenrauchs und sein eigentümlicher Geruch nach frisch geschlagenem Holz in die Nase steigen. Wir beraten über Namen für das Baby. Lorenzo, Silvia, Flavia, Luca, Ettore, Lia. Ich habe eine Schwäche für ausgefallene Namen. Aus einem Roman von Trevor erinnere ich mich an eine Tante Fitzeustace, aber wer würde einem Kind so etwas antun? Della, was für mich auch gut klingt, gefällt allen, obwohl Colin für Junas plädiert – distanziert und statuesk. (Auf Englisch hört es sich nicht so romantisch an: Eunice.)

»Tatiana«, schlägt Susan vor. »Dann wird sie sicher Tänzerin.« Beim achten Läuten hastet Susan in die Küche. Den Festnetzanschluss benutzt sonst niemand. »Für dich, Julia«, ruft sie. »Ein Mann«, fügt sie an der Tür hinzu. »Mit Südstaatenakzent. Aber Cleve ist es nicht.«

Julia verzieht das Gesicht, als sie den Anruf entgegennimmt. Wir unterhalten uns zwar weiter, belauschen jedoch Julias Telefonat.

»Hier spricht Julia.«

»Wade! Woher hast du diese Nummer?« Den Mund weit aufgerissen steht sie in der Tür, fuchtelt mit den Händen, schüttelt den Kopf und zeigt mit dem Daumen nach unten. »Wahrscheinlich stimmt das. Jetzt gibt es keine Verstecke mehr.« Ihr Lachen ist aufgesetzt.

»Ich höre.«

»Das stimmt. Mein Freund wollte nach ihr schauen …«

»Nun, *er* fand aber, dass es ihn etwas angeht.«

»Ein Freund, ein guter Freund. Doch das tut hier nichts zur Sache. Er ist bereit weiterzusuchen, ich habe jedoch noch nicht zugestimmt.«

»Moment. Er hält es nicht für *seine* Angelegenheit, sondern will es für mich tun.«

»Wade, beruhige dich. Mach, was du willst. Er möchte nur helfen.«

»Na, dann fahr halt hin. Wie oft warst du schon dort?«

»Sie ist nicht zum ersten Mal verschwunden.«

»Fahr hin, hab ich gesagt. Ich gebe Chris Bescheid.«

»Ja, Chris. Er hat einen Namen. Ich arbeite mit ihm zusammen, sofern du auf eine Erklärung bestehst.«

»Natürlich will ich eine Rückmeldung, falls du hinfährst.«

»Ich möchte nicht, dass Daddy mitkommt. Die Reise ist zu anstrengend für ihn. Du weißt doch, wie leicht sie sich bedrängt fühlt und uns dann die Schuld in die Schuhe schiebt.«

»Die letzte Adresse, die wir hatten. Und dann war da diese Freundin, die uns angerufen hat, als sie verhaftet wurde. Du könntest sie suchen. Honor Blackwell, glaube ich.«

»*Was?* Moment mal, Wade, hast du den Verstand verloren?«

»Ich fasse es nicht. Da ich nicht weiß, was ich dazu sagen soll, sage ich gar nichts. Ich lege jetzt auf ...«

»Das Haus? Nun, das ist einzig und allein Daddys Entscheidung. Das Haus gehört ihm.«

»Bitte, verschon mich. Was redest du da? Wir haben Ewigkeiten dort gewohnt. Er hat sogar die Grundsteuer bezahlt. Du hast kein Anrecht auf Geld für die Instandhaltung. Tickst du nicht mehr sauber?«

»Nein, nein und nochmals nein. Ich lege jetzt auf.« Julia beendet das Telefonat. Die Hände vors Gesicht geschlagen kehrt sie ins Wohnzimmer zurück. »War er schon immer so dämlich? Warum habe ich ihn all die Jahre nicht durchschaut?«

»Alles in Ordnung?«, fragt Susan. »Was, zum Teufel, ist passiert? Wir haben dich gehört. Wahrscheinlich hätten wir die Tür zumachen sollen. Als ich rangegangen bin, wusste ich, dass es Wade war. Wir hatten Angst vor schlechten Nachrichten.«

»Von ihm kommen nur schlechte Nachrichten. Ich habe Daddy erzählt, was Chris rausgekriegt hat. Er hat Wade zufällig in der Bar des Clubs getroffen. Sie sind ins Gespräch gekommen, und Daddy hat ihm verraten, dass Lizzie vermisst wird. Jetzt will Wade unbedingt nach Kalifornien, um sie zu suchen. Wieder einmal.«

»Dann lass ihn doch. Warum nicht?«, sage ich. »Vielleicht ist ihr ja etwas zugestoßen.«

»Daran zweifle ich keine Minute, und, ja, er fährt hin. In Ordnung. Damit sie ihm noch einmal das Herz bricht. Die andere Nachricht, und das ist wirklich unglaublich: Seine Freundin ist schwanger. Wie geschmacklos. Rose Soundso. Sie ist etwa halb so alt wie er. Wie dumm kann man sein? Oh, zweite Chance! So hat er es wirklich ausgedrückt. Echt abgedroschen. Und jetzt spitzt die Ohren: Er hat vorgeschlagen, dass sie in unser Haus einzieht, das nicht einmal unseres ist. Oder dass er auszieht und Daddy ihn für all die Renovierungsarbeiten entschädigt, die wir im Laufe der Jahre vorgenommen haben. Ach, und *sie* möchte alles auf freundschaftlicher Ebene klären. Herrgott, das schlägt doch dem Fass den Boden aus.«

Mir fällt dazu ein Zitat von Wallace Stevens ein: *Die Welt ist hässlich, und die Menschen sind traurig.* Ich verkneife mir, es in die Runde zu werfen. Vielleicht ist die Frau ja verliebt, denke ich. Rose – mit einem solchen Namen neigt man möglicherweise zu Arglosigkeit. Sie könnte auch aufgeregt sein. »Wer weiß, ob er ihr reinen Wein eingeschenkt hat?«, wende ich ein. »Attraktiver Typ, dieser Wade, sogar mit sechzig. Ich habe mir ihn und seine Bootshandlung online angeschaut. Zurückgewehtes Haar, kräftige Hände am Steuer, offenes Hemd. Wie den Seiten von *GQ* entstiegen. Ich würde mich auch nach ihm umdrehen. Sicher projiziert Rose etwas auf ihn, dazu gehört eben ein *Können wir nicht alle Freunde sein* wie im Film.« Oder wie Margaret zu sagen pflegte: *Wenn sie nicht mit dir schlafen, bist du Geschichte.*

Julia plumpst mit einem tiefen Seufzer aufs Sofa. »Zwei Schritte vorwärts. Drei zurück. Wenn ich es mir genauer überlege, bin ich froh, dass er Lizzie suchen will. Ich weiß, dass er sich idiotisch aufführt, aber er hat auch ein großes Loch im Herzen. Und da seine Süße jetzt ein Kind erwartet, hat er wieder entsetzliche Schuldgefühle wegen Lizzie. Was für ein verdammter Schlamassel. Sie ist das Futter eines Mantels, den ich nicht ausziehen kann.«

»Julia.« Ich lachte. »Darf ich diese Zeile verwenden? Nein, mal im Ernst. Gestatte dir ein wenig Hoffnung.« Das sage ich, weil ein Baby im Spiel ist. Ich weiß nämlich, welche drastischen Umwälzungen stattfinden, sobald sich das Stäbchen rosa verfärbt. Manchmal löst eine Veränderung weitere Veränderungen aus. Das erwähne ich nicht. Es ist nicht der richtige Zeitpunkt. »Jetzt hat er sich für eine Richtung entschieden«, füge ich hinzu. »Das befreit dich. Selbst wenn es noch wehtut, bist du nun nicht mehr gebunden.«

Julia mustert mich mit geweiteten Augen. »Richtig. Stimmt. Mir ist klar, wie unsinnig das klingt, aber ich kann mir unmöglich vorstellen, dass er sein Leben ohne mich auf die Reihe bekommt. Ich bin diejenige, für die er einmal zweiundzwanzig Stunden durchgefahren ist, um mich zu sehen.« *Ich bin diejenige, die er von der kleinen Zehe bis zum Ohr abgeleckt hat,* doch das spricht sie nicht aus. *Er, der oft nach dem Sex geweint hat.* »Dauernd warte ich darauf, dass die Scherben sich wieder zu der Form zusammenfügen, die sie ursprünglich hatten. Immer wieder träume ich, dass ich an einer belebten Straßenecke auf ihn warte und dass wir dann nach Hause gehen. Es ist, als hätte ich gerade einen schweren Rückfall.«

»Nein, das wird nicht passieren«, protestiert Susan. »Er kann dich nicht so überrumpeln. Das lassen wir nicht zu. Warum ist er nicht zuerst nach San Francisco gefahren und hat dir anschließend Bescheid gegeben? Er will noch immer, dass du mit ihm leidest. Vielleicht war es ja keine Absicht, aber die Sache mit der schwangeren Freundin hatte in diesem Gespräch nichts verloren. Dieser Mann kennt keine Grenzen.«

Camille bringt eine Kanne und schenkt große Tassen mit amerikanischem Kaffee ein.»Koffeinfrei«, verkündet sie.»Trinkt. Julia, du hast dich blendend erholt, mach weiter so. Konzentrier dich im Moment nur auf deine Zukunft. Du bist für Lizzie über glühende Kohlen gegangen. Ihr jetziges Schicksal ist ihre eigene Angelegenheit. Und Wade?« Ihre Stimme wird weicher. »Ihr habt nicht mehr das, was ihr einmal hattet.«

»Du hast recht. Jetzt muss ich dir nur noch glauben.«

»Wechseln wir das Thema«, sage ich.»Morgen möchte ich euch mit auf einen Spaziergang nehmen, der zu einer nahezu unbekannten römischen Brücke führt. Wir brechen von eurer Grundstücksgrenze aus auf. Ein steiniger Pfad verläuft bergab durch das Tal in ein Waldgebiet. Dort überquert eine bogenförmige Steinbrücke einen *torrente*, der einmal wilder und reißender gewesen sein muss. Um diese Jahreszeit ist er sicher tief.«

Julia hebt den Kopf.»Ja, wieder in den Sattel steigen. Sollen wir ein Picknick mitbringen? Bist du sicher, dass du auf unebenem Boden gehen kannst?« Sie fühlt sich wie damals, als sie mit zwölf von ihrem Wallach gefallen ist. Sie und das Pferd flogen über die Hürde, waren einen Moment in der Luft, und dann kam der Sturz. Zum Glück hat sie sich nur die Schulter ausgekugelt.

»Ja. Es gibt einen Pfad zur Straße im Tal. Wir können Colin bitten, uns abzuholen, denn der Weg bergauf ist recht anstrengend. Gute Nacht, ihr drei. *A domani.*«

Ja, bis morgen. Ich hoffe, dass Julia schlafen kann.

Wunder

Nachdem Camille achtzehn Papiertüren fertig hat, packt sie sie ziemlich nervös zusammen, um sie Matilde zu zeigen. Diese macht gerade Pause, als Camille mit zwei großen Kartons hereinkommt. Zurzeit unterrichtet sie eine kleine Gruppe afrikanischer Nonnen, die beschädigte Texte in Kirchenarchiven restaurieren wollen. Über einen einzigen Papierbogen gebeugt, sodass sich ihre Scheitel in der Mitte fast berühren, wirken die fünf gestärkten weißen Hauben wie die Blütenblätter einer großen Blume. Matildes Kursteilnehmer verlieben sich stets in die Kunst der Papierherstellung. Und außerdem bewundern einige ihre noch viel wichtigeren Restaurationsprojekte, die der eigentliche Grund für die Existenz der *bottega* sind. Es macht Camille verlegen, in laufende Arbeiten hineinzuplatzen. Sollten ihre eigenen Bilder da nicht in der Versenkung verschwinden?

Matilde und Serena haben das fünfteilige Altarbild des *duomo* von San Rocco auseinandergenommen und auf Tischen ausgebreitet. Mit einem Mikroskop betrachtet Camille die kunstvollen Goldintarsien rings um die Figuren. Matilde zeigt ihr, was ein Abwischen mit einem Reinigungsmittel über die Farbe des Gewands des heiligen Hieronymus verrät: Schlammiges Teichgrün verwandelt sich in strahlendes Viridiangrün. »Ich erstarre vor Ehrfurcht, weil du dieses Werk retten kannst«, sagt

Camille. »Hier fühlt man sich wie in einem Operationssaal. Was ist das für ein brauner Fleck?« Sie ist so fasziniert, dass sie ihre eigenen kläglichen Bilder vergisst. »Beschädigung durch eine Kerze. Nicht nur Wachs. Siehst du das?« Matilde richtet ihre Lampe auf die geschwärzte Stelle an der Schulter des Heiligen. »Das geht runter bis zum Holz. Ich muss die Grundierung reparieren. Dazu benutze ich pastose Ätzmittel, igitt, wie die riechen. Leim aus Kaninchen und Fischen.« Sie schraubt die stinkenden Substanzen wieder zu. An der Wand hängt ein Foto des Altarbilds mit Namensschildern auf den verschiedenen Quadranten. Wie das Glück es will, tragen die Teilnehmer von Matildes Papierschöpfkursen, die sie bei ihrer sorgfältigen und liebevollen Arbeit beobachten, auch zur Rettung dieses wichtigen italienischen Kulturguts bei. Matilde hat sich etwas ausgedacht, damit jeder eine Summe für einen Teil der Restaurierung spenden kann. Sie steht vor dem Foto und weist auf Marias Umhang. »Wer möchte dieses Blau nicht erhalten? Teurer gemahlener Lapislazuli. Schau her, nur zweitausendfünfhundert Dollar für die Wiederherstellung eines kleinen Heiligen, aber sechstausendfünfhundert für einen Engel und noch viel mehr für einen bedeutenden Heiligen. Ein Kurs kann für einen Teil des Bildes zusammenlegen. Sie freuen sich, weil ihre Namen auf einer Plakette stehen werden, wenn das Bild wieder an seinem geweihten Platz über dem Altar hängt.« All das erzählt sie auf Italienisch, was Camille sogar versteht.

»Genug! Was ist in diesen Kartons? Du bist bestimmt nicht hier, um Unterricht im Restaurieren zu nehmen.«

»Ich wollte dir nur zeigen, woran ich gearbeitet habe. Was aus dem vielen Papier wird, das ich nach Hause schleppe. Aber du bist beschäftigt ...«

»Überhaupt nicht. Schauen wir mal.«

Camille verteilt ihre Papiertüren an den Rändern eines leeren Tisches. Nach dem ersten Blick weiten sich Matildes Augen. Sie umkreist den Tisch, betrachtet alles und ruft immer wieder »*Dio mio*« und »*Madonna!*«.

Serena, die gerade nach unten kommt, bleibt beim Anblick der Türen auf dem Tisch ruckartig stehen. »Camille, was hast du getan? Woher sind die?« Auch die Nonnen scharen sich um sie, nicken und reden durcheinander. Matilde hört auf zu fluchen. Camille steht mit verschränkten Armen und zweifelnder Miene daneben.

»Sie sind wundervoll. Im wahrsten Sinne des Wortes. Wunder. Kleine Wunder. Ich bin begeistert.« Vor sich hin murmelnd und lächelnd umrundet Matilde immer wieder den Tisch. »Ich weiß nicht, wie ich diese Arbeiten einordnen soll, weil ich noch nie so etwas gesehen habe.«

Camille ist gleichzeitig aufgeregt und würde am liebsten im Erdboden versinken. So viel Aufmerksamkeit ist sie nicht gewohnt. »Wir müssen eine Ausstellung organisieren«, verkündet Matilde auf Englisch. Camille verzieht erschrocken das Gesicht. Trotz all seiner Tugenden hat Charles nie darauf bestanden, dass sie die Arbeit wirklich wichtig nahm, die sie so sehr in Beschlag nahm, als sie sich kennenlernten. Vor Charlies Geburt, als sie jung verheiratet und noch fest entschlossen gewesen war, fanden die Reisen nach New York statt. O ja, Cyrus. Ein Kommilitone und Ex-Freund von der University of Virginia, der im Norden großen Erfolg hatte. Seine Freunde, alle mit Leib und Seele bei der Sache, die in von Kakerlaken befallenen Bruchbuden ohne warmes Wasser wohnten. Die erschreckende Scham, die sie nach seiner Ausstellung in jeder Faser ihres Körpers verspürte, als sie erst in verschiedene Kneipen und anschließend in sein kahles Loft gingen. Charles war zu Hause in ihrer Dreizimmerwohnung und studierte Schriftsätze an dem Klapptisch, wo sie auch aßen. Was hatte sie sich dabei gedacht? Cyrus und sie lachten, rauchten Gras, und sie lobte seine Arbeiten, obwohl sie die riesigen weißen Leinwände mit Schmierern aus erhabenen dicken Farbschichten oberflächlich fand. Er verkaufte an all die schicken Sammler. Matratze auf dem Boden. Der Sex war anregend. Jedenfalls mehr als seine Kunst. Sie flog nach Hause. Es war ein Gefühl, als sei sie auf dem Mond spazieren gegangen. Sie hatte erhöhte Temperatur. Charles' feste Umarmung und sein Lächeln. Er hatte Spaghetti gekocht und wollte alles über ihr Wochenende wissen. Wie hatte sie das nur tun können?

Später wurde ihr klar, dass sie schwanger war. Ob Charles der Vater war, wusste sie nicht. Folterqualen. Anrufe von Cyrus. Komm zurück! Sie verriet es ihm nie. Und Wut – immerhin trug sie eine Spirale. Konnte sie zulassen, dass eine alberne, leichtsinnige Nacht ihr Leben und das eines Kindes beherrschte? Er/sie würde geboren werden, und sie würde ständig das Gesicht des Babys mustern. Wer ist der Vater? Nein. Mithilfe einer Freundin, die inzwischen Krankenschwester war, leitete sie eine Abtreibung in die Wege. Sie fuhr allein nach Charlotte, angeblich, um eine Mitbewohnerin aus dem College zu besuchen.

Nach dem Eingriff verbrachte sie die Nacht in einem Hotel am Flughafen, weinte, sah fern und aß Nüsse aus der Minibar. Wie hatte sie Charles betrügen können? Sie war nicht vertrauenswürdig.

Und so wurde sie vertrauenswürdig. Ständig Tennis. Übertrieben sorgfältig vorbereitete Seminare. Ihre Ecke mit Leinwänden und Farben konnte sie kaum noch ansehen. Sie strebte nach Perfektion. Zu Hause. In ihrer Ehe. Im Beruf.

»Im April«, sagt Matilde. »Wenn die Touristen zurückkommen. Die kleine Galerie an der Piazza. Ich rede mit ihnen. Kannst du die Türen für ein paar Tage hierlassen?«

»Ja, und ich möchte dir eine schenken. Bitte such dir eine aus.«

»Nein«, entgegnet Matilde. »Die darfst du nicht verschenken.« Dieselbe Antwort hat Rowan ihr an Weihnachten gegeben. Rowan. Zu lange, bis er wieder da ist. Rowan schien fasziniert zu sein. Matilde auch.

»Matilde, *grazie*. Ich kann es noch gar nicht fassen. Ich freue mich so, dass sie dir gefallen.«

»Camille, du ahnst ja gar nicht, wie sehr. Und ich bekomme viele Originalkunstwerke zu sehen.«

Langsam schlendert Camille nach Hause. Eine Ausstellung! Julia wird zur Feier des Tages ein Festmahl kochen. Susan wird das Haus mit Blumen füllen. Und vielleicht ist Rowan bis dahin zurück. Wenn sie zu Hause geblieben wäre, denkt sie, wäre nichts, aber auch gar nichts geschehen. Sie stellt sich vor, wie ihre Papiertüren an den Wänden der Galerie an der Piazza hängen. Menschen werden kommen und gehen. Sie werden sich in ein Gästebuch eintragen und sich eine Meinung bilden. *Vielleicht wird jemand etwas kaufen wollen. Könnte ich denn verkaufen? Wie lassen Künstler etwas so Intimes los? Möglicherweise sind die fünf Nonnen und meine Lehrerinnen in der* bottega *ja auch ein bisschen verrückt, und sonst wird sich niemand dafür interessieren. Sie werden höflich sein, und dann werde ich es wissen. Moment, Rowan liebt die Bilder. Meine Freundinnen auch, und Charlie, ja sogar Lara. Warum habe ich bei der Verteilung der Fähigkeiten nicht mehr Selbstbewusstsein abgekriegt, verdammt?*

Was mache ich nur dagegen?, überlegte sie. Von der Straße aus schaut sie über das Tal, üppig mit den ersten grünen Frühlingspflanzen bewachsen. Wellenförmige Schatten wie graue Falten in den Senken. Die rasch untergehende Sonne taucht in ihr eigenes goldenes Licht ein. Sie versucht, die geheime römische Brücke auszumachen, die Kit ihnen gezeigt hat, aber sie erkennt nur das weiß schäumende Wasser, das flussabwärts strömt. *Kit hat Mumm. Kit lässt sich von nichts beirren. Die anderen auch. Alle haben mehr Vertrauen in ihre neuen Wegen als ich. Trotzdem bin ich in meiner Kunst vorangeschritten. Ich muss mich nur noch an den öffentlichen Teil gewöhnen. Alles vorzeigen.*

Zu Hause angekommen fragt sie ihre Nachrichten ab. Matilde hat bereits einen Termin mit der Galerie vereinbart. Außerdem hat sie Rowan Fotos von allen Papiertüren gemailt. Er hat sofort geantwortet, er werde sich um den Katalog kümmern. Kit soll das Vorwort schreiben. Sie hat drei Nachrichten von ihm.

Julia rührt nachdenklich in einem Topf mit *ragú*, während Susan ausgelassen mit den Kätzchen und einem Bindfaden herumtobt. »Fantastische Neuigkeiten«, verkündet Camille. Mit niemandem möchte sie lieber feiern als mit Susan und Julia. Danach erzählt sie ihnen, was sie künstlerisch gelähmt hat. Die *leichte* Abtreibung. Der bereits tote Embryo, verkeilt mit der Spirale. Die Rückkehr nach Hause in ihre schöne Ehe. Und natürlich auch vom Sex auf Rowans Sofa.

Per Spizio:
Zum Spaß

Da die Tage wärmer werden, nimmt Susan den Garten in Angriff. Sie hat darauf gewartet, sich die *limonaia* vorzuknöpfen. Grazia meinte, sie solle alles wegwerfen, doch Susan wird den rostigen runden Tisch, die zerbeulten Gießkannen aus Blech, die auf dem Fresko im Esszimmer abgebildeten Bögen und die verblassten grünen Metallstühle behalten. Sie macht »Vorher«-Fotos für den Blog in Gartengestaltung, den sie begonnen hat. Leicht abgeschmirgelt und mit einer schützenden Schicht Klarlack versehen, eignen sich die alten Möbel ausgezeichnet für sommerliche Abendessen unter der Pergola. Laut Leo kann der recht wackelige Holztisch mühelos repariert werden, um zwischen den Zitronen und Orangen zu stehen. Susan wischt die Tischplatte ab und beschließt, den Tisch später zart hellgrau zu beizen. Grazia ahnt nicht, dass die Sachen hier, selbst die Gießkannen, auf französischen Antiquitätenmärkten ein Vermögen kosten.

Leo, der sich aus seiner Kindheit noch daran erinnert, wie prachtvoll die *limonaia* war, erbietet sich zu helfen. »Ich bin reingegangen, nur um den Duft zu schnuppern. Früher müssen da dreißig Zitronenbäume gewesen sein, alle in altmodischen hellen Terrakottatöpfen. Tito und mein Vater haben sie

455

Anfang Mai rausgeschleppt und vor dem strengen Frost wieder reingestellt. Im Sommer standen sie entlang der Auffahrt.«

»Facciamo ancora.« So machen wir es wieder. Susan hofft, dass ihr Italienisch nicht zu anzüglich ist, weil es so sexy klingt. Die noch von Flechtwerk umgebenen grünen Korbflaschen wird Susan auch nicht entsorgen. Als sie die verrotteten Körbe wegschneidet, kommen sinnliche smaragdgrüne Kugeln zum Vorschein, die Kits neuem Bauch ähneln. Leo zeigt ihr, wie man den Dreck auf den Böden der Gläser entfernt. Er gibt einige Handvoll kleiner Steine und Seife hinein und etwas Wasser. Das Schwierigste ist, den Glasballon zu schwenken, ohne dass er einem aus der Hand rutscht, während die Steine das Innere reinigen. Er spült einige Male nach. Susan wird ein Blumenbeet mit diesen Flaschen anlegen, einige auf unterschiedlich hohen Steinpodesten stehend. Sie fegt tote Spinnweben mit einem Besen weg, zerrt schmutzige Blumentöpfe nach draußen und spritzt sie mit dem Schlauch ab. Früher hat Susan Leute beschäftigt, um die Häuser wieder in Schuss zu bringen. Seltsamerweise stellt sie fest, dass ihr diese Arbeit Freude macht. Die drei Katzen jagen Staubflocken und schnuppern in den Ecken der *limonaia.* »Ach, ihr könnt für den Sommer hier einziehen«, sagt Susan. »Du auch, Archie. *Raus* aus dem Abfallhaufen!«

Dann kommt die schwierigste Aufgabe. Sie macht sich über den Steinboden her. Zuerst mit einem Besen, dann mit Gartenschlauch und Bürste. Die Katzen flüchten sich ins Gebüsch. Camille und Julia, die von der Küche aus zugeschaut haben, bekommen Mitleid und ziehen Jeans und Gummistiefel an. Die aus Metall und Glas bestehende Vorderseite der *limonaia* zu säubern verbraucht alle Lappen, allen Essig und Glasreiniger, die sie haben. Das gewellte Glas schimmert. Nachdem sie über drei Tage lang gearbeitet haben und Leo die eingesackten Regale an einer Seitenwand repariert hat, nimmt die *limonaia* Gestalt hat. Das Gebäude mit der Glasfront wird ein Gartenhaus, ideal zum Umtopfen von Pflanzen und für Mittagessen bei regnerischem Wetter. Susan weist auf das eine Ende.»Camille, da ist so viel Platz. Wir könnten das letzte Drittel als Atelier abtrennen. Du könntest bei offenen Türen arbeiten und in den Garten hinaustreten, wann immer du willst. Das Licht ist einmalig.«

Camille öffnet die Türen.»Ist das dein Ernst? Wie paradiesisch!« Sofort sieht sie sich hier große Leinwände bearbeiten.

Mit einem Scharren zieht Julia die Tür des Pizzaofens neben der Küche auf.»Leo, glaubst du, der funktioniert?« Er war so mit Efeu überwuchert, dass sie ihn erst bemerkt haben, als Susan in der letzten Woche zwei Männer mit Rodungsarbeiten beauftragt hat.

»*Certo!*« Leo leuchtet mit seinem Telefon, steckt den Kopf hinein und überprüft die intakte Kuppel aus Ziegelsteinen und den glatten Boden.»Luisa hat hier Brot gebacken. Wir müssen ein Feuer anzünden, um ihn einmal auszuräuchern, bevor wir die Pizzen reinschieben. Außer Spinnen hat ihn schon seit Jahren niemand mehr benutzt.«

Susan hat bereits drei große Zitronenbäume in Töpfen, eine mit Früchten beladene Kumquat und zwei Orangenbäume bestellt. Sie müssen drinnen rings um den Holztisch wohnen, bis sicher ist, dass es keinen Frost mehr geben wird. Noch mehr Zitrusbäume werden folgen, davon ist sie überzeugt.

»Unglaublich«, sagt Julia, als die Männer von der Gärtnerei die Bäume um den Tisch stellen. »Einfach wundervoll.« Nun liegt der himmlische Duft der weißen wächsernen Blüten in der Luft. »Wir haben fünfzehn Grad. Lasst uns heute Abend hier draußen essen. Wir können ja unsere Heizstrahler rüberholen. Ich baue an der hinteren Wand Kerzen auf. Leo, könnt du und Annetta auch kommen? Ich koche die Zitronen-Pistazien-Pasta, die wir alle so mögen.«

»Dann muss ich das wackelige Tischbein reparieren.«

Susan steht früh auf und schleppt aus dem Lagerraum im obersten Stockwerk vier nicht zusammenpassende Esszimmerstühle, handgeflochtene Körbe und hölzerne Weinkisten in die *limonaia*. Die Kisten stapelt sie zu Regalen für kleine Töpfe. Die Körbe hängt sie in ihrem neuen Freiluftesszimmer auf. Drei grüne Glasballons fangen das Licht an den Glastüren ein. Letzte Nacht hat sie auf einer italienischen Website einen wetterfesten Teppich mit breiten grauen und weißen Streifen bestellt, der unter den Tisch soll. Die Mitte der *limonaia* bleibt als ihr Arbeitsplatz frei. Sie braucht einen Tisch zum Umtopfen. Eine neue Schaufel will sie auch kaufen. Außerdem blitzblanke Gartenscheren und Harken. Zeit, mit der Aussaat anzufangen.

»Julia, wir fahren in die Stadt, Markttag«, ruft sie.

»Ich komme«, antwortet Julia aus einem offenen Fenster. Sie chattet gerade mit Chris und schildert ihm die Sache mit Wade. »Darum brauchst du dich nicht mehr zu kümmern. Aber danke, dass du die Angelegenheit in die Wege geleitet hast. Einerseits bin ich froh, dass er hinfährt und nicht ich. Hoffentlich klingt das nicht egoistisch, aber ich kann einfach nicht. Ich habe zu oft an dieselbe heiße Herdplatte gefasst.«

Chris schickt ihr eine SMS mit seinen Flugdaten. Er wird in drei Tagen in Rom landen und vor der Weiterreise nach Venedig, wo er sich mit der Friaul-Gruppe trifft, einige Tage in San Rocco bleiben. »Wir bestätigen alle Reservierungen für das Friaul und haben etwas Zeit, um die Sizilien-Tour im nächsten Jahr zu besprechen«, sagt er. »Doch hauptsächlich möchte ich mit dir auf der Piazza sitzen, die Gebäude betrachten und dich lachen hören.« Nach Friaul kehrt er für ein paar Tage nach San Rocco zurück, bevor die übliche Toskana-Gruppe eintrifft.

»Es ist eine Ewigkeit her ... Ich erledige die Bestätigungen. Dafür hast du mich schließlich eingestellt.« Julia zieht ihre Schuhe an. »Ich muss los. Susan kann es nicht erwarten, eine Schaufel zu kaufen.«

»Schaufel?«

»Du wirst deinen Augen nicht trauen, wenn du siehst, was sie aus der *limonaia* gemacht hat. Diese Frau ist der Wahnsinn. Reden wir später?«

»Unbedingt. Wie du ja weißt, habe ich dich außerdem aus recht egoistischen Gründen eingestellt.«

Bougainvillea, Trauben, Stachelbirnen

Ein Ort, um sich zu verstecken. Das herrliche Klima verbreitet eine himmlische Glückseligkeit. Geweckt vom Duft der Orangenblüten und einer Temperatur, die sagt: *Du gehörst mir, keine Sorge, ich werde dich liebkosen.* Meine Gedichte wirken so natürlich wie die Blüten der Bougainvillea, die in den Flur geweht werden. Allein die duftende Luft sorgt dafür, dass ich mich wie in einer Wiege fühle. Die blaue Kuppel über mir ähnelt einer glasierten umgedrehten Teetasse aus Porzellan.

Capri, ein Gewirr aus Pfaden. Bald gehe ich nicht mehr bergab, sondern werde gezogen, glücklich, ängstlich, schwindelig. Das Gefälle gehört zu Capris urwüchsigen Vorzügen. In einer Lebenszeit könnte ich die Insel so gut kennenlernen wie Colins Körper. Jeden Johannisbrotbaum, jede Steinmauer mit blühenden Kapern, die gelben Ginsterbüsche.

Die Häuser (konkave Dächer, um Wasser aufzufangen) bieten Blick auf korkenzieherförmige Pfade und ein durchsichtiges Meer mit smaragdgrünen, lapislazuliblauen und türkisfarbenen Wasserschichten. So klar, dass einem der eigene Verstand ebenso klar erscheint. Wenn ich in eines dieser weißen Häuser zöge, würde ich die Wände blau streichen, einen Topf Basilikum an die Tür stellen, um die Insekten zu verscheuchen, und die heißen Stunden in einem Hain verdösen. Nach sechs Monaten hier würde ich vielleicht endlich als disziplinierte Schriftstellerin in Erscheinung treten. Ich hätte eiserne Wadenmuskeln. Strahlendes Capri, lange Zeit ein Rückzugsort der Außenseiter und Menschen auf der Flucht vor Skandalen. Die Überraschung: Auf der von Touristen überrannten Insel gibt es tatsächlich einsame Fleckchen. Abseits der ausgetretenen Pfade ist man im *paradiso*. Letisk, Stachelbirne, Pinie, Affodill, Myrrhe. Wurden sie von den Sirenen gepflanzt, die Odysseus mit ihren Gesängen anzulocken versuchten?

Was macht diesen Ort eigentlich aus? Die Reiseführer verraten es mir nicht. Doch die Wellen an den Felsen sagen es mir. Das blaue Hemd eines Fischers schreit es mir entgegen. Der zarte Schatten eines Mandelbaums malt drei kantige schwarze Gründe an eine weiße Mauer. Capri. Die Insel durchkämmen, den von der Sonne erhitzten Geruch wilder Minze, Zitrone und Meer einatmen. Sich im perlmuttfarbenen Licht lieben. Mit der Frau plaudern, die an ihrem Zaun Unkraut jätet. Sich ein Gewirr von rosa und aprikosenfarbener Bougainvillea einprägen, das sich auf einer derben weißen Mauer verschlingt. An einem Kiesstrand picknicken. Colin, der sich vorbeugt, um eine heiße Traube aufzufangen, mit der ich auf seinen offenen Mund ziele.

Wir sind so glamourös wie Jackie mit ihrer runden Sonnenbrille, wie der magere Frank Sinatra und der kecke Cary Grant.

Zumindest fühlen wir uns so. Colin in seiner aufgekrempelten weißen Hose, ich in einem ausladenden gelben Sommerkleid. Die Insel teilt einem mit, dass man ein privilegiertes Leben führt. Ich erkenne es an Julia, Camille und Susan, die sich auf Anacapri die Füße für Sandalen vermessen lassen und dann ein Cabrio-Taxi anhalten, sodass ihre Haare im Wind wehen. Ich treffe sie auf der Piazza, wo sie bereits verrückte Drinks bestellt haben, die aus Blutorangensaft, Bitters und Gin bestehen. Camille hat ihr blondes Haar zu einem Dutt aufgesteckt. (Ich mache ein Foto und schicke es Rowan.) Julia hat für Susan zitronenförmige Karthäusermönchseife gekauft. Und die wiederum hat einen Laden für exquisite Babymode entdeckt. Ich habe den Verdacht, dass sie etwas für unsere kleine Überraschung besorgt hat. Die drei besitzen die wichtigste Eigenschaft, die einen guten Reisenden ausmacht: Neugier. Und sie haben Spaß.

Wir sind mit dem Schnellzug von Florenz nach Neapel gefahren und haben dann ein Luftkissenboot zur Insel genommen. Die drei wohnen in einer Luxusvilla, die Brian und Nicolà auf ihrer Website zur Vermietung anbieten wollen. Susan hat sich bereits Unmengen von Notizen dahingehend gemacht, was die Schweizer Eigentümer unternehmen müssen, damit es wirklich eine Luxusvilla wird. Die Kunstblumen wegwerfen. Besseres Geschirr. Wer möchte zu diesem Preis schon billige weiße Teller und Platzdeckchen aus Stroh haben?

Wir sind vier Nächte hier, in der gesegneten Saison, bevor die Touristenhorden einfallen. Meine letzte Reise, bevor das beginnt, was den scheußlichen Namen »Wochenbett« trägt. (Inzwischen bin ich fast im siebten Monat.) Colin konnte sich für diese kostbare Flucht freinehmen. Selbst wenn man keine Auszeit braucht, bekommt man sie auf Capri geboten. Ich war erst einmal hier, und zwar im Juli, wenn das Gedränge menschenähnlicher Gestalten die Hölle ist. (Nur die Designerläden sind leer.) Um vier tuckern die Fähren los und lassen eine Anzahl von Leuten zurück, mit der man leben kann. Zur Cocktailstunde kann man sich unter jeder beliebigen Markise einer Bar an der Piazza einreden, wie kultiviert und schön man ist.

In der Luxusvilla (*grazie*, Nicolà) mit einer langen Terrasse, die Blick auf die Felsen von Faraglione und ein Stück Meer bietet, schotet Julia frische Erbsen aus. Sie hat eine Frau aufgetrieben, die sie unterstützt und uns an einem Tisch bedient, wo die Aussicht so atemberaubend ist, dass ich gar nicht essen will. Ich möchte nur auf die funkelnden Lichter starren, die auf Neapel zusteuern. Als ich zur Mauer gehe, auf das Wasser schaue und das Umschlagtuch fester um mich ziehe, genieße ich meinen prallen runden Körper. Den Menschen zu erwarten, den man liebt. Was lässt sich damit vergleichen? Oberhalb dieser gewaltigen Wasserfläche zu stehen und zu wissen, dass man liebt, lieben kann und in der Lage ist, mit der Liebe zu leben. Colin schmiegt sein Gesicht an meinen Hals. »Alles in Ordnung?« Dann wendet er sich ab und hilft, Julias gebackene Oliven mit Kapern und ihre Mozzarellaspießchen mit luftgetrockneten Tomaten und Basilikum zu servieren. Nach den Drinks gibt es mit Shrimps, Erbsen und drei Käsesorten gefüllte Nudelmuscheln.

Camille kommt mit zwei weiteren Flaschen des hiesigen dünnen Weins aus der Küche. »Colin und die hinreißenden drei Grazien! So weit haben wir es gebracht. Zu einer Pergola, von der die Trauben herabhängen. *Grappola*, ein Büschel. Dieses sinnliche Wort löst in einem den Wunsch aus, die Hand auszustrecken und eines abzupflücken.« Ich beobachte, dass Julia nach ihrem Notizblock greift und das Wort aufschreibt. Wieder eine Anregung für ihr *Learning Italian*.

»Ja, schon«, meint Colin. »Allerdings haben Kit und ich noch einen langen Weg vor uns. Ich denke da an die nächsten zwei Monate. Aber der heutige Abend wird traumhaft.« Colin stellt seinen Lautsprecher auf der Terrasse auf und spielt alle Versionen von »Nessun Dorma« ab, die wir lieben. Und er hat einen Krug Limonade mit Minze gemacht und teilt ihn solidarisch mit mir. Inzwischen fehlt mir der Wein nicht mehr. Die Vorstellung, Miss Priss unter Alkohol zu setzen, lässt mich wachsam werden.

Wir tanzen unter den Sternenkonstellationen. Die sieben Schwestern sind mein Lieblingssternbild. Der große Wagen segnet diese Insel. Colin muss mich fast auf Armeslänge von sich halten wie bei einem Walzer im neunzehnten Jahrhundert. Mein Strandball. Unser kleines tobendes Geschöpf in seiner blauen Grotte. Ich liebe Capri. Aus guten Gründen sind wir Ästheten und Tagesreisende, die hier sind, um einen Hauch Götteratem abzubekommen.

Lange nach Mitternacht sind wir wieder in unserer Pension. Ich bin noch wach. Kein Mond, doch ein dunstig weißes Schimmern erhellt den Himmel. In den Büschen singen die Nachtigallen. Wegen der Gedichte habe ich mir stets eine herzzerreißende, sich wiederholende Süße ausgemalt. Was ich höre, klingt eher, als würde jemand ständig den Sender verstellen. Irgendwer muss die Klangmuster und die dazwischenliegenden Intervalle gezählt haben. Eine schnattert wie ein Eichhörnchen, die andere, als schlüge sie Nägel ein, manche singen tatsächlich so süß, wie ich es erwartet habe. *Wie trickreich*, denke ich und schlafe lachend ein.

An den Vormittagen schreibe ich. Colin zeichnet Skizzen für einen Pavillon, ein Café und ein Museum am Wasser auf Key West. An den warmen Nachmittagen wandert Colin über die steilen Pfade, während ich auf unserer Terrasse liege und *Südwind* von Norman Douglas lese, einem Päderasten, der es auf einheimische Jungen abgesehen hatte. Kann ein Widerling wie er überhaupt eine anrührende Beschreibung der Insel verfassen? Ich blättere herum und stoße auf Wörter und Sätze, die mir Hochachtung abverlangen. Ansonsten ist es einfach wegzudösen, die Sonne auf meinen Füßen, über mir orangefarbene und rosa Bougainvillea vor dem Hintergrund des fernen tyrrhenischen Meeres. Das gedämpfte Plätschern der Wellen wiederholt das Wort: *tyrrhenisch. Tyrrhenisch.*

Auf der Fähre zurück nach Neapel bekomme ich plötzlich seltsame Rückenschmerzen, so, als würde mich jemand schubsen. Ich trage nur eine leichte Tasche. Colin müht sich mit den beiden Reisetaschen ab. Mir ist heiß, obwohl sonst niemand schwitzt.

Ich suche mir einen Sitzplatz und lasse mir die kräftige Brise ins Gesicht wehen.

Wir steigen in den Schnellzug nach Florenz. Auf der Toilette fühle ich mich schwach. Ein heller Blutschmierer befleckt meine Unterhose. Als ich zu meinem Platz zurückkehre, ist Colin in seine Unterlagen vertieft. Doch er springt sofort auf.»Was ist los, Baby? Du bist so blass um die Nase. Stimmt etwas nicht?«»Wenn wir in Florenz sind, muss ich sofort zu meiner Ärztin. Könntest du sie anrufen?« Ich erzähle ihm von dem Blut. Da ich am Fenster sitze, kann ich mein Gesicht verbergen. Ich will mich nicht bewegen. Ich lege die Arme unter mein Baby. Bleib. *Bleib.*

Colin schlingt den Arm um mich und fängt an, mit der freien Hand mit seinem Telefon die Symptome zu recherchieren. »Bist du sicher, dass die Fruchtblase nicht geplatzt ist?« In seinem Blick erkenne ich die schreckliche Aussicht, das Baby im Zug zu entbinden.

»Nein«, erwidere ich und bemühe mich um Ruhe.»Ein kleiner Blutschmierer. Und die Seiten tun mir weh.« Im nächsten Moment schießt mir der Schmerz wie ein Blitzstrahl vom Zwerchfell bis in die Beine. Er hinterlässt der Sprechstundenhilfe eine Nachricht. *Notfall. Sind gegen 14.30 da.*

Als ich auf Colins Display schaue, lese ich *placenta previa* und *normales Einsetzen der Wehen.* Ein Schaffner bietet Getränke an, und ich bestelle eine Cola, in der Hoffnung, meine Eingeweide zu besänftigen. Das Allheilmittel meiner Mutter. Kurz darauf erbreche ich die Cola auf der Toilette. Julia hat mich auf dem Mittelgang gesehen und ist mir gefolgt.

»Hast du etwas?« Sie klopft.

»Alles in Ordnung, nein, gar nichts in Ordnung«, erwidere ich und entriegle die Tür. »Irgendetwas stimmt da nicht. Wir haben die Ärztin angerufen.« Ich berichte ihr von dem Blut und den Schmerzen. Dann erinnere ich mich an den schmalen, steilen Pfad hinauf zu ihrem Haus auf Capri, daran, dass ich mich Stufen hinaufgeschleppt, mich ans Geländer gelehnt und kurz gedacht habe, dass ich das besser lassen sollte. Danach, später, der Abstieg und der Weg zu unserer Pension. Eine Anstrengung, gegen die meine Knie und mein Rücken zu rebellieren schienen. Später ging es mir wieder besser.

»Dir passiert schon nichts. So was kommt ständig vor. Ich weiß, dass es Angst macht.«

»In den letzten drei Monaten ist es nicht ständig vorgekommen.«

»Äh, nun, Sex kann zu Blutungen führen.«

»Das Thema lassen wir lieber.«

»Wir begleiten dich.«

»Nein, das macht Colin. Aber wie kommt ihr zurück nach San Rocco? Colin hat sein Auto im Bahnhofsparkhaus abgestellt.«

»Ich rufe sofort Gianni an. Keine Sorge. Sagst du uns Bescheid?«

Die Untersuchung der Ärztin ergab, dass das Herz des Babys schnell schlug. Die Blutungen hörten auf, fingen jedoch wieder an, diesmal klumpig. Ich wurde an einen Tropf angeschlossen. (Meine Albträume erspare ich Ihnen.) Ich musste über Nacht im Krankenhaus bleiben. Colin machte sich Vorwürfe, doch ich versicherte ihm, dass es in Ordnung sei, wenn wir uns lieben (obwohl mir insgeheim etwas daran nicht ganz koscher erschien). Als ich am Morgen aufwachte, hatte ich leichte Krämpfe, etwa so wie kurz vor der Periode.

Dr. Caprini erscheint zur Visite und sagt, ich dürfe heute später wieder nach Hause, falls es nicht mehr blutet. Allerdings will sie, dass ich zu Hause das Bett hüte. Ich kann in einem Sessel sitzen und duschen. Aber sie warnt mich: keine Anstrengungen. Wir müssen feststellen, ob das Baby jetzt rauswill. *Bleib,* flehe ich. *Bleib, kleine sie/er. Dort, wo du hingehörst.*

»Betrachte es doch positiv«, beginnt Colin.

Ich falle ihm ins Wort. »Nein, das Positive ist nicht, dass ich mich voll aufs Schreiben konzentrieren kann. Das hätte ich auch getan, wenn das hier nicht geschehen wäre. Außerdem musst du kochen. Wir werden uns hauptsächlich von überbackenen Käsesandwiches ernähren.« Ich bin bereit, im Bett zu liegen, wenn es dazu beiträgt, dass das Baby erst zum vorgesehenen Zeitpunkt kommt. Ich kann lesen. Camille verspricht, mir Zeichenunterricht zu geben. Ich kann an dem Projekt meiner Freundinnen und an dem Buch über Margaret arbeiten. Ich kann mir spanische Telenovas anschauen, was genau das ist, wonach ich mich sehne. Ich bin bis ins Mark erschüttert. Während Colin beim Kochen pfeift, weine ich in mein Kissen.

Colins Hühnchen ist nicht schlecht, aber auch nicht gut. »Julia wird uns retten. Sie hat bereits sechs Gläser von ihrem eingefrorenen *ragú* mitgebracht. Wenn man *ragú* hat, hat man schon ein Abendessen. Sie hat gesagt, sie kommt später mit Minestrone wieder.«

Es geht mir gut, doch ich bin übervorsichtig. Ein Tag, an dem ich meinen Schreibtisch aufräume, ist ein erfolgreicher. In dem Stapel von Post entdecke ich einen Brief mit einer Absenderadresse in Richmond. Selbstbewusste, kantige Blockbuchstaben. Echte Tinte. Calhoun Green. Da ich nicht sicher bin, ob ich heute ein Margaret-Drama ertrage, lehne ich ihn ans Fensterbrett und schaue hinaus zu meiner Reihe von Rosen, die gerade entlang der hohen Steinmauer Blätter austreiben. Albertine, meine wunderbare korallenrosa Kletterrose; Queen Elizabeth, die sich nicht entscheiden kann, ob sie eine Kletterrose oder einfach nur chaotisch ist; die dekadente Eden, alias Pierre de Bonsard; und Albéric Barbier, die magere mit den prallen gelben Knospen, die beim Aufblühen die Farbe von Vanilleeis haben. Ich muss Susan Ableger von allen geben. Wenn sie in voller Blüte stehen, werde ich dann mit meinem Baby an dieser Mauer entlangspazieren? Einem kleinen, in eine Decke gewickelten Bündel, das zum ersten Mal Rosenduft schnuppert? Einem anderen Leben.

Bis dahin verschicke ich neue Gedichte an Zeitschriften, ordne meine Unterlagen zum Thema Margaret und beantworte E-Mails. Es ist eine verlockende Einladung dabei, im Oktober in Nashville zu lesen. Baby wird dann vier Monate alt sein. Schwierig, sich zu verpflichten, solange ich keine Ahnung habe, wie unser Leben zu diesem Zeitpunkt aussehen wird. London? Miami?

Hier? Ich ziehe meine seidene Decke über mich, schiebe mir zwei Kissen in den Rücken und schalte *Grand Hotel* ein. Fitzy, der einen normalerweise mit göttergleicher Nichtachtung straft, hüpft aufs Bett und streckt seinen seidigen Körper neben mir aus. Der Instinkt eines Tiers. Möge sein Schnurren meinen unruhigen *bambino* beruhigen.

Veränderung führt zu Veränderung

Ein eingeworfener Brief. Eine Antwort.

Liebe Miss Raine,

danke, dass Sie mir den zwischen Margarets Papieren gefundenen Brief geschickt haben. Sie können sich nicht vorstellen, was er ausgelöst hat. Sicher haben Sie lange mit sich gerungen, ob Sie mir eine solche Nachricht zukommen lassen sollten, eine Nachricht, die mir viele Jahre lang vorenthalten wurde. Ich hätte nie von Colins Existenz erfahren. Seine Geburt, sein Leben und sein Tod erfüllen mich mit einer niederschmetternden Trauer. Es ist erst wenig Zeit vergangen. Ich weiß nicht, wie sich das alles lösen wird. Darf ich ehrlich sein? Zuzulassen, dass Margaret aus meinem Leben verschwand, war ein Fehler, den ich ewig bereuen werde. In meiner Dickköpfigkeit war mir klar, dass sie mich überfordern würde. Mein Leben war vorherbestimmt. Das dachte ich damals. Ein strukturiertes und geordnetes Leben, weitervererbt wie das Familiensilber. Mit zwanzig wollte ich das. Ich liebte meine Heimat und die Werte meiner Familie. Sie war zum Zugvogel geboren. Dazu, große Gedanken zu denken und Risiken einzugehen. Sie war ein wildes Mädchen,

471

symbolhaft, herausfordernd. Damals machte sie mir Angst.
Und jetzt das. Ich begreife, dass sie viel stärker war als ich.
Dass ihre unbekümmerte Unabhängigkeit mein Verständnis
überstieg. Wie tapfer sie war. Und ich war so ein Idiot. Es
fällt mir schwer, das zu schreiben und zuzugeben, doch ein
Teil von mir hat sich immer gefragt, ob sie wirklich abgetrie-
ben hat. Das Wort stieß mich ab. Und dennoch hinderten
mich meine Oberflächlichkeit und mein Bedürfnis, mich
selbst zu schützen, daran, das Richtige zu tun. Noch mehr
schäme ich mich deshalb, weil ich in sie verliebt war. Rückbli-
ckend betrachtet muss mein Kopf in einer Schraubzwinge
gesteckt haben. Ich verstehe den Jungen nicht, der sie einfach
so allein weggeschickt hat. Zwei Monate später versuchte ich,
Kontakt zu ihr aufzunehmen. Ihr Vater kam an die Tür und
hatte keine Ahnung, wer ich war. Sie hatte ihm den Namen
des Dreckskerls, der sie im Stich gelassen hatte, nie verraten.
Er sagte, sie befände sich ganz sicher auf Reisen, und er habe
derzeit ihre Kontaktdaten nicht. Ich habe keinen Brief und
keine Telefonnummer hinterlassen, die er ihr hätte weiter-
geben können. Stattdessen studierte ich Jura und heiratete
ein reizendes Mädchen aus meiner Heimatstadt. Wir haben
keine Kinder.
Vielleicht interessieren Sie diese Einzelheiten, weil es in Ihrem
Brief hieß, sie schrieben über Margaret. Ich habe ihre Bücher
gelesen. Sie war so bemerkenswert, wie ich erwartet hatte.
Wegen meines abstoßenden Verhaltens schrieb ich ihr nie, nicht
einmal, um ihr mitzuteilen, was für eine großartige Autorin
sie war. Einmal besuchte ich eine Lesung von ihr in der Natio-

nal Geographic Society in D.C. Ich saß ganz hinten, und sie wusste nie, dass ich da gewesen war. Das soll nicht heißen, dass ich ihr mein Leben lang nachgetrauert hätte. Das tat ich nicht. Schnee von gestern, wie man so schön sagt.

Ich grüble über die letzte Zeile ihres Briefes nach: »Jetzt hast du – und ich meine das nicht ironisch – auch diese Ehre.« Sie sind Schriftstellerin, und wenn Ihnen so etwas zugestoßen wäre, könnten Sie vielleicht das ausdrücken, was mir verwehrt bleibt. Ich kenne meine Grenzen. Deshalb habe ich mich zu einer anderen Vorgehensweise entschieden. Hoffentlich passt sie zu dem Wort »Ehre«, das Margaret offenbar mit Bedacht gewählt hat.

Eine Woche nach Erhalt des Briefes habe ich Edward Knowles in New York angerufen. Er und seine Frau Amanda waren bereit, mich zu empfangen. Am nächsten Tag flog ich hin. Sie kannten den Namen der leiblichen Mutter und hatten sogar sporadisch ihre Karriere verfolgt. Einige Wochen vor Colins Tod hatten sie ihm von ihr erzählt. Er wollte sich mit ihr in Verbindung setzen. Wie sie mir sagten, wollte er sie fragen, warum sie ihn weggegeben hatte.

Ich betrachtete Fotos, ein Porträt, ein Babyalbum. Ein hübscher Junge. Ich las die Berichte der Schule über seine Leistungen. Herausragend in allem außer in Französisch. Ich sah sein Zimmer, alles unverändert, ein Schrank voller Kletterausrüstung, Schläger, Schnorchel und Tauchgeräte. Das Foto seiner Freundin, die Margaret auf unheimliche Weise ähnelte. Um es kurzzumachen: Ich wurde meinem Sohn vorgestellt, und glauben Sie mir, es hat mir den Atem verschlagen. Die

Eltern und ihre Tochter, ebenfalls adoptiert, haben Colin vergöttert. Er hat die Liebe verdient, mit der sie ihn überschütteten.

Miss Raine, diese Angelegenheit wird mich für den Rest meines Lebens beschämen und traurig machen. Und dennoch bin ich froh, weil ich von diesem Jungen weiß, der diese Erde sechzehn Jahre lang beglückt hat.

Hochachtungsvoll, Calhoun Green

Colin und ich lasen den Brief immer wieder. Wir sind alt für ein erstes Kind. Ja, Calhoun war schwach, aber er war zwanzig, unreif. Margaret war auch zwanzig und musste sich selbst erst noch finden. Soweit ich es beurteilen kann, war es dieses einschneidende Ereignis, das ihr Leben geformt hat. Ihr damaliger Mut war Grundlage ihrer Tapferkeit im späteren Leben. Die Zurückweisung und der Verrat haben es ihr unmöglich gemacht, wirklich zu vertrauen. Der Verlust hat ihren Augen die Tiefe einer alten Seele verliehen. Dass der schlimmstmögliche Fall eingetreten war, führte zu einer leichtfertigen Haltung, was ihre Zukunft betraf.

Ich krame heraus, was sie über ihre Ehen geschrieben hat. Zwei weitere Beispiele aus der Kategorie Verrat. Ihr Tonfall ist ziemlich zynisch: *Mich erwischt ihr nicht.*

Sie schreibt:

Ich begegnete Jamie Sonnenfeld am ersten Abend nach meiner Rückkehr aus Europa. Mein Vater hatte Mandanten eingeladen und bat mich, ihn zu begleiten. Jamie war ein berüchtigter Anwalt aus Chicago. Er übernahm die heikelsten Fälle und war laut Dad für seine gnadenlosen und schillernden Auftritte im Gerichtssaal bekannt. Genau der Richtige für mich, dachte ich. Im Sommer zog ich mir eine hartnäckige Grippe zu. Und außerdem Jamie. Wir heirateten an Weihnachten in der Villa seiner Eltern. Die Stilmöbel und das hohe, trillernde Lachen seiner Mutter deprimierten mich. Sie hatte einen Gang wie ein Schwan an Land. Sein Vater sah aus wie jemand, der unter Wasser die Augen öffnet. »Jamie hat sich offenbar übernommen«, raunte er mir zu. Jamie, im Zentrum der Aufmerksamkeit. Bei Tisch wurde vorausgesetzt, dass er Vorträge hielt und wir ihm zustimmten. Er war schlagfertig und klug, doch wir durften es nicht sein. Er entpuppte sich als Narzisst, der meine Schriftstellerei für eine vorübergehende Unpässlichkeit hielt so wie die Grippe.

Warum die Geschichte noch einmal erzählen? Ähneln unglückliche Ehen einander nicht immer? Nach achtzehn Monaten senkte sich der Vorhang. *Valete ac plaudite*, wie die Römer sagten. Lebewohl und Applaus. Abgang Margaret, ohne Verbeugung.

Meine zweite Hochzeit wurde wie folgt verkündet: Margaret Ames Merrill trug ein malvenfarbenes Seidenkostüm, als sie gestern um siebzehn Uhr in der Saint Joseph's Episcopal Church die Frau von Henry Elton Hodges III wurde. Ihre Perlen waren ein Erbstück ihrer verstorbenen Großmutter selben Namens. Ihr Glockenhut wurde von einem Veilchenstrauß geziert.

Ist das nicht lustig? Die Kleider genießen absoluten Vorrang vor dem Bräutigam, der erst im dritten Absatz wieder erwähnt wird. Ein Omen. Henry kam nie an erster Stelle.

Wir waren zwei Monate lang verheiratet. In der Hochzeitsnacht stritten wir wegen der Zugreservierungen, und er versetzte mir eine Ohrfeige. Schockiert trat ich ihm in die Eier und besorgte mir ein anderes Zimmer. Am nächsten Tag versöhnten wir uns mehr oder weniger und bestiegen den Zug nach Florida. Aber auch das klappte nicht. Wie schon bei Jamie drehte sich bei Henry alles um Henry. Vielleicht lag es ja an der Ära. Bald rief ich meinen Vater an, der betonte, aus was für einer guten Familie Henry stamme. Er hoffe verzweifelt, dass ich nach den »Fehlern« meiner Jugend und trotz meiner »aufbrausenden Art« endlich auf dem Wege zu Normalität und Glück sei. Ein Zustand, der ihm ebenso versagt geblieben war, da meine Mutter mit einem ostindischen Fußpfleger durchgebrannt war, den sie wegen ihrer Hühneraugen aufgesucht hatte. Armer Dad. Ich trennte mich und ließ Henry, seinen Psychiatern zufolge, mit einer »Persönlichkeitsstörung« zurück.

Meine beiden Ehemänner kamen aus der amerikanischen Oberschicht und hatten in Yale studiert. Nach Ansicht meines Vaters war ich diesen Männern zu anstrengend gewesen. Doch er irrte sich. Sie waren seelisch zu schwach, um zu erkennen, dass mein Freigeist von Vorteil für sie war.

Nachwirkungen? Die Erkenntnis, dass meine Fähigkeiten als Gattin und Hausfrau nicht übermäßig stark ausgeprägt waren. Das Alleinsein wurde zu etwas, das ich genoss. Und ertrug. In Artikeln werde ich stets als »ausweichend«, »rigoros« und »unabhängig« bezeichnet. Falsch. Ich bin einfach nicht bereit, mich Willkürherrschaft unterzuordnen. Bald war ich wieder zu Hause und packte, diesmal für Europa. Für immer. Das Leben in Amerika war für mich, wie H. L. Mencken es ausdrückte, »ein starkes Lösungsmittel«. Bye-bye.

Kein Wort von Eheglück. Kein überbackener Toast, auf einem Tablett am Bett serviert. Keine Zitate aus Liebesbriefen. Nein, das tat weh. Scharf wie eine Rasierklinge. Sie machte keine Gefangenen. Margaret schlägt Nägel ein, bis sie auf die sich unter der Haut befindliche Wahrheit treffen: Sie waren seelisch zu schwach, um zu erkennen, dass mein Freigeist von Vorteil für sie war.

Tangos

Sie haben sich angewöhnt, beim Morgenkaffee Neuigkeiten auszutauschen. Probleme mit der Familie werden ebenso gemieden wie Politik. Zu aufregend so früh am Morgen. Nur Buchkritiken, Ausstellungseröffnungen, Artikel über Essen, Reiseberichte und allgemeine Nachrichten. Und natürlich die Kleinigkeiten des Alltags: Wer geht einkaufen? Wer bringt die Katzen zum Impfen? Und was ist das für eine Website mit dem Rezept für Ravioli mit jungen Brennnesseln, denn die wuchern überall in den Gräben.

In der letzten Woche haben sie kaum ihre Mails abgefragt. Seit Capri verlaufen ihre Vormittage geruhsam. Sie genießen es, noch auf einen zweiten Cappuccino sitzen zu bleiben. Allerdings hat Camille jetzt nicht nur eine Arbeit, die ihr Freude macht, sondern muss sich um die Einzelheiten ihrer Ausstellung kümmern. Die Galerie ist zu mieten, ohne Personal. Also muss sie für Werbung sorgen (einige Flugblätter im Dorf verteilen und E-Mails an alle, die sie kennt), ihre Bilder aufhängen und jemanden finden, der die Galerie während der Öffnungszeiten bewacht.

Heute Nachmittag trifft Chris ein. Er bleibt nur kurz in San Rocco und hat sich ein Zimmer bei Luca und Gilda genommen. Julia hat schon mit den Vorbereitungen begonnen und

Sehenswürdigkeiten in der Nähe der Weingüter recherchiert, die er sich auf Sizilien ausgesucht hat. Außerdem hat sie sich mit der Organisation einer einwöchigen Rundreise über die Insel befasst. Sie hat sich in den *Gattopardo* verliebt und hofft, dass es einen Teil dieses majestätischen und urwüchsigen Siziliens noch gibt. Susan macht Rührei. Obwohl sie sich meistens der italienischen Sitte anpassen, nicht zu frühstücken, hat sie einen Mordshunger. Die Vorstellung, den ganzen Vormittag im Garten zu arbeiten, löst Magenknurren bei ihr aus. Sonntagmorgens mit Aaron und den Mädchen. Die Zeitung ausgebreitet, Gespräche, etwas wird verschüttet. Archies Vorgänger als Welpe, klebrige Marmelade, die Fenster beschlagen von der Klimaanlage, der blaue Morgenmantel aus Velour, den sie jahrelang hatte. Sie schlägt die Eier schaumig und lässt sie in die heiße Pfanne gleiten. Nachdem sie die Teller verteilt hat, klappt sie ihren Laptop auf. Molly! Ihre Freundin von Artful Dodge Antiques in Chapel Hill. Oh, gut, sie schlägt vor, sich mit der nächsten Containerladung zu beschäftigen. Sie liest laut vor:

Es wäre doch klasse, ein paar der Sachen gemeinsam zu kaufen. Ich könnte für eine Woche vorbeikommen, und dann grasen wir die Toskana ab. Sag, wann es dir passen würde.

Dann können wir wieder mal so richtig quatschen. Liebe Grüße, Molly

»Gütiger Himmel, eine Woche.« Susan blickt auf. »Wahrscheinlich wäre es ein Spaß. Es wäre ein Spaß.«

»Was für ein Zufall. Ich habe gerade das hier von meiner Nachbarin in Savannah gekriegt.« Julia liest:

Liebe Julia. Das wird dich jetzt treffen wie ein Blitz aus heiterem Himmel. Den Mädchen geht es gut. Bill und mir nicht. Nach dreißig Jahren checkt er aus dieser Ehe aus. Wegen deiner vielen Schwierigkeiten habe ich dich nicht über den Niedergang auf dem Laufenden gehalten. Wir haben es mit verschiedenen Strategien versucht. Wegfahren übers Wochenende. Ich möchte dich nicht mit den Details langweilen. Ein Tangokurs schien mir eine romantische Möglichkeit zu sein, was sie offenbar auch war. Wie peinlich, dir mitteilen zu müssen, dass er sich mit der Tangolehrerin aus dem Staub macht. Das ist kein Scherz. So was kann man nicht erfinden. Schade, dass du nicht in der Nähe bist. Könntest du dir vorstellen, dass ich dich im Herbst für zwei Wochen besuche? Ich muss klar im Kopf werden und mir etwas überlegen. Alle wissen von Wade und der jungen Frau. Stimmt es, dass was Kleines auf dem Weg ist? Wie konnte all das in unserem idyllischen Viertel passieren? Gib mir Bescheid – wenn es dir nicht passt, habe ich volles Verständnis.
Liebe Grüße, Alison.

»Die Tangolehrerin! Und jetzt tanzen sie in den Sonnenuntergang hinein. Wie demütigend.« Susan schüttelt den Kopf. »Was bildet sich der Idiot eigentlich ein?«

»Alte Hähne wollen krähen.« Camille lacht. »Ja, ich weiß,

dass das nicht lustig ist, aber absurd ist es. Mit der Tangolehrerin wird es nicht klappen, da bin ich ganz sicher.«

»Oh, da ist ja noch etwas.« Julia liest wieder vor:

Liebe Julia, Grüße aus Bodrum, wo ich mich von einem zehnfach verstauchten Knöchel erhole. Das wird wieder, aber ich überlege, ob ich eine kleine Pause einlegen soll, bevor ich mein Projekt fortsetze. Du hast doch vorgeschlagen, dass ich dich besuche. Hättest du eine Woche oder so Zeit? Vielleicht miete ich mir vorübergehend etwas, um meine Unterlagen zu ordnen, und fange mit einem langen Artikel an. Habt ihr euch häuslich eingerichtet und seid glücklich? Mit den besten Wünschen, Hugh

Susan scrollt weiter und stößt auf Folgendes:

Liebe Susan,
hoffentlich erinnern Sie sich noch an uns. Wir haben das historische Baskin-Haus in der Franklin Street bei Ihnen gekauft. Ihre Kollegin Becka, die mir Ihre E-Mail-Adresse gegeben hat, hat mir von Ihrem spannenden Tapetenwechsel erzählt. Wir planen, einen dringend benötigten Urlaub in der Toskana zu verbringen. Sehr gern würden wir für zwei oder drei Tage bei Ihnen übernachten. Und Sie natürlich zum Essen einladen. Es wäre nett, über alte Zeiten zu reden. Geben Sie mir Bescheid, ob Ihnen Mitte Juni passt. Arrividerci, hoffentlich ist das richtig! Terry und Bob Morain

»Apropos absurd. Die haben vielleicht Nerven. Welche alten Zeiten? Ich weiß noch, dass sie recht nett waren, aber nach dem Verkauf hatten wir nichts mehr miteinander zu tun. Und jetzt wollen sie hier übernachten?«

»Laut Kit mangelt es einem nie an Freunden, wenn man ein Ferienhaus in einer tollen Gegend hat. Es hat sich herumgesprochen. Es wundert mich, dass es so lange gedauert hat«, erwidert Camille. »Ich habe letzte Woche auch eine Mail gekriegt:«

Liebe Frau Professor Trowbridge,
erinnern Sie sich noch aus dem Einführungsseminar an
mich? Ich fliege mit Amy & Rick, die auch in diesem Kurs
waren, nach Europa. Es war ein tolles Seminar, und jetzt
können wir uns die Kunstwerke mit eigenen Augen
anschauen. Ich hoffe, dass Ihre E-Mail-Adresse noch stimmt
und dass wir Sie besuchen können. Es wäre spitze, wenn Sie
einen Schlafplatz für uns hätten. Wir können ja im
Haushalt helfen! Wir sind den ganzen Juli unterwegs. Wir
freuen uns darauf, Sie zu sehen. Sie sind eine tolle Dozentin.
Dylan Schultz

»Dylan war niedlich. Er stand zwar mit der englischen Grammatik auf Kriegsfuß, aber er liebte die holländischen Landschaften. Oh, wenn es doch nur so einfach wäre, dass man zu allen sagen könnte, ja, kommt, die Tür ist offen, wir haben eingekauft und gekocht und geputzt, und im Zimmer stehen Blumen. Bleibt, bleibt, solange ihr könnt!«

»Mal im Ernst, wir brauchen Regeln. So was wie: gute Freunde drei Tage, Familie okay, wenn wir vorausplanen. Das ist eines der heiklen Themen, wenn man zusammenwohnt. Ihr könntet meine Gäste nicht mögen und ich eure nicht.« Susan antwortet Molly bereits. »Ich schreibe ihr, dass sie für zwei Tage herkommen kann, falls euch das recht ist. Und dann fahren wir ein wenig herum.«

»In Ordnung. Wenigstens haben wir ein großes Haus. Die meisten können wir zu einem *agriturismo* schicken. Die sind prima und haben Pools. Außerdem müssen wir an unserer Fähigkeit im Neinsagen arbeiten, etwas, in dem wir alle nicht gut sind. Also nein zu dem Studenten. Nein zu den Besitzern des historischen Hauses. Aber Julia, Alison kann doch kommen, oder? Und Hugh.«

»Ja, Hugh. Er wird uns nicht stören und nach ein paar Tagen sicher gern ins Dorf ziehen. Doch Alison: Auf gar keinen Fall zwei Wochen. Sie ist zwar meine Freundin, aber da ich euch nicht so lange mit meinem Besuch belasten will, schiebe ich euch die Schuld in die Schuhe. Ihr arbeitet zu Hause. Was absolut wahr ist. Das tun wir alle. Wir sind hier nicht nur im Urlaub. Die Drei-Tage-Regel. Dann wird sie begeistert von Lucas und Gildas Hotel sein. Wellnessbereich, Kochkurs, Weinproben. Bestimmt hat sie die Kreditkarten dieses Schwachkopfs noch. Er ist so schuldig, wie es nur möglich ist, und wird nicht aufmucken. Natürlich laden wir sie tagsüber ein.«

»Wir haben ein paar gute Richtlinien aufgestellt. Wir beherbergen nur drei Gäste. Außerdem wird Charlie vermutlich wegen meiner Ausstellung hierherfliegen. Dann wären da noch

Rowan und Chris, aber die schlafen nicht bei uns. Wir kriegen das hin.«

»Oh, Moment, meine Töchter. Hier, Eva schreibt, sie hätten solche Sehnsucht. Darum kümmern wir uns später.« Susan liest die ernsthafteren Neuigkeiten vor. »Eva und Caroline wollen nach China, um ihre leiblichen Eltern zu suchen. Sie wollen wissen, wo die Adoptionspapiere sind und ob ich eine Datenschutzerklärung unterschrieben habe.« *Keine Sorge,* teilt Eva ihr mit. *Wir wollen es einfach nur wissen. Wir nehmen die Ergebnisse unserer DNA-Tests mit.*

Sie antwortet sofort.

Cara Eva, komm her. Jederzeit. Haltet mich auf dem Laufenden, denn hier geht es drunter und drüber, und wir jonglieren mit Daten. Die Papiere aus China liegen im Bankschließfach. Der Schlüssel ist in meiner rechten Schreibtischschublade, und ihr habt beide eine Zugangsberechtigung. Ich habe sie mir seit Jahrhunderten nicht angeschaut. Das Passwort lautet Waretear. Gebt mir Bescheid, wann ihr fliegt. Ich kann das Haus öffnen und lüften lassen.

Susan sammelt die Teller ein und stapelt sie in der Spülmaschine. Warum ausgerechnet jetzt, nach all den Jahren?

»Ich muss los. Ich habe einen Friseurtermin. Chris möchte im Dorf einen trinken. Anschließend essen wir im Hotel zu Abend. Soll ich etwas einkaufen?«, fragt Julia.

»Danke«, erwidert Susan. »Wir *können* kochen, Schatz. Das haben wir jahrelang getan, bevor du unsere Chefköchin geworden bist. Ich strotze vor Tatendrang. Heute Abend mache ich meinen falschen Hasen Carolina-Art, der es bald zur Berühmtheit bringen wird. Camille und ich werden einen ruhigen Abend genießen.«

Obwohl der Flug aus Kalifornien ohne Turbulenzen verläuft, fühlt er sich endlos an. An der Autovermietung herrscht wie immer Hochbetrieb, und die Fahrt nach San Rocco ist nach der neunzehnstündigen Reise eine Strapaze. Während der zwei Stunden stellt Chris das Radio auf volle Lautstärke, um wach zu bleiben, und hält nur einmal an einem Autogrill und trinkt einen doppelten Espresso. Endlich erreicht er die geschwungene Einfahrt des Hotels Santa Caterina.

Nachdem er Luca, Gilda und die Hälfte der Mitarbeiter umarmt hat, bestellt Gilda für ihn in der Küche Pasta, die er verschlingt. Als er anfängt, die Einzelheiten der Toskana-Tour zu schildern, teilt Gilda ihm mit, Julia habe bereits jede Zimmerreservierung, den Kursplan für die Kochschule und die Abholzeiten geregelt. Er brauche nur noch aufzukreuzen.

Julia kommt um fünf. Er hat Luca bereits gebeten, eine Flasche gekühlten Prosecco und Blumen in sein Zimmer zu stellen. Da er sich schon seit Tagen romantisch fühlt, hat er einige Votivkerzen eingepackt. Als sich plötzlich der Jetlag bemerkbar macht, ruft er Julia an. »Ich bin da und warte auf dich.« Er duscht und schläft zwei entspannende Stunden lang tief und fest. Dann trifft er sich mit Julia auf der Terrasse. Sie trägt ein zartes orangefarbenes Oberteil und eine weiße Hose. Was hat sie mit ihren Haaren gemacht? Es ist länger und auf beiden Seiten hochgesteckt. Er sieht sie zuerst, doch als sie ihn bemerkt, strahlt sie übers ganze Gesicht. Eine Sekunde lang bedeckt sie es mit der Hand, als habe sie Angst, sich zu verraten. Lachend breiten sie beide die Arme aus und fallen sich um den Hals. »Weißt du, dass du mit den Augen lächelst?«

»Und du lächelst mit deinem ganzen Körper.« Obwohl er nicht die geringste Lust zum Autofahren hat, sehnt er sich danach, mit Julia an diesem Frühlingsabend auf der Piazza zu sitzen und zu reden und zu reden. Gilda hat ein sensationelles Abendessen geplant – Ravioli mit Borretsch, gedünsteter Fasan mit getrockneten Beeren, Thymian und Spargel. Zum Abschluss ihre Spezialität: cremige Pannacotta mit wilden Erdbeeren.

Violetta bringt ein Tablett mit zwei Sektflöten voller Prosecco an ihren Tisch. Sie küsst und umarmt Chris und dann Julia, die sie heute schon einmal umarmt und geküsst hat. Dann serviert sie ihnen Schälchen mit Oliven und Chips. »Hast du je den Eindruck, dass hier vielleicht ein bisschen zu viel umarmt und geküsst wird?«

»Besser, als wenn man immer gleich die Waffe zieht.« Julia lacht.

Der erste Trinkspruch von vielen. »Auf unsere Unternehmungen und Abenteuer.« Chris stößt mit Julia an. »Ist das alles nicht wundervoll? Wie die Sonne am Spätnachmittag die Steine bescheint? Sie schimmern wie Wachs.« Er beschreibt eine Handbewegung rings um den Platz.

»Ja, ich überlege immer, ob es hier Markierungen für die Sonnenwende oder die Tagundnachtgleiche gibt oder ob die alten Römer einfach hier saßen und Met getrunken haben, bis sie kein Zeitgefühl mehr hatten. Außerdem muss ich mit dir anstoßen, weil du hingefahren und Lizzie gesucht hast. Es war lieb von dir, das für mich zu tun.«

»Hoffentlich findet Wade sie. Lass uns über dein Buch sprechen! Darüber, dass ich mit einem Transporter voller wild gewordener Urlauberinnen ins Friaul fahren werde. Über Susan und Camille. Rowan. Archie! Alles. Erzähl mir alles.«

Es ist fünf Monate her.

Carpe Diem

»Ich muss mich um die Blumen kümmern. Welche Blumen passen zu Papiertüren?«, fragt Susan.

»Möchtest du es lieber streng und figürlich oder bunt und wild? Rosen in Glasschalen oder gewaltige Sträuße im Stil der Renaissance?«

Sie richten die Galerie her, schieben den Tisch an die Wand neben der Tür, stauben die Fensterbretter ab und stellen vier Stühle in eine Nische, wo sich die Leute ausruhen können. Die Papiertüren werden, nicht zu eng beieinander, ringsum an den Wänden hängen. In der Mitte werden die sechs, die Camille am liebsten hat, an durchsichtiger Angelschnur in der Luft schweben. Leo, der offenbar für alles ein Händchen hat, und Valter, der Inhaber der Bilderrahmenhandlung, nehmen Maß.

Sie packt ihre Türen aus, und Julia hilft ihr, sie in der Reihenfolge auf dem Boden auszubreiten, wie sie sie auch aufhängen will. »Mir gefällt diese Ausstellung zum Selbermachen.« Camille hält zwei Türen hoch, um festzustellen, wie sie miteinander harmonieren. »Stell dir vor, man schickt einfach seinen Kram nach New York und erscheint dann zusammen mit dem Cateringservice.«

»Der Cateringservice bin ich, und ich freue mich schon darauf. Du wirst begeistert sein von meinen Antipasti-Platten. Ich mische auch ein paar Leckereien aus den Südstaaten darunter, zum Beispiel Schinkenbrötchen und Käsestangen.«

»Ich werde versuchen, mir meine Nervosität nicht anmerken zu lassen. Außerdem ziehe ich meine roten Samtschuhe an. Und Rowan sagt seine letzten Seminare ab, um dabei zu sein. Ziemlich mutig von ihm, denn schließlich wird er nach diesem Semester nicht mehr unterrichten.«

Susan nimmt drei Tischdecken aus einer Schachtel. »Such dir eine aus, und ich sorge dafür, dass die Blumen wirken.« Sie schüttelt eine cremefarbene von Busatti aus, ein traditioneller Hersteller toskanischer Leinenwäsche. Darauf folgen eine aus pfirsichfarbenem Brokat aus Grazias Vorrat und eine prunkvolle aus rotgoldenem Jacquard.

»Eindeutig die Cremefarbene«, verkündet Camille. Das hat Susan bereits gewusst, aber insgeheim der dramatischen Jacquard-Decke die Daumen gedrückt. »Okay, jetzt kann ich mich austoben. Mittagspause, gehen wir.«

Bei Stefano bestellen sie *Penne alla Norma.* »Wie war das Wiedersehen mit Chris?«, erkundigt sich Camille bei Julia. »Mir ist bei dem Gedanken, dass Rowan kommt, ein bisschen mulmig. Es ging alles so schnell. Und jetzt frage ich mich, was ist, wenn wir einander anschauen und *Was sollte das?* denken?«

»Das bezweifle ich. Er ist locker und ein Künstler. Auch wenn es unwahrscheinlich klingt, haben Chris und ich genau dort weitergemacht, wo wir aufgehört hatten. Wir haben über die Touren und Sizilien und darüber gesprochen, dass sein Sohn jetzt endgültig zurück nach Hause zieht. Es ist, als würde ich seinen Sohn schon fast kennen und als ob sich alles ganz natürlich entwickeln wird. Und wenn nicht, falls wir irgendwann genug voneinander haben, ist das für mich kein Weltuntergang. Vielleicht liegt es an meiner schrägen Vorstellung, dass es sich um eine ... ich möchte nicht posthume Beziehung sagen, das wäre morbide. Doch dieses neu gestaltete Leben muss einfach einen ruhigen und guten Weg einschlagen. Für mich ist er wie ein bester Freund. Und außerdem wahnsinnig attraktiv.«

»Das ist er«, stimmt Susan zu. Sie fährt sich mit den Fingern durchs Haar, sodass es sich aufstellt. »Nicht, dass ich jemand anderem als Riccardo begegnet wäre, und ich glaube, der ist schwul, ohne es sich selbst einzugestehen. Aber ich denke, dass ihr beide ausprobiert, wie die Liebe in dieser Lebensphase so ist.« Sie kichert hämisch. »Liebe im Zeitalter der Haare am Kinn und der Feuchtigkeitscreme für die Scheide!« Sie lachen so laut, dass die Gäste sich nach ihnen umdrehen. »Jedenfalls hört es sich bei euch so an, als würdet ihr alles richtig machen. Solche Beziehungen sind mit denen, die wir bis jetzt kannten, nicht vergleichbar. Diese Leidenschaft, die dazu führt, dass man über Fehler hinwegsieht. Der Bogen einer langen Ehe, die gemütliche Selbstzufriedenheit, die sich in den vielen Jahrzehnten einschleicht, in denen es einem so groß und ganzheitlich erscheint, zu jemandem zu gehören, obwohl es einen gleichzeitig zerreißt.« Sie klatscht in die Hände. »Aus und vorbei. Jetzt heißt es, den Tag zu nutzen. Menschen, die gern nebeneinanderher gehen, wie du einmal gesagt hast, Julia. Hast du nicht erzählt, du hättest dir vorgestellt, du und Chris würdet Arm in Arm durch eine Straße im Ausland schlendern? Das hat mir gefallen.«

»Aber wie fühlst du dich dabei, Susan? Einsam? Weil wir

diese Teilzeitmänner haben und du niemanden kennengelernt hast? Nun, Riccardo. Er ist interessant. Man kann mit ihm über Safran, Rosen, Übersetzungen und die Interna des Vatikans sprechen. Ihr habt eine Menge Gemeinsamkeiten. Bist du sicher, dass er schwul ist?«

»Das ist mir egal. Wirklich. Er isst gern zu Mittag, tanzt auf Partys und begeistert sich für Literatur und Gärten. Er ist ein Freund, und zwar ein guter. Aber Sex? Offengestanden zieht er mich nicht an. Außerdem möchte ich meinen, wie ihr wisst, beachtlichen Tatendrang in meine Projekte stecken. Zumindest momentan. Ich freue mich, dass ihr tolle Dates, vielleicht sogar Seelenverwandte gefunden habt. Macht euch um mich keine Sorgen. Wollt ihr ein Dessert?«

Julia nimmt sie beim Wort. Camille zuckt die Achseln. *Papiertüren*, denkt sie. *Sie öffnen sich immer.*

Perlen

Rowan mietet einen Fiat 500X, der erstaunlicherweise mit seinem Namen darauf bereitsteht. Er fährt nach Norden und hält nur an einer Weinhandlung in Orte an, wo er einmal einige Tage verbracht hat. Dann geht es weiter in seine Wohnung am Stadtrand von San Rocco. Er liegt gut in der Zeit. Er öffnet die Fensterläden und lässt das helle Sonnenlicht herein. Obwohl die Wohnung während seiner Abwesenheit weitervermietet wurde, wirkt alles unverändert. Marianna, seine Vermieterin, hat *Benvenuto* auf ein Stück einer Papiertüte geschrieben. Sie ist ein Schatz und hat Obst, Brot, Käse und Kaffee für ihn eingekauft. Er duscht, zieht sich um und fährt sofort zur Villa Assunta. Er hat einen Koffer voller Kataloge für die Ausstellung dabei, der Einband bedruckt mit dem Foto einer der Türen, das Matilde ihm in einer hohen Auflösung geschickt hat. Außerdem hat Rowan für Camilles Geburtstag noch etwas anderes im Gepäck: ein handgenähtes Buch, in das die Ausstellungsbesucher sich eintragen können. Das Papier hat er selbst in der *bottega* geschöpft. Der Einband besteht aus einem blauen, schweren Papier, in das Camilles Initialen und ein Gemälde eingeprägt sind, das eine aus einem Mosaik bestehende Hand darstellt. Er ist überglücklich, ihr diese Gaben überreichen zu können.

Er trifft eine Stunde früher als erwartet ein. Es ist niemand zu Hause. Er schlendert durch den umgestalteten Garten. Auf dem Hügel hinter dem Haus wimmelt es von Hyazinthen und Narzissen, die seine Mutter so liebt. Weiter oben wuchern Mohn und weiße und gelbe Wildblumen entlang der Straße zu Kits Haus. Zitronenbäume in Töpfen säumen die Auffahrt, ein hochherrschaftlicher Anblick, und von der Pergola hängen weiße Glyzinien. Camille hat ihm von den Räumen erzählt, die Susan in der *limonaia* geschaffen hat. Da die Türen alle offen sind, späht er hinein. Was für ein Ort für eine Kunstdruckerei. Licht. Kurz stellt er sich vor, wie er hier Seite an Seite mit Camille arbeitet. Der stabile Steinboden eignet sich ausgezeichnet für die schwere Druckerpresse. Seit heute muss er nicht mehr unterrichten. Die Freiheit ist ein starkes Aphrodisiakum. Da draußen gibt es so viele Bücher, die er veröffentlichen kann. Nach seiner qualvollen Ehe mit Mitte zwanzig und den beiden letztlich unbefriedigenden Beziehungen danach macht er sich Hoffnung, was seine Gefühle für Camille angeht. Sie ist in seinem Alter. Er will keine jüngere Frau. Zu problematisch, und es ist so anstrengend, sich krampfhaft für Dinge zu begeistern, die einen eigentlich nicht mehr interessieren. Und dann noch dieser übermächtige Kinderwunsch, den sie irgendwann entwickeln. Er empfindet einen Anflug von Bedauern wegen der beiden Kinder, die er nicht gerettet hat. Nicht retten konnte. Und auch Zorn auf ihre Mutter.

Camille bleibt jung, weil sie von vorne anfängt. Sie ist so aufgeregt und ängstlich wie eine Zwanzigjährige, eine Aufregung, die er heute mit ihr teilt. Sie versteht seine Anspielungen. Sie denkt nach und liest und streckt die Hand aus, um Papier zu berühren. Sie ist noch immer verdammt attraktiv. Er hat ihre Brüste vor sich, voll und von erstaunlich kleinen rosigen Brustwarzen gekrönt. Es ist zwar spät, doch er ist sicher, dass er zum ersten Mal die wahre Liebe gefunden hat.

Am Ende der *limonaia* hat Camille bereits ihre Staffeleien aufgebaut. In der Mitte lagert Susan Gartengeräte und Blumentöpfe. Er beugt sich vor, um die Schilder an den biologisch abbauba- · ren Tabletts zu lesen, wo sie Samen eingesetzt hat: Schmuckkörbchen, Prairie-Enzian, Basilikum, Kapuzinerkresse, Sonnenhut. In Julias hübschem Freilichtesszimmer ist bereits der Tisch für Camilles Geburtstagsfeier heute Abend gedeckt. Ein buntes Tischtuch mit Zickzackmuster, eine grüne Terrine, die von gelben Hyazinthen und Quittenstängeln überquillt. Diese Südstaatenfrauen haben ein Händchen für Gastfreundschaft oder, besser ausgedrückt, Freundschaft an sich. Er wird nicht verraten, dass er eine der Einbrecherkatzen (Ragazzo?) vom Tisch gescheucht hat.

Ein blutroter Alfa Giulietta rollt langsam in die Einfahrt, und ein hochgewachsener blonder Mann windet sich heraus. Charlie, das weiß Rowan sofort. Er lächelt wie Camille, offen und häufig. Die gleiche aristokratische Adlernase. »Hey, Mann! Du musst Rowan sein.« Mit ausgestreckter Hand geht er auf ihn zu.

Rowan erwidert das Lächeln. »Toll, dass du zur Ausstellung kommen konntest. Offenbar sind alle ausgeflogen. Ich freue mich sehr, den Wunderknaben kennenzulernen.« Was für ein attraktiver Sohn. Und ein Künstler.

»Ich auch, Mann. Ich habe von der *autostrada* aus mit Mom telefoniert. Sie kommen gleich. Irgendein Problem in letzter Minute damit, Sachen an der Decke aufzuhängen. Doch ich glaube, die haben den Besitzer der Galerie so lange bezirzt, bis er es ihnen erlaubt hat. Sie sagt, wir sollen reingehen. Der Schlüssel ist unter einem Blumentopf neben der Küchentür.« Kurz vermisst Charlie seinen Dad. Wer ist dieser coole ältere Typ, der da plötzlich aufkreuzt und womöglich seine Mom vögelt? Aber er macht einen ehrlichen und verbindlichen Eindruck.

An der Treppe stehen zehn Blumentöpfe, aber Rowan erwischt auf Anhieb den richtigen. »Wenigstens nicht unter der Fußmatte. So viel zum Thema, wie man Einbrecher austrickst.«

»Ich habe das Zimmer oben gegenüber von Susans.« Charlie will mit seiner Tasche nach oben gehen.

»Ich übernachte nicht hier. Ich habe wieder dieselbe Wohnung am Stadtrand wie letztes Jahr.« Rowan blickt sich in der Küche um und denkt an das durchgesessene Samtsofa in seiner Wohnung und an den Abend, als er und Camille aus Bologna zurückkamen. So viel hat sich verändert. Die Nacht des Schmuckdiebstahls, als er Camille in den Armen gehalten hat, während sie schlief, weinte, schimpfte und wieder einschlief. Was für ein wundervoll bewohntes Haus. Inzwischen ist es drinnen sogar heller. Im nächsten Moment bemerkt er, dass alle Büsche, die Fenster verdeckt haben, zurückgestutzt worden sind. Er kann sich das Haus nicht ohne die drei vorstellen. »Hast du Lust, einen zu trinken?«, ruft er Charlie nach. »Ich habe in Orte etwas Wein und Käse gekauft. Hoffentlich finden sie Gnade vor Julias Augen.«

Charlie duscht rasch, kämmt sein nasses Haar zurück und knöpft das Hemd zu, während er die Treppe hinunterkommt. Im selben Moment reißt Camille die Tür auf und empfängt ihn unten an der Treppe mit einer ausgelassenen, tänzelnden Umarmung.»Ach du!« Sie bemerkt Rowan in der Tür und fällt ihm, immer noch tänzelnd, um den Hals.»Ihr seid beide hier!«

»Ja!«

»Chris kommt auch gleich. Er muss noch ein paar Dinge besorgen. Charlie, kannst du die letzten beiden Tüten aus dem Auto holen? Rowan, wir wollen Musik auflegen.« Susan und Julia sind vom Dorf aus zu Fuß gegangen. Sie wollen fünf Kilometer am Tag schaffen. Julia schwenkt eine Handvoll wilden Spargel.»Wir werden sehen! Er scheint holzig zu sein. Vielleicht schmeckt er ja wie Bindfaden.«

Ich kann nicht zu dem Abendessen vor der Ausstellung in die Villa Assunta gehen. Vom Fenster meines Arbeitszimmers aus kann ich hören, dass unten fröhliche Stimmung herrscht. Wer spielt »Heart and Soul« auf dem Klavier? Danach dröhnen Pink Martini und Buddha Bar aus dem Lautsprecher, die ich sehr gernhabe. Colin wird dabei sein (ist er froh, dem Haus des Wochenbettes zu entrinnen?), und sie haben auch noch andere eingeladen. Riccardo, Nicolà und Brian. Keine Ahnung, wen sonst. Da ich unter Hausarrest stehe, kann ich nur ein Geburtstagsgeschenk schicken. Obwohl Camille beteuert, dass sie sich nie wieder Schmuck anschaffen wird, wird sie den Perlen von Margarets Großmutter nicht widerstehen können, die ich im Koffer gefunden habe. Ich bin überzeugt, dass Margaret sich über Camilles Rückkehr ins Leben freuen würde. Ein wichtiger Geburtstag und noch dazu am Vorabend ihrer Ausstellung. Ich möchte beides feiern.

Morgen darf ich der Vernissage beiwohnen. Colin hat die Erlaubnis der Ärztin, mich ins ansonsten für Autos verbotene Zentrum zu fahren und an der Tür abzusetzen. Drinnen gibt es einen Sessel für mich. Ich bin zwar eine Invalidin, doch bis jetzt klappt es ganz gut. Keine weiteren Notfälle. Das kleine Schätzchen hat aufgehört zu toben und scheint zu schlafen, wenn ich schlafe. Danke! Bleib, wo du bist. Wachse. Klammere dich, wenn nötig, mit den Fingernägeln fest.

Ich kenne nur fünf von Camilles miniaturistischen Arbeiten. So etwas habe ich noch nie gesehen. Ich merke ihr an, dass sie instinktiv weiß, wie gut sie sind. Allerdings fehlt ihr das Selbstbewusstsein, an diese Wahrheit zu glauben. Ihre Papiertüren wirken geheimnisvoll, ein in ein Geheimnis gewickeltes Geheimnis. Sie erinnern mich an Emily Dickinson. Wer hätte gedacht, dass eine neuenglische Jungfer, die sich in ihrem Elternhaus verkroch, derart eindringliche, abstrakte und verborgene Bilder erschaffen konnte? Woher kamen ihre Arbeiten? Aus ihrer Zeit als junges Mädchen? Es war immer vorhanden, fand jedoch kein Ventil. Es wurde nie Benzin ins Feuer geschüttet! Emily stellte ihr Licht auf offensichtlichere Weise unter den Scheffel (die Papierröllchen mit Gedichten in einer Schublade), und dennoch gibt es eine direkte Parallele zu einer Frau in den Südstaaten viele Jahrzehnte später. Sie hat ihre Begabung beiseitegeschoben und ihre Gemälde buchstäblich auf dem Speicher verstauben lassen. Natürlich unterscheiden sich die Umstände, doch im Laufe der Zeit hat wieder eine Frau ihre Leidenschaft verheimlicht, ja sich sogar selbst unterdrückt. Auf Capri hat Camille mir spätnachts von ihrem Seitensprung in einem New Yorker Loft erzählt, der sie verstört hat. Ihre strengen Eltern haben ihr stets eingeschärft, nur innerhalb der vorgezeichneten Linien auszumalen, sich nicht zu weit von zu Hause zu entfernen und keine Risiken einzugehen. (Wage dich hinaus / kein Gewinn.) Der Wahlspruch ihrer Familie muss *Das wirst du noch bereuen* gelautet haben. Sie wuchs unter ständiger Überwachung auf. Dann, eine unvernünftige Nacht und bingo. Sie war genauso schwanger, als wenn sie mit Dutzenden von Männern geschlafen hätte. Erfüllt von Scham und Angst hatte sie das Gefühl, einen großen scharlachroten Buchstaben um den Hals hängen zu haben. A: *adulteress*, Ehebrecherin. Sie wollte mit Charles zusammenleben. Und so tat sie etwas für sie Unvorstellbares. Das hässliche Wort Abtreibung fängt auch mit A an. Die Schuld, die Erleichterung, der fade Nachgeschmack des Verrats ergriffen Besitz von ihrem ganzen Körper. Charles erfuhr es nie. Sie lud ihre Mutter für zwei Wochen zu sich ein. Ihre Mutter, die ständig *Das würde ich nicht, nein, sei vorsichtig* predigte …

Camille konnte den Anblick ihrer Farben nicht mehr ertragen.

Wir freuen uns schon auf die Ausstellung. Darauf, wie sich die Bilder in ihrem Gesicht spiegeln. Wie sie die Türen sieht, während alle anderen sie betrachten. Ganz gleich, wie gut sie sind – sie wird einige verständnislose Blicke ernten. Zumindest wird niemand sagen, dass ihre Kinder es besser hingekriegt hätten.

Aber wir sind hier in Italien, einem Land mit einer alten und breit gefächerten Kultur, wo der Handwerker, der nach der neunten Klasse von der Schule abgegangen ist, beim Entstopfen der Toilette etwas aus Aida summt. Die Schüler am *liceo* werden mit persischen Miniaturen und Statuen aus der Renaissance konfrontiert, und viele sprechen einfach auf die Kunstfertigkeit und Schönheit an, der sie täglich begegnen. Wie gern würde ich heute Abend bei ihnen am Tisch sitzen. Doch ich bin auch zu Hause glücklich und noch immer dankbar dafür, dass nichts Schreckliches passiert ist. Ich genieße die Zeit mit meinen Kissen, meinen herumliegenden Büchern und der wundervollen Aussicht, dass Colin Berichte über den wundervollen Abend in der *limonaia* und, noch besser, das von Julia versprochene Tablett mit nach Hause bringen wird. Er wollte einerseits hin, andererseits aber auch zu Hause bleiben. Sein inzwischen fertiggestellter steinerner Raum zieht ihn an den Zeichentisch, wo das spannende Florida-Projekt Gestalt annimmt.

Sein Büro wurde von der City of Key West damit beauftragt, einen Pavillon zum Beobachten des Sonnenuntergangs zu bauen. Auf der einen Seite sollen ein Café und ein Buchladen entstehen. Auf der anderen ein Restaurant. Wirklich das beste Projekt, das Colin je hatte. Ich habe ihm von einem Lied erzählt, das in Italien jeder kennt. »Una Rotonda sul Mare«, inspiriert von dem runden Tanzpavillon in der Adriastadt Senigallia. Wenn man das Lied hört und das runde weiße Gebäude in den flachen Wellen sieht, sehnt man sich danach, eine liebeskranke junge Italienerin zu sein, die dort im Mondschein tanzt. Colin ist genug Romantiker, um solchem Schmalz hin und wieder etwas abgewinnen zu können. Außerdem fand er die Architektur faszinierend. (Auf Key West kann er nie und nimmer in den Wellen bauen.) Jetzt hört er das Lied, während er arbeitet. Wir wissen, dass wir wegen dieses Projekts viel Zeit in Florida verbringen werden, sobald die Bauarbeiten beginnen. Colin ist spät dran. Vielleicht schaffe ich es nicht, wach zu bleiben, bis er mir einen Teller mit Köstlichkeiten bringt. Ich lese ein paar Oden, die Neruda Artischocken, Socken, Kartoffeln und sonstigen hochgelobten Alltäglichkeiten gewidmet hat. Ihm nimmt man sogar Zeilen wie *Ich will mit dir machen, was der Frühling mit den Kirschbäumen macht* ab. Auf mich wirkt er immer einschläfernd. Ich lasse das Buch zu Boden fallen.

Das Öffnen der Papiertüren

Matilde hat eine Überraschung für Camille. Sie hat ihr nicht verraten, dass sie Künstler aus der ganzen Toskana, Galeristen aus Florenz, Kunstkritiker und Restauratorenkollegen eingeladen hat. Camille war in dem Glauben, sie würde »ein paar Freunde mitbringen«. Von meinem Sessel aus beobachte ich, wie Wellen von schicken Mitgliedern der Kunstszene eintreffen und sich unter die Einheimischen mischen. Ganz San Rocco ist hier. Die Menschenmenge erstreckt sich bis auf die Straße. Chris macht die Runde mit der Weinflasche, Julia verteilt leckere Häppchen. Alle schlendern durch den Raum, beugen sich vor, um die Papiertüren zu betrachten, gestikulieren und unterhalten sich angeregt mit ihren Begleitern. Camille steht mit Rowan und Charlie ein wenig abseits. Sie wirkt ziemlich durcheinander und schaut sich im Raum um, als würde etwas von ihr erwartet, und sie wisse nicht, was. Ihr strahlend lächelnder Sohn sieht unglaublich gut aus. Etwa in meinem Alter. Ich frage mich, ob ihm eine der jungen, stilbewussten Künstlerinnen wohl den Kopf verdrehen könnte. (Mein Eindruck ist, dass er sich mit einer übertrieben anspruchsvollen Frau herumschlägt.)

Matilde kommt Arm in Arm mit einem Mann im amerikanischen Anzug herein. Sie redet und er nickt. Es wird nach und nach warm in der Galerie. Jemand öffnet die vorderen Fenster. Susan schenkt Prosecco nach. Julia und Annetta bringen Platten und stellen sie auf den Tisch. Wie ein Segelboot bei einer scharfen Wende scheint sich das Gewicht des Raums in Richtung Essen zu verlagern. Gilda und Nicolà sitzen bei mir. Auch sie freuen sich für Camille. Eine kleine Galerie in einer kleinen Stadt, doch alles brodelt vor Energie. Camille in ihren roten Schuhen. Sie ist die Königin dieser Ausstellung. Den Kopf hocherhoben, das Haar zurückgesteckt wie damals Grace Kelly. Und dazu ein figurbetontes weißes Kleid mit tiefem Ausschnitt. Siebzig und wunderschön. Am liebsten würde ich aufstehen und jubeln. Margarets lange Perlenkette sieht traumhaft an ihr aus.

Colin übernimmt die Rolle des Hoffotografen. Er stellt Gruppen zusammen, deren Mitglieder die Arme umeinander legen. Dazu Einzelporträts und Nahaufnahmen der Bilder. Camille lächelt so breit wie menschenmöglich. Ich frage mich, ob ihr jemand erzählt hat, dass Sandro Chia hier ist. Ich weiß, dass sie seine Arbeiten liebt. Matilde bringt ihn zu mir und stellt mich vor. »Camille wird begeistert sein, dass Sie hier sind.«

»Es ist mir eine Ehre«, erwidert er. »Das ist wirklich außergewöhnlich. Außerdem bewundere ich Ihre Gedichte, Signora Raine.« (Matilde hat ihn bestimmt gebrieft.) Er wird von einem Künstler aus Florenz entführt, den ich erkenne. Er sieht aus, als solle er stattdessen Model bei Dolce & Gabbana werden.

Ich umarme Matilde. »Ich liebe dich. Du hast für Camille Wunder vollbracht. Sie schwebt im siebten Himmel! Wie aufregend für uns alle.«

»Sehr bald werden sich wundervolle Möglichkeiten für Camille auftun. Es sind zwei Kritiker hier. Und ...« Als Julia ihr eine Platte hinhält, beendet sie den Satz nicht.

»Fantastisch. Dafür kriegst du einen Stern in deiner Krone, liebe Freundin.« Colin fotografiert uns. Matilde sieht aus wie eine präraffaelitische Göttin, ich wie ein Mehlsack.

Die Leute bleiben und bleiben. Immer noch karrt Julia Platten mit frittierter Artischocke, Crostini und Spießchen mit Prosciutto und Melone heran. Die Italiener beäugen die Käsestangen und Maisbrötchen mit Argwohn. Charlie häuft sich den Teller damit voll und fordert Rowan auf zu probieren. Als sich der Raum endlich leert, nehme ich Colin am Arm, schlendere durch den Raum und betrachte jede Papiertür. »Lass uns eine kaufen. Wo ist die Preisliste? Wir könnten sie in deinem neuen Atelier aufhängen.«

Colin geht zum Gästebuch und kehrt zurück. »Keine Preisliste. Nur ein Zettel neben dem Buch, auf dem steht, man solle sich nach der Vernissage mit Matilde in Verbindung setzen. Was ist da los?«

»Das alles ist neu für Camille. Ich frage mich, ob sie sie noch nicht loslassen kann. Welche würdest du dir aussuchen, wenn du könntest?« Wir bleiben vor der stehen, die der Mann aus Florenz im engen Anzug vorhin gemustert hat.

Wir sind beide fasziniert. Eine Serie aus vier anschwellenden Monden, die mit einem winzigen Halbmond beginnt. Sie haben die bläulich weiße Farbe von Muttermilch auf einem saphirblauen Untergrund. Die geschichteten Papiere laden dazu ein, sie zu berühren. Am liebsten würde ich das Bild von der Wand nehmen und im Arm halten. Die winzigen Schriftzeilen scheinen rückwärts zu verlaufen. Schiefergraue und weiße komplizierte Muster erstrecken sich die Ränder entlang. »Der Boden in irgendeiner Kirche«, sagt Colin. »Ich bin nicht sicher, welche. Auf der Insel Murano vielleicht?«

»Keine Ahnung, aber all diese Bilder lassen einen nicht mehr los. Sie schicken die Gedanken in viele verschiedene Richtungen, nicht nur in eine. Mich erinnert das an Galileis Zeichnungen von Monden.«

Camille kommt auf uns zu und umarmt uns. »Was ich noch weniger fassen kann als diese Ausstellung, sind die da.« Sie hält die Perlen hoch. »Wie konntest du sie mir schenken? Und dazu all das ... Kaum vorstellbar. Ich kann nicht glauben, dass all dies geschieht.«

»Oh, ich bin sicher, dass du es verdient hast.« Colin drückt ihr zwei dicke Küsse auf die Wangen.

»Wir sind überwältigt. Wirklich, Camille, diese Arbeiten sind erstaunlich. Ist es möglich, das da zu kaufen?«, frage ich.

»Auf gar keinen Fall. Ich schenke es dir nach der Ausstellung.«

»Du kannst doch deine Bilder nicht verschenken. Du bist jetzt ein Profi. *Zeig mir das Geld*, solltest du sagen.«

»Kommst du mit zum Abendessen? Stefano hält uns einen Tisch frei. Ich glaube, Julia hat mir noch eine Geburtstagstorte bestellt, obwohl ich es lieber nicht an die große Glocke hängen würde. Es sind so viele Leute in der Stadt, dass es ein Glück ist, dass wir reserviert haben.«

»Oh, ich kann nicht. Ich habe nur kurz Hafturlaub. Colin

bringt mich jetzt nach Hause. Ich wünsche euch allen einen wunderschönen Abend.«

Und den hatten sie auch.

Nicolàs Tochter, während der Frühlingsferien aus England zu Hause, ist einverstanden, eine Woche lang die Galerie zu bewachen. Sie hat einen Stapel Bücher dabei und plant, zwischen dem Begrüßen der Besucher die vorgeschriebene Lektüre nachzuholen. Da sie erst am Montag anfangen kann, verbringen Camille und Charlie den Sonntag zusammen in der Galerie, eine seltene Gelegenheit. Camille kann sich nicht erinnern, wann sie das letzte Mal so viel Zeit am Stück mit ihm allein verbracht hat. Sie macht Licht, während er auf der anderen Seite der Piazza Cappuccino und Gebäck holt.

»Endlich habe ich den Laden mal für mich allein«, sagt er und schlendert von einem Bild zum anderen. »Was mich so umhaut, ist, wie du aus dir und über dich hinausgegangen bist. Du hast all die Kunstwerke hier aufgesaugt und sie in deinem Verstand gären lassen. Die Bilder sind offensichtlich von deiner Zeit hier inspiriert, und dennoch ist die Komposition ganz und gar du.«

»Danke, für mich fühlt es sich auch so an. Aber wenn man allein arbeitet, weiß man nie, ob das Ergebnis gut oder Mist ist. Man findet es gut, doch ständig raunt eine hinterhältige, kritische Stimme: *Für wen hältst du dich eigentlich?*«

»Nein, nein, nein, vergiss das. Du bist so weit über deine Eltern hinausgewachsen, denn es ist ihre Stimme, die du verinnerlicht hast. Haben sie dir nicht sämtliche Risiken verboten?

505

Lass das sein, du wirst es bereuen, du kannst ja immer noch unterrichten, dein Mann braucht dich und so weiter und so fort.«

»Sie waren in Sorge um mich …« Sie erinnert sich daran, wie eingeschüchtert sie in New York war und was ihr das eingebracht hat. Eine dämliche Nacht in einem supercoolen Loft. »Sollen sie doch im Grab rotieren! Du bist klasse, Mom. Du weißt es.«

Inzwischen unterrichtet Charlie in Teilzeit an der Universität. Anders als angenommen, hindert ihn das nicht am Malen. Nein, die Workshops regen ihn an, und es motiviert ihn, von klugen Studenten umgeben zu sein, die über Kunst sprechen, sie atmen und davon träumen. Er erzählt Camille, er sei jetzt auch viel glücklicher mit Lara. Ihre Nörgeleien stünden nicht mehr im Mittelpunkt, und außerdem seien diese weniger geworden, seit sie in Camilles Haus wohnten. »Platz ist ja so ein Luxus. In unserem Haus war es viel zu eng für uns drei, und die Nachbarn saßen uns buchstäblich im Nacken, wenn wir den Grill angezündet haben. Ingrid liebt den Spit Creek. Sie und ihre Freundinnen planschen herum, fangen Wasserschildkröten und benehmen sich wie die Kinder, die sie ja noch sind. Manchmal geht sie runter zu Dads Alpenveilchenbeet und liest auf seiner Bank. Übrigens wäre Dad« – er spricht langsamer – »hin und weg von dieser Ausstellung.«

Camille nickt und schweigt einen Moment. »Das Traurige ist, dass es keine Ausstellung geben würde, wenn er noch bei uns wäre. Ich habe hier mein eigenes Netz gewebt.«

»Ja, du hast recht. Das hier hast du Italien zu verdanken. Italien hat es in dir zum Vorschein gebracht.«

»Das soll nicht heißen, dass es mir nicht lieber wäre, wenn alles weiter so seinen Lauf genommen hätte ...« Ihre Stimme erstirbt, und sie fragt sich, plötzlich ketzerisch, ob das auch wahr ist. »Vielleicht hätten wir ja einen Weg gefunden, die Normen abzuschütteln.« Eine große Frage. Keine Antwort.

»Was ist mit Rowan? Ich mag ihn.«

»Ja, er ist rücksichtsvoll. Zuverlässig. Du wirst von seinen Arbeiten begeistert sein. In der geheimen Welt des Kunstdrucks ist er ziemlich bekannt. Julia, Susan und ich haben kürzlich über die Liebe oder Affären, was immer es auch sein mag, in späten Jahren gesprochen. Wir haben beschlossen, den Tag zu nutzen. Ich glaube, ich wende mich einfach in die Richtung, in die es mich zieht. Es gibt keinen Grund zur Eile.«

Da ihm keine passende Antwort einfällt, sagt er das, was er für angemessen hält. »Du – ihr – habt alles Glück der Welt verdient.« Für Charlie ist die Vorstellung, mit siebzig Sex zu haben, ein wenig verwirrend, doch er hat den Verdacht, dass welcher stattfindet. Dieses späte Aufblühen – besser, eine Explosion – ist ein Wunder für seine Mom, und es löst auch eine Verspannung in ihm. Seit er auf der Welt ist, hat sie ihre Leidenschaft für die Kunst in ihn investiert. Irgendwann hatte er ein schlechtes Gewissen, weil sie seinetwegen auf vieles verzichtet hatte. Jetzt nicht mehr. Seit seinem Besuch an Weihnachten hat er vier Monate am Stück Fortschritte gemacht. Bis dahin hatte er nur abstrakt gemalt, nun befasst er sich zum ersten Mal mit Landschaften. Draußen im Freien zu malen war unerwartet einfach. Allmählich fragt er sich, ob Einfachheit eine Bedeutung hat.

Der Amerikaner, der mit Matilde auf der Ausstellung war, kommt herein. »Ist geöffnet?«, fragt er.

»Ja, bitte treten Sie näher. Wir versuchen, ruhig zu sein. Wir haben uns nämlich viel zu erzählen.«

»Ich bin Steven Blassman, ein Freund von Matilde. Ich wollte mir die Bilder noch einmal anschauen. Bei der Vernissage war es so voll, dass ich bestimmt etwas übersehen habe. Kompliment zu Ihren Arbeiten. Wirklich äußerst faszinierend.«

Camille und Charlie unterhalten sich im Flüsterton. Morgen muss er abreisen. Er gönnt sich noch drei Tage in Rom und fliegt am Donnerstag zurück nach North Carolina. »Wer ist der Typ?«, raunt Charlie.

»Wahrscheinlich jemand, der bei Matilde einen Kurs im Papierschöpfen belegen will.«

Als sie über Mittag schließen, fährt Charlie in die Villa, um sich von dem Jetlag zu erholen, bevor er den nächsten kriegt. Camille öffnet die Galerie wieder und begrüßt vier Frauen, die einen Monat lang die Toskana bereisen, um zu malen. Sie hat schon einige Frauen mit Skizzenblocks auf der Piazza beobachtet. Außerdem eine mit einer Staffelei, aufgebaut mit Blick über die Olivenhaine ins Tal. Sie erklärt ihnen, sie habe diese Arbeiten seit ihrer Ankunft im Oktober angefertigt. Die Frauen machen ihre ersten Gehversuche im Aquarellieren und sagen, es schärfe die Wahrnehmung dessen, was man sieht, wenn man sich auf ein Bild konzentriere. Sie setzen sich und plaudern und verleihen ihrer Ehrfurcht vor der »konsequenten Unkonventionalität« von Camilles Werken, wie eine es formuliert, Ausdruck.

Einige Einheimische, die es nicht zur Vernissage geschafft haben, kommen kurz vorbei. Um vier schließt Camille ab.

Auch Chris reist morgen ab. Er trifft sich mit seiner Gruppe am Flughafen von Venedig und startet die Friaul-Tour, auf die sofort die Toskana-Tour folgt. Für den heutigen Abend hat Susan einen Tisch in einer Trattoria im Tal reserviert. Er hofft, dass Julia bei ihm im Hotel übernachten wird. Er hat sie seit dem Abend seiner Ankunft – was, erst vor zwei Tagen? – kaum gesehen. Da er schon den Transporter hat, holt er sie alle ab.

»Er sieht aus wie Bacchus in dem Bild von Caravaggio«, sagt Camille, als der Wirt der Trattoria sie begrüßt.

»Stimmt!« Charlie fragt, ob er ein Gruppenfoto machen kann.

»Warum nicht?«, erwidert Enrico und wirft die schwarzen Locken zurück. Er küsst Susan, führt sie an einen Tisch und fängt an, seine Anbaumethoden, die antiken Rezepte und die Neuzucht ausgestorbener Getreidesorten zu schildern. Der urwüchsige Weizen und so weiter. Susan und Julia lauschen gebannt. Die anderen fühlen sich wie in einem Einführungsseminar in Ernährungslehre. Doch als er zu servieren beginnt, verschlägt es ihnen vor Ehrfurcht die Sprache. Knusprig frittierte Artischocken, so zart wie Engelsflügel, die köstlichsten Gnocchi der Welt, ein saftiges Spanferkel und hausgemachtes Erdbeereis, bei dem man aufstehen und zu tanzen beginnen möchte.

»Wie hast du dieses Lokal gefunden?«, erkundigt sich Chris. Er hat geglaubt, die Gegend zu kennen wie seine Westentasche.

Julia wünschte, sie habe es entdeckt. »Susan ist bei einer ihrer Suchen nach Gartendekorationen darauf gestoßen«, gibt sie dennoch zu. »Deshalb kriegt sie auch die größte Portion Artischocken.«

»Wir wollen es niemandem verraten und geheim halten.« Enrico zieht sich einen Stuhl an die Ecke des Tisches. Es erfolgt ein Vortrag zum Thema biodynamischer Wein. Wie schon sein Großvater vor vielen Jahren vergräbt er Ochsenblut am Anfang jeder Furche auf seinem Weinberg. Chris kennt die Methode, ist aber noch nie einem Winzer begegnet, der sie anwendet. Julia beobachtet, wie er sich Notizen macht. Der Wein ist üppig und spritzig. Als die Beschreibung anfängt, nach Hexenwerk zu klingen, übersetzt Susan. Die Blase eines Hirschbocks, gefüllt mit Schafgarbe, zermahlener Quarz in einem Kuhhorn, zerdrückter Baldrian. Seit wann spricht Susan so fließend Italienisch? Sie muss Quarz, Schafgarbe und Baldrian nachschlagen, aber ansonsten hat sie keine Schwierigkeiten. »Im Grunde genommen geht es ums Kompostieren«, stellt Chris fest, und Enrico stimmt ihm zu. Beim Kaffee erörtern Susan und Enrico Saatbanken und Fruchtfolgen.

Alle sind begeistert. Charlie ist ganz angetan von Enricos selbst gemachtem *digestivo*. Das Rezept ist ähnlich wie das von Limoncello, nur dass Enrico Fenchel verwendet. Natürlich im letzten August von Hand gepflückt. »Okay, allmählich leide ich an Reizüberflutung. Es gibt hier immer wieder Neues zu entdecken.« Charlie verspeist den letzten Bissen seines *gelato*.

»Nein«, widerspricht Julia. »Es ist nur ein weiteres überraschendes Festmahl in der Toskana.«

»Da habe ich auf dem Heimflug ja eine Menge Stoff zum Nachdenken. Nicht zu fassen, dass ich meine Mutter nach Cornwallis Meadows verfrachten wollte.«

VI

Ausgetragen

Auf der Piazza tobt das Leben. Die Touristen sind zurück. Die Sonne scheint und wandert über die anmutige Ellipse, wo die Römer sich bei Wagenrennen verausgabten. An drei Stellen sieht man noch die Rillen, die die Räder im Stein hinterlassen haben. Wie bei einem Stierkampf kann man sich einen Platz in der Sonne oder im Schatten aussuchen. Bloß gibt es hier keine Toreros, sondern nur Kellner, die mit hocherhobenen Tabletts Cappuccino um Cappuccino an die gelb gedeckten Tische bringen, während die Touristen die Gesichter in die helle Wärme recken. »So stelle ich mir das *paradiso* vor«, sagt Colin. »Nach dem Tod wird man im Sommer an einen Tisch auf eine sonnige italienische Piazza gesetzt und hat einen ganzen Tag Freiheit vor sich. Natürlich nur, wenn man ganz, ganz brav war.« Oft frage ich mich, warum so viele Menschen nach Italien kommen, um eine größere Version ihrer selbst zu entdecken. Liegt es an Italien selbst, oder findet man sich hier ein, wenn man ohnehin schon im Begriff ist aufzublühen?

Ich bin frei. Da meine Schwangerschaft bald zu Ende sein wird, darf ich mich heute Morgen an meinem Lieblingsplatz niederlassen und den Tag beobachten. Colin hat mich am Tor abgesetzt, und ich fühlte mich so befreit, als ich langsam zur Piazza ging (watschelte) und mich zuerst zu Susan und Nicolà gesellte. Letztere plädiert dafür, dass die drei Freundinnen die Villa Assunta kaufen sollen. »Der Preis ist in Ordnung. Eine bessere Gelegenheit kriegt ihr nicht mehr. Die Immobilienpreise in San Rocco schießen alle drei Monate in die Höhe. Wenn die Villa in Cortona oder in Pienza wäre, wäre sie mindestens dreißig Prozent teurer. In dieser Gegend ist zwar weniger los, doch sie schließt rasch an die beliebten Tourismusziele auf. Glaubt mir, in fünf Jahren hättet ihr eure Investition mühelos verdoppelt.«

»Wahrscheinlich könnten wir es stemmen. Geteilt durch drei ist alles viel leichter zu finanzieren.« Susan rechnet im Kopf nach. »Ich habe mein Strandhaus verkauft. Sogar wenn ich meinen Töchtern etwas abgebe, bleibt für mich noch genug übrig. Außerdem der Erlös der Firma, die ich veräußert habe. Mein Haus möchte ich noch nicht verkaufen. Keine von uns kann spontan einen *sacco di soldi* auf den Tisch legen. Aber du weißt, dass wir alt sind, wir haben vernünftig vorgesorgt und waren berufstätig, und ich sehe keinen Grund, warum wir die nötige Summe nicht zusammenkriegen sollten, falls wir uns dafür entscheiden. Wie viel genau, glaubst du, wird die Villa kosten?«

»Ich werde recherchieren. Mein erster Eindruck ist, dass der Preis ziemlich niedrig sein dürfte. Grazia hat mit niemandem außer ihrer Tante den Wert geschätzt, und die hat seit 1970 nichts mehr verkauft.«

Ich bin auf Nicolàs Seite. Ich habe mein Erbe genommen und bin das Risiko eingegangen. Die drei haben immer hart gearbeitet. Greift zu. Ich war um einiges jünger. (Vielleicht auch naiv.) Erst viel später habe ich die Preise gewonnen und Geld von Margaret geerbt. Reines Glück. Ich brauchte nicht abzuwarten, bis Ehemänner starben.

Nicolà muss weg. Doch Camille und die vier Frauen, die sie in der Galerie kennengelernt hat, setzen sich auf einen zweiten Kaffee zu Susan und mir. Ich genieße dieses Beisammensein. Durch die Wochen der Stille, des konzentrierten Arbeitens und der Einsamkeit bin ich in mich gekehrt geworden. Selbst mein kleines Smiley-Gesicht scheint heute Morgen ruhig zu sein. Camille hat die Malerinnen in die Villa eingeladen, um die Aussicht auf das Tal, Susans Garten und Einzelheiten wie eine zusammengerollte weiße Katze unter einem Astrolabium, die Schatten der Zitronenbäume auf dem Gras, ein Fenster mit Blick auf die verschwommenen Grüntöne des Tals, die halb offene Haustür und das in die Vorhalle strömende Licht zu bewundern. Als sie ihre Sachen einsammeln und mit ihren Taschen und Staffeleien losziehen, bemerke ich einen älteren Mann und eine junge Frau, die sich lieber unter einem Schirm als in der Sonne niederlassen. Sie ist zierlich und eine Schönheit, das noble Profil der jungen Virginia Woolf, doch ihr Gang ist beinahe unsicher. Der Mann führt sie am Ellbogen. Er erscheint mir vertraut. Jemand, der jedes Jahr herkommt? Die Frau setzt sich und verschränkt die Arme. Abwehrend? Er lächelt breit, ein sehr attraktiver Mann, vielleicht mit einer dieser Trophäenfrauen? Nein, sie ist zwar hübsch, hat jedoch nicht die aggressive Ausstrahlung einer jungen triumphierenden Siegerin über die Ehefrau mittleren Alters. Riccardo erscheint, weil er mit Susan zu einer Stunde italienische Konversation verabredet ist.»Du bist mir unheimlich«, meint er zu ihr. »Du wirst mir noch den Job als Übersetzer wegschnappen. Ich dachte, nach dem zwölften Lebensjahr sei es schwierig, Fremdsprachen zu lernen.« *Brava*, Susan. »Stimmt«, sage ich. »Du sprichst inzwischen genauso gut oder sogar besser als ich, und ich lebe seit dreizehn Jahren hier.« »Was du nicht sagst. Ich habe härter gebüffelt als je auf dem College. Ich habe diese Sprache gelebt und geatmet. Außerdem spreche ich gern andere Sprachen. Da fühle ich mich wie ein neuer Mensch. Ich glaube, auf Italienisch kann ich sogar witzig sein. Seltsam, wie ein anderer Teil der eigenen Persönlichkeit in den Vordergrund tritt, wenn man eine fremde Sprache lernt.«

»Vielleicht hat dieser Teil die ganze Zeit gewartet.«

Dio mio«, seufzt Riccardo. »Ich glaube, auf Englisch klinge ich tuntig. Wo mag das wohl herkommen?«

Der Morgen verstreicht in angenehmer Atmosphäre. Ich achte auf die kleinsten Anzeichen von Schmerzen. Aber nein. Nur ein traumhafter Tag. Die Sonne wandert über den Kirchturm, als die gewaltigen Glocken dröhnend schlagen. Ich hoffe, dass der kleine Master, der jetzt in meinem Bauch herumkugelt, es bis in die Knochen spürt.

Colin. Colin kehrt mit den Einkäufen zurück und steuert auf uns, auf mich, auf das Kleine, zu, bereit, mich nach Hause zu fahren und zwischen den Reihen angepflanzter Salatköpfe, Basilikum, Tomaten, Auberginen, Sauerampfer, Petersilie und Melonen spazieren zu gehen. Die Verheißungen des Sommers.

Abstand verringern

Julia schultert ihren vollgepackten Einkaufskorb und geht zur Piazza. Halb zwölf. Heute kommt Chris von seiner Toskana-Tour zurück. Sie hatten viel Spaß in San Rocco und konnten sogar ein Mittagessen bei Enrico einschieben, ein voller Erfolg und für die Teilnehmerinnen ein neues Erlebnis. Danach ging es weiter nach Montalcino und in die Maremma. Julia hat sämtliche Einzelheiten gründlich überprüft. Also brauchte Chris nichts weiter zu tun, als sich zu amüsieren und dafür zu sorgen, dass alle zufrieden waren. Nachdem er die Gruppe am Hotel abgesetzt hat, fährt er von Florenz hierher. Morgen reisen die Teilnehmerinnen ab, und bis zum Herbst ist alles erledigt. Für den heutigen Abend hat er einen Tisch in einer kaum bekannten Trattoria in der Via Parione reserviert, wo der Küchenchef Filet Mignon in einer reduzierten und üppigen Soße aus Schalotten und Balsamicoessig zaubern wird. Sie werden begeistert sein. Danach werden sie gemütlich zu dem Hotel spazieren, das Kit und Colin so lieben. Und dann hat Julia Chris wieder.

Sie schaut bei Signora Bevilaqua im Buchladen vorbei und kauft in Armandos Käsehandlung eine Ecke sardischen Pecorino. Weil die auf Capri erstandenen Sandalen am rechten Fuß scheuern, bückt sie sich, um das Riemchen zu lockern. Als sie sich aufrichtet, fällt ihr Blick auf einen Mann und eine Frau, die draußen vor Violettas Bar sitzen. Es schnürt ihr die Kehle zu, und sie fängt an zu husten. Sie stellt sich gerade hin und schaut noch einmal. Die Sandale reibt an ihrem Rist. Sie fährt sich mit den Fingern durchs Haar und schüttelt es aus. Dann starrt sie wieder auf die Erscheinung, Wade und Lizzie, die auf der Piazza Kaffee trinken. Sie schließt die Augen, mustert die zwei und biegt in einen schattigen *vicolo* voller winziger Läden ein. Den Rücken an eine Steinmauer gepresst zwingt sie sich, sich zu konzentrieren. Fünf Minuten. Einatmen. Ausatmen.

Zurück im Sonnenlicht steuert Julia raschen Schrittes auf die Piazza zu. Eine Fata Morgana. Eine Verwechslung. Schwedische Touristen. Eine Halluzination. Nein, Wade und Lizzie. Wie ganz normale Menschen genießen sie den Vormittag. Das Mädchen, Lizzie, schiebt ihren Stuhl zurück und kramt ihre Sonnenbrille aus der Handtasche. Da bemerken sie sie. Wade steht auf und kippt dabei beinahe den Tisch um. Doch Julias Augen ruhen auf Lizzie, die fragend den Kopf hebt. Lizzie, wie sie wirklich ist. Als Julia auf sie zuhastet, stolpert sie fast, während Lizzie sich lächelnd erhebt und Wade sich vorbeugt, um sie zu umarmen. Vergeblich versucht Julia, etwas zu sagen. Sie setzt sich und starrt ihre nicht wiederzuerkennende Tochter mit offenem Mund an. Lizzie, ohne dicke graue Augenringe. Lizzie mit glänzendem Haar, nicht mit strähnigem und schmutzigem. Lippenstift. Kleine Zähne, geschwungene Augenbrauen. Die echte Lizzie. »Lizzie, Lizzie«, stößt sie hervor. »Träume ich?«

»Mama, es ist schön, dich zu sehen. Kein Traum. Kein Wunder. Eine große Anstrengung. Es geht mir gut. Endlich.«

»Wade? Du bist hingeflogen?«

»Wir werden dir die ganze Geschichte erzählen. Ich hielt es für das Beste, einfach aufzukreuzen und den Abstand zu verringern.«

»Ich fasse es nicht. Schaut euch beide nur an.« *Meine Liebsten*, doch das spricht sie nicht aus. Wade schwebt, noch göttergleicher denn je, vor ihr. Sein blondes Haar hat weiße Strähnen, sein gut proportionierter, muskulöser Körper ist noch durchtrainierter als früher. Offenbar tut ihm etwas gut.

»Du strahlst ja förmlich.« Sein Lächeln, auf der einen Seite breiter als auf der anderen. »Und das weißt du auch, Hadley-Girl.« In ihrer Jugend hat es ihn stets amüsiert, dass man sie Hadley-Girl nannte.

Violetta nähert sich mit fragendem Blick. »Das sind Wade und Lizzie«, sagt Julia nur, ohne eine Erklärung hinzuzufügen. Sie bestellt sich einen Espresso, die beiden möchten noch einen Cappuccino.

»Wow, du sprichst ja Italienisch!« Lizzie betrachtet sie. Sie alle sehen einander an, als seien sie sich unter Wasser in Taucherausrüstung begegnet.

»Also.« Noch immer Ratlosigkeit. »Wie habt ihr, wann seid ihr …« Ihre Stimme erstirbt.

»Wir sind gestern in Rom gelandet und heute Morgen hergefahren. Wir wohnen gleich hier die Straße hinunter.« Er deutet in Richtung Albergo Lorenzo. »Aber wir können erst um zwei einchecken. Wir wollten uns nach der Villa Assunta erkundigen. Den Namen habe ich aus den Briefen deines Anwalts. Mehr wusste ich nicht. Keine Adresse, nur San Rocco.«

Julia beabsichtigt nicht, ihren Versuch zu rechtfertigen, ihn aus ihrem Leben zu verbannen. Was erwartet er von ihr?»Oh, Lizzie. Du bist hier. Du bist hier. Ich kann es nicht glauben.« »Hoffentlich ist es kein schlimmer Schock. Für mich ist es auch einer. Ich bemühe mich, darauf zu vertrauen. Wo soll ich anfangen?«, erwidert Lizzie. »Ich war ein Jahr lang in stationärer Behandlung. Entschuldige, dass ich dir nicht Bescheid gegeben habe. Ich konnte einfach nicht. Ich musste mich gegen alles abschotten. Ich weiß, dass du dachtest, ich würde gegen meine Sucht ankämpfen, als ich total am Boden war. Habe ich aber nicht. Ich war sofort wieder drauf. Noch mehr als zuvor. Wieder einmal hatte ich alle enttäuscht. Als ich im Krankenhaus war, dachte der Arzt, dass ich schlief. Ich hörte ihn sagen, dass ich laut Statistik keine vierzig werden würde, wenn ich die Finger nicht von dem Zeug ließe. Damals fand ich das gar nicht so schlecht, denn es war ohnehin das, was ich wollte. Aber später, als ich von Savannah abgehauen und wieder nach San Francisco zu meiner Clique gegangen bin, war ich oft krank. Ich habe ein neues Opiat eingeworfen, das man auf der Straße kaufen konnte. Im Spiegel habe ich gesehen, dass ich einen komischen Tick an den Augen hatte. Ich sah aus, als hätte ich eine Schraube locker. Ich hatte den hübschen gelben Bademantel an, den du mir geschenkt hast und der inzwischen total dreckig war. Ich habe mich kaum wiedererkannt, und so jemanden wollte ich auch gar nicht kennenlernen. Irgendwie hat der Bademantel den Ausschlag gegeben. Als du ihn ins Krankenhaus mitgebracht hast, weiches Chenille und dieses hoffnungsfrohe Gelb, wusste ich, dass du mich damit trösten wolltest, obwohl ich von niemandem Trost annehmen konnte. Ich habe an mir heruntergeschaut. Absolut fies.

Irgendwann dann: Auftritt einer Sozialarbeiterin. Sie suchte uns im Haus auf und erzählte uns von einem neuen städtischen Programm, für das wir uns bewerben könnten. Aus reiner Langeweile oder vielleicht auch, weil ich mir selbst fremd geworden war, habe ich es getan. Damals hatte ich nicht vor, clean zu werden. Vielleicht wollte ich nur eine bessere Unterkunft und mehr auf mich achten. Meine Fingernägel bluteten ständig. Ich war ein Wrack. Ich war noch immer auf der Suche nach dem Kick, nur dass es sich nicht mehr wie ein Kick anfühlte. Und das schon seit langer Zeit.«

Violetta stellt die Kaffeetassen ab und zieht fragend die Augenbrauen hoch. Offenbar spielt sich hier etwas sehr Emotionales ab. Sie bringt auch einen Teller *biscotti*.

»Zuerst kam die Entgiftung, der absolute Horror. Sie haben mich direkt vom Krankenwagen in eine geschlossene Anstalt gerollt, wo ich das alles noch mal durchgemacht habe. Du weißt ja, wie das funktioniert. Diesmal habe ich es einfach ausgehalten und die Sitzungen durchgestanden. Vielleicht fand da ja eine Entwicklung statt, aber ich war so lange drauf, dass meine Synapsen wahrscheinlich abgestumpft waren. Um es kurz zu machen: Wie schon zuvor bin ich geistig erschöpft aus diesem Drecksloch entlassen worden, ohne wirklich daran zu glauben, dass die Entgiftung wirken würde. Man setzte mich in ein Taxi und schickte mich auf direktem Weg in diese neue Therapieklinik.

Da war ich also, in einem Programm mit zwanzig anderen Junkies, alles Frauen, in einem riesigen viktorianischen Haus in Ashbury Haight. Viererzimmer. Selma Hodges hatte die Leitung. Sie hat ihre eigenen Theorien. Wir haben sie verspottet und über sie gelacht. Alle mussten Hausarbeit machen. Das Haus war blitzblank. Weiße gestärkte Vorhänge in allen Zimmern. Steppdecken, selbst genäht von den ›Mädchen‹. Wir hatten Küchendienst und mussten kochen lernen. Zum Frühstück gab es Eier. Frühstücksflocken. Kein Koffein. Sie ließ uns Suppen, Eintöpfe und Muffins zubereiten. Zwanzig durchgeknallte Frauen beschmieren Muffins mit Butter.« Lachend schüttelt sie den Kopf. Julia verschlägt es den Atem. Lizzie reißt Witze!

»Sie hat von uns verlangt, uns eine Beschäftigung zu suchen und uns drei Stunden täglich damit zu befassen. Im Keller war ein Raum zum Weben und Nähen eingerichtet. Hinten hatten wir eine Töpferei und oben einen Computerraum. Ich habe mich fürs Töpfern entschieden. Und es hat mir Spaß gemacht. Außerdem mussten wir uns für ein Online-Seminar einschreiben. Ich habe, und jetzt lach nicht, internationale Beziehungen genommen. Wahrscheinlich war alles außerhalb meines kleinen Umfelds spannend. An einem Vormittag pro Woche mussten wir im Golden Gate Park antanzen und Unkraut jäten und Abfälle aufsammeln wie Strafgefangene. Später haben wir in den Küchen von Pflegeheimen oder in Schulmensen gearbeitet oder in Bibliotheken Bücher eingestellt. Und dann durften wir Teilzeitstellen annehmen. Ich habe in der Schokoladenfabrik am Wharf Eiscreme mit Schokoglasur herstellt. Ich wollte nie mehr im Leben einen Bissen Schokolade essen. Aber, Mom, im Töpfern bin ich gut. Zumindest was Schüsseln betrifft. Meine Teller sind schief, und von den Tassen brechen die Henkel ab. Doch ich habe ein paar kleine Schüsseln in dem Laden von Selmas Freundin verkauft.«

»Was hältst du von einem steinharten Keks?« Wade reicht den Teller mit Mandelkeksen herum, an denen man sich die Zähne ausbeißen kann.

Lizzie fährt fort. »Abends hatten wir die üblichen Sitzungen. Ich hatte sie immer als dämliche Kindergartenveranstaltung betrachtet. Drama-Queens spielen die Hauptrolle in ihrem eigenen jämmerlichen Stück. Mein Name ist soundso, und ich bin total kaputt, und du bist auch total kaputt, allerdings auf eine andere kaputte Art. Aber Selma Hodges hatte ein Händchen dafür. Vielleicht war sie schräg drauf, doch sie hat nachgefragt und zugehört, und sie hat Humor. Außerdem hat sie einen Riecher dafür, wenn jemand Mist redete, und unterbrach dann diejenige mit einem *Denk noch mal darüber nach.* Ich kann das nicht alles erklären. Erstaunlicherweise habe ich angefangen, mich wohlzufühlen. Der alte Spruch: *Ein Tag nach dem anderen.* Inzwischen sind Monate vergangen. Das war nur eine Zusammenfassung. Ich nehme seit elf Monaten keine Drogen mehr und bin fest dazu entschlossen, clean, clean, clean zu bleiben.«

Julia ist noch argwöhnisch, spürt jedoch, wie dieser Argwohn nachlässt. Fast ein Jahr. Eine lange Zeit. Lizzie spricht flüssig, obwohl sie noch zu viele Kraftausdrücke benutzt. Sie sieht normal aus. So hübsch, wie Julia sie im Gedächtnis hat. Der reizende Schwung ihres Kiefers, das reizende ovale Gesicht, das reizende Lächeln. Das Mädchen, das seine Sandburgen mit Muscheln geschmückt und unter Pilzen Elfen gesucht hat. Sie ist geistig klar und anwesend. Das ironische Grinsen ist verschwunden.

Wade legt seine Hand auf die von Julia. »Ich weiß, wie es sich anfühlt. Für mich war es auch ein Schock. Ich war in dem Haus, wo dein Freund Chris gewesen ist. Eine Freundin von Lizzie behauptete, sie sei ›im Weltall verschollen‹. Ein schwer gestörter Typ mit tätowiertem Gesicht wusste, wo sie war, weil seine Freundin sich auch dort angemeldet und nach einem Monat hingeschmissen hatte. Ihr war es zu viel Basteln. Zu politisch korrekt. Zu *zu*.«

»Das ist Sandy. Heute sieht er nicht mehr wie ein Sandy aus, aber vor vielen Jahren muss das anders gewesen sein.« Da ihr Tisch nun im Schatten liegt, schiebt Lizzie die Sonnenbrille hoch, sodass Julia ihre Augen betrachten kann. Teichgrün wie die von Wade.

»Kommt, lasst uns zum Mittagessen gehen und die Geschichte hinter uns bringen. Es gibt nicht mehr viel zu sagen. Ich wollte dich nur nicht am Telefon damit überfallen. Ich war nicht sicher, ob du mir glaubst. Wo kriegen wir was zu essen?« Wade wirft Geld auf den Tisch, mehr als genug, eine Angewohnheit, die Julia früher bewundert hat.

Julia tritt an den Rand der Piazza und hinterlässt Susan eine Nachricht: »Du wirst es nicht glauben. Setz dich, falls du gerade stehen solltest. Ich bin mit Wade und Lizzie auf der Piazza. Schock. Lizzie ist völlig okay. Es ist, als wäre jemand von den Toten auferstanden. Wir gehen zum Mittagessen. Mittagessen! Ich wollte dir nur Bescheid geben. Mittagessen. Wie ganz normale Leute.« Sie schickt Chris eine SMS: *Rufe dich später an.* Ihre Kehle ist staubtrocken. Sie leert die Wasserflasche in ihrer Tasche. Mittagessen. Verrückt.

Sie entscheidet sich für Angelos Trattoria, wo sie nur wenige Male war. Wenn sie wie immer zu Stefano gehen würde, müsste sie alle einander vorstellen, und so weit ist sie noch nicht. Allerdings weiß sie, dass bald ganz San Rocco über das Auftauchen ihres Ex-Mannes und einer Tochter reden wird, von der noch nie jemand gehört hat.

Angelo, der Wirt, verwechselt sie mit Camille und gratuliert ihr zur Ausstellung. Sie sitzen im Hof unter einem weißen Sonnenschirm. Lizzie blickt Julia an. »Ich habe dir noch keine Minute Zeit gelassen, mir zu erzählen, was du hier machst. Ich weiß ja nicht einmal genau, was dich in die Toskana verschlagen hat und wer deine Freundinnen sind.« Lizzie greift nach der Speisekarte und studiert sie aufmerksam. Julia hat sie seit Jahren keinen Bissen mehr essen sehen. Außerdem hat Lizzie seit Menschengedenken zum ersten Mal ein wenig Interesse an ihr gezeigt. Eine hässliche Begleiterscheinung von Sucht: *ich, ich, ich.* Angelo bringt eine nicht bestellte, jedoch willkommene Karaffe Wein. Lizzie möchte nur Wasser.

»Dein Dad hat dir vermutlich gesagt, dass ich Savannah verlassen habe. Als ich das Haus meines Professors in Chapel Hill gehütet habe, habe ich zwei Frauen kennengelernt. Wir haben uns auf Anhieb verstanden und hatten viel Spaß. Außerdem hatten wir einige gemeinsame Probleme. Wir hatten alle unsere Ehemänner verloren. Nicht, dass meiner tot gewesen wäre! Entschuldige, Wade. Wir haben zusammen gekocht und lange Strandspaziergänge unternommen. Es war so belebend, wunderbare Freundinnen zu haben. Wir haben die Visionärin ineinander erweckt. Im Sommer hatten wir dann diesen wahnwitzigen Einfall, und hier sind wir.« Wie viel weiß Lizzie über Wades Eskapaden und darüber, dass er bald Daddy wird? Für den Moment unter den Tisch fallen lassen? Nein. Nicht in diesem Stadium. »Die Situation zu Hause wurde dadurch verkompliziert, dass dein Vater eine Affäre mit einer anderen Frau hatte.« *Er hat alles an die Wand gefahren.* Doch sie sprach es nicht aus, sondern biss sich innen auf die Wange, bis sie Blut schmeckte.

Zum Glück spricht der Kellner kein Englisch.

Scheinbar ungerührt hebt Wade den Kopf. »Sie ist über Rose im Bilde. Darauf müssen wir jetzt nicht eingehen.«

Kurz wird Julia von Wut ergriffen. Was bildet der sich eigentlich ein? Doch sie trinkt einen Schluck Wein. »Okay. *Va bene.* Nach vorne schauen«, verkündet sie mit nur ganz leicht gereiztem Unterton. »Ihr könnt zum Abendessen zu uns kommen und euch die Villa anschauen. Susan hat aus dem Garten ein Schmuckstück gemacht. Camille hat ihr Atelier. Wir haben eine fantastische Küche mit Marmortischen, einem riesigen Spülbecken und Unmengen von Kupfertöpfen. Ich nutze meine Mulberry-Erfahrung und versuche, nein, ich schreibe tatsächlich ein Buch mit dem Titel *Learning Italian*. Darin verbinde ich mein Erlernen der Sprache mit der italienischen Küche. Der echten italienischen Küche. Ich habe sogar einen Kurs besucht, in dem jeder ein ganzes Schwein zerlegen und zubereiten musste.«

Wade starrt sie mit offenem Mund an.

»Das ist Spitzenklasse, Mom! Du blühst auf, das merke ich. Klingt irgendwie wie das Hopesprings House, wo ich jetzt wohne.«

Sie lachen gemeinsam. Zum ersten Mal seit zwölf Jahren. »Toller Name. Hoffentlich ist er auch Programm. Ich bin hier jeden Tag glücklich. Wir reisen viel. Und außerdem habe ich einen Job. Ich helfe einem kalifornischen Winzer namens Chris Burns beim Planen von Wein- und Kulturreisen. Er beendet gerade seine erste Tour dieses Jahres. Ich erledige die Recherche, kümmere mich um die Einzelheiten und beteilige mich an den Vorbereitungen. Ein Riesenspaß! Und Chris und ich sind uns in den letzten Monaten nähergekommen.« Nicht hinter dem Berg halten.

Lizzie nickt, verschlingt ihre Pasta und greift nach dem Brot. Julia hat keine Ahnung, ob sie weiß, wie zerstörerisch ihre Sucht für ihre Eltern war. Was für einen Scherbenhaufen sie hinterlassen hat.

»Zurück zu dir, Lizzie. Was ich hier treibe, ist nicht so weltbewegend wie die gewaltigen Veränderungen in deinem Leben.«

Sie essen. Als Familie. Während Julia den guten Lizzie-Zwilling beobachtet, kann sie kaum schlucken. Hatte sie völlig aufgegeben? Wahrscheinlich schon. Die Sache mit dem gelben Bademantel geht ihr ans Herz. Das Weinen wird auf später verschoben.

Angelo serviert Platten mit gegrilltem Fleisch und Kartoffeln. »Wie stellen die das hier an, dass einfache Gerichte so gut schmecken?«, fragt Wade und angelt sich das zweite Würstchen. Er lächelt strahlend, so als sei nie etwas vorgefallen. Sie ist nicht immun gegen seine Schönheit, nicht einmal, als er in ein dickes Würstchen beißt. Obwohl sie selbst hübsch ist, hat sie seine Überlegenheit in diesem Bereich stets insgeheim hingenommen. Er scheint sich dessen gar nicht bewusst zu sein. Doch bei ihrer ersten Begegnung hat sie an eine Zeile aus einem Gedicht gedacht, das sie gerade im Seminar lasen. *Er wandelt in Schönheit wie die Nacht.* Der Dichter hatte zwar *sie* geschrieben, aber das Zitat passte. Wie oft ist er morgens zerzaust und schlaftrunken in die Küche gekommen. Sie war beim Pfannkuchenbraten, und ihr stockte der Atem. *Er hat nicht um mich gekämpft*, denkt sie. *Er ist den Weg des geringsten Widerstands gegangen. So wie der Blitz. Aber sie ist da, Lizzie, meine Tochter.*

»Es liegt am Wasser und der Sonne.« Sie lächelt. »Bin gleich zurück.« Auf der Toilette dreht sie das Wasser voll auf und weint. Nicht zum letzten Mal.

Falls sie ihr erhitztes Gesicht und die gerötete Nase bemerken, schweigen sie dazu. »Ihr könnt jetzt einchecken. Am besten komme ich in zwei Stunden wieder und hole euch ab. Geht diese Straße hinunter« – sie zeigt mit dem Finger – »und ich treffe mich um vier mit euch am Tor. Wir können einen Spaziergang machen und weiterreden. Danach koche ich das Abendessen.« Sie sammelt ihre Einkäufe ein, hastet hinaus und rennt mehr oder weniger nach Hause. Die Verwirrung, der sie in den letzten Monaten der Glückseligkeit entronnen ist, stürmt auf sie ein. Lizzie: wieder möglich. Wade: früher Geliebter ihres Körpers und ihrer Seele, nicht mehr möglich. Sie fühlt sich, als würde sie gerade in Narkose versetzt.

Zu Hause legt sie sich unter den Birnbaum ins Gras und schläft tief und fest.

Irgendwo, irgendjemand

Ein sechster Sinn? Als ich den ungewöhnlich attraktiven Mann – obwohl attraktiv es nicht ganz trifft – und die rosige junge Frau auf der Piazza sah, fiel mir etwas an ihnen auf. Sie unterschieden sich von den übrigen Touristenhorden. Vielleicht strahlten sie eine knisternde Energie aus. Am nächsten Tag kam Susanna vorbei und berichtete mir, wer die verlorenen Seelen waren, die Julia auf der Piazza begrüßt hat. Rasch verband ich die Punkte miteinander. Er war der Narziss, sie eine Nymphe, die aus einem Becken aufsteigt. Ich lernte sie nicht kennen. Julia lud uns zwar gestern Abend zum Dessert ein, aber wir kamen zu spät von meinem Termin bei Dr. Caprini (alles bestens) nach Hause.

Als Schriftstellerin frage ich mich, warum er wie ein Deus ex Machina erschienen ist, um Julia zu überraschen. Um es ihr leichter zu machen? Oder sich selbst? Wollte er sich als ruhmreicher Retter darstellen? *Schau nur, der verwundete Vogel, den ich an deiner Türschwelle abgeliefert habe?* Lizzies Standpunkt leuchtet mir eher ein. *Hier bin ich, nehmt mich wieder auf,* anstelle eines Anrufs oder Briefs.

Jetzt sind sie fort. Julia fühlt sich gewiss wie ein Stück Strandgut. Liz, wie sie sich nun lieber nennt, kehrt auf unabsehbare Zeit ins Hopesprings House zurück. Wade in sein neues Leben.

Liz hat erwähnt, dass sie vielleicht wieder nach Savannah ziehen und versuchen will, sich an der dortigen Kunsthochschule in Keramik einzuschreiben. Als Julia sie zum Bahnhof gebracht hatte, nahm Wade sie an der Tür beiseite und entschuldigte sich, den Mund an ihrem Ohr, dafür, dass er so ein Idiot gewesen sei. Doch nun habe er Verpflichtungen, denen er sich stellen müsse. *Du weißt, dass meine Liebe immer bei dir sein wird.* Für mich ist das ein Satz, bei dem mir die Knie weich werden. Aber Julia hat ihm mitgeteilt, dass Lizzie nun das Wichtigste sei und auch sie noch jede Menge Versöhnungsarbeit leisten müssten. Sie umarmten sich. Dann umarmte Julia Lizzie lang und fest. Lizzie weinte.

Susan, Camille und ich vergossen einige Tränen wegen der drei. Und wegen Chris, der von dem Drama ferngehalten werden musste. Er beschloss, mit Camille, Susan und Rowan, alle in der Villa unerwünscht, im Hotel Santa Caterina zu essen.

Am Bahnhof öffnete Lizzie ihre Tasche und holte ein in Seidenpapier gewickeltes Geschenk für Julia heraus. Eine himmelblaue Schale, verziert mit erhabenen konzentrischen Kreisen und einigen Tupfern Malachit, die das Licht einfangen. Etwas zum Festhalten. Sie funkelt auf dem marmornen Küchentisch der Villa, und alle bewundern sie.

Laut Dr. Caprini wird der Muttermund bald anfangen, sich zu weiten. Das Kinderzimmer ist bereit. Ich bin bereit. Colin wird sich zwei Wochen freinehmen. Bis dahin arbeitet er in seinem neuen Schuppenbüro an den Entwürfen für den Sonnenuntergangspavillon auf Key West. Möge er Dichter inspirieren. Dichter, die den Mond beobachten, und solche, die den Sonnenuntergang verehren. Manchmal kann ein einziges Gebäude einen Ort verändern. Ich glaube, das hier wird eines werden, und zwar auf eine gute Weise. Colin und ich sind unterschiedlicher Meinung. Meiner Ansicht nach verunstaltet die Glaspyramide den strengen und historischen Charakter des Louvre, insbesondere jetzt, da er die Atmosphäre eines hübschen Bahnhofs verströmt. Und was sie mit dem British Museum angestellt haben! Da gehe ich nie wieder hin. Die Gegend von Key West, wo der Pavillon stehen wird, ist recht ausgeflippt. Sie ist so, wie sie ist. Colins Gebäude muss die Herzen und den Verstand erobern. Noch nie habe ich erlebt, dass er von einem Projekt so begeistert war.

Ich denke an Julia und schicke ihr eine Nachricht. Sie antwortet: *Die Erleichterung fühlt sich an, als seien alle gebrochenen Knochen in meinem Körper geheilt. Aber ich kann nicht gehen, weil sie es noch nicht gelernt haben. Bis bald.* Ich grüble darüber nach und lese den ganzen Nachmittag Achmatowa, einige Gedichte laut, nur für den Fall, dass Leaf/Della es hört.

Colin und ich gehen eine Pizza essen. Er arbeitet viel zu lang draußen in seinem neuen Atelier. Mit Fitzy auf meinen Füßen lese ich Margarets letzten, strahlenden Roman noch einmal und warte.

Nach der untätigen Bettruhe platze ich vor Tatendrang. Ich fühle mich wie ein in einem Glas eingesperrter Lichtblitz und reite auf Wogen der Energie, gefolgt von Einbuchtungen, in denen ich nur noch schlafen will. Doch die Hochphasen lösen in mir den Wunsch aus, die drei Frauen, Rowan und Chris zu einem schlichten Abendessen einzuladen. Außerdem Matilde, denn sie hat mir auf der Piazza mitgeteilt, sie habe Neuigkeiten für Camille und wolle sie gern überraschen. Es ist Susans Geburtstag, die große Sechs-Fünf. Colin und ich werden ein paar Steaks und Gemüse auf den Grill legen, und ich mache einen Salat. Außerdem habe ich Pecorino da, den Leo mir aus den Bergen mitgebracht hat. Rowan hat sich erboten, im Dorf *gelato* zu kaufen. Julia hat ein Blech Pfefferkuchen vorbeigebracht. Sie sagte, sie fühle sich nostalgisch und habe etwas aus der Rezeptschachtel ihrer Mutter backen wollen. Sie sieht zerzaust aus. Ihr Haar ist kraus geworden, und ihr Blick ist stumpf und erschrocken. Aber wenigstens kommt sie. Ich decke jetzt schon draußen den Tisch, nur für den Fall, dass ich später müde werde. Dann schlendere ich umher, pflücke einen Armvoll Wildblumen und stelle sie in einen kupfernen Wasserkrug.

Alle wissen, dass sie Pullover oder Umschlagtücher mitbringen müssen, denn an Frühsommerabenden wird es gegen neun kühl. Das Dessert werde ich in der Küche servieren.

Matilde trifft ein. Sie ist schlicht gekleidet und trägt eine enge grüne Hose und ein figurbetontes T-Shirt mit Retromuster. Ihr rotbraunes Haar ist Schmuck genug und umfließt in winzigen Wellen ihr Gesicht wie bei einem Engel der Verkündigung. Matilde ist ein Mensch, den Margaret gerngehabt hätte. Sie haben die gleiche Vorliebe für üppige Stoffe, romantisch bestickte Blusen und Westen, platinfarbene Samtröcke, Schals mit Fransen und klimpernde Ohrringe. (Margaret besaß auch ein strenges schwarzes Kostüm und beherrschte den förmlichen Stil. Matilde arbeitet in einem Arztkittel.) Außerdem ist Matilde überzeugter Single und beteuert, keine Zeit für jemanden zu haben, der bemuttert werden will. Matilde ist auf Englisch eigentlich ein hässlicher Name. Hier erinnert er an die gleichnamige toskanische Königin.

»Oh, dein Bauch ist riesig!«, begrüßt sie mich. »Sieht aus, als seist du bereit für den großen Tag.«

»Mehr als bereit. Ich habe sogar schon die Wiege hergerichtet.«

»Das ist für die Wand im Kinderzimmer.«

Sie überreicht mir ein Geschenk, eine gerahmte Manuskriptseite mit gemalten Bienen und Wildblumen am Rand. Ich bin überwältigt. »Ein Traum. Dieses Baby ist ein Glückspilz. Aber wie kannst du dich davon trennen?«

»Ich finde, wir sollten neue Erdenbürger sofort mit Kunst konfrontieren, du nicht? Ich betrachte es jetzt schon seit Jahren. Jetzt sollen junge Augen sich daran versuchen. Schau, den Mönchen wurde das Schreiben zu langweilig. Die Abbildungen sind nur Kritzeleien an den Rändern.«

Die anderen trudeln ein. Susan hat einen Stoffelefanten dabei (sehe ich so aus?). Camille hat wieder ihre roten Schuhe an, obwohl dieses Abendessen nicht lässiger sein könnte. Rowan hält einen Schuhkarton hoch. »Ich wollte mir nicht von dem Baby die Schau stehlen lassen. Im Winter war ich sehr beschäftigt.« Er fördert eine Ausgabe von *Irgendwo, irgendwer* zutage, die Gedichte, die ich ihm an Weihnachten gegeben habe, inzwischen zu einem Bändchen gebunden. Der Titel ist einer Gedichtzeile von John Ashberry entnommen. Diese Sammlung kurzer Gedichte habe ich im ersten Schock über meine Schwangerschaft geschrieben. Er muss Wochen dazu gebraucht haben, den Einband aus blau marmoriertem Papier herzustellen. Der mit der Hand aufgeklebte Titel verläuft diagonal, sodass die beiden I aussehen wie Noten. Klassisch und sorgfältig. »Colin«, rufe ich. »Du wirst es nicht glauben.« Ich spüre den heftigen Stoß eines Ellbogens oder Fußes in meinem Bauch. »Fühl mal, Rowan. Er/sie ist einverstanden. Wie schön. Ich bin begeistert von der Schrift und von überhaupt allem. Diese verschlungenen I wirken dramatisch. Ich hoffe, die Gedichte sind lesbar.«

»O ja.«

Camille betrachtet das Buch. »Oh, Rowan. Es ist so wundervoll wie mein Gästebuch. Lasst uns anstoßen.« Sie gibt das Buch herum, während Colin die Gläser füllt. So fühlt es sich an, glücklich zu sein. Ich schaffe das (leichter Schmerz). Der Nachteil einer blühenden Fantasie ist, dass man sich immer das Schlimmste ausmalen kann. Wochenlang habe ich in Gedanken die größten Katastrophen durchgespielt. Wir könnten beide sterben. Das Baby könnte ein *fetus in fetu* sein, ein kleiner Fötus im Körper eines anderen Babys. Oder ein unterentwickeltes Baby, das mit dem Körper eines gesunden verbunden ist. Ich wachte schreiend wie am Spieß auf und erschreckte Colin fast zu Tode. Als ich meiner Ärztin davon erzählte, fragte sie sich, ob ich eine Therapie nötig hätte. Ich beichtete ihr, ich glaubte stets, das Flugzeug oder der Aufzug könne abstürzen, und dächte bei Kopfschmerzen gleich an einen Hirntumor. So bin ich eben gestrickt. Zumindest fühle ich mich absolut normal. Es ist ein natürlicher Zustand. Ich beherberge keinen Außerirdischen und bin auch kein Kokon für einen Schmetterling, der aus mir herausbrechen und davonfliegen wird.

»*Cin cin*, auf ein neues Buch in dieser Welt!« Camille erhebt ihr Glas.

»Und auf jemanden, der mit aller Macht auf diese Welt will«, sagt Rowan.

»Auf den Sommer«, fügt Susan hinzu.

»Auf Lizzie«, ergänzt Julia.

»Aber nicht auf Wade«, raunt Susan mir zu.

Chris, der gleichzeitig die Stirn runzelt und lächelt, bleibt in Julias Nähe und spricht leise mit ihr. Colin nimmt ihr das Proseccoglas ab und reicht ihr ein volles mit Sauvignon blanc aus dem Friaul, ihrem Lieblingswein.

»Wie geht es Julia?«, flüstere ich Camille zu.

»Sie erholt sich von dem Schock. Der doppelte Magenschwinger: Lizzie ersteht von den Toten auf, und die beiden erscheinen einfach aus dem Nichts auf der Piazza. Dazu noch Wades endgültige Entscheidung. Das war alles zu viel für sie. Wir sind still im Haus und spielen gute Musik. Susan bepflanzt noch mehr Beete mit gefüllten rosafarbenen Impatiens und weißen Begonien. Julia backt und lernt Italienisch. Chris kommt vorbei und verhält sich ruhig und liebevoll. Da er nach den beiden Touren müde ist, läuft alles gemächlich ab. Rowan und ich fahren für drei Tage zum Marche in Fabriano, wo die Papierherstellung eine lange Tradition hat. Susan verbringt einen Teil der Woche mit Nicolà und Brian an der Küste. So hat Julia Gelegenheit, sich zu sammeln und sich wieder zu fassen. Hoffentlich kriegst du das Baby nicht diese Woche!«

»Wer weiß?« Offengestanden habe ich im Moment ein starkes Druckgefühl unten am Rücken.»Setzen wir uns. Ich glaube, das Essen ist gleich fertig. Nehmt irgendwo Platz. Einen falschen Tischnachbarn gibt es hier nicht.« Dass alles auf einmal auf dem Tisch steht, ist absolut nicht toskanisch. Aber die riesigen florentinischen Steaks gibt es nur hier, das Gemüse ist zartbraun angeröstet. Wir holen unsere Geschenke für Susan. Eine Palme, die in diesem Klima gedeiht, eine handgearbeitete Harke und ein schicker Strohhut. Sie probiert den Hut auf und bewundert die Schnitzerei an der Harke.

Matilde, die neben Camille sitzt, zieht einen Brief aus der Tasche und gibt ihn Camille.

»Was ist das?«

»Sieh doch selbst.«

»Matilde! Von wem ist er?« Camille öffnet den Umschlag und liest.»Was? Das muss ein Irrtum sein.« Sie liest noch einmal, lässt den Blick über die Runde schweifen und lehnt sich dann lachend an Matilde.»Das ist unmöglich«, sagt sie immer wieder.

»Raus mit der Sprache«, fordert Rowan sie auf.

»Matilde, lies du vor, ich kann nicht.«

Matilde erhebt sich.»Freunde, Römer, Landsleute …« Auch sie lacht und schwenkt den Brief.»Jetzt aber im Ernst, ich lese jetzt vor.«

Liebe Camille Trowbridge,

es war mir ein großes Vergnügen, Ihre Ausstellung in San Rocco zu besuchen. Ich stehe in der Schuld meiner lieben

Freundin Matilde, die mich auf Ihre Arbeiten aufmerksam
gemacht hat. Wir sind uns kurz bei der Vernissage und am
folgenden Montag in der Galerie begegnet, wo ich Gelegen-
heit hatte, einen zweiten Blick auf Ihre Bilder zu werfen.
Dieser hat meinen ersten Eindruck bestätigt, dass es sich bei
den »Papiertüren« um eine einzigartige Sichtweise handelt,
wobei der noch nie da gewesene Einsatz des Materials die
Reichweite der Bilder noch erhöht.
Erlauben Sie mir, Ihnen zu Ihrem wunderbaren und Erfolg
versprechenden Debüt zu gratulieren. Ich schreibe Ihnen, um
Sie zur Teilnahme an einer Ausstellung einzuladen ...

Am Tisch wird applaudiert und gepfiffen. Rowan reckt triumphierend die Daumen in die Luft. Susan springt, ihr erhobenes Glas in der Hand, johlend und in einem verrückten Kriegstanz um den Tisch herum.

»Okay, okay, alle zuhören!« Matilde fährt fort.

Die Ausstellung trägt den Titel »Sechs Neue Künstler:
Vision/Revision« im MASS MoCA, wo ich Kurator bin. Sie
findet im nächsten Jahr zwischen dem 1. Juni und dem 1.
August statt und reist dann weiter zum Walker Art Center
und zum High Museum in Atlanta (Einzelheiten folgen).
Wir würden uns freuen, Sie in diese wichtige Ausstellung
neu entdeckter Künstler aufnehmen zu können. Bitte geben
Sie mir per E-Mail Bescheid, ob Sie bereit sind, sich an einer
Ausstellung zu beteiligen, die gewiss einen bedeutenden
Beitrag zur Anerkennung zeitgenössischer Kunst leisten wird.

Sobald mir Ihre Entscheidung vorliegt, schicke ich Ihnen
einen Link mit weiteren Informationen über die Ausstellung
und die Teilnehmer.
Ich freue mich darauf, von Ihnen zu hören.
Mit den besten Wünschen
Steven L. Blassman

Julia umarmt zuerst Chris, dann Camille. Ihr Schock ist vergessen, sie ist wieder sie selbst.»Das ist *al di là* – einfach unglaublich. Nicht, dass du es nicht verdient hättest, Camille. Aber dass es wirklich *passiert*, obwohl es auch leicht hätte anders kommen können, hätte Matildes Freund nicht ihrem Wort vertraut und sich auf den Weg gemacht. Wir wollen auf ihn anstoßen. Ein toller Typ!«

»Auf das Glück!« Camille hebt ihr Glas. Sie ist wie benommen und kriegt den Mund nicht mehr zu.

»Nein, jeder ist seines eigenen Glückes Schmied«, widerspricht Rowan.

Ein Donnerschlag erschüttert den Tisch, und es fängt an zu regnen. Wir schnappen unsere Gläser und hasten ins Haus. Alle sind begeistert von den Pfefferkuchen. Sie passen hier zwar nicht her, lösen aber Erinnerungen aus, die wir alle noch in uns tragen. Außerdem schmecken sie lecker zu dem sauren Zitronensorbet. Wirklich, ich habe in meinem ganzen Leben keine Menschen kennengelernt, die so *simpatico* sind. Balsam für meine Seele, da ich früh meine Eltern und dann auch meine Mentorin Margaret verloren habe. Colin und ich, zurückgezogen und von unserer Arbeit besessen, hatten nie eine derart eng zusammengeschweißte Familie aus Freunden. Als ich die drei an jenem Oktobernachmittag in ihren bunten Jacken aus Giannis Transporter klettern sah, hätte ich mir niemals träumen lassen, dass ihre Leben das unsere so überwältigend bereichern könnten. Weder im Englischen noch im Italienischen gibt es ein Wort für die Menschen, die ein Mittelding zwischen Freunden und Familie sind.

Als ich spät und schon ziemlich erschöpft aufräume, lasse ich ein Glas fallen, sodass sich das Wasser auf dem Backsteinboden verteilt. Aber, Moment mal, so viel Wasser war doch gar nicht in dem Glas. Ich halte mich am Spülbecken fest. Habe ich mir in die Hose gemacht? Wasser rinnt mir die Beine hinunter. »Colin!«, rufe ich. »Colin, meine Fruchtblase ist geplatzt. Wie viel Uhr ist es? Können wir so spät noch die Ärztin anrufen? Oh, schau, es ist schon Mitternacht.« Der untere Teil meiner Wirbelsäule fühlt sich an wie in eine Schraubzwinge eingezwängt. »Wehen, die in den Rücken ausstrahlen. Das habe ich gelesen. Liegt mein Baby verkehrt herum?« Schreie ich hysterisch? Er führt mich zu einem Stuhl. »Alles in Ordnung. Bist du sicher? Ja, wir rufen die Klinik an, aber hast du jetzt Krämpfe? Bleib sitzen. Warte. Alles wird gut.« Seine Hand zittert, als hätte er die Schüttellähmung.

Als eine Schwester sich gelassen erkundigt, ob ich Schmerzen hätte, schildere ich ihr, dass meine Lendenwirbel gleich auseinanderbrechen. »Duschen Sie warm. Gehen Sie langsam auf und ab und versuchen Sie dann zu schlafen. Wenn Sie mit Wehen aufwachen, zählen Sie mit. Da man Ihnen Bettruhe verordnet hat, möchten wir Sie hier sehen, wenn zwischen den Wehen zwölf Minuten liegen. Wir bereiten Ihr Zimmer vor. Sollten Sie bis zum Morgen keine Wehen haben, kommen Sie hierher zu Dr. Caprini.«

Alles so normal und beruhigend. So läuft es ab. Es ist kein Zeichen einer Schwangerschaftsvergiftung oder von sonst etwas Bedrohlichem, dass meine Fruchtblase geplatzt ist, bevor die Wehen anfingen. Ich halte mich an die Anweisungen und schaffe es, gestützt auf Kissen, einigermaßen bequem zu liegen. Colin sitzt, die Hände vors Gesicht geschlagen, neben meinem Bett. Hoffentlich gehört er nicht zu den Vätern, die im Kreißsaal umkippen. Voll bekleidet kuschelt er sich an meinen Rücken. »Ich passe auf, dass dir nichts passiert. Schlaf jetzt«, sagt er.

»Weißt du, wie aufgeregt ich bin? Ich habe Angst vor der Geburt. Aber dieses Baby kommt jetzt an Bord!«

»Die erste von vielen Reisen. Heute könnte die letzte Nacht sein, die wir miteinander allein sind.«

»Oh, mach dir bitte keine falschen Hoffnungen!«

»Keine Sorge. Dazu müssten wir sowieso Schlangenmenschen sein.«

Ich möchte in der Dunkelheit wach liegen. Colins Atemzüge werden langsamer, und er scheint, wie immer, ganz gleich, was auch los ist, in der Bettdecke zu versinken. Er besitzt eine Fähigkeit einzuschlafen, die mir fehlt. Mädchen oder Junge? Ich bin froh, dass wir es nicht wissen. Wir hatten Freude daran, uns beides auszumalen. Annetta denkt, dass es ein Junge wird, weil mein Bauch hochsteht. Violetta meint aus demselben Grund, es würde ein Mädchen werden. Ich vermisse meine Eltern. Margaret auch. Sie hätten sich so etwas nie vorgestellt, insbesondere mein Dad, der uns so plötzlich verlassen hat, weil er von einem Pick-up, Bremsen defekt, Fahrer betrunken, von hinten gerammt wurde. Sein Auto wurde ins Wasser geschleudert. Immer habe ich mich gefragt, was mein Daddy wohl während des langen Sturzes empfunden haben mag. Welche Bilder hatte er vor sich, was hat er gedacht, als er in den Wellen aufkam? Ich hoffe, er hat uns bei seiner Abfahrt gesehen. Mutter und ich auf der Veranda, wie wir unsere übliche Brombeerlimonade tranken und ihm arglos nachwinkten.

Die Stunden schleichen vorbei. Ein paar kurze schmerzhafte Stiche. Ist das vor allem Erschöpfung nach der Anstrengung, ein Abendessen für acht Personen zu veranstalten?

Meine Reisetasche steht gepackt an der Schlafzimmertür. Ich habe endlich Babysachen gekauft. Freunde haben mir viele kleine Kleidungsstücke und Strampelanzüge geschenkt. Einfarbig, gepunktet, gestreift, weiß, gelb und rot. Kein Rosa oder Blau, das sich auf ein Geschlecht festlegt. Nach meiner Geburt ist meine Mutter eine Woche lang im Krankenhaus geblieben. Sie behauptete immer, sie habe in dieser Zeit Kräfte für die vor ihr liegende anstrengende Zeit mit einem Baby und ohne jegliche Hilfe gesammelt. Ich werde wieder zu Hause sein, ehe Colin Gelegenheit hatte, die Küche aufzuräumen. (Falls ich keine Schwangerschaftsvergiftung habe, einen Kaiserschnitt brauche oder wenn ... Hör auf damit.) Bis zur Klinik sind es vierzig Minuten. In einem Notfall könnte ich auch im Krankenhaus von San Rocco entbinden, wo glückliche Babys unter Wasser in einem warmen Becken zur Welt kommen. Wegen meines Alters habe ich mich für eine Spezialistin entschieden, doch gegen eine Unterwassergeburt hätte ich auch nichts.

Am Morgen schlendere ich im Haus umher und schicke Nachrichten an meine Nachbarinnen, dass ich heute ins Krankenhaus gehe. Susan erscheint sofort und fängt mit dem Saubermachen an. Ich bin zu nichts zu gebrauchen und trinke nur Tee. Sie hat eine seltsame Nachricht erhalten. Ihre Töchter haben vor der Suche nach ihren leiblichen Eltern ihre DNA testen lassen. Dabei ist herausgekommen, dass sie Schwestern sind. »Wir haben sie in einem Abstand von zwei Jahren im selben Waisenhaus adoptiert. Man hat uns nicht informiert. Vielleicht wussten sie es nicht. Doch das kann nicht sein! Zwei Jahre später haben sie sich mit uns in Verbindung gesetzt. Es sei wieder ein Mädchen zur Adoption freigegeben. Damals haben wir uns geschmeichelt gefühlt und dachten, wir seien eben so tolle Eltern.«

»Das wart ihr ja auch. Für die beiden sind es gute Neuigkeiten. Allerdings verrät es viel über die leiblichen Eltern, dass sie eine Gewohnheit daraus gemacht haben.« Susan geht mit einem Tablett hinaus zur Pergola und kehrt mit fettigen Tellern voller Knochen zurück. Ich versuche, mir vorzustellen, wie es ist, ein Baby in einem Waisenhaus abzugeben. Die Verzweiflung, die dahinterstecken muss. Margaret, die ihren neugeborenen Colin verloren hat. Oder Camille, die auf einem gynäkologischen Stuhl einen Neuanfang hat auslöschen lassen. »Setz dich. Trink

Tee mit mir. Du brauchst hier nicht aufzuräumen. Was für ein Glück deine beiden Mädchen mit dir und Aaron hatten.«

»Kein Problem.« Susan öffnet die bereits volle Spülmaschine. »Heute Morgen strotze ich vor Tatendrang. Schade, dass sie nicht hier sind, um darüber zu reden. Von Angesicht zu Angesicht ist doch etwas anderes als über FaceTime. Ja, wahrscheinlich hatten sie Glück, allerdings nicht so viel wie wir. Sie waren ja solche Schätzchen, und das sind sie immer noch. Schwestern! Ja, erstaunlich. Ich frage mich, ob ich sie nach China begleiten soll.«

»Das ist natürlich deine Entscheidung, aber ich glaube, dass es die Suche für sie komplizierter machen wird, weil dauernd die Loyalität dir gegenüber im Raum stehen würde.«

»Kit, du hast recht. Und dabei dachte ich, es würde die Sache erleichtern. Offengestanden waren die Reisen nach China ein Albtraum. Mich zieht nichts mehr dorthin. Wie fühlst du dich?«

»Ab und zu leichte Krämpfe, aber bislang noch keine richtigen Schmerzen.«

»Ruf an, wenn etwas ist. Irgendetwas.« Als Susan mich umarmt, kommt ein schlaftrunkener Colin herein. Zum Glück hat er Stimmen gehört und Shorts angezogen.

Er stellt sich hinter mich und breitet die Hände auf meinem gewaltigen Bauch aus. »Komm raus, komm raus, wer immer du auch bist«, singt er. Susan bricht in ihren Tag auf.

Ein Dom aus Licht

In der Klinik hat Dr. Caprini zugehört, untersucht und Fragen gestellt. »Ihr Muttermund ist geweitet, allerdings nur etwa drei Zentimeter. Warum essen Sie nicht irgendwo etwas Leichtes zu Mittag und kommen um zwei zurück? Oder früher, wenn nötig. Ihre Sachen können Sie in Ihrem Zimmer lassen, denn Sie bleiben heute Nacht selbstverständlich hier.« Mein Zimmer ist klein, aber luftig. Zarte safranfarbene Vorhänge bauschen sich am offenen Fenster. Sehr rücksichtsvoll, für Colin eine Liege, nicht nur einen Fernsehsessel aufzustellen. Offenbar sollen die Modezeitschriften auf dem Couchtisch die frischgebackene Mutter dazu anhalten, sich rasch wieder um ihre *bella figura* zu kümmern. Am liebsten würde ich sofort ins Bett kriechen, doch Dr. Caprini besteht darauf, dass es hilfreich ist, wenn ich mich bewege.

Der erste, den ganzen Körper erschütternde Schmerz schlug zu, als wir nach dem Mittagessen zurück ins Krankenhaus fuhren. Auf dem Parkplatz überfiel mich heftig der zweite. Wirklich? So ist das? Am Eingang zum Krankenhaus krümmte ich mich und hörte, wie mir ein Knurren über die Lippen kam. Was war mit den sich langsam steigernden Krämpfen, die ich erwartet hatte? Colin rief, jemand schob einen Rollstuhl unter mich, und ich wurde hastig den Flur entlangbugsiert. Wehen in fünfminütigen Abständen.»Sie vergeuden keine Zeit, Signora«, meinte die Schwester, half mir in ein Nachthemd und verfrachtete mich ins Bett.

Nach fünf Stunden dieser Quälerei wäre ich am liebsten gestorben. Ein prähistorisches Ungeheuer zerfetzte meinen Körper. So etwas kann einem Menschen doch nicht zustoßen. Es ist doch ganz normal und geschieht jeden Tag. Irgendwann packt mich die Wut. Die zerrenden Schmerzen, Krämpfe hämmern auf mich ein. Donnernde Lawinen, die Skier überkreuzt. Ein Schnellboot knallt mit Wucht in die hohen Wellen. Noch schlimmer. Eine alte Geschichte, die älteste Geschichte (Evas Vertreibung aus dem Paradies). Ich spule vor zum Ende viele Stunden später, als ich in einen gleißend weißen Raum gerollt wurde, wo die Stille von den Wänden widerhallte. Menschen mit Masken blicken auf mich hinunter, auf die, deren Körper zerrissen wird. Sie feuerten mich an. (Ausgewrungener Waschlappen am Beckenrand. Immer wieder ausgewrungen.) Colin kniet neben mir, weiß wie ein Arztkittel, aber ruhig. Er hält meinen Arm und flüstert etwas. Was? Die Schmerzen waren so laut, dass ich ihn nicht verstehen konnte.

Der Geräuschpegel stieg. Alle wimmelten durcheinander. Dr. Caprini beugte sich lächelnd über mich wie ein grausiger Clown in einem gewölbten Spiegel.»Köpflein«, hörte ich, und ich dachte an das Krönchen, das ich zu meinem rosafarbenen Röckchen und den Ballettschuhen trug. Meine Mutter applaudierte in der ersten Reihe.»Sie waren großartig«, sagt die Ärztin, als das Baby herausschießt wie eine Erbse aus einer Schleuder. Es wurde hochgehoben. Die blutige Nabelschnur baumelte. Ein winziges Gesicht. Fäustchen, ein Dom aus Licht schien mir grell in die Augen. Ich weinte und lachte. Colin, wie versteinert und unter Schock. *Sie haben einen niedlichen Jungen*, verkündete Dr. Caprini, als das Baby zu schreien begann. (Diesen ersten Schrei werde ich mein Lebtag nicht vergessen.) Sie legte ihn mir auf die Brust und wies mich an, noch einmal zu pressen, bis etwas aus mir herausflutschte. Ich halluzinierte eine Qualle, während ich in die tiefgründigen Augen meines Sohnes blickte.

In meinem Zimmer bekam ich ihn zu sehen, ein gesäubertes und gewickeltes Wunder, das sich in seiner neuen Unterkunft umsah. Ich glaube, Susans rote und violette Anemonen neben dem Bett faszinierten ihn besonders. Wir zogen ihn aus, um seinen kräftigen, kleinen Körper zu betrachten, hielten ihn abwechselnd im Arm und musterten sein runzeliges Gesicht, das flaumige schwarze Haar und seine geschürzten Lippen. Klar definierte Lippen und auch Ohren mit allen Windungen. Was mir sofort auffiel, war, dass er die v-förmigen Augenbrauen meines Vaters hat, so wie Kinder Vögel über dem typischen quadratischen Haus malen, wo die Sonne scheint.

»Unser Junge«, sagt Colin. Als er den Finger auf die winzige Hand legt, drückt das Baby zu, als wolle es uns mitteilen, dass es nun zu uns gehört. Ich glaube, in diesem Moment hat sich Colins Gesicht unwiederbringlich verändert.

So ist am zwanzigsten Juni das Leben von seiner Umlaufbahn abgewichen und hat einen anderen Stern angesteuert. Wir hätten nicht glücklicher sein können. (Angeblich vergisst man ja die Schmerzen, doch ich weiß genau, dass es bei mir nicht so sein wird, verdammt. Ich wurde mit einer Axt auseinandergehackt wie eine Melone.) Auf der Heimfahrt am nächsten Tag nahm ich die Bedrohung durch andere Autos übertrieben wahr. Allmählich verstand ich den Ausspruch meiner Mutter: *Wer ein Kind hat, ist eine Geisel des Schicksals.* Meine neue Sorge. Meine traumhafte neue Sorge. Colin grinst übers ganze Gesicht. Er liebt Mozart so sehr, dass der Kleine beinahe Amadeus geheißen hätte. Ich habe mit Fulvio geliebäugelt. Wir haben ihn Lauro Raine Davidson genannt.

Garten der irdischen Freuden

Susan tritt aus der Dusche und öffnet das Fenster, um den Dampf herauszulassen. Selbst vom Bad aus hat man Aussicht auf einen mittelalterlichen Turm, der dort steht, um den Blick über das Tal zu lenken. Ein Stück weiter entfernt wirken eine schimmernde grüne Kuppel und einige verstreute Bauernhäuser so, als gebe es sie schon seit einer Ewigkeit. Eigentlich hat Susan erwartet, dass sie im Hochsommer das Strandhaus ihrer Familie auf Figure Eight vermissen würde. Um diese Zeit im letzten Jahr, zu Anfang ihrer Freundschaft, hat sie die Wochenenden mit Julia und Camille in der Sandburg verbracht. Deutlich hat sie noch das Wochenende vor Augen, als Julia die Geschichte von Lizzie und Wade erzählt hat. Allerdings hat sie auch viele glückliche Erinnerungen an Abendessen, Strandspaziergänge, Schuhe und Eiscreme in Wilmington und Camilles Aquarell, das Wasser und Himmel darstellt. Aaron als Invalide verblasst immer mehr in ihrem Gedächtnis und lässt den selbstbewussten, erotisch anziehenden Bären von einem Mann zurück, mit dem sie jahrzehntelang zusammengelebt hat. In diesem Sommer hat ihr nichts gefehlt außer ihren Töchtern, doch daran ist sie ja gewöhnt. Ein Tag nach dem anderen vergeht, jeder erfüllt, warm und strotzend von großen und kleinen Freuden. Sie ist früh aufgestanden. Die Kaffeetasse in der Hand schlendert sie durch den Garten, schneidet verblühte Rosen ab, zupft hier und da Unkraut aus und bleibt stehen, um das Astrolabium zu bewundern. Sie angelt Laub aus der Amphore, die sie in einen kleinen Brunnen verwandelt hat, sodass sich Wasser auf die Kieselsteine ringsherum ergießt. Dann bückt sie sich, um einige Prachtkerzen und weißen Salbei für ihren Nachttisch zu pflücken. Archie folgt ihr. Die drei Katzen kuscheln sich auf einem Stuhl aneinander und beobachten alles mit majestätischem Gleichmut.

Könnte ich das hinter mir lassen, fragt sie sich. *Warum sollte ich? Würde Grazia den Mietvertrag verlängern?* Sie betrachtet die Hecke aus blauen Hortensien an der schattigen Mauer und die bunten Tupfen, die die Sonne weg vom Haus und den Hügel hinunter malt. Sie überlegt, ob Grazia es zu ihrem Vorteil ausnutzen wird, dass sie Villa und Garten so drastisch auf Vordermann gebracht haben. Die Rezession, während der Immobilien drei Jahre lang praktisch unverkäuflich waren, ist vorbei. Laut Nicolà ist San Rocco eine Top-Adresse. Was denken Julia und Camille? Ihre Situation ist eine andere, weil sie Chris und Rowan an ihrer Seite haben. Diese Beziehungen sind noch frisch. Würden sie sich darauf einlassen, unseren Aufenthalt in der Villa zu verlängern? Wir hatten eine tolle Zeit, aber wie lange wird das dauern? Wir verstehen uns gut. Weil wir verschieden sind und einander zum Glück ergänzen. Würde Julia ihre Sachen packen und nach Kalifornien ziehen? Mit Chris und seinen Touren in zwei Ländern leben? Klingt spannend. Sie können ihre Reisen in sämtliche Richtungen ausdehnen. Ich bin fast sicher, dass Camille nicht nach Berkeley übersiedeln würde. Vermutlich wird auch Rowan nicht dortbleiben wollen, wenn seine Mutter einmal nicht mehr ist. Camille blüht hier auf und ist selbstgenügsamer als Julia. Genau wie ich mir Julia in einem kalifornischen Weinberg vorstellen kann, sehe ich Camille, wie sie glücklich allein lebt. Doch jetzt besteht bei Julia die Möglichkeit, dass Lizzie nach Savannah ins Nest zurückkehrt. Wäre sie bereit, wieder mit Lizzie in ihrem Elternhaus zu leben? Mit Wade am anderen Ende der Stadt? Das ist gehässig. Er hat Julia verloren, und ganz gleich, wie er es auch rechtfertigt, wird er mitten in der Nacht wissen, dass er den Fehler seines Lebens gemacht hat. Der Sommer eilt in Riesenschritten voran. Wir müssen uns bald entscheiden. *Flessibile.* Flexibel, das haben wir gelernt. Wie viel besser ist es doch, *flessibile* zu sein.

Alle sind von ihren Ausflügen zurück. Susan hat viel Spaß auf ihren Erkundungstouren, die letzte zur Küste von Argentario. Nicolà und Brian waren mit von der Partie und haben auch Riccardo und die Iren Brendan und Sally eingeladen. Sonne, Meeresfrüchte, Kartenspiele und milde Abende auf der Terrasse, bei denen man sich besser kennenlernte. Heiße Tage. Von den Felsen ins kalte klare Wasser springen. Anschließend ins kühle Haus zu einem ausgedehnten Mittagessen aus *insalata caprese,* Käse, Tomatenkuchen aus dem Dorf, Prosciutto mit Melone und Weißwein. Nickerchen und Bücher. Sie haben die Möbel umgestellt, weiße Tischtücher gekauft, die desolaten Blumentöpfe auf der Terrasse neu bepflanzt und stapelweise feuchte Zeitschriften weggeworfen. Bei ihrer Abreise wirkte das Haus belebt. Susan hat festgestellt, dass Riccardo gern tanzt. Sie mag seine italienischen Playlists. Lag es an zu viel *vino,* dass er ihren Hals geküsst hat, als sie langsam zu Prince getanzt haben?

In der nächsten Woche hat Nicolà eine kostenlose viertägige Reise nach Cinque Terre geplant. Danach möchte Susan mehr Zeit zu Hause verbringen und weiter am abschüssigen Teil des Gartens und an ihrem Blog arbeiten. Inzwischen erhält sie viele Rückmeldungen von Gartengestaltern, die sie bewundert. Ihre Links zu Artful Dodge Antiques stoßen auch auf Resonanz. Cinque Terre wird Kits erste Reise mit Lauro, auch wenn sie bereits viel in San Rocco unterwegs ist. Obwohl sie über ihren weichen Bauch jammert, sieht sie wieder genauso aus wie zuvor. Im letzten Schwangerschaftsmonat ist sie beängstigend in die Breite gegangen, Wir dachten schon, sie würde davonfliegen wie ein Luftballon, wenn wir sie nicht festbinden.

»Wir sind bereit«, ruft Julia. »Kit wartet oben an der Straße.« Vormittags gehen wir stets zusammen ins Dorf. Sobald wir durch das Tor treten, laufen die Leute aus ihren Läden, um das Baby anzuhimmeln, ganz gleich, ob sie das bereits gestern getan haben. Inzwischen bilden wir eine Formation um den Kinderwagen, damit er nicht von den vielen ihn anstarrenden Gesichtern geängstigt wird. Aber ist es nicht auch das, was wir an Italien so schätzen? Er wird mit Komplimenten überhäuft und vergöttert, und jede seiner Eigenschaften wird gelobt. Alle sind begeistert von seinem Namen Lauro, Lorbeer, obwohl es ein altmodischer Name ist, der nur noch selten vorkommt. Zurzeit beherrschen Alessandro, Matteo und Lorenzo die Stadt. Hin und wieder ist auch ein Luca oder ein Marco dabei. Vor Kurzem sogar ein Ettore (Hector).

Wir lieben die frühen Vormittage auf der sonnigen Piazza. Lauro sieht uns an. Wir klappen das Verdeck hoch, damit er nicht in die Sonne schaut. Violetta bringt uns große Gläser mit frisch gepresstem Orangensaft, ein Tablett mit Keksen und Kaffee. Manchmal gesellen sich Chris und Rowan zu uns. Colin nie. Nach zwei nahezu schlaflosen Wochen muss er wieder für vier Tage pro Woche nach London. Sein Büro hat dem Projekt auf Key West grünes Licht gegeben. Susan hat Kit zu ihrem Entsetzen sagen hören, sie würden für einige Zeit verreisen.

Lauro zieht alle Aufmerksamkeit an sich. Jedes Quietschen oder Zappeln. Der kleine Schatz. Er hat gelacht. Er hat den Kopf zur Seite geneigt, und ein glockenhelles Kichern kam aus seinem Mund. Ist es nicht schön, das erste Lachen eines Menschen zu sehen, der erst seit drei Wochen auf der Welt ist? Dass ein Neuankömmling bereits so absolut präsent und wichtig ist, ist ein Wunder.

Camille nippt an ihrem Saft, zeichnet und genießt den Sonnenschein. Wolken, die rasch über uns hinweghuschen, tauchen uns kurzzeitig in Schatten. Immer wieder blickt Camille zum gotischen Bogen des Palazzo Monferrato hinüber. Das Oberlicht über der zurückversetzten Tür ähnelt einem halben Kompass. Ihre Zeichnung setzt eine imaginäre Vervollständigung dieses Kompasses auf die massive doppelflüglige Tür darunter. Sie wendet sich den zwei gewaltigen Türklopfern in Form von Löwenköpfen zu und zeichnet sie vergrößert auf das marmorierte Tor. Sie zerteilt, dehnt die Architektur aus und gestaltet manche Elemente überdimensional. All das erkennt Susan, als sie ihr über die Schulter späht.

Seit der Einladung der amerikanischen Museen arbeitet Camille wie eine Besessene. Während des Morgenspaziergangs in die Stadt ist sie entspannt und locker. Doch sobald sie zu Hause ist, macht sie sich rasch ein Sandwich, schnappt sich eine Katze, damit sie ihr Gesellschaft leistet, und verschwindet in der *limonaia*, bis Rowan am späten Nachmittag eintrifft. Er arbeitet mit Matilde an übergroßen Papierbögen für das Buch eines amerikanischen Dichters und eines kubanischen Malers, das in einer Auflage von nur einem Exemplar erscheinen wird. Er ist Feuer und Flamme, denn eine bedeutende Sammlung – er verrät nicht, welches Museum – hat schon Interesse daran gezeigt, es zu erwerben. Camille, selbstbewusst wie nie zuvor, neckt ihn, sie werde beim High Museum ein gutes Wort für ihn einlegen. Sie ist sicher, dass alle kommen werden, um das neue Buch zu sehen, sobald es ausgestellt wird.

»Was gefällt dir am besten?«, fragt Susan Julia.»Herbst, Winter, Frühling oder Sommer?«

»Sommer«, erwidern Camille und Julia im Chor.

Susan stimmt zu.»Noch nie habe ich so viele wundervolle lange Tage am Stück erlebt. Jeder von ihnen dauert eine Woche.«

Stunden in Kursiv

Ich kann nicht sagen, welche Jahreszeit meine liebste ist. Ich mag sie alle. Allerdings ist das Lauros erster Sommer, an den ich als eine glückliche Zeit zurückdenken werde. Am liebsten würde ich ihn in eine Flasche abfüllen und für schwerere Zeiten aufsparen, die sicherlich kommen werden. (Fatalistin!) Erinnerungswürdig, auf einer Steppdecke unter dem Birnbaum zu liegen und zu schreiben. Lauro neben mir, entdeckt gerade, dass er treten und winken kann. Fitzy ist Lauro gern mit seinem flauschigen Schwanz übers Gesicht gefahren, was lautes Gekicher ausgelöst hat. Natürlich habe ich es auf Video aufgenommen. Aber meistens saß Fitzy am liebsten auf dem, was ich gerade zu schreiben versuchte. Erinnerungswürdig, Julias Brombeerchips, die satt nach Sommer schmeckten, und all die Platten mit frittierten Salbeiblättern, den knusprigen Blüten von Zucchini und Kürbissen, die wir aufgetragen haben. Kitschig wassereisfarbene Sonnenuntergänge. Die Sonne versank langsam und zittrig und wurde rasch vom Horizont verschluckt. Leos Melonen, deren erdiger Rosenduft durch die Küche weht. (*Cantaloupe* – das englische Wort für Honigmelone –, der Gesang des Wolfes. Vermutlich nach einer Ortschaft in der Nähe von Rom benannt.)

Erinnerungswürdig, das Staunen meiner Freundinnen beim Anblick der leuchtenden Sonnenblumenfelder überall in der

Landschaft. Jede Blume ist eins achtzig groß und hat ein rundes braunes, von goldenen Stacheln umgebenes Gesicht. Schulter an Schulter stehen sie da, eng gedrängte Pilger, die der Sonne entgegenmarschieren wollen. Dass ihre Blüten die Wanderung der Sonne nachvollziehen, versetzt mich in Erstaunen. (Obwohl ich das Gleiche tue.) Ich kann nicht anders, als diese Blumen zu vermenschlichen. Sie sehen aus wie Wächter, insbesondere, wenn sie vor der Ernte die Köpfe hängen lassen, beschämt, weil man ihnen die Unsterblichkeit der Sonnengötter verwehrt. Erinnerungswürdig warme Nächte, in denen sich schwarze Zypressen wie Flammen vom Himmel abheben und die Milchstraße wie ein Fluss aus Diamanten über das Haus strömt. (Diamantenhimmel, kein gutes Wort für ein Gedicht, weil es übertrieben klingt. Aber wer kann die Schönheit der Toskana übertreiben?) In Florida habe ich nie die Milchstraße gesehen, das diamantene Geschenk an uns auf der Erde.

Erinnerungswürdig, die dramatischen sommerlichen Unwetter, wenn sich die Zypressen wie wild im Wind biegen. Ich beobachte sie von meinem Arbeitszimmer aus, in der Hoffnung, die Spitze von einer könne die Erde berühren und wieder zurückschnellen.

Ich habe Lauros erste Angst während eines morgendlichen Gewitters erlebt. Es donnerte laut. Er erstarrte, seine Augen weiteten sich, und er verzog eindeutig das Gesicht. Hat er die Vibration im Körper gespürt? Ich bilde mir ein, er hat Ausschau nach uns gehalten. Der Blitz hat das Modem getroffen, sodass wir ein neues kaufen mussten. Diese heftigen Unwetter reinigen die Luft und sorgen dafür, dass der nächste Tag frisch duftend und klar beginnt, mit einer zarten Brise und hoch schwebenden Wattewölkchen. Eines Morgens sah der Himmel aus, wie mit Glas ausgekleidet. Colin und ich waren mit Leo auf einem Feld, wo dieser gerade seinen neuen Falken dressierte. Der wilde, angsteinflößende Vogel schoss immer weiter nach oben und kreiste unter dem Blau, als könne er höher und höher fliegen, bis er die Glaskuppel zerschmetterte und Scherben auf uns hinunterfallen würden wie Regen. Die Belohnung für die Rückkehr war eine lebendige Wachtel, die der Falke zerfetzte und verschlang. Colin und ich dachten im selben Moment das Gleiche. Der Falke auf Leos Arm, Lauro in einer Trageschlinge an Colin. »Leo, er wird doch nicht …«

»Nein, *cara*«, versicherte er mir. Dennoch packte ich Colin am Arm und zog ihn zur Straße.

Manchmal erscheint mir das Land magnetisch aufgeladen. Ich versuche, über diese Anziehungskraft und ihre förderliche Wirkung auf den Körper zu schreiben, ja sogar Sprachbilder zu riskieren, die zur Personifizierung führen können, eine der ärgerlichsten und egoistischsten Ausrutscher beim Schreiben. (Aber denken Sie an meine Schilderung der Sonnenblumen von vorhin.) Der Himmel lächelt nie. Der Regen weint nicht. Es ist besser, fantasievollere Metaphern zu finden wie D. H. Lawrence: *So wie wir Kerzen haben, um die nächtliche Dunkelheit zu erhellen, sind die Zypressen Kerzen, die bei gleißendem Sonnenschein die Dunkelheit brennen lassen.* Wenn man das gelesen hat, verändern sich Zypressen für immer.

Symbolisch, diese kurvigen weißen Straßen, die Felder mit Mohn und Sonnenblumen, die Zypressen, die Steinmauern.

Alle rühren mich an, doch ich nähere mich ihnen nicht. Nicht mein Gebiet. Ich arbeite an einem Gedicht über Falken. Außerdem beende ich meine Monografie über Margaret. Der Vater ihres Colin hat mir wieder geschrieben. Er kommt im nächsten Jahr nach Italien und bittet um ein Treffen. Er möchte etwas über Margarets Leben erfahren. Ich habe ihm geantwortet und zugesagt, falls ich dann hier sein werde. Allerdings wird er enttäuscht sein. Margaret bleibt ein Geheimnis. Bevor sie zum letzten Mal abreiste, schien sie Colin gegenüber mir zu bevorzugen. (Inzwischen verstehe ich, dass sie nur seinen Namen auszusprechen brauchte, um sich ihren Sohn in Colins Schultern und Händen, seinem Mund und seiner Stimme vorzustellen.) Eigentlich wollte sie wegen einiger Sitzungen und ihrer jährlichen ärztlichen Untersuchung nur zwei Monate in Washington bleiben. Sie hatte einen Reizhusten, den sie einfach nicht loswurde. Außerdem wollte sie für einen neuen Roman recherchieren, der in ihrem Kopf Gestalt annahm, obwohl sie noch kein Wort geschrieben hatte. (Dachte ich wenigstens. Das Manuskript in ihrem Koffer hat sich als nahezu perfekte hundertseitige Novelle entpuppt.)

Nach einem Monat in Washington schrieb sie, bei ihr sei Krebs festgestellt worden. *Sie werde sich nicht damit herumärgern*, falls die ersten Behandlungen nicht anschlügen. Speiseröhre. Besonders tückisch. Sie teilte mir mit, wann die Bestrahlungen beginnen würden. Ohne mich anzukündigen, flog ich nach Hause und stand am ersten Morgen ihrer Behandlung vor ihrer Tür. Sie war dankbar und den Tränen nah. Noch nie hatte jemand so etwas für sie getan. Sie schien die Behandlung gut zu vertragen, und ich blieb, bis sie Teil ihres Alltags geworden war, bevor ich nach Italien zurückkehrte. Später folgten die Operation, eine grausame Prozedur, bei der sie Platin schlucken musste, und die Nachricht, dass sie nie mehr feste Nahrung würde zu sich nehmen können. Sie hatte sich ihren Galgenhumor bewahrt. *Ich sehe aus wie ein Wasserspeier,* schrieb sie. *Komm nicht. Meine Haare sind eine mottenzerfressene Perücke, und ich bin nicht in der Stimmung, jemanden zu sehen.* Eine Pflegerin pürierte ihr Essen mit einer Küchenmaschine. *Wenigstens ist es kein Babybrei.* Nach einigen Wochen versiegte ihr Humor. *So etwas tut man keinem Hund an.* Danach noch eine Runde Chemotherapie. *Ich kann nicht sprechen. Was hat man noch, wenn man weder sprechen noch essen kann? Und sag jetzt nicht, ich könnte immer noch schreiben.*

Nächste Woche besuche ich dich, schrieb ich. *Dann übernehme ich mal zur Abwechslung das Reden!* Ich kaufte mein Ticket, voller Schuldgefühle, dass ich nicht beharrlicher gewesen und früher hingeflogen war. Sie antwortete: *Komm nicht. Ich will nicht, dass du mich so siehst. Ich will es nicht, das ist mein Ernst. Ich will nicht, dass du kommst. Bleib bei deinem hübschen Jungen.*

»Was soll ich tun?«, fragte ich Colin.

»Offenbar meint sie es so. *Bleib bei deinem hübschen Jungen.* Mann, die Seitenhiebe hat sie immer noch drauf.«

Und wer zögert … Ich stornierte den Flug.

Eine Woche später schlitzte sie sich in der Badewanne erst ein Handgelenk und dann die Kehle auf. An die Badezimmertür hatte sie einen Umschlag für die Putzfrau geklebt, die sie am nächsten Tag erwartete. *Öffnen Sie nicht die Tür,* lautete ihre Anweisung. *Rufen Sie die Polizei. Ich bitte um Entschuldigung.* Außerdem hinterließ sie in diesem Umschlag fünftausend Dollar. (Das seltsamste Trinkgeld, von dem ich je gehört habe.) Ihre letzten Handlungen verfolgen mich bis heute. Ihre Hand am Wasserhahn. Sie lässt die Wanne ein, als wolle sie ein gemütliches Bad nehmen. Dann legt sie das Messer und die Rasierklinge in die Seifenschale und steigt ins Wasser. Zu warm? Es ist schmerzlich, mir auszumalen, was in ihrem Kopf vorging, als sie sich in der Wanne zurücklehnte. Der Moment. Ich werde den Moment nicht los. Margaret. Ihre schillernde Brillanz. Die glitzernde Messerklinge. Den Krebs rausschneiden. Margaret machte nie halbe Sachen.

Und dann die Erkenntnis, dass es Margaret nicht mehr gab. Vom Erdboden getilgt. Keinen weiteren Brief. Ich bin sicher, dass sie ihre Gründe für offensichtlich hielt. Und ich fing an, damit zu leben, dass ich als ihre Freundin versagt hatte. Ich hätte sollen ... Ich hätte müssen ... Die Selbstvorwürfe hören nie auf.

Ihr Anwalt/Testamentsvollstrecker teilte mir mit, Margaret wolle eingeäschert, nicht beerdigt werden. Sie habe darum gebeten, ihre Asche in meinem Olivenhain und im Tiber zu verstreuen, auf den sie während ihrer Jahre in Rom Aussicht gehabt habe. Ja, natürlich.

Eine Woche nach ihrem Freitod traf eine an mich adressierte Postkarte ein. *Stell dir vor, ich sei auf einer langen Reise, um Informationen für mein bestes Buch zu sammeln. Kit, du bist eine Freundin, wie man sie nur selten findet.* Ci vediamo dopo, *Margaret.*

561

Ci vediamo dopo, bis später, ziemlich flapsig für einen letzten Abschiedsgruß. Das Bild auf der Postkarte, die über meinem Schreibtisch hängt und die ich jeden Tag sehe, stellt den Vesuv dar, wie er Feuer und Lava spuckt. Letzte Riten, letzter Atemzug, der letzte Strohhalm, letzte Worte.

Meine Freundin aus Feuer und Lava. Ihr Kind. Lizzie. Charlie. Mein Kind. Die kecken chinesischen Schwestern, die ihre leibliche Mutter suchen. Die toten oder abgetriebenen Embryos von Susan und Camille, die nie hatten sein sollen. Das ganze Jahr schon schreibe ich über Missionen, über die Fragen von Ankunft und Abreise, über erblühende Kreativität in späten Jahren. Mein Wandteppich, zusammengesetzt aus überbordendem Leben und Freundschaft. Nun, gegen Ende, stelle ich fest, dass ich über die Wucht geschrieben habe, die über einen hereinbricht, wenn man Mutter wird. (Ich stehe erst am Anfang.) Ein Zitat aus einem Gedicht von Robert Schiff, auf das ich heute gestoßen bin: ... *der mächtigste Kiefer der Welt ist der, der saugt.*

Ja, Mütter. (Wusste meine Mutter das?) Von Margarets Colin zu erfahren und die Geschichten meiner drei Freundinnen zu hören hat mir eine Bewusstseinsebene erschlossen, von der ich in der Ära meiner schiefen Gebärmutter nichts geahnt habe.

Margaret, meine Freundin. (Wie wunderschön sich Susans weiße Rosen um die knorrigen Äste der Glyzinie schlingen.) Was hast du mit Susan, Julia und Camille zu tun? Oder mit mir an diesem Punkt meines Lebens?

Ich habe ihnen deine Romane geschenkt. Sie fanden sie faszinierend, aufregend und anrührend. Camille trägt deine Perlenkette. Die Freiheit zu schreiben habe ich nur deinetwegen. (Du hast dafür gesorgt, dass ich mich nicht bei dir bedanken konnte.) Ich bin deine Doppelgängerin (also gehe ich jetzt für dich mit). Wir beide haben uns in jungen Jahren freiwillig ins Exil zurückgezogen. Nach vier qualvollen Jahren, in denen meine Mutter nicht gesund wurde, kam ich hierher, bereit, etwas zu verändern. Wie du einmal selbst gesagt hast, hast du *Italien betreten wie eine Braut im Hochzeitskleid eine Kirche.* Du warst eine Freundin scharfzüngiger Antworten, die, die immer noch mit Kellnern geflirtet hat und um ein Uhr nachts zigarrenrauchend auf der Piazza saß. Du hast bis spät in die Nacht geschrieben und bei Morgengrauen einen Spaziergang gemacht, um dich zu beruhigen. Ich erinnere mich an einen Abend bei Vassaliki. Ich kam zu spät, und du hast ganz allein mit deinem langen Schal getanzt. Alle haben zugeschaut. Unsere Scheherazade. Hätte ich ohne dich den Mut gehabt, einen Fremden zu fragen, ob er einen trinken gehen wolle? So, wie du mich weiter antreibst, tue ich das Gleiche bei Julia, Susan und Camille. Ich bin ihnen die Freundin geworden, die du für mich warst. Spiralen der Freundschaft. Was sonst habe ich zu bieten? Ich kann deinen Namen aufschreiben, die Farbe deiner Augen, deine Versprecher, deine Witze, die Halbmonde deiner Nägel, deine Sprünge ins helle Wasser. Ich schreibe mit Tinte.

Einige Wochen nach der Postkarte erhielt ich zu meiner Überraschung eine Nachricht von ihrem Anwalt, sie habe mir den Verkaufserlös der Casa Gelsomino, ihre zukünftigen Tantiemen (sofern es welche gab) und einige Aktien und Investitionen vermacht, von denen sie einen Teil von ihrem Vater geerbt hatte. Alles andere, auch ihre Unterlagen, ging an die University of Georgetown.

Also ist das Mindeste, was ich tun kann, das verdammte Buch über ihr Werk zu schreiben. Wenigstens kann ich ihr den unsinnigen Seitenhieb bei meiner Lesung verzeihen, als sie sich einmischte, die Italiener hätten es nicht gern, wenn Ausländer über sie schrieben. *Mein Italien, und du kriegst es nicht!* Es ist kleinlich von mir, mich deshalb gekränkt zu fühlen.

Auch sie konnte kleinlich sein. Aber ebenso großzügig. Und derb in ihrer Ausdrucksweise (*die schlimmste Nebenwirkung ist der Dünnschiss, von dem einem der Arsch brennt*). Manchmal war sie so dezent wie ihre Romane. Sie war eine unvergleichliche Freundin. Was für ein unvorstellbares Glück, sie kennengelernt zu haben. Unvergessliche Margaret. Insbesondere in diesem idyllischsten Sommer meines Lebens, das absolute Gegenteil von ihrem nicht auszudenkenden Abschied von dieser Welt.

Ich warte noch darauf, meinen Freundinnen die inzwischen feststehende Entscheidung mitzuteilen. Wir gehen für zehn Monate fort. Mindestens. Es ist die große Gelegenheit, nach der Colin sich gesehnt hat. Keine Renovierung. Kein Hotel oder ein Dienstgebäude wie der Flügel eines Krankenhauses oder der Hörsaal einer Universität. Der Pavillon wird Key West verändern. Und die Karriere des Architekten. Eine Chance für die Stadt, etwas zu erbauen, das sie symbolisiert. Ein nachhaltiges Denkmal für Einwohner und Besucher. *Denkmal* ist kein Wort, das Architekten oft von ihren Auftraggebern zu hören kriegen. Colin ist klar, was das bedeutet.

Nach einigem Hin und Her hat sein Büro sich erboten, das Haus meiner Eltern zu mieten, damit wir dort während der Fertigstellung des Projekts wohnen können. Später werden andere Architekten aus dem Büro in Miami dort leben. Wieder zu Hause. Lauro in meinem Kinderzimmer. Ich am Schreibtisch im Arbeitszimmer meines Vaters. Die Zikadengesänge der Nächte und Tage in Florida werden uns bestimmen. Doch das Wichtigste ist, dass wir zurück sein werden, bevor an einem Frühlingsabend im Pavillon die Musik spielt und die Leute sich am späten Nachmittag versammeln, um die Minuten bis zum Sonnenuntergang zu zählen.

Vor unserer Abreise wird mein Projekt mit meinen Freundinnen enden. Werden sie fortgehen? Wie wird ihre Zukunft aussehen? Welche Hinweise gibt dieses Jahr auf das nächste?

Auf meine eigene Frage habe ich nun eine Antwort. Ich gehe fort. Ich komme wieder.

Vermutung

»Fährt ganz Italien im August in Urlaub?« Julia stellt einen Korb Pflaumen ab. Sie lehnt bei Annetta und Leo an einem Küchenstuhl. Annetta spült lange blutige Schläuche unter dem Wasserhahn. Julia ist nicht sicher, ob sie das in ihr *Learning Italian* aufnehmen wird.

»Falls du bis jetzt nicht die Küche streichen und den Abfluss hast entstopfen lassen oder neue Fliesen bestellt hast, kannst du dir die Mühe sparen.« Annette wirft die blasigen Schläuche in einen Eimer mit kaltem Wasser. »Der Mensch, den du dazu brauchst, liegt am Strand.«

»Oder er ist zu Hause und feiert, beantwortet aber ganz bestimmt keine Mails«, fügt Leo hinzu. »Der Höhepunkt ist der fünfzehnte August. *Ferragosto*. Der wichtigste Feiertag in Italien.«

Julia weiß, dass an diesem Tag die heilige Jungfrau in den Himmel gefahren ist. Seit Tagen bereitet San Rocco sich schon auf ein Straßenfest auf der Piazza vor. Ein Abendessen für dreihundert Personen. Und, nein, keine Pappteller oder Plastikbesteck, sondern weißes Porzellan und echte Messer und Gabeln.

»Was ist das? Ich dachte, du machst Gans.«

»Natürlich Gans«, erwidert Annetta. »Gans, wie wir sie im Sommer essen.« Ihre Schwester reinigt den Eimer, breitet die

Schläuche auf einem Geschirrtuch auf dem Küchentisch aus und fängt an, die toten Gänse zu rupfen.

Julia schaut verdattert zu, bis Annettas Schwester Flavia auf ihre Kehle zeigt. »Oh, ihr füllt die Hälse.« »Da ihr das Wort für Hals nicht einfällt, sagt sie *gola*, Kehle, anstelle von *collo*. Sie denkt an ein verstörendes Video, in dem jemand eine Gans nudelte. Wenigstens sind diese hier tot. »Womit?«

»Ach, mit allem Möglichen. Fleisch, Wurst, Kartoffeln, wie man will. Wir nehmen die Lebern, *odori*, Pecorino, Eier, Brotkrumen und Knoblauch. Man bindet oben zu, gibt die Füllung hinein und bindet unten auch zu. Ich dünste sie eine Weile. Hast du das noch nie probiert?« Sie mustert Julia ungläubig. Keinen gefüllten Gänsehals? Du Arme.

»Danach kommen sie draußen in den *forno*. Leo hat das Feuer schon angezündet. Und zu guter Letzt werden sie in Scheiben geschnitten. Eine Köstlichkeit.«

Immer entdeckt man etwas Neues, das eigentlich schon uralt ist, denkt Julia.

»Dreißig von uns bereiten das für heute Abend vor. Vielleicht bist du nächstes Jahr ja auch dabei. Zu den Penne gibt es *ragú* von der Gans, und anschließend gebratene Gans mit Kartoffeln. Jeder muss einen Salat oder Gemüse mitbringen. Zum Nachtisch essen wir dann Melonenscheiben, eine Sommertradition.«

Julia hat bereits Platten mit gebratenen Auberginen, Tomaten, Zucchini und Paprikaschoten parat. Werden wir nächstes Jahr zu dritt die Gänse rupfen? Wo werden wir in einem Jahr an *Ferragosto* sein?

An diesem Nachmittag wird Gianni Hugh vom Flughafen in Rom abholen. Da der Flug von Istanbul nur kurz ist, glaubt Julia, dass er nur eine kleine Ruhepause brauchen wird, bevor sie ihn in San Roccos quirliges sommerliches gesellschaftliches Leben einführen kann. Er hat geschrieben, er werde sich für eine Weile eine Unterkunft suchen. Die Terrorangriffe in der Türkei störten ihn zwar nicht, sein gebrochener (endlich gab er es zu) Knöchel hingegen schon.

San Roccos Sagra Dell'Oca, das Fest der Gans, ist nicht nur der Höhepunkt des Sommers, sondern die größte öffentliche Versammlung des Jahres. Die *sagra* steht für das Ende der liebsten Jahreszeit der Toskaner.»An diesem Tag sind wir einander am nächsten«, erklärt Nicolà Susan.»Die *contessa* tanzt mit dem Müllmann, der Postbote mit der *marchesa*. Jungen werden ihre Mitschülerinnen zum ersten Mal zum Tanzen auffordern. Der kommunistische Stadtrat tanzt mit dem rechtsgerichteten Arzt. Mit Prosecco und Tanz auf der Piazza fängt es an. Danach wird gemeinsam getafelt, während Akkordeonspieler umhergehen. Es gibt Pausen für Reden, auf die niemand achtet, und anschließend wird hemmungslos weitergetanzt. Und zum Schluss folgt ein Feuerwerk.« Da diese Veranstaltung stets ausverkauft ist, hat Chris gestern Karten besorgt. Der endlose Tisch für dreihundert Personen erstreckt sich über die halbe Piazza. Am Rand sind lange Büffetts und Grills für die Würste und etwas Fisch aufgebaut für diejenigen Touristen, die aus unerfindlichen Gründen kein Fleisch essen. Susan reserviert Plätze auf ihre Namen. Schon mitten am Vormittag ist es nicht leicht, Stühle nebeneinander zu ergattern, doch sie schafft es und bemerkt, dass einige Freunde ganz in der Nähe sitzen. Sie weiß, dass Julia aufgeregt ist. *Das sind aber eine Menge Gänse*, denken alle anderen insgeheim.

Lauro kommt mit. Er soll die starke Liebe zur Gemeinschaft erfahren, die wir alle an einem solchen Abend empfinden, richtig? Hoffentlich werde ich niemals eine *sagra* verpassen. Wir versammeln uns zu Antipasti in der Villa Assunta. Susans spätsommerlicher Garten: die Allee aus mit Früchten behangenen Zitronen- und Orangenbäumen, Rabatten aus weißen Begonien, zwischen denen willkürlich gesetzte Zwergdahlien wachsen, Hecken aus Hortensien, meistens blau, obwohl sich einige weiß verfärbt haben, gewaltige Büschel aus Lavendel, Heiligenkraut und Rosmarin entlang der Pfade und schwankende Artemisia, die sich mit emporschießendem Phlox verschlungen hat. Ich liebe ihre grell rosafarbenen Prachtkerzen, weich gezeichnet von blassvioletter Katzenminze. Wir genießen den Anblick.»Ich arbeite an den Übergängen.« Sie weist das Grundstück entlang.»Wo der Garten dem Panorama weicht.« Sie hat Grazia bereits überredet, sechs Zypressen zu pflanzen. Schlank wie zehnjährige Ballerinas, die in die Ferne entschwinden, lenken sie den Blick.

Hugh erscheint, an einem Stock hinkend, nach seinem Nickerchen und lernt alle kennen.»Das ist der Garten Eden nach Istanbul. Ich habe die Stadt zwar sehr gern, aber sie ist so absolut chaotisch. Wenn ich mich hier umschaue, wird mein Herzschlag langsamer.« Er ist mager wie eine Bohnenstange, strahlt jedoch akademisch-privilegierte Eleganz aus. Ein weites Leinenhemd, eine weiße Hose, Espadrilles aus grauem Wildleder (Knöchel noch blau angelaufen und geschwollen) und das weiße Haar zurückgekämmt wie bei einem Filmstar aus den Dreißigern. »So will ich auch aussehen, wenn ich Mitte achtzig bin«, meint Colin zu Rowan.

Chris veranstaltet eine Weinprobe in der *limonaia*. Er hat jede Flasche in ein Handtuch gewickelt. Wir müssen die Rebsorte und den Winzer erraten.

»Viel Glück«, sagt Camille. »Der hier schmeckt so, wie Kreide riecht und, oh, wie Rosenwasser. Und grün wie Kräuter.«

»Spitze!«, erwidert Chris. »Was für eine Rebsorte?«

»Malvasia aus dieser Kelterei im Friaul. Wie heißt sie noch mal? Istriana.«

Chris ist überrascht. »Raccato Malvasia Istriana. Der ist am schwierigsten zu erkennen.«

»Ich weiß noch, dass wir ihn zu dieser Beerentorte getrunken haben.«

Der nächste Wein macht alle bis auf Julia ratlos, die ihren Hauswein, einen Sauvignon von Livio Felluga, sofort errät. »Verdammt«, schimpft Susan und kostet noch einen Schluck. »Den hätten wir schon an der Abfüllung erkennen müssen. Wie viele dieser Flaschen habe ich schon zum Altglascontainer geschleppt?«

Danach hat Chris wieder Oberwasser, denn keiner erkennt irgendetwas bis auf den Pinot Grigio. Er zeigt ihnen die Flaschen, und dann trinken sie einfach und schlendern durch den Garten.

Nach fast einem Jahr Abstinenz schmeckt für mich sogar der Weißwein stark. Nach einigen Schlucken sind Colin und ich uns einig, dass es Zeit ist, den anderen von unseren Plänen zu erzählen. Julia holt die frittierten Zucchiniblüten und Zwiebelringe, nach denen wir uns den ganzen Sommer gesehnt haben. Nachdem wir uns um den Tisch versammelt haben, fängt Colin an. »Wir wollen auf Hughs Ankunft anstoßen.« Alle erheben ihre Gläser. »Und auf euch alle, zum Dank, dass ihr diesen Sommer für uns so wundervoll gemacht habt.«

Gleich wird der gläserne Himmel einen Riss bekommen. In einem Moment wird sich alles verlagern und eine Veränderung auslösen. Ich zupfe Colin am Ärmel. »Warte, warte, warte.«

»Kit, wir müssen es ihnen sagen.«

»Ich weiß, aber ich will nicht.«

»Denk an den Pavillon. Es ist nicht für immer. Wir beide wollen es. Sie werden es verkraften.«

»Okay. Lass mich das übernehmen.« Ich bemerke, dass Susan mich besorgt ansieht. »Alle mal herhören! Jetzt platzt die Bombe. Wir haben Neuigkeiten. Ihr habt ja gehört, dass Colin eine fantastische Chance hat ...« Ich erläutere seinen schwebenden Entwurf und den Zeitplan. »Meiner Ansicht nach wird er Key West verwandeln. Inzwischen ahnt ihr sicher, worauf ich hinauswill. Wir müssen dorthin. In einigen Wochen brechen wir auf und werden vielleicht sogar ein Jahr fort sein ...« Lauro, den Colin in einem Tuch am Körper trägt, stößt einen durchdringenden Schrei aus. Alle lachen.

»Lauro, genauso ist uns auch zumute«, ruft Julia aus. »Wann?«

»Wirst du die Olivenernte verpassen?«, fragt Susan.

»Was ist mit eurem Haus?«, erkundigt sich Camille.

»Was wird aus Fitzy?«

»Verdammt, was wird aus uns?«

»Muss das sein?«

»Wo werdet ihr wohnen?«

»Kommt ihr wirklich zurück?«

Wir antworten, so schnell wir können. »Wir wohnen im Haus meiner Eltern. Colin fliegt zur Baustelle. Es dauert nicht lang. Fitzy nehmen wir mit.«

Ich halte beide Hände hoch. »Stopp, ihr drei. Was ist mit euch? Wir kommen wieder. Werdet ihr noch hier sein?« Die drei Frauen blicken einander, uns und den Himmel an.

»Wir haben drei Katzen«, erwidert Camille recht zusammenhanglos.

Hugh legt den Arm um Julia. »Bin ich in eine Krise hineingeplatzt?«

»Nein, wir müssen reden. Aber nicht jetzt. Wir müssen zu dem Abendessen. Kannst du mit deinem Knöchel tanzen?«

»Noch ein Trinkspruch«, verkündet Rowan. »Auf Kit und Colin. Wir kommen nach Key West, um das Band durchzuschneiden und den Sonnenuntergang zu bewundern. Bis dahin werden wir euch vermissen. Viel Glück!« Auch Rowan hat eine Entscheidung gefällt. Er hat seine Wohnung für sechs Monate gemietet, auch wenn er im November nach Kalifornien muss, um seine Mutter zu pflegen, während seine Schwester verreist ist. Er und Camille sind mit der derzeitigen Situation zufrieden. Kein Sex auf dem knarzenden Sofa mehr. Sie haben sich ein *matrimoniale*, ein Doppelbett, angeschafft.

Warum können italienische Männer tanzen? Keine Spur des Zögerns und von einem Fuß auf den anderen treten, ohne auf die Musik zu achten. Da sie wissen, was sie tun, kann man sich leicht fallen lassen. Chris und Rowan schlurfen schüchtern herum, während die italienischen Männer von der Taille aufwärts tanzen. Ihre Schultern bewegen sich. Ihre Hand liegt fest auf dem Rücken ihrer Partnerin. Sie führen. Die Kapelle aus dem Tal spielt traditionelle Lieder, in denen es ums Weizendreschen, um Hochzeiten und um Taufen geht. Die kreuz und quer über die Piazza gespannten Lichterketten flackern, verlöschen aber nicht, als der Sommerabend dämmert und in jedem Ladenfenster und auch in denen der Palazzi eine Kerze brennt. Ich winke den anderen Exilanten und auch Guido, Amalia, Luca und Gilda ein Stück weiter unten am Tisch zu.

Eugenio, der Chef der Carabinieri, hält mir die Hand hin. Er tanzt so anmutig, als habe er sein Leben in Tanzkursen verbracht. Colin hat nichts dagegen, mit Lauro zu warten und zuzuschauen, wie ich mit Riccardo, Leo, Gianni und Stefano über die Piazza wirble. Ich bin wieder die Alte, ein Mädchen, das für jede Fete zu haben war. Julia, Camille und Susan tanzen auch. Alle tanzen. Camille in ihren roten Schuhen liegt in Leos Armen. Susan trägt ein orangefarbenes figurbetontes Sommerkleid. Julia hat etwas Rosafarbenes und Fließendes an. Der Mann mit Downsyndrom springt mit seiner Mutter umher. Chris schwenkt die Arme über dem Kopf und mimt den Raver. Riccardo ist gut! Er schwebt mit Susan über die Piazza. Die beiden lachen. Hugh, der neben uns am Tisch sitzt, plaudert mit drei Italienerinnen. Spricht er mit ihnen Latein? Was für ein faszinierender Mann. Laut Julia will er bleiben. Ob er in unserem Haus wohnen möchte? Es ist immer gut, wenn jemand im Haus ist, um zu verhindern, dass Einbrecher kommen und einem drei Katzen hinterlassen.

Alle bedienten sich selbst mit Antipasti und Pasta. Das mitgebrachte Essen wurde einfach auf die Tische gestellt. Danach servieren Freiwillige Gans und Kartoffeln, denn wer möchte schon zwei- oder dreimal aufstehen? Es gibt jedes Jahr das Gleiche. Ich liebe die gefüllten Gänsehälse. Doch das Beste sind die in Gänsefett gebratenen knusprigen Kartoffeln. Selbst während des Essens wird weitergetanzt, was noch bis drei Uhr morgens so gehen wird. Lauro schläft in seinem Kinderwagen am Ende des Tisches den Schlaf der Glückseligen.

Hugh schwenkt eine große Gänsekeule. »Das ist unglaublich lecker!« Er reicht die gebratenen Zwiebeln und Paprikaschoten weiter, die Julia mit winzigen Prisen Aleppo-Pfeffer und Scheibchen der Pepperoni aus Leos Garten gewürzt hat. »Meine Liebe, zu der Gans schmeckt das einfach genial.«

Als die Kapelle eine Pause einlegt, dröhnt Lucio Dalla aus einem Lautsprecher. Jeder, der auch nur einen Funken Romantik im Leib hat, möchte aufstehen und im Mondlicht tanzen. Und jeder, der Lippen besitzt, will sie ans Ohr eines geliebten Menschen pressen. Viele am Tisch singen mit, insbesondere bei »Caruso« und »Tu non mi basti mai«. Nach jedem Lied stehen alle älteren Herren auf, erheben ihre Gläser und rufen *Grande Lucio*. Er drückt zwar auf die Tränendrüse und ist manchmal melodramatisch, doch man hört die bäuerliche Erntemusik aus seiner Stimme heraus. Die Musik, die Mutter im Radio gehört hat, während sie Pasta ausrollte, und die Strandmusik aus der eigenen Jugend. Als »Caruso« ein zweites Mal erklingt, ist es ein Duett mit Pavarotti. Chaos bricht aus, denn alle springen auf und wiegen sich singend im Takt. Ich bemerke Tränen in Chris' Augen. So ein Romantiker! Rowan zieht Camille auf die Piazza und beweist, dass er doch tanzen kann, wenn wer will.

Ja, die Musik, die Lieder, denen viele gelauscht haben, als sie sich zum ersten Mal verliebten. Doch der lange Tisch quer über die Piazza hat noch mehr zu bedeuten. Hier treffen wir uns und schieben Sorgen, Tratsch und Meinungsverschiedenheiten beiseite. Es ist ein gewaltiges Wohnzimmer für uns alle, die wir in dieser kleinen Stadt leben. So klein, dass sie in die gewölbte Hand der Madonna passen würde, die an diesem Tag in den Himmel aufgefahren ist oder auch nicht. Ein Feuerwerk wird abgebrannt, um ihren Aufstieg zu feiern. Lichtbogen senken sich auf die Erde herab. Löwenzahngelbe Goldkugeln, violette und grüne venezianische Kerzenleuchter, silberne Raketen mit Rückstoß. Es hallt und knallt über dem Tal. Kinder laufen mit Wunderkerzen herum. Mit oder ohne Worte spüren wir jede *sagra* aus der Vergangenheit. Und wir fühlen auch eine Zukunft, in der wir nicht länger hier sind. In einem Jahrhundert. Oder in zweien. Wohl wissend, dass eine Spur fallenden Lichtes unser Beisammensein heute Abend aufgezeichnet hat. Du und ich waren hier an diesem Ort und unter diesem Himmel.

Eine jüngere Band tritt auf, sodass die Jugend die Tanzfläche stürmt. Sie tanzen, ohne einander zu berühren, winden sich, nicken und geben sich Handzeichen. Wir versammeln uns am Tisch mit den Wassermelonen und dem besonderen Olivenöleis, das die *gelateria* nur für diesen Abend herstellt. So viele Menschen, die ich begrüßen will! Grazia umarmt uns. Offenbar hat sie einen Verehrer, einen Kahlkopf mit schweren Lidern und wächsernen Lippen, die an Halloween erinnern. Sie wirkt glücklich und lässt ihr strahlendes Lächeln aufblitzen. Kinder treten Fußbälle an die Kirchenwand. In den Fenstern verlöschen Kerzen, und einige schließen ihre Fensterläden, als es Mitternacht schlägt. Chris führt Annetta und Violetta Discotänze aus Fresno vor. Ich schnappe Gesprächsfetzen auf, als Julia und Hugh angeregt die türkische Küche erörtern. Eugenios Frau, schon wieder schwanger, sitzt wie versteinert da, während er all seinen Tanzpartnerinnen den Hof macht. Für einige ist die Nacht noch jung. Für uns ist es Zeit, nach Hause zu gehen.

Lass uns zurückkommen, sage ich zu den bauschigen Röcken der Madonna, als sie in den Himmel entschwindet.

Spring, che du schaust

In Cinque Terre beherrscht das Meer alles. Von geschwungenen klaren türkisfarbenen Strudeln bis hin zu blauem Wasser. Camilles Lieblingsstädtchen in Cinque Terre ist Corniglia. Das Dorf kauert über dem Meer und wirkt aus der Ferne wie ein offener Malkasten. Verschwommene Rechtecke aus Blau, Kupfer, Rosa, Rotgold, Granatapfel, Sahne und Hügeln voller Weinreben.

Gestern hat Susan Nicolàs Land Rover gefahren, denn der Fiat ist viel zu klein für mich, Lauro und die ganze Babyausrüstung. Hugh ist in der Villa geblieben. Wir haben das Auto am Bahnhof abgestellt und unsere Sachen in einen Regionalzug geschleppt, der die Dörfer abklappert. Was für eine Plackerei, das Klappbettchen, den Kinderwagen, die Taschen und den ganzen übrigen Kram zu jonglieren. Außerdem hat Lauro eine kräftige Stimme. Alle hatten nur wenig Gepäck, da man in Cinque Terre nicht viel mehr tun kann, als zu wandern, spazieren zu gehen, zu schwimmen und zu essen. Natürlich ist Susan hier, um eine Immobilie zu sichten, die Nicolà und Brian vermieten wollen, ein frei stehendes weißes Haus mit Rundumblick. Wir anderen sind einfach mitgekommen. Da Julia am Freitag ihren Sechzigsten feiert, sind wir auch noch mit Geschenken für sie beladen. Um vom Zug zum Haus zu kommen, mussten wir schwer bepackt Hunderte von Stufen hinaufsteigen.

Oben an der Haustür keuchten wir. Doch sobald wir drinnen waren, kamen wir sofort zur Ruhe. Susan öffnete alle Glastüren, um die Meeresluft und ein von allen Seiten blaues Panorama hereinzulassen. Nicolàs Putzfrau hat den Kühlschrank mit dem Nötigsten befüllt. Bald sitzen wir mit einem eisgekühlten Krug Blutorangensaft auf der Terrasse. Er ist zwar aus dem Tetrapak, schmeckt aber lecker. Susan hält Lauro hoch und zeigt ihm zum ersten Mal das Meer. Camille stimmt »Eddystone Light« an, ein Lied aus dem Ferienlager, das alle außer mir kennen. Als ich ins Ferienlager fuhr, haben wir »Stayin' Alive« gesungen. »Eddystone« wegen einer Strophe, in der sich der Vater in eine Meerjungfrau verliebt. Beim Anblick dieses ruhigen Wassers und der knotigen Felsen könnte man fast glauben, dass sie herausgeschlüpft kommen, um ihr Haar zu kämmen.

Weil ich schon einmal hier war (und Lauro allmählich schwer wird), verzichte ich auf die Wanderung und nehme mir Zeit zum Schreiben. Es gibt zwar ebene Wege, doch man trifft unweigerlich auf steile Stellen, Treppen und um diese Jahreszeit leider auch auf Menschenmassen. Zu viele Leute. Es war verrückt, Ende August hierherzukommen. Danke, Nicolà und Brian, für ein ruhiges Haus, weit weg vom Trubel.

Camille und Susan brechen früh auf. Als Camille beschließt, sich ein Café zu suchen und zu lesen, geht Susan weiter nach Vernazza. Rowans neues Projekt mit dem Dichter hat Camille auf den Gedanken gebracht, von italienischen Schriftstellern inspirierte Bilder zu malen. Ich habe ihr erzählt, Eugenio Montale habe ein Haus in Monterosso. Sie möchte einige Stunden damit verbringen, seine Gedichte über Cinque Terre zu lesen. Wird sie nur Meerespanorama und Blumen finden? Nun, vielleicht wäre es ja ein Spaß, es damit zu versuchen. Spontane Skizzen mit roter Kreide oder Tusche. Nun genehmigt sie sich erst einmal ein Stück Mandelgebäck und einen Cappuccino und lässt den Blick über das Meer schweifen.

Sie denkt an den Oktober, wenn der Mietvertrag für die Villa Assunta ausläuft. Malt sich aus, wie sie ihre Sachen packt, ihr Atelier im Haus und in der *limonaia* ausräumt und sich von allen in San Rocco verabschiedet. Die erstaunten Blicke von Violetta und Stefano. Leo und Annetta veranstalten ein letztes Abendessen. Ein Abschiedsessen mit Matilde. Dann zurück nach Carolina. Oh, Charlie soll in dem großen Haus bleiben. Dort hat er Platz zum Arbeiten, seine verbiesterte Frau ist glücklicher, und Ingrid hat Ausweichmöglichkeiten, wenn dicke Luft herrscht, was, wie Camille vermutet, häufig der Fall ist. Ingrid lernt jetzt Latein. Camille kann im Sommer mit ihr nach Rom reisen. Ein Reihenendhaus in Cornwallis mit einem Eckblick und einer Schaukel auf der Veranda. Schließlich haben wir jetzt unseren Spaß gehabt. Charlie und seine Familie kommen zu einem leckeren Sonntagsbrunch. Rowan? Er wird sie besuchen. Sie werden sich in Istanbul oder in San Francisco treffen. Oder wo sonst noch? Kopenhagen. Sie war noch nie in Skandinavien.

Sie versucht, sich auf die Gedichte zu konzentrieren, die ihr ausweichen. Sie zu lesen ist, als schlüge man auf ein Kissen ein. Wer kommt darin vor? Keine Personen, nur Nuancen eines nicht greifbaren »man«, das der Dichter selbst zu sein scheint. Ratlos seufzt Camille auf. *Schließlich haben wir jetzt unseren Spaß gehabt.* Sie hört sich selbst, als sie das denkt. *Unseren Spaß?* Man hat mich gebeten, in bedeutenden Museen auszustellen, und ich nenne das *meinen Spaß?* Muss ich mir denn immer einreden, dass ich es nicht verdient habe? Sie beißt sich auf den Daumenknöchel. Ich habe es verdient, mein Haus aufzugeben und in ein Reihenendhaus auf – was haben sie darüber gelacht – einer Kreuzfahrt auf dem Styx zu ziehen? Ich bin *stupida!* Der Kellner klatscht die Rechnung hin. Besetzt sie den Tisch schon zu lang? Sie sieht ihn ärgerlich an, bestellt noch einen Kaffee und stopft das Buch von Montale in ihre Tasche. Sie erinnert sich an den sinnlichen Keats. »Ode an eine Nachtigall«. *Oh, einen Becher, gefüllt mit warmem Süden.* So fühlt sich der heutige Tag an. Die späte Augustsonne brennt auf eines der zauberhaftesten Fleckchen Erde auf diesem Planeten herab. Massen von Menschen, viele telefonierend, trotten über Straßen und Wege, ohne etwas davon wahrzunehmen. *Kein Wunder, dass Montale über ihnen geschwebt ist und sich auf die Zikaden, die Tamariskenbäume und die Sonnenblumen konzentriert hat,* denkt sie.

Mit gerötetem Gesicht und verschwitzt kehrt Susan zurück ins Café und bestellt ein großes Bier. »Toll, hier zu wandern. Allerdings sind wir nicht die Ersten, die diese Idee hatten. Auf den Wegen herrscht ein solches Gedränge, dass man sich fühlt wie auf einem Eilmarsch. Wir müssen im April oder im November wiederkommen.« Sie nimmt Taschentücher aus ihrer Gürteltasche und wischt sich Gesicht und Hals ab. »Lass uns zurück zum Haus gehen.«

Doch zuerst müssen sie die Zutaten fürs Abendessen einkaufen. »Heute Abend wird Julia ihren Spaß haben«, verkündet Camille und sammelt ihre Sachen ein. »Ein Korb voller Fisch, frisch vom Fischhändler. Vielleicht hat er ja Venusmuscheln da.«

»Wo ist Julia?«

»Ich glaube, sie wollte zum Strand in Monterosso. Sie ist immer noch ein wenig mitgenommen.«

»Ja, aber es geht ihr schon besser. Hast du die Fotos von den drei grauen Vasen gesehen, die Liz ihr gerade geschickt hat?«

»Sie hat Talent. Ich hätte gern ein paar für die Villa. Ach, vielleicht gebe ich ja welche in Auftrag. Nicht in Grau. Salbeigrün passt prima zu allen Blumen.«

»Die sollten hier Lieferdrohnen haben.« Die beiden schleppen jeweils zwei Einkaufstüten.

»Würde das klappen? Der Himmel ist genauso überfüllt wie die Straßen.«

Julia fährt mit dem Zug nach Monterosso an den Strand. Sie findet ein Plätzchen für ihr Badelaken. Zwei Frauen, die sich zu Hause bedecken würden, räkeln sich neben ihr im Bikini auf Plastikstühlen. Eine telefoniert, die andere strickt. Julia setzt sich und reibt sich die Nase mit Sonnencreme ein. Die Strickerin erkundigt sich, woher sie kommt, und sie plaudern ein paar Minuten lang. Die beiden sind Witwen aus Viterbo. Als Julia schwimmen will, bittet sie sie, ein Auge auf ihr Telefon und ihre Tasche zu haben.

Nach den vielen Menschen auf Liegestühlen und Handtüchern zu urteilen befürchtet sie, dass das Wasser warm sein wird, aber nein. Es ist angenehm erfrischend. Sie schwimmt an Kindern und an Leuten vorbei, die sich nur bis zur Taille abkühlen. Nur kaltes Salzwasser kann schlagartig so belebend wirken. Da sie mit Sommern auf Tybee, einem Segelboot und Schwimmmannschaften im Sommerlager aufgewachsen ist, ist das Wasser ihr Element. Sie erinnert sich daran, wie stolz sie war, als sie das Rettungsschwimmerabzeichen des Roten Kreuzes erhielt. Ihre Mutter hat es ihr an den Badeanzug genäht. Sie wälzt sich und taucht wie ein Seehund. Purzelbäume zu schlagen, auf dem Rücken zu schwimmen, zu strampeln, sich fest zusammenzurollen und sich vom Wasser tragen zu lassen. Das ist die Freude, für die wir geboren sind. Das frische, tiefe, ruhige Wasser unterscheidet sich sehr vom bewegten blaugrauen Atlantik, den sie so liebt. Mit seinen hohen Wellen und der heftigen Strömung, vor der man sie vermutlich seit dem Tag ihrer Geburt gewarnt hat. Sie übt Kraulen, der Lieblingsschwimmstil ihrer Mutter, und denkt an die Sommer mit ihren Eltern. Cleve war immer der Erste, der sich in die Wellen stürzte. Gemeinsam ließen sie sich von den schaumgekrönten Wogen immer wieder herumwirbeln. Unter Wasser zog er die Badehose aus, um den Sand herauszuspülen. Er trug sie auf seinen Schultern und rannte einen Strand, so weiß wie Mehl, entlang. Julia zitterte, in ein großes Handtuch gewickelt. Julia tritt Wasser und sieht, dass sich links von ihr plötzlich schroffe Felsen erheben. Ein Junge beugt sich über den Rand, springt und landet etwa zehn oder fünfzehn Meter tiefer im Wasser. Julia watet an den Strand und hält sich schützend die Hand vor Augen. Ein anderer Junge steht oben und schaut hinunter. Seine Freunde feuern ihn an zu springen. Kopfschüttelnd weicht er zurück. Wie hoch ist diese Klippe? Julia geht zum Pfad, der nach oben führt. Ein etwa sechzehnjähriges leicht geschürztes Mädchen läuft dicht vor ihr her. »Springst du da runter?«, fragt Julia. »Ja. Das macht sicher Spaß. Und Sie?« »Nein, ich möchte es mir nur mal anschauen.« *In den USA wäre so etwas streng verboten*, denkt Julia. Aber hier bestimmen die Menschen selbst über ihr Schicksal.

Julia schürft sich die Knie an den Felsen auf und späht hinunter. Ihr ist jetzt schon schwindelig. Oben stehen vier Jugendliche und machen einander Mut. »Du musst weit rausspringen«, sagt der eine.

Aus der Höhe betrachtet glitzert das Wasser blau. Wenn man springt und Pech hat, platzt einem der Kopf auf wie eine Wassermelone, die von einem dahinrasenden Laster fällt.

Julia kriecht zur Felskante. Wie verführerisch das Wasser aussieht. Reglos. Klar bis auf den Grund. Die Angst steigt an wie die Quecksilbersäule eines Thermometers bei einem fiebernden Kind. Das Mädchen, das es für einen Spaß gehalten hat zu springen, macht nach einem Blick in die Tiefe einen Rückzieher. Ein Junge tut es mit rudernden Armen. Nur aus Neugier tritt Julia an die Kante. Sie betrachtet die winzigen Gestalten am Strand und den Horizont. *Via, via*, ruft einer der Jungen. Los, los. Kurz schreckt sie vor Überraschung zusammen.

Sie stellt sich auf die Zehenspitzen. Und springt.

Camille und Susan entdecken kleine neue Kartoffeln, riesige saftige Tomaten und schwarz schimmernde Auberginen, um sie mit Paprikaschoten zu braten. Heute bleiben sie »zu Hause«. Es ist eine Plackerei, den Wein zum Haus zu schleppen, doch sie schaffen es. Außerdem noch einen Krug frisch gepressten Orangensaft und eine Tüte Zitronen.

»Ich habe auf dieser traumhaften Terrasse gesessen und mir vorgestellt, im Oktober nach Hause zu fliegen. Wie das wohl sein würde«, meint Camille auf dem Heimweg zu Susan.

»Spinnst du? Ich fliege nirgendwohin. Das ist jetzt unser Zuhause. Mein Leben ist viel *interessanter*, als ich es mir je hätte träumen lassen. Wir haben fantastische Freunde. Schau, was hier mit dir passiert ist! Italien! Heute Abend sollten wir dringend miteinander reden.«

Susan hat den Wert ihres Hauses in Chapel Hill online recherchiert. Die Mädchen waren mit dem Verkauf des Strandhauses einverstanden, aber würden sie ihr Elternhaus aufgeben wollen? Sie kommen so gern nach Hause, wo es Sandkuchen, Kekse mit Erdnussbutter, Abendessen auf der mit einem Fliegengitter geschützten Veranda und ihre Zimmer, eines in Blau, eines in Gelb, gibt. Doch wenn Susan bleibt, werden sie wahrscheinlich umso lieber nach Italien kommen. Das Neue ersetzt die Sehnsucht nach dem Alten. Inzwischen sind sie in China. Auf die großformatige Anzeige in der Zeitung, mit Babyfotos von ihnen, Daten, wo sie gefunden wurden, und dem Namen des Waisenhauses, das es noch gibt, das aber jegliche Information verweigert, hat sich noch niemand gemeldet. Susan bezweifelt, dass das Waisenhaus über solche Informationen verfügt, denn zum Zeitpunkt der Adoption hatte es auch keine. Eva wurde in einem Bus ausgesetzt, Caroline vor einem Schrein.

Bei beiden war das Geburtsdatum an ihre Deckchen geheftet.

Susan hat sich immer ausgemalt, wie die Mutter diese Daten aufschrieb, sich anschickte, aus dem Haus zu gehen – und dann der Moment des Verlassens. Was hat sie empfunden, als sie vom Schauplatz floh? Eine Art wahnwitzige Erleichterung? Falls Eva und Caroline etwas herausfinden, wird ein DNA-Test nötig sein. Was für ein Wunder wäre es, wenn sie irgendwelche verstörten, trauernden Eltern anträfen. Reagieren Menschen, die aus irgendwelchen tragischen Gründen ihre Kinder aufgeben, überhaupt auf Anzeigen? Können sie lesen? Schweigen sie aus Scham? Statistisch haben die Mädchen nur wenig Chancen. Sie denkt an ihre Zimmer, unverändert seit dem College. Die Himmelbetten aus dem Haus ihrer Großmutter, Südstaatenerbstücke, Verbindung zu ihrer Herkunft. An ihre minimalistischen Wohnungen in Kalifornien. Ihre Liebe zu ihrem Beruf. Und zueinander. Ansonsten scheinen sie keine Beziehungen zu pflegen. Seltsam, aber Susan will sich nicht aufdrängen. Sie starrt auf das Meer hinaus. Sie ist ihre Mutter.

Susan könnte ihr Haus verkaufen und eine kleine Eigentumswohnung für Besuche erwerben. Sie erinnert sich an den Mann mit Narkolepsie und die gertenschlanke Catherine, die aus dem Norden wegziehen wollte. Warum eigentlich etwas kaufen? Wieso nicht das Band durchtrennen? Falls sie zurückkehren möchte, kann sie vorübergehend zur Miete wohnen. Brücken sind verbrannt worden.

Lauro gefällt es hier. Wie könnte es auch anders sein? Die Brise löst in einem den Wunsch aus, das Wort *halkyonisch* auszusprechen. Nach dem Stillen ist er friedlich eingeschlafen. Milchsatte Benommenheit senkt sich herab, als er wegdämmert. Ich habe ihn unter violette rankende Passionsblumen gelegt, ein lebendiges Mobile, während ich den ganzen Tag gearbeitet habe und von einem Projekt zum anderen gesprungen bin. Ich habe nur kurz eine Pause gemacht, um Käse und Obst zu essen. *Meriggiare*, sich an einem heißen Tag im Schatten ausruhen. Das Haus ist bezaubernd. Die spartanischen Möbel sind farbenfroh. Kargheit passt zu Cinque Terre, wo der Transport schwerer Gegenstände ein Albtraum sein muss. Susan plant, die Betten umzustellen, um das Panorama bestmöglichst auszunutzen. Außerdem wird sie empfehlen, die winzigen Duschen und die Küche aus den Siebzigern zu modernisieren. Mehr üppige Rankgewächse und Kräutertöpfe. Wir sind hier glücklich. Die Schlichtheit vermittelt das Gefühl, von einer Last befreit zu sein. Blau ist gut für die Seele. Als Mädchen aus Florida brauche ich den Blick aufs offene Meer.

Julia kehrt als Letzte zurück. Susan und Camille haben die Einkäufe all die Stufen hinaufgewuchtet und beschließen, in ihren Zimmern zu lesen. Vermutlich schlafen sie. Julia öffnet den Kühlschrank und holt eine Melone, Käse und eine Keule des Brathuhns heraus, das es gestern Abend gegeben hat. »Ich sterbe vor Hunger«, sagt sie und bringt den Teller hinaus auf die Terrasse. Ihr Haar ist von angetrocknetem Salzwasser verfilzt, ihre Schultern sind pflaumenfarben und von sicherlich schmerzhaften Blasen bedeckt. Ich biete ihr After-Sun-Lotion an. »Schon gut, danke. Ich glaube, ich bin für ein paar Minuten am Strand eingeschlafen. Du wirst nicht glauben, was ich getan habe, aber das erzähle ich später euch allen.«Sie stürzt sich auf das Hühnchen und leckt sich lächelnd die Finger ab.»Ach, ist das lecker. Magst du was? Jetzt brauche ich erst mal eine Dusche und ein Nickerchen. Mir ist heute etwas Wundervolles passiert. Ich werde es euch nicht nur beschreiben, sondern auch zeigen. Wie geht es unserem Süßen?«

Lauro gibt ein leises Geräusch von sich, als antworte er den Turteltauben, die in der Pergola nebenan gurren. Die Frau dort sonnt sich nackt. Durch das Rankwerk kann ich nicht anders, als ihre beeindruckenden Brüste zu sehen, die an zwei runde aufgehende Berge Pizzateig erinnern.

Ein wenig surreal. Ich hoffe nur, dass sie sie sich nicht verbrennt, bis sie die Farbe von Süßkartoffeln haben. Ihr Mann (angezogen) liest die Zeitung, lässt sie sich übers Gesicht sinken und schläft schnarchend ein. Teil des Panoramas! Julia und ich kichern. Warum ist Schnarchen immer lustig? Liegt er am Eingang einer Höhle und verscheucht die Bären? Unter uns hängt eine Frau Wäsche auf. Geblümte Laken flattern. Dieses Dorf ist ein Bienenstock, jedes Haus eine Honigwabe.

Julia entscheidet sich für ein schlichtes Mahl. Sie ist die Chefin und weist Susan an, die Kartoffeln zu dünsten. Ich soll den Terrassentisch decken. (Hoffentlich diniert unsere Nachbarin nicht nackt.) Camille schält die Tomaten. In Ligurien ist das Genoveser Basilikum hoch und duftend und hat gekräuselte Blätter. Susan hat auf ihrer Wanderung in Vernazza frische *burrata* aufgetrieben. Als Vorspeise gibt es Venusmuscheln auf Pasta. Danach den Fisch, mit Thymian, Olivenöl und Zitronen im Ofen gegart.

Der Wein ist leicht und bekömmlich. Während der Fisch backt, gießt Julia auf der Terrasse den Inhalt einer Flasche in eine Glaskaraffe, die sie in Eis stellt. »Süffig, mögt ihr dieses Wort nicht auch? Chris benutzt es nie.« Alle haben geduscht. Nasses Haar, saubere Shorts und barfuß. Lauro schläft eingekuschelt in seinem Bettchen. Julia holt ihr Telefon heraus und sucht ein Foto. Camille schenkt ein und reicht die Gläser herum.

»Hier ist meine Neuigkeit.« Julia hält das Foto einer Frau hoch, die pfeilgerade von einer Klippe ins Wasser fällt. Sie ist auf halbem Wege, die Zehen ausgestreckt, die Arme an die Seiten gepresst. Sie geben das Foto weiter.

»Da kann man ja Angst kriegen«, meint Susan. »Wer ist denn das? Das bist doch nicht etwa du, Julia?« Sie hält das Telefon Camille hin, die es gründlich mustert.

»Das ist dein Badeanzug. Zumindest ist er blau wie deiner.«

Ich beuge mich zu Camille hinüber, um auch etwas zu sehen. »Julia, diese Klippe kenne ich. Bist du da runtergesprungen, du Wahnsinnige?«

»Ja. Ich kann es nicht erklären. Ich bin einfach hochgeklettert und habe runtergeschaut. Und dann habe ich es getan. Vielleicht habe ich etwas gebraucht, um mich aus dem Zustand aufzurütteln, in dem ich mich befinde, seit ich ins Dorf spaziert bin und meine ganze Vergangenheit dort auf der Piazza sitzen sah. Es war alles unbewusst, aber …« Sie verstummt und trinkt einen Schluck Wein. »Oh, es war ein wunderbares Gefühl. Beim Springen habe ich gedacht, ich würde für immer fallen, den Meeresgrund durchbrechen und auf der anderen Seite der Welt wieder auftauchen. Es kann nur einen Moment gedauert haben, aber es war wie eine Ewigkeit. Dann bin ich auf dem Wasser aufgekommen wie auf einer Glasscheibe. Ich bin ganz tief getaucht, hatte mich jedoch zum Glück daran erinnert, in letzter Minute Luft zu holen. Beim Auftauchen hatte ich die Augen offen. Das Wasser war so klar, als könne man es einatmen wie Luft. Der größte Schock war, hochzukommen, durch die Oberfläche zu brechen, durchzuatmen und zum Ufer zu schwimmen. Die beiden Frauen, die neben meinem Strandlaken saßen, haben applaudiert. Eine hatte mich beobachtet und hat auch das Foto gemacht. Ich bin froh, dass ich es habe.«

»Schick es an Lizzie!«

»Verdammt, leg es deinem Lebenslauf bei.«

»Es war doch keine große Sache. Diese Jugendlichen haben es gemacht, ohne nachzudenken.«

»Schon, aber du hast nachgedacht!«

»Beim Auftauchen habe ich mich reingewaschen gefühlt. Gut, ich benutze das Wort im *spirituellen* Sinne. Obwohl ich große Angst hatte, war der Sprung befreiend. Ich war voller Auftrieb. Voller Sauerstoff. Und als ich aus dem Wasser kam, habe ich eine Haut abgestreift.«

»Ist das Untertauchen nicht Sitte in den Südstaaten? Wie eine Taufe im Fluss.« Susan bleibt an der Küchentür stehen. Die Zeitschaltuhr des Backofens summt.

»Liebes, das heißt, dass es Zeit für einen Neuanfang ist«, erwidert Camille.

»Schon wieder? Das haben wir doch erst getan.« Julia lehnt an der Mauer und betrachtet ihre Freundinnen.

»Julia, Miss Ikarus, das sieht köstlich aus. Ich verhungere. Ihr nicht?«

Der *insalata caprese* könnte als Paradebeispiel für dieses Gericht in die Geschichte eingehen. Die Pasta mit Venusmuscheln schmeckt wie eine mildere Version des Meeres. Julia schließt die Augen, genießt den salzig-saftigen Geschmack und wünscht sich kurz, sie könnte Chris einen Bissen kosten lassen.

Ich beschließe, das Thema anzuschneiden. »Ich werde euch alle vermissen. Wenn ihr zurückkehrt, müsst ihr nach Coral Gables kommen. Bestimmt würdest du dich in die Küche meiner Mutter verlieben, Julia. Mein Dad hat gekocht. Meine Mom saß mit einem Mojito an der Theke, und sie haben geredet. Immer wieder haben wir uns ›Light my Fire‹ von José Feliciano angehört. Böden aus mexikanischen Fliesen, vielleicht inzwischen ein wenig aus der Mode, aber alles offen nach draußen mit einer Veranda mit Fliegengitter. Die einzige Methode, im Freien zu essen, ohne dass die Moskitos einen wegtragen und im nächsten Alligatorsumpf absetzen. Wir könnten Meeresfrüchte grillen. So gut wie in Italien.«

»Es wird komisch ohne dich. Sogar morgens ins Dorf zu gehen.«

»Mein Tisch in der Bar ist euer Tisch.« (So wie es der von Margaret war.) Ich wage mich weiter vor. »Endet euer Mietvertrag nicht bald? Werdet ihr versuchen, ihn zu verlängern?«

Susan antwortet spontan. »Ich will bleiben. Ich liebe es hier. Unsere Abenteuer! Die Villa ist wie aus einem Traum. Ich habe einen Garten angelegt, der … der mich so zeigt, wie ich bin. Oder wie ich sein möchte. Alles ist unberechenbar. Noch nie habe ich etwas so Schönes erlebt. Camille, du bist bescheiden und doch so unglaublich erfolgreich. Du hast es dir verdient! Wollen wir uns endlich der großen Frage stellen? Wie soll es deiner Ansicht nach weitergehen?«

»Ich grüble schon den ganzen Tag darüber nach. Ich weiß, dass wir dem Thema schon seit einer Weile ausweichen. Wahrscheinlich haben wir gewartet, bis du wieder die Alte bist, Julia. Ihr habt sicher schon bemerkt, dass ich ein miserables Selbstbewusstsein habe. Doch dass ich für die Ausstellungen in Amerika ausgewählt wurde, drängt die Erfahrung zurück, dass ich einmal von der Kunstakademie abgelehnt wurde. Ja, ich habe eine Beziehung mit Rowan, doch wir wollen sie so gestalten, wie es uns passt. Er hat familiäre und geschäftliche Bindungen in Kalifornien. Ich würde ihn gern hin und wieder besuchen. Was wir drei wegen der Villa entscheiden, soll keinen Einfluss darauf haben. Wie mir klar geworden ist, besteht ein Vorteil des Älterwerdens darin, frei zu sein. Es interessiert einen nicht mehr, was die Nachbarn denken.«

»Mit Chris geht es mir genauso«, sagt Julia. »Ich habe ihn gern. Er hat Humor. Und er ist so rücksichtsvoll wie kein anderer Mann, den ich kenne, abgesehen von meinem Dad. Aber Hochzeit und so, nein danke. Als ich Wade verließ, war ich am Ende wie ein plattgefahrener Frosch. Ich hätte nie gedacht, dass ich Freude an der Unabhängigkeit haben würde. Ich bin begeistert. Meiner Ansicht nach kann eine reife Liebe anders sein. Kit, bestimmt empfindest du deine Beziehung mit Colin als befreiend, nicht als einengend.«

Ich nicke. Ja. Er ist mein *lux mundi*, mein Licht der Welt.

591

»Wir schweifen vom Thema ab.« Susan serviert den Fisch und reicht die Karaffe herum. »Sollen wir abstimmen? Weiterreden? Ich würde dafür plädieren, die Villa zu kaufen. So dramatisch ist es nicht, mal rein als Immobilienmaklerin gesprochen.« »Mir kommt es dramatisch vor.« Camille lacht. »Aber das ist bei vielen Dingen so.«

»Falls wir beschließen, nach Thailand zu ziehen, können wir sie immer noch verkaufen. Frag Nicolà. Solche Villen werden nicht mehr gebaut. Es sind Einzelstücke. Sie werden nie an Wert verlieren. Ich möchte euch nicht überreden. Es ist wirklich eine sehr persönliche Entscheidung.«

»Bald habe ich meine Scheidungsabfindung auf dem Konto. Ich würde es schaffen. Mein Dad behält das Haus für Lizzie, falls sie zurück nach Savannah möchte. Außerdem habe ich Ersparnisse.«

»Nicolà und Brian haben versprochen, für uns mit Grazia zu verhandeln. Ich glaube, dazu reicht mein Italienisch nicht.« Susan hat bereits sämtliche Kosten und den Ablauf recherchiert. Zu ihrer Überraschung funktioniert es ganz einfach, denn es sind weder Gutachten noch Anwälte vorgeschrieben.

»Ladet Grazia und ihre Tante zum Abendessen ein«, rate ich. »In San Rocco werden die meisten Geschäfte noch per Handschlag abgeschlossen.«

»Moment, nichts überstürzen. Ich bin noch nicht weit genug für einen Handschlag. Die Sache macht mich nervös. Ich sollte darüber nachdenken und mit Charlie sprechen.«

»Lass dir Zeit, Liebes. Ha! Du hast eine Woche. Dann müssen wir uns entscheiden.«

»Ich habe einen Trinkspruch, wenn er mir noch einfällt. Holt mehr *vino.* Es sind ein paar Zeilen aus einem Gedicht von W. H. Auden.

Gefahr, die sollst du weiter spüren.
Der Weg ist kurz und ist auch steil.
So sanft scheint er ins Tal zu führen.
Und musst doch springen wie ein Pfeil.

Die Einsamkeit misst tausend Faden.
Trägt unser Bett, du Liebling mein.
Ich liebe dich, doch ohne Sprung ist nichts zu haben.
Denn Sicherheit ist nichts als schöner Schein.

Julia drängt heiße Tränen zurück. Ihre Augen sind bereits vom Salzwasser gerötet.»Ich bin gesprungen.« Sie lächelt.»Ich kann springen.«

Der»Sprung« sticht in der letzten Strophe besonders ins Auge, doch am meisten trifft mich eine tiefe Erkenntnis: Die Liebenden ruhen auf zehntausend Faden Einsamkeit. Ja, das tun wir. Liebe und Freundschaft sind Stützen.

Camille legt Julia den Arm um die Schultern.»Hey, wir können tun und lassen, was uns gefällt.«

Charles steigt lebendig in ihrem Körper auf. Seine greifbare Präsenz. Es ist immer das erste Bild, was sie vor sich hat: ihre Lippen im Bett an seiner Schulter, die unbeschreibliche Geborgenheit seines Körpers. Das tut weh, und sie weiß, warum. Sie lässt ihn hinter sich, einen Koloss in ihrem Gedächtnis. Eine

Kunstharzurne voller Asche, die sie im Spit Creek und unter seinen wilden Alpenveilchen verstreuen muss. »Schlaft darüber, ihr drei«, sage ich. »Laut Gloria Steinem ist Träumen eine Form des Planens. Wie sieht der Plan aus? Wir wollen etwas von dem Zitronensorbet essen. Und, Julia, du musst noch deine Geschenke auspacken.«

Was ich eigentlich sagen wollte

Die Luft ist voller Geräusche: ein Himmel aus Zeichen; der Boden voller Erinnerungen und Signaturen; und jeder Gegenstand ist mit Hinweisen bedeckt ... Das hat Emerson geschrieben, und er hat recht. Die Welt ist empfindsam. Das ist meine Religion. Heidnisch vermutlich. Aber ich male mir aus, wie er diese Zeilen an einem milden Tag im Frühherbst an einem Fenster in seinem Haus in Concord zu Papier gebracht hat. Ahornblätter fallen, und in den leuchtenden Bäumen rufen die Spottdrosseln. Jemand hat ihm ein Buch in Goldbuchstaben mit grauem Einband hinterlassen. Als Leserin (vermutlich greifen Köche, Architekten, Musiker oder Möbelschreiner ebenso auf ihre Vorgänger zurück) spüre ich oft eine synaptische Verbindung (jenseits aller Bedeutung) zu den Worten, die ich lese. Nicht nur das, Mr. Emerson, sondern *dass ich bei Ihnen bin*. Ja, *ich kenne Sie*. Ich lese über seine Geräusche und Signaturen, die heute noch genauso lebendig sind wie an jenem fernen Morgen. Ich fühle den Puls von *Ich erhebe mich als Gedicht* (Marina Zwetajewa) oder begebe mich noch weiter in die Vergangenheit: *Flectere si nequeo superos Acheronta movebo: Wenn ich den Himmel nicht bewegen kann, wühle ich die Hölle auf* (Virgil, *Aeneis*).

Das Gedicht über das Springen von Auden, das ich an jenem Abend in Cinque Terre zitiert habe, strömte mir in seiner Gesamtheit direkt über die Lippen. Ich war die Tinte, die aus seiner Feder floss. *Die Einsamkeit misst tausend Faden/Trägt unser Bett* ... Man empfindet es auf einer zellularen Ebene und versucht, das Wie auszudrücken. Und kann nicht.

Als ich die Geschichte ihrer Pilgerreise aufschrieb, erkannte ich genau die gleiche Verbindung zu Julia, Camille und Susan. Zu wie vielen Menschen hat man eine solche Verbindung? Nicht nur *du stützt mich, und ich stütze dich.* Ich erwähne das kurz vor dem Ende, weil ich erklären will, was wahre Freundschaft ist. Außerdem erhoffe ich mir das, falls jemand an einem Sommertag diese Geschichte liest, die ich in dem gelb geblümten leeren Buch (inzwischen nicht mehr viele freie Seiten) mit dem Buchrücken aus Pergament (mittlerweile ein wenig schmuddelig) erzählt habe. Mögen die Worte ein wenig elektrisches Knistern verströmen, damit der Leser weiß: *Ich bin bei dir.*

Man darf nicht vergessen, dass dieses Buch vor langer Zeit begann. An einem Herbsttag, als ich Reisig für ein Feuer sammelte. Als das Jahr uns in seinem Bogen weitertrug, schrieb ich unsere Geschichten auf. (Margaret wartet noch immer auf ihr Buch.) Nur ich weiß, dass die Geschichte wahr und nicht erfunden ist. Colin kennt noch kein Wort davon. (Eines Tages verraten sie mir vielleicht, wie gut ich ihre Gedanken erahnt habe.)

Was habe ich sonst noch ausgelassen? *Die Gesamtheit kann man nicht wiedergeben* (Henry James). Und das sollte man auch nicht, wie ich hinzufügen darf. Hier kann jemand, der das Ende nicht wissen will (oder ein Sammler, der ein Buch nur aus letzten Seiten zusammenstellen möchte), diese letzten Seiten herausreißen.

Doch ich kann ein paar kleine Blumen in die Ritzen meiner Steinmauer pflanzen und Folgendes hinzufügen:

* Ihre vollen Namen? Mary Camille Acton Trowbridge. Susan Anne Frost Ware. Julia Lee Hadley. Als Kind wurde Camille Mary Camille genannt. Susan Suze. Julia war immer Julia. Und ich? Ich bin Catherine Elizabeth Raine. Kit, da Cathy schon mit zwei Monaten nicht gepasst hat.

* San Rocco ist unübertroffen schön. (Das habe ich nicht oft genug erwähnt.) Auf dem Zifferblatt der Rathausuhr tippt ein winziges Skelett mit einer Sichel auf die verstreichenden Stunden, ein nicht sehr diskreter Hinweis darauf, dass die Zeit jeden einholen wird. Darunter wurden im Jahr 1600 die Worte *VOLAT HOREM PER ORBEM*, *Die Zeit fliegt durch die Welt*, eingemeißelt. Die in einem alten Palazzo am anderen Ende der Piazza untergebrachte Bank besitzt zwei Uhren. Die eine zeigt die Stunden, die andere die Minuten an. Das gefällt mir besser. Ich glaube, es bedeutet, dass man die kleine und die große Zeit im Auge behalten soll. Die Inschrift dort ist das altbekannte »Die Zeit fliegt«. Allerdings lautet der tiefer gehende Originaltext von Virgil *FUGIT INREPARABILE TEMPUS*, das heißt, *Die Zeit flieht unwiederbringlich*. (Die Zeit treibt diese Geschichte voran, denn die Frauen sind älter als die üblichen weiblichen Hauptfiguren in Büchern.)

San Rocco besteht aus golden schimmerndem Stein, schmalen römischen Ziegeln und verputzten Fassaden mit riesigen Fenstern. Wegen der überdimensionalen

Piazza spielt der Himmel eine aktive Rolle. Nicht zerteilt oder von Gebäuden unterbrochen vervollständigt die gewaltige blaue Kuppel das Ganze. Wenn man am späten Nachmittag mit seinem Aperitivo dort sitzt, nimmt man den Himmel nicht als Hintergrund wahr, sondern als Wunderwerk aus Wolken, die sich den ganzen Tag bewegen und neu formen. Man bemerkt, wenn ein Unwetter heranzieht. Man sieht, wie die Sonne an Steinen scharrt und wie das Spiel des Lichts Türen, Durchgänge und geisterhafte Umrisse früherer Fenster und Bögen in Licht und Schatten taucht. Strahlen beleuchten eine Hand, die einen Vorhang zurückzieht. Das silberne Funkeln des Bestecks, wenn Stefano das Mittagessen serviert. Das elektrische Kraftfeld rund um das Fell der orangefarbenen Katze, die neben der Tür des Postamts schläft. Inwieweit ist der Himmel Teil der Architektur, Colin? Haben wir darüber je gesprochen? In den Herzen von Märtyrern und Heiligen wurden Edelsteine gefunden. Rubine, glaube ich, mit eingeschnitzten Bildern. Für uns, die wir hier leben, ist jeder Edelstein mit dem Umriss von San Rocco versehen.

* *Vagitus*, der erste Schrei des Neugeborenen. Ich habe ihn gehört und Colin auch. Für uns stieß Lauro das Geräusch der Erde aus, die um die Sonne schwirrt. Bis jetzt nur ein kurzer Blick auf Lauro. Ich schildere ihn auf den letzten Seiten: ein niedliches Bündel komplexer Energie mit einem wissenden Ausdruck in seinen geheimnisvollen blauen Augen. Im Gegensatz zu uns Bleichgesich-

tern hat er eine dunkel getönte Haut. Colins Großmutter schickt uns ihre Grüße aus León in Nicaragua, wo sie sich in einem von tropischen Pflanzen gesäumten Hof bis ins fünfundneunzigste Lebensjahr schaukelte. Lauros Füße. Ein winziges weinfarbenes Muttermal hinten an seiner linken Ferse, so als sei ein Flügel abgeknipst worden. Mehl aus meinem Sack. Wer wird er einmal werden? Das wissen wir noch nicht. Ich bin seine Mutter. Es heißt, dass qualvoll verendende Soldaten oder gefolterte Gefangene nach ihren Müttern rufen. (Ich würde das vielleicht auch tun.) Ich bin jetzt für immer jemandes Mutter. Er ist genauso dem Schicksal unterworfen wie ich.

* Der Vorgang, einen Roman zu schreiben: Das Steinhaus verwandelt sich in ein transparentes, und ich schreibe auf die Glasscheiben.

* Das nächste Vorhaben: Sizilien für alle. Chris und Julia wollen die ganze Insel erkunden. Endstation ist meine liebste sizilianische Stadt, Syrakus. Später treffen Susans Töchter ein, um Apulien zu bereisen. Sie haben ihre Eltern in China nicht gefunden und Susan eine fröhliche SMS geschickt: *Einige Hinweise, Sackgassen. Jetzt werden wir dich wohl nicht mehr los!* Freunde von zu Hause werden ihnen unzählige Besuche abstatten. Der altehrwürdige Zyklus der Landwirtschaft dreht sich in Richtung Olivenernte. Dann kommen die Saison für Kastanien und Pilze und die dunkle Jahreszeit, in der man schon wegen fünf Zentimeter Schnee auf der Piazza aus dem Häuschen gerät.

Hugh möchte bis ins neue Jahr unser Haus hüten. Er hat alle zu einem amerikanischen Thanksgiving eingeladen. Camille und Rowan fahren nach Venedig. Camille! Wie sehr hat sie ihre eigenen Erwartungen übertroffen. Inzwischen sucht sie nach einem neuen Projekt. Ich habe ihr wundervolles Gemälde gesehen, das den berühmten Sprung ins blaue Wasser darstellt. Julia besucht Cleve. Anschließend fliegen die beiden nach Kalifornien zu Lizzie (nur kurz – ein Jahr ist nicht genug, um die Spuren von zwei Jahrzehnten Drogenmissbrauch aus dem Gehirn zu tilgen), treffen sich danach mit Chris, lernen seinen Sohn kennen und besichtigen das Weingut. Sie beginnen ein Leben, wie ich und Margaret es kannten: *va & torna*. Geh und kehre zurück. Alles ist gut. Im Moment gestatten die Götter es ihnen, mit der Freiheit der späten Jahre zu spielen.

* Und was uns bevorsteht: Auspacken in meinem anderen Zuhause. Eine große Chance für Colin. Im südlichen Florida werden wir kein grünes Nest haben, um uns zu lieben. Bei einem derart wahnwitzigen Unterfangen würden wir von Moskitos ausgesaugt und von Eidechsen bekrochen und stören womöglich das epochale Nickerchen eines Alligators. Die Veranda mit Fliegengitter und einer Liege wird von Bananenbäumen und Gummibäumen getarnt. Dank Deckenventilatoren und des Dufts der Tigerlilien wird die Liebe geschehen. (Verhütung, ein neues Thema.) Weil ich in Coral Gables nur noch wenige Freunde habe und Colin einige Tage pro Woche auf Key West

sein wird, unterrichte ich ab Frühling ein Schreibsemi-
nar an der University of Miami. Priorität: die Hommage
an Margaret fertigstellen. Lauro wird sitzen, krabbeln,
gehen. Bis zu unserer Rückkehr werde ich meine Freundinnen aus der Villa Assunta jeden Tag vermissen.

Es gäbe noch viel zu sagen, aber die Tinte trocknet aus. Wie ein
culaccino, der Ring, den ein nasses Glas auf dem Tisch hinterlässt. Das Ende gehört ihnen.

Meine Worte gleiten von der Seite, schweben über den Schreibtisch und setzen sich zu dem zusammen, was ich eigentlich sagen wollte.

Erste Nacht

Wo sonst findet man eine Bank mit Deckenfresken? Dieses hier zeigt Bacchus mit seinem Traubenkranz auf dem Kopf. Sein Blick ist tückisch, so als wolle er gleich sein Weinglas über die Kunden ausleeren, die Schlange stehen, um sich dem komplizierten Vorgang des Geldabhebens zu stellen. Susan ahnt, dass ihr ein Papierkrieg droht, denn ihr, Julias und Camilles Geld für das Haus sind auf ihr Konto überwiesen worden. Zwei Stunden später befindet sich jeder *centesimo* auf Grazias Konto. Gestern waren sie beim Notar und haben sich den endlosen Vertrag laut vorlesen lassen, ein Überbleibsel aus der Zeit, als viele nicht lesen konnten. Seitdem gehört die Villa Assunta ganz offiziell Julia, Camille und Susan. Grazia weinte, obwohl sie verkaufen wollte. (Sollten wir immer weinen, wenn wir bekommen, was wir wollen?) Nachdem sämtliche Unterschriften geleistet waren, sind sie zur Feier des Tages einen Prosecco trinken gegangen. Grazia hat gejubelt, sich sogar ein bisschen betrunken und wieder geweint. Später kommt sie vorbei, um die wenigen Sachen zu holen, die sie behalten will. Aus dem großen Lagerraum im Obergeschoss interessierte sie nichts. Susan freut sich schon darauf, in den Packkartons zu kramen, in denen sich sicher nicht nur modrige Vorhänge, sondern auch Schätze befinden. Der Raum selbst bietet ihnen eine neue Möglichkeit, ihrer

Kreativität freien Lauf zu lassen, doch es wurde bereits beschlossen, dass er ein weiteres Gästezimmer werden soll. Die drei Hausbesitzerinnen werden das Besucherthema noch jahrelang debattieren.

Als Susan noch bei Ware Properties gearbeitet hat, hat sie neuen Besitzern zum Einzug stets drei Dutzend Rosen geschickt. Sie hat rote für Grazia und langstielige für die Villa Assunta bestellt. Überall im Haus, sogar in den Bädern, stehen bereits späte Rosen aus ihrem Garten. Julia ist mit dem Abendessen beschäftigt. Außerdem ist in dieser Woche noch eine Party mit Chris, Rowan und allen ihren italienischen und ausländischen Freunden geplant, um sich von Kit und Colin zu verabschieden und das Haus einzuweihen. Doch heute Abend wollen sie nur zu dritt sein.

Julia bereitet Baisers zu, zu denen es ein Beerencoulis geben soll. Camille kümmert sich um Wein und Gläser und deckt den Tisch mit einem von Luisas (nun ihre eigenen) Tischtüchern aus Leinen. Für jeden Platz hat sie ein Geschenktütchen mit Zitronenseife und Badeschaum vorbereitet. »Dieses Silber! Ist das zu fassen? Das gehört jetzt alles uns. Falls wir je verkaufen, sollten wir es Grazia anbieten. Vielleicht überlegt sie es sich ja anders.«

»Lass uns am Tag des Kaufs nicht vom Verkaufen reden!« Susan arrangiert einen gewaltigen Strauß gelber Rosen.

»Wir haben eine Grenze überschritten.« Julia schlägt mit Schwung Eischnee. »Ab jetzt werden wir für immer ›vor dem Kauf, nach dem Kauf‹ sagen …« Der Duft von backenden Zucchinitörtchen und mit Birnen bratenden Enten weht durch die Küche.

»Es fühlt sich so dramatisch und aufregend an. Ich bin noch immer nervös«, gibt Camille zu. Sie schaut auf ihre Playlist, wählt jedoch nicht das beliebte Yo-Yo Ma spielt Ennio Morricone aus, weil sie befürchtet, sonst einen Heulanfall zu kriegen. *Mission* berührt sie an ruhigen Tagen, jedoch nicht heute angesichts ihrer aufgewühlten Gefühle. Nein, lieber nicht. Stattdessen entscheidet sie sich für Opernmusik. Die Drei Tenöre schmettern. »Diese Haus wurde gebaut, um große Arien zu hören. Oh, ich bin absolut sprachlos. Das ist fantastisch. Sind wir Genies?«

»Stellt euch vor, wir haben es getan! Wie gern würde ich daran glauben, dass Aaron uns von einer Wolke aus zuschaut und uns bewundert.«

»Charles wäre ziemlich erstaunt.«

»Können wir uns ›Georgia‹ anhören? Das brauche ich heute. Wer weiß, was Wade davon halten würde, und wen interessiert es?« Die weich fließenden Verse versetzen alle zurück in die Vergangenheit, insbesondere Julia. Susan wechselt den Link, und Louis Armstrong erklingt. *Bright blessed day and dark sacred night…*

»Wir wollen feiern.« Susan eilt nach oben.

In ihren Zimmern ziehen sie sich zum Essen um. Julia trägt ein Oberteil aus metallisch grauer Seide, Camille eine marineblaue Leinenhose und eine Bluse als letzten Gruß an den Sommer, bei Susan in ihrem kupferfarbenen Hemd und dem hellbraunen Rock ist es bereits Herbst. Abwechselnd fotografieren sie einander auf der Schwelle des Hauses und erinnern sich daran, wie sie vor einem knappen Jahr die schwere, knarzende Tür geöffnet haben und sofort Blick auf das hintere Fenster hatten, wo die letzten Blätter der Linde gelb im späten Abendlicht leuchteten. Auf den Fotos hält jede den eisernen Schlüssel hoch. »Papiertür«, meint Camille. »War es nicht eine Papiertür?«

Im Esszimmer, behütet von gelben Rosen, die sich in einem runden Spiegel reflektieren, dem glückbringenden Fresko der Nonne und dem großen vergoldeten Spiegel über dem Kamin, rücken sie ihre Stühle an den Tisch. Als sie anstoßen, fangen sich die Lichtfunken des klaren Weins in den Spiegeln und in Julias Haarspange. Flackernde Kerzenflammen beleuchten das alte Silberbesteck.

Wo diese Geschichte endet, schauen sie in einen Spiegel, in dem sich wiederum ein Spiegel spiegelt. Wo die Geschichte anfängt, zeigt sie einen Spiegel. Sie geht weiter.

Danksagung

Mein allerherzlichster Dank gilt meinem Agenten Peter Ginsberg bei Curtis Brown Ltd. und den wundervollen Mitarbeiterinnen bei Crown/Hogarth: meiner Lektorin Hilary Teeman, meiner Verlegerin Molly Stern und der Programmleiterin Linday Sagnette. Weiterhin danke ich ganz besonders Jillian Buckley, Elena Giavaldi, Cindy Bergman, Rachel Rokicki, Rebecca Wellbourn und der Designerin Elina Nudelman.

Ich habe das Glück, dass die Steven Barclay Agency meine Lesungen organisiert. Ein tolles Team!

Robin Heyeck von der Heyeck Press hat mir viel über Buchdruck und Papierschöpfen beigebracht und meinen ersten Gedichtband wunderschön gestaltet und veröffentlicht. Mein Dank für beides.

Für die wundervollen Aufenthalte auf Figure Eight Island danke ich Emily Ragsdale, Franca Dotti und Frances Gravely.

Dank an Lee Smith, die einen Entwurf gelesen hat – *mille grazie.*

Meinem Mann Edward Mayes, der mir eines seiner Gedichte für meine Romanfigur Kit zur Verfügung gestellt und mir das Schreiben dieses Buches noch mehr zum Vergnügen gemacht hat. Außerdem gibt mir meine Familie, Ashley, Peter und William, Auftrieb. Will löst jedes Computerproblem mit ein paar

Klicks. Mein inzwischen verstorbener Neffe Cleveland Raine Willcoxon III war während der Jahreszeiten in diesem Buch stets präsent. Sein Name hat es in den Text geschafft. *Cin cin*, Robert Draper, der mir Cormòns im Friaul gezeigt hat.

Die Figur der Margaret ist eine Hommage an Ann Cornelisen und Claire Sterling (beide verstorben), zwei mutige Schriftstellerinnen, die ich kennenlernte, als ich in die Toskana zog.

Das Licht der Toskana verdanke ich auch einer der größten Freuden meines Lebens: meinen Freunden. Jede Seite ist eine Liebeserklärung an sie.